MAXIMILIAN SCHMITTEL

Gemeinnützigkeitsbezogene Steuervergünstigungen

Schriften zum Steuerrecht

Band 206

Gemeinnützigkeitsbezogene Steuervergünstigungen

Von

Maximilian Schmittel

Duncker & Humblot · Berlin

Die Juristische Fakultät der Ludwig-Maximilians-Universität München
hat diese Arbeit im Jahr 2025 als Dissertation angenommen.

Bibliografische Information der Deutschen Nationalbibliothek

Die Deutsche Nationalbibliothek verzeichnet diese Publikation in
der Deutschen Nationalbibliografie; detaillierte bibliografische Daten
sind im Internet über http://dnb.d-nb.de abrufbar.

Satz: Textforma(r)t Daniela Weiland, Göttingen
Druck: Prime Rate Zrt., Budapest, Ungarn

ISSN 0582-0235
ISBN 978-3-428-19778-1 (Print)
ISBN 978-3-428-59778-9 (E-Book)

Gedruckt auf alterungsbeständigem (säurefreiem) Papier
entsprechend ISO 9706 ♾

Verlagsanschrift: Duncker & Humblot GmbH, Carl-Heinrich-Becker-Weg 9,
12165 Berlin, Germany | E-Mail: info@duncker-humblot.de
Internet: https://www.duncker-humblot.de

Vorwort

Die vorliegende Arbeit wurde im Wintersemester 2025/2026 von der Juristischen Fakultät der Ludwig-Maximilians-Universität München als Dissertation angenommen. Die mündliche Prüfung fand am 21. Oktober 2025 statt. Rechtsprechung und Literatur konnten bis November 2025 berücksichtigt werden.

Mein besonderer Dank gilt zuvörderst meiner Doktormutter Frau Prof. Dr. Monika Jachmann-Michel für die hervorragende Betreuung dieser Arbeit. Sie gab die Anregung zu dem Thema und begleitete die Entstehung der Arbeit stets mit wertvollen Hinweisen und Ideen. Herrn Prof. Dr. Klaus-Dieter Drüen danke ich herzlich für die zügige Erstellung des Zweitgutachtens.

Von Herzen danke ich schließlich meiner Familie, insbesondere meinen Eltern Margaritha und Alexander Schmittel für ihre Unterstützung und ihr Vertrauen sowie meinen Brüdern Benjamin, Christian und Jonathan. Ganz besonders danke ich außerdem meiner Frau Auri für ihren stetigen Rückhalt. Ihnen allen ist diese Arbeit gewidmet.

Berlin, im März 2026 *Maximilian Schmittel*

Inhaltsverzeichnis

Abkürzungsverzeichnis

a. A.	andere Ansicht
ABl.EU	Amtsblatt der Europäischen Union
Abs.	Absatz
Abschn.	Abschnitt
AdVermiG	Gesetz über die Vermittlung und Begleitung der Adoption und über das Verbot der Vermittlung von Ersatzmüttern
AEAO	Anwendungserlass zur Abgabenordnung
AEUV	Vertrag über die Arbeitsweise der Europäischen Union
a. F.	alte Fassung
Anh.	Anhang
Anm.	Anmerkung
AO	Abgabenordnung
Aufl.	Auflage
BB	Betriebs-Berater
Bd.	Band
BeckOGK	Beck-Online Großkommentar
BeckOK	Beck'scher Online-Kommentar
BeckRS	Beck-Rechtsprechung
Begr.	Begründer
Beschl.	Beschluss
BFH	Bundesfinanzhof
BFH/NV	Sammlung amtlich nicht veröffentlichter Entscheidungen des Bundesfinanzhofs
BFHE	Sammlung der Entscheidungen des Bundesfinanzhofs
BGB	Bürgerliches Gesetzbuch
BGBl.	Bundesgesetzblatt
BMF	Bundesministerium der Finanzen
BR	Bundesrat
BR-Drs.	Bundesrats-Drucksache
BStBl.	Bundessteuerblatt
BT-Drs.	Bundestags-Drucksache
BVerfG	Bundesverfassungsgericht
BVerfGE	Entscheidungen des Bundesverfassungsgerichts
d.	des/der/die
DB	Der Betrieb
DBA	Doppelbesteuerungsabkommen
ders.	derselbe
dies.	dieselbe/dieselben
DJT	Deutscher Juristentag
DÖV	Die Öffentliche Verwaltung
DStJG	Veröffentlichungen der Deutschen Steuerjuristischen Gesellschaft

DStR	Deutsches Steuerrecht
DStRE	Deutsches Steuerrecht Entscheidungsdienst
DStZ	Deutsche Steuer-Zeitung
DVOBliWaG	Durchführungsverordnung zum Blindenwarenvertriebsgesetz
ECLI	European Case Law Identifier (Europäischer Rechtsprechungs-Identifikator)
EFG	Entscheidungen der Finanzgerichte
EG	Europäische Gemeinschaft
Einl.	Einleitung
ErbStB	Erbschaft-Steuerberater
ErbStG	Erbschaftsteuer- und Schenkungsteuergesetz
ErbStR	Erbschaftsteuer-Richtlinien 2019
EStDV	Einkommensteuer-Durchführungsverordnung
EStG	Einkommensteuergesetz
EStR	Einkommensteuer-Richtlinien 2012
EU	Europäische Union
EuGH	Europäischer Gerichtshof
EUV	Vertrag über die Europäische Union
EuZW	Europäische Zeitschrift für Wirtschaftsrecht
e. V.	eingetragener Verein
EWR	Europäischer Wirtschaftsraum
EWS	Europäisches Wirtschafts- und Steuerrecht
f.	folgende
FamFG	Gesetz über das Verfahren in Familiensachen und in den Angelegenheiten der freiwilligen Gerichtsbarkeit
ff.	fortfolgende
FG	Finanzgericht
FGO	Finanzgerichtsordnung
Fn.	Fußnote
FR	Finanz-Rundschau
FS	Festschrift
GA	Generalanwalt am Europäischen Gerichtshof
GewStG	Gewerbesteuergesetz
GG	Grundgesetz
ggf.	gegebenenfalls
GmbH	Gesellschaft mit beschränkter Haftung
GmbHG	Gesetz betreffend die Gesellschaften mit beschränkter Haftung
GrS	Großer Senat
GrStG	Grundsteuergesetz
GrStR	Grundsteuer-Richtlinien 1978
GS	Gedächtnisschrift
Hdb.	Handbuch
HGB	Handelsgesetzbuch
Hrsg.	Herausgeber
i. H. v.	in Höhe von
InvStG	Investmentsteuergesetz
i. S. d.	im Sinne des/der
ISR	Internationale SteuerRundschau
IStR	Internationales Steuerrecht

i. S. v.	im Sinne von
i. V. m.	in Verbindung mit
JStG	Jahressteuergesetz
KJ	Kritische Justiz
KÖSDI	Kölner Steuerdialog
KraftStG	Kraftfahrzeugsteuergesetz
krit.	kritisch
KStG	Körperschaftsteuergesetz
KStR	Körperschaftsteuer-Richtlinien 2022
KSzW	Kölner Schrift zum Wirtschaftsrecht
KVStG	Kapitalverkehrsteuergesetz
lit.	littera (Buchstabe)
m. w. N.	mit weiteren Nachweisen
MwStR	MehrwertSteuerrecht
MwStSystRL	Mehrwertsteuer-Systemrichtlinie
NJW	Neue Juristische Wochenschrift
NPLY	Non Profit Law Yearbook
Nr.	Nummer
NWB	Neue Wirtschafts-Briefe
NZG	Neue Zeitschrift für Gesellschaftsrecht
OECD	Organization for Economic Co-operation and Development (Organisation für wirtschaftliche Zusammenarbeit und Entwicklung)
REITG	Gesetz über deutsche Immobilien-Aktiengesellschaften mit börsennotierten Anteilen (Real Estate Investment Trusts)
RennwLottG	Rennwett- und Lotteriegesetz
RFamU	Recht der Familienunternehmen
RFH	Reichsfinanzhof
RFHE	Entscheidungen des Reichsfinanzhofs
RGBl.	Reichsgesetzblatt
RIW	Recht der Internationalen Wirtschaft
rkr.	rechtskräftig
RL	Richtlinie
Rn.	Randnummer
RStBl.	Reichssteuerblatt
S.	Seite
SGB	Sozialgesetzbuch
Slg.	Sammlung der Rechtsprechung des Gerichtshofes und des Gerichts Erster Instanz
sog.	sogenannt
StÄndG	Steueränderungsgesetz
StuW	Steuer und Wirtschaft
stv.	stellvertretend
u. a.	unter anderem
UAbs.	Unterabsatz
UmwStG	Umwandlungssteuergesetz
UR	Umsatzsteuer-Rundschau
Urt.	Urteil
UStAE	Umsatzsteuer-Anwendungserlass 2024

UStB	Umsatz-Steuerberater
UStG	Umsatzsteuergesetz
UStR	Umsatzsteuer-Richtlinien 2008
usw.	und so weiter
v.	vom/von
v. a.	vor allem
Var.	Variante
VGA	Verdeckte Gewinnausschüttung
vgl.	vergleiche
Vorbem.	Vorbemerkung
VStG	Vermögensteuergesetz
WPg	Die Wirtschaftsprüfung
WRV	Weimarer Reichsverfassung
z. B.	zum Beispiel
ZEV	Zeitschrift für Erbrecht und Vermögensnachfolge
ZfZ	Zeitschrift für Zölle und Verbrauchsteuern
ZIP	Zeitschrift für Wirtschaftsrecht
zit.	zitiert
z. T.	zum Teil

Einleitung

Der Staat hat kein Monopol darauf, Gemeinwohl zu realisieren.[1] Im Gegenteil, die freiheitlich-demokratische Grundordnung ist heute mehr denn je auf eine Zivilgesellschaft angewiesen, die Mitverantwortung für die Verteidigung und Ausgestaltung des liberalen Verfassungsstaates übernimmt.[2] Durch Globalisierung und technischen Fortschritt hat die Welt an Komplexität gewonnen. Die dadurch entstehenden Herausforderungen lassen sich mit staatlicher Allzuständigkeit nicht bewältigen. Nicht zuletzt durch zahlreiche Gesetze, die private Partizipation an Gemeinwohlaufgaben fördern sollen, hat der Staat in den vergangenen Jahren versucht, auf diese Entwicklungen zu reagieren.[3] Bürgerschaftliches Engagement ist gefragt und notwendig.

Der dem Gemeinwohl verpflichtete Staat kann seine Aufgaben nur mit finanziellen Mitteln erfüllen. Er finanziert sich überwiegend durch Steuern, weshalb das Steuerrecht besonders eng mit dem gemeinen Wohl verbunden ist. Aus diesem Grund enthalten gerade die Steuergesetze zahlreiche Vorschriften zur privaten Übernahme von Gemeinwohlverantwortung. Die Botschaft des so entstandenen Gemeinnützigkeitsrechts ist klar: Wer den Staat entlastet, das staatliche Angebot verbessert und so das Gemeinwohl fördert, soll steuerlich entlastet werden.

Ziel dieser Arbeit ist die Systematisierung und unionsrechtliche Würdigung der geltenden Steuervergünstigungen mit Gemeinnützigkeitsbezug. Damit ist keine Gesamtbewertung des allgemeinen Gemeinnützigkeitsrechts gemeint, sondern die Untersuchung von Ordnung und Struktur der gemeinnützigkeitsbezogenen Steuervergünstigungen in den Einzelsteuergesetzen. Systematisierung meint dabei nicht nur eine formale Kategorisierung der Vergünstigungsnormen. Vor allem sollen die bestehenden Vergünstigungen zum allgemeinen Gemeinnützigkeitsrecht und dessen Grundlagenprinzipien in Relation gesetzt und so systemfremde Aspekte einzelner Begünstigungen identifiziert werden.

Hierzu ist im ersten Teil der Arbeit zu klären, welchen Strukturen und Zielsetzungen das Gemeinnützigkeitsrecht folgt. Hier gilt es, grundlegende Prinzipien zu analysieren und auf dieser Grundlage Systematisierungsmöglichkeiten aufzuzeigen.

---

[1] *Isensee*, in: Hdb. d. Staatsrechts Bd. IV, 3. Aufl. 2006, § 71 Rn. 110.

[2] Dazu *Hufeld*, npoR 2024, 45.

[3] Siehe nur das Gesetz zur weiteren steuerlichen Förderung von Stiftungen v. 14. 7. 2000, BGBl. I 2000, 1034; das Gesetz zur weiteren Förderung bürgerschaftlichen Engagements v. 10. 10. 2007, BGBl. I 2007, 2332; das Gesetz zur Stärkung des Ehrenamtes v. 21. 3. 2013, BGBl. I 2013, 556 oder das JStG 2020 v. 21. 12. 2020, BGBl. I 2020, 3096.

Im zweiten Teil werden diejenigen Vergünstigungen, die gemeinnützige Körperschaften unmittelbar betreffen, in den erarbeiteten Rahmen möglicher Systematisierungen eingefügt und am Maßstab der Belastungsgründe der Einzelsteuergesetze sowie der Zielsetzungen des Gemeinnützigkeitsrechts gemessen. Im dritten Teil wird diese Vorgehensweise auch auf die indirekten gemeinnützigkeitsbezogenen Vergünstigungen angewandt. Dabei soll jeweils die unionsrechtliche Kernfrage beantwortet werden, ob das Recht der Europäischen Union ein anderes als das herausgearbeitete nationalrechtliche System vorgibt.

Vor dem Hintergrund der Aufarbeitung der nationalrechtlichen gemeinnützigkeitsbezogenen Vergünstigungen soll in einem vierten Teil die Frage beantwortet werden, inwieweit sie einzelsteuerübergreifend einer einheitlichen Struktur folgen.

Im fünften Teil werden die Arbeitsergebnisse thesenartig zusammengestellt, worauf sich im sechsten Teil darauf aufbauende Änderungsvorschläge anschließen.

Teil 1

Begriff und System

A. Die Steuervergünstigung mit Gemeinnützigkeitsbezug

Das Gemeinnützigkeitsrecht[1] folgt der folgenden Grundsystematik: In einem allgemeinen Teil (§§ 51–68 AO) sind die tatbestandlichen Anforderungen des Gemeinnützigkeitsstatus geregelt, in einem besonderen Teil, welcher sich in den Einzelsteuergesetzen findet, die verschiedenen daran anknüpfenden Vergünstigungen.[2] Diese steuerlichen Vergünstigungen sind die maßgebliche Rechtsfolge des allgemeinen Gemeinnützigkeitsrechts. Ohne die steuerlichen Vorteile würden sich die Gemeinnützigkeitsakteure nicht in dessen enge Schranken begeben, auch wenn mit dem Gemeinnützigkeitsstatus eine besondere Öffentlichkeitswirksamkeit einhergeht.[3]

Steuervergünstigungen sind alle Abweichungen von der Regelbesteuerung zugunsten des Steuerpflichtigen.[4] Die Steuervergünstigung ist damit ein Oberbegriff und erfasst zuvörderst die Steuerbefreiungen, daneben Steuerermäßigungen, Bewertungsfreiheiten, Sonderabschreibungen, Freigrenzen und Freibeträge.[5] Ferner lassen sich hierunter verfahrensrechtliche Ausnahmebestimmungen subsumieren, die die Steuerlast des Steuerschuldners verringern.[6] Im Gemeinnützigkeitsrecht dominieren die Steuerbefreiungen,[7] also solche Vergünstigungen, die den steuer-

---

[1] Der Begriff der Gemeinnützigkeit wird hier wie üblich synonym zu dem der „steuerbegünstigten Zwecke" i.S.d. dritten Abschnitts im zweiten Teil der AO gebraucht, vgl. dazu statt aller *Hüttemann*, Gemeinnützigkeitsrecht und Spendenrecht, 6. Aufl. 2025, Rn. 1.4.

[2] *Bott*, in: Schauhoff/Kirchhain, Hdb. d. Gemeinnützigkeit, 4. Aufl. 2023, § 8 Rn. 1; *Hüttemann*, Gemeinnützigkeitsrecht und Spendenrecht, 6. Aufl. 2025, Rn. 1.2; *Hey*, in: Tipke/Lang, Steuerrecht, 25. Aufl. 2024, Rn. 20.1; *Hummel/Lampert*, Aktuelle Rechtsfragen der Grenzen steuerlicher Gemeinnützigkeit, 2021, S. 15 f.

[3] *Schauhoff*, in: Schauhoff/Kirchhain, Hdb. d. Gemeinnützigkeit, 4. Aufl. 2023, Grundlegung, Rn. 40; *Hüttemann*, Gutachten G zum 72. DJT, 2018, G 19.

[4] Stv. *Lang*, Systematisierung der Steuervergünstigungen, 1974, S. 74 f., 160; *ders.*, StuW 1987, 221, 227; *Jochum*, Die Steuervergünstigung, 2006, S. 35, 55; *Seer*, in: Tipke/Lang, Steuerrecht, 25. Aufl. 2024, Rn. 6.49.

[5] Zu den Definitionen im Einzelnen vgl. nur *Jochum*, Die Steuervergünstigung, 2006, S. 153 ff.; *Seer*, in: Tipke/Lang, Steuerrecht, 25. Aufl. 2024, Rn. 6.49 m. w. N.

[6] *Jochum*, Die Steuervergünstigung, 2006, S. 188 f.; a. A. *Lang*, Systematisierung der Steuervergünstigungen, 1974, S. 160 f. Der Streit ist für das Gemeinnützigkeitsrecht nicht von Bedeutung und wird daher nicht weiter thematisiert.

[7] Vgl. die Übersicht bei *Bott*, in: Schauhoff/Kirchhain, Hdb. d. Gemeinnützigkeit, 4. Aufl. 2023, § 8 Rn. 2.

lichen Grundtatbestand betreffen und damit entweder das Steuersubjekt oder das Steuerobjekt vom Tatbestand ausnehmen.[8]

Das Untersuchungsfeld dieser Arbeit erstreckt sich auf Vergünstigungen mit Bezug zum allgemeinen Gemeinnützigkeitsrecht der AO. Dagegen werden steuerliche Vergünstigungen, die aus allgemeinen staatspolitischen oder sozialen Erwägungen gewährt werden, um bürgerschaftliches Handeln zu fördern,[9] ebenso wenig behandelt, wie „Vergünstigungen“, die nicht Teil des Steuerrechts sind.[10]

B. Rechtfertigung der gemeinnützigkeitsbezogenen steuerlichen Vergünstigungen

I. Staatssubstitution und Gemeinwohlaufgaben

Die Gewährung von Steuervorteilen aufgrund der Verfolgung gemeinnütziger Zwecke wird im Wesentlichen mit der „Staatssubstitutionsthese“ begründet, wonach der Staat entlastet werde, wenn er selbst nicht tätig werden müsse, sondern die Erfüllung seiner Aufgaben auf Private übertrage.[11] Die gemeinnützigen Zwecke können sowohl durch den Staat mithilfe von Steuergeldern als auch durch Private verwirklicht werden.[12] Der Sinn der Steuervergünstigungen erschöpft sich aber auch unter Zugrundelegung dieses Staatsentlastungsgedankens nicht darin, Ressourcen zu schonen. Sie dienen in erster Linie dazu, altruistische Privatinitiative zu fördern,[13] wodurch gleichsam das staatliche Leistungsangebot erweitert und verbessert wird.[14] Steuervergünstigungen, die aufgrund der Übernahme von Staatsaufgaben gewährt werden, verwirklichen systemimmanent eine gleichmäßige Besteuerung nach der Gemeinwohlverantwortung, denn soweit Private Gemeinwohlaufgaben übernehmen, entlasten sie den Staat und übernehmen so Gemeinwohlverantwortung.[15]

---

[8] *Lang*, Systematisierung der Steuervergünstigungen, 1974, S. 91 ff., 104.

[9] Z. B. die Befreiungen in § 5 Abs. 1 KStG mit Ausnahme der Nr. 9, *Bott*, in: Bott/Walter, KStG, 10/2025, § 5 Rn. 1; *Kruschke*, in: Herrmann/Heuer/Raupach, EStG/KStG, 8/2025, § 5 KStG Rn. 1.

[10] Zur Gemeinnützigkeit in anderen Rechtsgebieten siehe *Cremers*, Steuerliche Gemeinnützigkeit und allgemeine Rechtsordnung, 2022.

[11] Gutachten der Unabhängigen Sachverständigenkommission zur Prüfung des Gemeinnützigkeits- und Spendenrechts, BMF-Schriftenreihe, Heft 40, 1988, S. 92 f.; *Jachmann*, in: Igl, Rechtliche Rahmenbedingungen bürgerschaftlichen Engagements, 2002, S. 71 ff.; *Droege*, Gemeinnützigkeit im offenen Steuerstaat, 2010, S. 315 ff.

[12] *Kirchhof*, DStJG 26 (2003), 1, 5: „Konzeptionelle Alternativität“.

[13] *Isensee*, DStJG 26 (2003), 93, 100.

[14] *Hüttemann*, DStJG 26 (2003), 82; *ders.*, Gutachten G zum 72. DJT, 2018, G 88; *ders.*, Gemeinnützigkeitsrecht und Spendenrecht, 5. Aufl. 2025, Rn. 1.82.

[15] *Jachmann*, in: Igl, Rechtliche Rahmenbedingungen bürgerschaftlichen Engagements, 2002, S. 73.

Aus der Substitutionsthese lässt sich herleiten, welche Zwecke per Gemeinnützigkeitsrecht steuerlich gefördert werden können. Zunächst muss eine Substituierbarkeit überhaupt möglich sein, was bei ausschließlichen Staatsaufgaben[16] nicht der Fall ist.[17] Die Förderung darf sich sodann nur auf solche Zwecke beziehen, die der Staat selbst erfüllen dürfte. Im Bereich der konkurrierenden Gemeinwohlaufgaben – also solchen, die sowohl der staatlichen als auch der privaten Initiative offenstehen[18] – kann der Staat durch gemeinnütziges Handeln Privater entlastet werden.[19]

Nicht ganz unumstritten ist die Rechtfertigung der Begünstigung altruistischer privater Betätigungen im Bereich der sog. pluralistischen Gemeinwohlaufgaben,[20] bei denen gesellschaftlicher Pluralismus entfaltet und grundrechtliche Freiheit wahrgenommen wird.[21] Beispiele hierfür sind die Religion, Weltanschauung, Wissenschaft, Kunst und Kultur.[22] Da der Staat hier zur Neutralität verpflichtet sei und daher (inhaltlich) nicht selbst tätig werden dürfe, sei der maßgebliche Rechtfertigungsgrund für die steuerliche Privilegierung nicht die Staatsentlastung, sondern dass sich der Staat „prekärer Prioritätsentscheidungen" entledige, die er zu treffen hätte, wenn er selbst Fördermittel verteilte.[23] Führt man sich dagegen vor Augen, dass dem Staat ein Tätigwerden in diesem Bereich nicht generell, sondern allenfalls inhaltlich untersagt ist, zeigt sich, dass er immerhin von seiner Finanzierungsverantwortung entlastet wird.[24] Daher findet eine Staatssubstitution ebenso bei pluralistischen Gemeinwohlaufgaben statt. Die Besonderheit besteht darin, dass neben die Staatsentlastung die Ausübung von Grundrechten tritt und sich die Gemeinwohlförderung daher auf Bereiche erstreckt, hinsichtlich derer der Staat inhaltlich nicht tätig werden kann, die aber gleichwohl gemeinwohlfördernden Charak-

---

[16] Zum Begriff stv. *Jellinek*, Allgemeine Staatslehre, 3. Aufl. 1921, S. 255 ff.

[17] *Jachmann*, in: Igl, Rechtliche Rahmenbedingungen bürgerschaftlichen Engagements, 2002, S. 75.

[18] *Jellinek*, Allgemeine Staatslehre, 3. Aufl. 1921, S. 263 f.

[19] *Isensee/Knobbe-Keuk*, Sondervotum zum Gutachten der Unabhängigen Sachverständigenkommission zur Prüfung des Gemeinnützigkeits- und Spendenrechts, BMF-Schriftenreihe, Heft 40, 1988, S. 350 f., 356; *Isensee*, FS Dürig, 1990, S. 33, 61; *ders.*, DStJG 26 (2003), 93, 96 ff.

[20] Den Begriff erstmals verwendend *Isensee/Knobbe-Keuk*, Sondervotum zum Gutachten der Unabhängigen Sachverständigenkommission zur Prüfung des Gemeinnützigkeits- und Spendenrechts, BMF-Schriftenreihe, Heft 40, 1988, S. 351 ff.

[21] Vgl. *Jachmann*, in: Igl, Rechtliche Rahmenbedingungen bürgerschaftlichen Engagements, 2002, S. 75.

[22] § 52 Abs. 2 Satz 1 Nr. 1, Nr. 2, Nr. 5 AO, vgl. auch *Isensee/Knobbe-Keuk*, Sondervotum zum Gutachten der Unabhängigen Sachverständigenkommission zur Prüfung des Gemeinnützigkeitsrecht und Spendenrechts, BMF-Schriftenreihe, Heft 40, 1988, S. 351; *Hüttemann*, Gemeinnützigkeitsrecht und Spendenrecht, 6. Aufl. 2025, Rn. 1.81; einschränkend *Seer*, DStJG 26 (2003), 11, 20 f., 25 f.

[23] *Isensee/Knobbe-Keuk*, Sondervotum zum Gutachten der Unabhängigen Sachverständigenkommission zur Prüfung des Gemeinnützigkeits- und Spendenrechts, BMF-Schriftenreihe, Heft 40, 1988, S. 358.

[24] *Seer*, DStJG 26 (2003), 11, 25.

ter haben. Nach hier vertretener Ansicht steht dies nicht im Widerspruch zu einer Entlastung des Staates. Außerdem ist eine Unterscheidung zwischen konkurrierenden und pluralistischen Aufgaben kaum möglich.[25] Im Ergebnis kommen freilich beide Begründungsansätze dazu, die steuerliche Gemeinwohlförderung auch bei pluralistischen Tätigkeiten zu bejahen und entsprechende Steuervergünstigungen grundsätzlich für legitim zu halten.

Aus dem Staatsentlastungsgedanken folgen daneben die Grenzen von Erweiterungen des gemeinnützigen Zweckkatalogs. Gemeinwohlzwecke müssen potentielle Staatsaufgaben sein. Der Gesetzgeber kann grundsätzlich das Feld der Staatsaufgaben selbst bestimmen[26] (Dezisionskompetenz).[27] Eine Staatsaufgabe liegt aber erst dann vor, wenn diese durch Verfassung oder einfaches Recht außerhalb der gemeinnützigen Zwecke vorgegeben ist. Daher kann sie nicht dadurch entstehen, dass sie lediglich als Gemeinwohlzweck anerkannt und damit zugleich substituiert wird.[28] Substituierbar sind jedenfalls Aufgaben der Daseinsvorsorge, die der Staat in gewissen Grenzen[29] auf Private übertragen kann.[30] So sind etwa die Versorgung der Bevölkerung mit Energie, Elektrizität, Lebensmitteln oder medizinischen Produkten und Dienstleistungen mögliche Gegenstände privater Gemeinwohlverwirklichung.

II. Leistungsfähigkeit

Speziell im Spendenrecht ist der Begründungsansatz verbreitet, wonach die geminderte Leistungsfähigkeit des Spenders seine steuerliche Privilegierung rechtfertige und gebiete.[31] Das Gebot der Besteuerung nach der wirtschaftlichen Leistungsfähigkeit wird vereinzelt auch zur Begründung der den gemeinnützigen Organisationen zukommenden steuerlichen Vergünstigungen bemüht.[32] Das wird neuerdings mit dem Argument kritisiert, dass dieser Ansatz im Widerspruch zu der gesetzgeberischen Freiheit bei der Festlegung des gemeinnützigen Zweckkatalogs

---

[25] *Seer*, DStJG 26 (2003), 11, 21, 25; vgl. auch *Isensee*, FS Dürig, 1990, S. 33, 48, der feststellt, konkurrierende und pluralistische Gemeinwohlaufgaben seien „vermischt".

[26] *Isensee*, DStJG 26 (2003), 93, 112; *Kube*, IStR 2005, 469, 473.

[27] *Jachmann*, in: Igl, Rechtliche Rahmenbedingungen bürgerschaftlichen Engagements, 2002, S. 77.

[28] *Jachmann*, in: Igl, Rechtliche Rahmenbedingungen bürgerschaftlichen Engagements, 2002, S. 78.

[29] Dazu *Weiß*, Privatisierung und Staatsaufgaben, 2002; *Mayen*, DÖV 2001, 110.

[30] *Mayen*, DÖV 2001, 110, 112; *Fischer*, GS Trzaskalik, 2005, S. 49, 60 f.; *Droege*, Gemeinnützigkeit im offenen Steuerstaat, 2010, S. 315 f.; *Hüttemann*, Gemeinnützigkeitsrecht und Spendenrecht, 6. Aufl. 2025, Rn. 1.82.

[31] *Vogel*, StuW 1977, 97, 108 f.; *Kirchhof*, DStJG 26 (2003), 1, 5 ff.

[32] *Kube*, IStR 2005, 469, 471; *Heintzen*, FR 2008, 737, 740.

stünde.[33] Soweit ersichtlich verneinen die Vertreter der „Leistungsfähigkeitsthese" indes die staatliche Dezisionskompetenz förderungswürdiger Gemeinwohlzwecke nicht, sondern verstehen die Spende als altruistisches Vermögensopfer und damit als Steuersurrogat.[34] Altruistisch kann die Spende nur sein, wenn sie der selbstlosen Finanzierung öffentlicher Aufgaben dient.[35] Daher obliegt dem Gesetzgeber letztlich die Entscheidung über die steuerliche Berücksichtigung von Spenden.[36] Der Streit ist nur für die nähere Ausgestaltung des Spendenrechts von Bedeutung.[37] Denn über die grundsätzliche Rechtfertigung gemeinnützigkeitsbezogener Vergünstigungen herrscht Einigkeit.

III. Subvention und Lenkung

Die staatliche Dezisionskompetenz bei der Festlegung förderungswürdiger Gemeinwohlzwecke wirft die Frage nach der Abgrenzung zwischen steuerlicher Förderung von Gemeinwohltätigkeit und reiner Subventionierung auf. Verstünde man die Dezisionskompetenz als inhaltlich grundsätzlich unbeschränkte Möglichkeit, den gemeinnützigen Zweckkatalog zu erweitern, könnte jeder Zweck, den der Gesetzgeber per Direktsubvention fördern könnte, als gemeinnützig anerkannt werden.[38] In der Folge wäre das Gemeinnützigkeitsrecht vom übrigen Subventionsrecht im weiteren Sinne[39] nicht sachlich abgrenzbar. Direktsubventionen und jedwede Form steuerlicher Entlastung wären beliebig austauschbare Möglichkeiten. Relevanz erlangt das v. a. hinsichtlich der verfassungs- und unionsrechtlichen Einordnung.[40]

Konsequent sind jedoch aus dem Gedanken der Staatssubstitution die Grenzen möglicher steuerlich begünstigter Gemeinwohlförderung abzuleiten. Damit sind Tätigkeiten, die staatliches Handeln nicht substituieren können, nicht per Gemeinnützigkeitsrecht privilegierungsgeeignet. Hieraus folgt zunächst, dass Vergünsti-

---

[33] *Schmidt*, Europäische Gemeinnützigkeit, 2020, S. 49.

[34] So *Vogel*, StuW 1977, 97, 108 f.; *Geserich*, Privater gemeinwohlwirksamer Aufwand im System der deutschen Einkommensteuer und des europäischen Rechts, 1999, S. 22 ff.; *ders.*, DStJG 26 (2003), 245, 246 ff.

[35] *Geserich*, DStJG 26 (2003), 245, 248.

[36] Gutachten der Unabhängigen Sachverständigenkommission zur Prüfung des Gemeinnützigkeits- und Spendenrechts, BMF-Schriftenreihe, Heft 40, 1988, S. 230; *Jachmann*, in: Igl, Rechtliche Rahmenbedingungen bürgerschaftlichen Engagements, 2002, S. 82.

[37] Siehe hierzu Teil 3: A. I.

[38] So wohl *Musil*, in: Hübschmann/Hepp/Spitaler, AO/FGO, 9/2025, Vorbem. zu §§ 51–68 AO Rn. 38.

[39] Zum hier nicht weiter relevanten Subventionsbegriff und seinem Verhältnis zum Gemeinnützigkeitsrecht vgl. *Droege*, Gemeinnützigkeit im offenen Steuerstaat, 2010, S. 363 ff.

[40] Siehe dazu unten Teil 1: B. IV.; Teil 2: A. II. 2.

gungen staatlicher Steuerschuldner nicht gemeinnützigkeitsbezogen sein können.[41] Befreit der Staat seine Körperschaften, mittels derer er eigene Aufgaben wahrnimmt, werden diese Aufgaben gerade nicht substituiert.[42] Substituierbar sind nur private Tätigkeiten, die darüber hinaus altruistisch und unmittelbar wahrgenommen werden müssen, damit sie qualitativ staatlichem Handeln äquivalent sind.[43]

Dieser Altruismus fehlt bei der eigennützigen Wahrnehmung grundrechtlicher Freiheiten,[44] etwa dem Vermögensaufbau oder der Berufsausübung. Das gilt auch dann, wenn der Eigennutz kollektiv verfolgt wird,[45] sodass z. B. Wirtschaftsförderungsgesellschaften nicht systemimmanent mittels gemeinnützigkeitsbezogener Steuervergünstigungen privilegiert werden können. Typische gewerbliche Betätigungen können insgesamt nicht gemeinnützig sein.[46] Gleiches gilt für Freizeitaktivitäten, die regelmäßig dem Eigeninteresse dienen.[47] Paradigmatisch sind einige in § 52 Abs. 2 Satz 1 Nr. 23 AO aufgeführten Bereiche etwa die Tierzucht, Kleingärtnerei, Amateurfunk oder Modellflug.[48] Soweit Steuervergünstigungen derartige Tätigkeiten privilegieren, handelt es sich um nicht mit dem Staatsentlastungsgedanken zu rechtfertigende Subventionen.[49]

Der Sport gehört nicht zu den reinen Freizeitaktivitäten. Sportförderung ist eine pluralistische Gemeinwohlaufgabe und damit zugleich substituierbare Staatsaufgabe.[50] Anders ist es bei Sportarten, deren Schädlichkeit für das Gemeinwohl

---

[41] *Isensee/Knobbe-Keuk*, Sondervotum zum Gutachten der Unabhängigen Sachverständigenkommission zur Prüfung des Gemeinnützigkeits- und Spendenrechts, BMF-Schriftenreihe, Heft 40, 1988, S. 404 ff.

[42] Anders ist es allenfalls dann, wenn der aus Wettbewerbsschutzgründen steuerpflichtige Betrieb gewerblicher Art einer juristischen Person des öffentlichen Rechts den Tatbestand der Gemeinnützigkeit erfüllt, *Hüttemann*, Gemeinnützigkeitsrecht und Spendenrecht, 6. Aufl. 2025, Rn. 1.7.

[43] Ebenso *Isensee/Knobbe-Keuk*, Sondervotum zum Gutachten der Unabhängigen Sachverständigenkommission zur Prüfung des Gemeinnützigkeits- und Spendenrechts, BMF-Schriftenreihe, Heft 40, 1988, S. 348, 404 ff.; *Jachmann*, in: Igl, Rechtliche Rahmenbedingungen bürgerschaftlichen Engagements, 2002, S. 74.

[44] *Jachmann*, DStZ 2001, 225, 227.

[45] *Droege*, Gemeinnützigkeit im offenen Steuerstaat, 2010, S. 119.

[46] So schon BFH, Urt. v. 28. 8. 1968, I 242/65, BStBl. II 1969, 145; vgl. *Hüttemann*, Gemeinnützigkeitsrecht und Spendenrecht, 6. Aufl. 2025, Rn. 3.82.

[47] Vgl. hierzu BFH, Urt. v. 22. 11. 1972, I R 21/71, BStBl. II 1973, 251; *Hüttemann*, Gemeinnützigkeitsrecht und Spendenrecht, 6. Aufl. 2025, Rn. 3.75 ff.; *Jachmann*, in: Igl, Rechtliche Rahmenbedingungen bürgerschaftlichen Engagements, 2002, S. 202; *Isensee/Knobbe-Keuk*, Sondervotum zum Gutachten der Unabhängigen Sachverständigenkommission zur Prüfung des Gemeinnützigkeits- und Spendenrechts, BMF-Schriftenreihe, Heft 40, 1988, S. 355, 365 f.

[48] Dazu *Seer*, in: Tipke/Kruse, AO/FGO, 9/2025, § 52 AO Rn. 55 ff.; *Koenig*, in: Koenig, AO, 5. Aufl. 2024, § 52 Rn. 53 ff.

[49] *Jachmann*, in: Igl, Rechtliche Rahmenbedingungen bürgerschaftlichen Engagements, 2002, S. 74.

[50] *Fischer*, FS Offerhaus, 1999, S. 597, 601 f.; *Marx*, Gemeinnützigkeit des Sports, 2021, S. 83 f.

ihren Nutzen typischerweise überwiegt, etwa bei stark umweltverschmutzenden Wettbewerben.[51]

Politische Betätigung ist nach geltendem Recht grundsätzlich nicht unter den Wortlaut eines der gemeinnützigen Zwecke in §§ 52 ff. AO subsumierbar.[52] Anders ist es nur, wenn ein gemeinnütziger Zweck zwangsläufig mit einer gewissen politischen – aber parteipolitisch neutralen – Zielsetzung verbunden ist.[53] Politischer Zielverfolgung fehlt es an unmittelbarer Aufgabenwahrnehmung. Wollen Körperschaften staatliche Institutionen zu einem bestimmten Handeln bewegen, erbringen sie die angestrebte Tätigkeit gerade nicht selbst[54] und fördern darüber hinaus meist lediglich partikulare Interessen.[55] Das gilt für Parteien, Wählervereinigungen oder sonstige Körperschaften gleichermaßen. Aus diesen Gründen hat der BFH in den vielbeachteten *Attac*-Entscheidungen zurecht ausgeführt, dass sich politische Bildung in geistiger Offenheit vollziehen muss, woran es bei der Beeinflussung der politischen Willensbildung und der öffentlichen Meinung fehlt.[56] Ein Verein, der konkrete Gesetzesänderungen einfordert, zu bestehenden Gesetzesvorschlägen politische Ansichten kundtut oder Demonstrationen organisiert, fördert daher weder die Erziehung oder Volksbildung (§ 52 Abs. 2 Satz 1 Nr. 7 AO), noch das demokratische Staatswesen (§ 52 Abs. 2 Satz 1 Nr. 24 AO).

Die materielle Abgrenzung des Gemeinnützigkeitsrechts von anderen Fördertatbeständen richtet sich nach alledem danach, ob sich die Vorteilsgewährung mit der Substituierung staatlicher Aufgaben erklären lässt. Das Gemeinnützigkeitsrecht ist damit ein eigenes, von anderen Normkomplexen abgrenzbares und in sich geschlossenes Normsystem.

IV. Gleichheitsrechtliche Implikationen

Die Unterscheidung zwischen systemimmanenter Förderung substituierter Staatsaufgaben und bloßen Subventionen hat eine verfassungsrechtliche Dimension. Anerkennt man die Staatssubstitutionsthese als maßgebliche Rechtfertigung ge-

---

[51] *Jachmann*, in: Igl, Rechtliche Rahmenbedingungen bürgerschaftlichen Engagements, 2002, S. 213.

[52] BFH, Urt. v. 29. 8. 1984, I R 203/81, BStBl. II 1984, 844; *Hüttemann*, DB 2019, 744 ff.; *Weitemeyer*, npoR 2019, 97 ff.; a. A. *Droege*, KJ 2019, 349.

[53] BFH, Urt. v. 20. 3. 2017, X R 13/15, BStBl. II 2017, 1110, Rn. 88, 92; *Schauhoff*, in: Schauhoff/Kirchhain, Hdb. d. Gemeinnützigkeit, 4. Aufl. 2023, Grundlegung, Rn. 21.

[54] *Isensee/Knobbe-Keuk*, Sondervotum zum Gutachten der Unabhängigen Sachverständigenkommission zur Prüfung des Gemeinnützigkeits- und Spendenrechts, BMF-Schriftenreihe, Heft 40, 1988, S. 354.

[55] FG Thüringen, Urt. v. 23. 4. 2015, 1 K 743/12, EFG 2015, 1473 (rkr.); *Halaczinsky*, in: Wallenhorst/Halaczinsky, Die Besteuerung gemeinnütziger und öffentlich-rechtlicher Körperschaften, 7. Aufl. 2017, D Rn. 137.

[56] BFH, Urt. v. 10. 1. 2019, V R 60/17, BStBl. II 2019, 301, Rn. 23 ff.; Beschl. v. 10. 12. 2020, V R 14/20, BStBl. II 2021, 739, Rn. 22 ff.

meinnützigkeitsbezogener Steuervergünstigungen, stellen diese Vergünstigungen gleichheitsimmanente Ausprägungen des Leistungsfähigkeitsprinzips dar, das – aus dem Sozialstaatsprinzip nach Art. 20 Abs. 1 GG folgend – auf der Gemeinwohlverantwortung des Bürgers beruht.[57]

Dies gilt jedoch nicht für die steuerliche Privilegierung von reinen Freizeitaktivitäten.[58] Stattdessen wäre zu begründen, warum die in § 52 Abs. 2 Satz 1 Nr. 23 AO aufgeführten Selbstverwirklichungsaktivitäten steuerlich förderungswürdig sind, andere jedoch nicht. Teilweise wird hierzu vertreten, dass diese Förderung gegen Art. 3 Abs. 1 GG verstoße, da die gesetzgeberische Förderungsentscheidung insoweit auf keinen sachlichen Erwägungen beruhe.[59] Denn es sei nicht ersichtlich, warum etwa Amateurfunker ihr eigenes Hobby durch Spenden finanzieren können, Amateurfilmer jedoch nicht.[60]

Die Privilegierung steuerbegünstigter Zwecke jenseits des Bereichs staatsentlastender Tätigkeit kann jedoch als Subvention verfassungsrechtlich gerechtfertigt sein. Dabei geht es weniger um die grundsätzliche verfassungsrechtliche Zulässigkeit von Subventionen durch Steuerbefreiungen. Denn insoweit hat der Gesetzgeber einen weiten Entscheidungsspielraum, der nur durch das Willkürverbot begrenzt ist.[61] Der mit der Subvention verfolgte Lenkungszweck muss von erkennbaren gesetzgeberischen Erwägungen getragen sein.[62] Für die vollständige Ausnahme bestimmter Steuergegenstände von der Besteuerung genügt es, wenn ausreichende Gemeinwohlgründe vorliegen.[63] Vor diesem Hintergrund ist der Gesetzgeber nicht daran gehindert, vereinsmäßig betriebene Freizeitgestaltung aufgrund ihrer zivilgesellschaftlichen Funktion steuerlich zu privilegieren.[64]

Als problematisch erweist sich aber der Ausschluss anderer Freizeitbetätigungen von der Subventionierung. Die Nichtanerkennung der Gemeinnützigkeit muss sich sachlich begründen lassen.[65] Derartige Sachgründe für die Bevorzugung von Hunde- gegenüber Katzensport oder Amateurfunkens gegenüber Amateurfilmens

---

[57] *Jachmann*, in: Igl, Rechtliche Rahmenbedingungen bürgerschaftlichen Engagements, 2002, S. 71, 73.

[58] *Jachmann*, in: Igl, Rechtliche Rahmenbedingungen bürgerschaftlichen Engagements, 2002, S. 73, 76.

[59] *Seer*, in: Tipke/Kruse, AO/FGO, 9/2025, § 52 AO Rn. 58; *Isensee*, FS Dürig, 1990, S. 33, 43, 51 ff.; *ders.*, DStJG (26) 2003, 93, 102 ff.: „Hohn auf die Belastungsgleichheit“.

[60] Vgl. *Seer*, in: Tipke/Kruse, AO/FGO, 9/2025, § 52 AO Rn. 56 f.

[61] BVerfG, Urt. v. 20.4.2004, 1 BvR 1748/99, BVerfGE 110, 274, Rn. 58; Beschl. v. 7.11.2006, 1 BvL 10/02, BVerfGE 117, 1, Rn. 99.

[62] BVerfG, Beschl. v. 22.6.1995, 2 BvL 37/91, BVerfGE 98, 121, Rn. 76; Beschl. v. 7.11.2006, 1 BvL 10/02, BVerfGE 117, 1, Rn. 100.

[63] BVerfG, Beschl. v. 7.11.2006, 1 BvL 10/02, BVerfGE 117, 1, Rn. 98.

[64] *Droege*, Gemeinnützigkeit im offenen Steuerstaat, 2010, S. 407; ebenso *Musil*, in: Hübschmann/Hepp/Spitaler, AO/FGO, 9/2025, Vorbem. zu §§ 51–68 AO Rn. 44.

[65] *Leisner-Egensperger*, FS Isensee, 2007, S. 895, 903 f.

sind allerdings nicht zu erkennen.[66] Jedoch enthält § 52 Abs. 2 Satz 2 AO eine Öffnungsklausel, nach der ein nicht ausdrücklich in § 52 Abs. 2 Satz 1 AO aufgeführter Zweck für gemeinnützig erklärt werden kann,[67] sofern die Körperschaft die Allgemeinheit auf materiellem, geistigem oder sittlichem Gebiet entsprechend selbstlos fördert. Eine „entsprechende" Förderung setzt Gleichartigkeit voraus, nicht jedoch Zweckidentität. Dabei ist Art. 3 Abs. 1 GG dergestalt zu berücksichtigen, dass sich der verfolgte Zweck folgerichtig in das Förderprogramm des Gesetzes einfügen muss.[68] Dass die Allgemeinheit durch die in § 52 Abs. 2 Satz 1 Nr. 23 AO aufgeführten Tätigkeiten gerade nicht selbstlos gefördert wird,[69] ändert hieran nichts. Denn der Gesetzgeber ist offenbar von einer Förderungswürdigkeit der zivilgesellschaftlichen Funktion von Selbstverwirklichungsaktivitäten ausgegangen, sodass gleichartige Tätigkeiten über § 52 Abs. 2 Satz 2 AO gemeinnützigkeitsfähig sind. Die Öffnungsklausel bewahrt so den Ausschluss entsprechender Freizeitzwecke vor einem Verstoß gegen Art. 3 Abs. 1 GG.[70] Aus diesem Grund wurde vor ihrer Einführung verschiedentlich gefordert, vergleichbare Aktivitäten im Wege der Analogie zu begünstigen.[71]

Das Problem an der Zulassung nicht ausdrücklich normierter Freizeitzwecke besteht darin, dass sie die Konturenlosigkeit der Gemeinwohlzwecke vorantreibt.[72] Dies betrifft jedoch allein die einfachgesetzliche Systemstringenz des Gemeinnützigkeitsrechts, nicht dessen gleichheitskonforme Ausgestaltung. Im Ergebnis ist die Privilegierung reiner Freizeitaktivitäten durch das Gemeinnützigkeitsrecht eine nicht vom Staatsentlastungsgedanken getragene steuerliche Subvention, die jedoch gleichheitsrechtlich nicht zu beanstanden ist.

---

[66] *Seer*, in: Tipke/Kruse, AO/FGO, 9/2025, § 52 AO Rn. 56; *ders.*, DStJG 26 (2003), 11, 28; *Droege*, Gemeinnützigkeit im offenen Steuerstaat, 2010, S. 407; *Leisner-Egensperger*, FS Isensee, 2007, S. 895, 904.

[67] Die Öffnungsklausel begründet gleichwohl kein Ermessen der Finanzverwaltung, BFH, Urt. v. 9. 2. 2017, V R 70/14, BStBl. II 2017, 1106, Rn. 29; *Seer*, in: Tipke/Kruse, AO/FGO, 9/2025, § 52 AO Rn. 72.

[68] BFH, Urt. v. 9. 2. 2017, V R 70/14, BStBl. II 2017, 1106, Rn. 25.

[69] *Jachmann*, in: Gosch, AO/FGO, 8/2025, § 52 AO Rn. 7.

[70] Ähnlich *Kirchhain/Unger*, DStR 2023, 1281, 1282: „Unter Gleichheitsgesichtspunkten allenfalls vor dem Hintergrund der Öffnungsklausel in § 52 Abs. 2 Satz 2 AO hinzunehmen."

[71] *Leisner-Egensperger*, FS Isensee, 2007, S. 895, 904; *Droege*, Gemeinnützigkeit im offenen Steuerstaat, 2010, S. 407 f. sowie BFH, Urt. v. 14. 9. 1994, I R 153/93, BStBl. II 1995, 499, wonach mit den ausdrücklich normierten Freizeitbetätigungen identische Tätigkeiten begünstigt seien.

[72] *Droege*, Gemeinnützigkeit im offenen Steuerstaat, 2010, S. 408.

C. Organisationsgebundenheit des Gemeinnützigkeitsrechts

Nur Körperschaften, Personenvereinigungen und Vermögensmassen im Sinne des KStG kommen in den Genuss des Gemeinnützigkeitsstatus (§ 51 Abs. 1 Satz 2 AO). Anderes gilt nur, soweit ein Einzelsteuergesetz ausnahmsweise nicht vollständig auf das allgemeine Gemeinnützigkeitsrecht verweist.[73] Dem liegt die Annahme zugrunde, dass nur die institutionelle Selbständigkeit eine ausschließliche und selbstlose Gemeinwohlförderung gewährleisten kann.[74] Natürliche Personen und Personengesellschaften[75] können zwar gemeinnützige Zwecke verfolgen; der Gemeinnützigkeitsstatus bleibt ihnen nach geltendem Recht aber verwehrt.[76] Neben diesem eigenständigen steuerlichen Körperschaftsbegriff[77] ist in der Literatur oft von gemeinnützigen Organisationen oder Einrichtungen die Rede.[78] Die Begriffe können ohne weiteres gleichbedeutend verwendet werden, soweit keine ausdrücklich andere Klarstellung erforderlich wird.

Da die gemeinnützigen Akteure nicht nur Körperschaften im Sinne des KStG, sondern auch so organisiert sein müssen, dass sie die Anforderungen der §§ 51–68 AO erfüllen, wird das Gemeinnützigkeitsrecht als organisationsbezogenes Förderkonzept verstanden.[79] Das deutsche Recht kennt gleichwohl keine ausschließlich dem Gemeinnützigkeitsstatus vorbehaltene Rechtsform.[80] Im Gegenteil ist das Gemeinnützigkeitsrecht grundsätzlich rechtsformneutral auszugestalten.[81] Die Organisation muss ihre satzungsmäßigen Zwecke tatsächlich erfüllen, also nicht nur gemeinnützig verfasst, sondern auch gemeinnützig tätig sein (§ 63 Abs. 1 AO).[82] Der Gemeinnützigkeitsstatus ist mithin organisations- und tätigkeitsabhängig zugleich.

---

[73] *Unger*, in: Gosch, AO/FGO, 8/2025, § 51 AO Rn. 8.

[74] *Hüttemann*, DStJG (26) 2003, 50 ff.; *Buchna/Leichinger/Seeger/Brox*, Gemeinnützigkeit im Steuerrecht, 12. Aufl. 2023, A Rn. 1.

[75] Kritisch zum Ausschluss von Außenpersonengesellschaften *Wedemann*, NZG 2016, 645, 648 ff.; *Seer*, in: Tipke/Kruse, AO/FGO, 9/2025, Vorbem. zu §§ 51–68 AO Rn. 2.

[76] Hierzu kritisch *Alders*, Die partiell gemeinnützige (natürliche) Person, 2018, S. 166 f.

[77] *Musil*, in: Hübschmann/Hepp/Spitaler, AO/FGO, 9/2025, § 51 AO Rn. 20.

[78] Z. B. *Hüttemann*, Gemeinnützigkeitsrecht und Spendenrecht, 6. Aufl. 2025, Rn. 1.5; *ders.*, KSzW 2014, 158, 163; *Schmidt*, Europäische Gemeinnützigkeit, 2020, S. 32, 37; *Seer*, in: Tipke/Kruse, AO/FGO, 9/2025, Vorbem. zu §§ 51–68 AO, Rn. 10.

[79] *Hüttemann*, DStJG 26 (2003), 49, 51; *ders.*, FR 2016, 969, 970; *Droege*, Gemeinnützigkeit im offenen Steuerstaat, 2010, S. 30 f.

[80] Das gilt auch für die „gemeinnützige GmbH", bei der es sich nicht um eine von der „herkömmlichen" GmbH abweichende Rechtsform handelt, sondern eine besondere Bezeichnung (Rechtsformzusatz), der von GmbHs, die die Voraussetzungen von §§ 51–68 AO erfüllen, fakultativ verwendet werden kann (§ 4 Satz 2 GmbHG). Gleiches gilt für andere Kapitalgesellschaften, die den Rechtsformzusatz verwenden.

[81] *Hüttemann*, Gemeinnützigkeitsrecht und Spendenrecht, 6. Aufl. 2025, Rn. 1.98 mit Verweis auf BVerfG, Beschl. v. 10. 11. 1999, 2 BvR 2861/93, BVerfGE 101, 151.

[82] *Hüttemann*, DStJG 26 (2003), 49, 53.

D. Wirtschaftliche Betätigung und Wettbewerbsneutralität

Tätigkeiten, mit denen die Körperschaft in Wettbewerb zu Marktteilnehmern tritt, sollen grundsätzlich einerseits zulässig sein,[83] andererseits von der steuerlichen Privilegierung ausgenommen werden.[84] Vor diesem Hintergrund ist die beschriebene Tätigkeitsabhängigkeit des Gemeinnützigkeitsstatus konsequent. Die Einnahmen gemeinnütziger Körperschaften werden in vier Sphären eingeteilt: Den ideellen Bereich, die private Vermögensverwaltung, den wirtschaftlichen Geschäftsbetrieb sowie – als dessen Unterfall – den Zweckbetrieb.[85] Der ideelle Bereich stellt den Kern der gemeinnützigen Betätigung dar. Ihm werden ideell motivierte Einnahmen wie Mitgliedsbeiträge oder Spenden zugeordnet. Nach deutschem Ertragsteuerrecht sind diese schon deshalb nicht steuerbar, weil die Körperschaft insoweit ohne Gewinnerzielungsabsicht handelt.[86] Von der Erbschaft-, Schenkung- und Grundsteuer sind Zuwendungen in die Idealsphäre befreit (§ 13 Abs. 1 Nr. 16 ErbStG, § 3 Abs. 1 Satz 1 Nr. 3 lit. b GrStG). Dagegen sind Einnahmen im wirtschaftlichen Geschäftsbetrieb vom Anwendungsbereich der Vergünstigungsnormen ausgenommen.[87] Grund hierfür ist, dass die Körperschaft insoweit in Wettbewerb mit anderen Marktteilnehmern tritt. Steuerbefreit sind dagegen Einnahmen, die der privaten Vermögensverwaltung zuzurechnen sind, da diese nicht der Definition des wirtschaftlichen Geschäftsbetriebs unterfallen (§ 14 Satz 1 AO). Erfüllt ein wirtschaftlicher Geschäftsbetrieb die Voraussetzungen von §§ 65–68 AO, ist er als Zweckbetrieb wiederum steuerbefreit. Einnahmen des Zweckbetriebs sind dadurch gekennzeichnet, dass sie nicht nur der Mittelbeschaffung, sondern auch der Verwirklichung der satzungsmäßigen Zwecke dienen.[88]

---

[83] Stv. BFH, Urt. v. 15.7.1998, I R 156/94, BStBl. II 2002, 162; *Hüttemann*, Gemeinnützigkeitsrecht und Spendenrecht, 6. Aufl. 2025, Rn. 6.6.

[84] RFH, Urt. v. 24.7.1937, VIa A 1/35, RStBl. I 1937, 1103; Gutachten der Unabhängigen Sachverständigenkommission zur Prüfung des Gemeinnützigkeits- und Spendenrechts, BMF-Schriftenreihe, Heft 40, 1988, S. 152, 166 ff.; *Buchna/Leichinger/Seeger/Brox*, Gemeinnützigkeit im Steuerrecht, 12. Aufl. 2023, A Rn. 1; vgl. auch § 65 Nr. 3 AO, wonach ein Zweckbetrieb nur insoweit wettbewerbsrelevant sein darf, wie es unvermeidbar ist.

[85] *Hüttemann*, Gemeinnützigkeitsrecht und Spendenrecht, 6. Aufl. 2025, Rn. 6.3; *Hey*, in: Tipke/Lang, Steuerrecht, 25. Aufl. 2024, Rn. 20.7.

[86] Stv. *Schauhoff*, in: Schauhoff/Kirchhain, Hdb. d. Gemeinnützigkeit, 4. Aufl. 2023, Grundlegung Rn. 49.

[87] Vgl. nur § 64 Abs. 1 AO, § 5 Abs. 1 Nr. 9 KStG, § 3 Nr. 9 GewStG.

[88] *Hüttemann*, Gemeinnützigkeitsrecht und Spendenrecht, 6. Aufl. 2025, Rn. 6.60.

E. Struktureller Inlandsbezug und Auslandsoffenheit

I. Inlandsbezug

Dem deutschen Gemeinnützigkeitsrecht wird vielfach ein struktureller Inlandsbezug attestiert.[89] Dieser Inlandsbezug kann akteursbezogen ausgestaltet sein,[90] etwa indem ausländischen Körperschaften die gemeinnützigkeitsbezogenen Vergünstigungen verwehrt bleiben. Nach der bis 2008 geltenden Rechtslage konnten nur unbeschränkt steuerpflichtige Körperschaften die Befreiungen wegen Gemeinnützigkeit in Anspruch nehmen (§ 5 Abs. 2 Nr. 1, Nr. 2 KStG a. F.).[91] Ausländische Körperschaften konnten nicht nach deutschem Steuerrecht gemeinnützig sein. Nachdem der EuGH dies für unionsrechtswidrig erklärt hat,[92] wurden die Regelungen geändert, sodass nun beschränkt körperschaftsteuerpflichtigen Körperschaften aus Ländern der EU oder des EWR der Gemeinnützigkeitsstatus zukommen kann.[93] Diese Änderung wirkt sich auf solche Vergünstigungen aus, die auf § 5 Abs. 1 Nr. 9 KStG verweisen.[94]

Gleichwohl sind einige gemeinnützigkeitsabhängige Vergünstigungen nach wie vor ausdrücklich nur auf inländische Körperschaften anwendbar.[95] Weniger eindeutig ist dem ersten Anschein nach die Rechtslage bei solchen Vergünstigungen, die weder auf das KStG verweisen noch ausdrücklich eine inländische Körperschaft voraussetzen (z. B. § 3 Nr. 6 GewStG, §§ 4 Nr. 18, 4a Abs. 1, 12 Abs. 2 Nr. 8 lit. a UStG).

Der Inlandsbezug kann ebenso tätigkeitsbezogen sein. So verlangen § 51 Abs. 2 AO, § 10b Abs. 1 Satz 6 EStG ausdrücklich, dass bei gemeinnütziger Zweckverwirklichung im Ausland entweder inländische natürliche Personen gefördert werden oder die Tätigkeit zum Ansehen der Bundesrepublik im Ausland beitragen kann.[96] Außerdem ist die Förderung des demokratischen Staatswesens nur im Geltungsbereich der AO begünstigt (§ 52 Abs. 2 Satz 1 Nr. 24 AO).

---

[89] *Heintzen*, in: Musil/Weber-Grellet, Europäisches Steuerrecht, 2. Aufl. 2022, § 51 AO Rn. 20; *Martini*, in: Winheller/Geibel/Jachmann-Michel, Gesamtes Gemeinnützigkeitsrecht, 3. Aufl. 2023, § 51 AO Rn. 8; BR-Drs. 545/08, S. 126.

[90] Zur Unterscheidung zwischen akteurs- und tätigkeitsbezogenem Inlandsbezug *Unger*, DStZ 2010, 154 ff.

[91] Geändert mit JStG 2009 v. 19. 12. 2008, BGBl. I 2008, 2794.

[92] EuGH, Urt. v. 14. 9. 2006, C-386/04 (*Stauffer*), Slg. 2006, I-8203.

[93] § 5 Abs. 2 Nr. 2 KStG.

[94] Vgl. § 6 Abs. 1 Nr. 4 Satz 4, § 3 Nr. 26, Nr. 26a, 44, § 10b Abs. 1 Satz 2 Nr. 2 EStG, § 9 Abs. 2 Satz 2 lit. b KStG, § 9 Nr. 5 GewStG, § 23a UStG.

[95] Vgl. § 13 Abs. 1 Nr. 16 lit. b, § 29 Abs. 1 Nr. 4 ErbStG, § 3 Abs. 1 Satz 1 Nr. 3 lit. b GrStG.

[96] Zur Vereinbarkeit mit dem Unionsrecht siehe unten Teil 2: A. II. 2. a) aa) (2) (a).

II. Auslandsoffenheit

Das deutsche Gemeinnützigkeitsrecht enthält zwei voneinander zu unterscheidende Arten von Auslandsbezügen, die der These der Auslandsoffenheit des Gemeinnützigkeitsrechts[97] Konturen verleihen. Einerseits können Gemeinwohlzwecke auch im Ausland verfolgt werden (tätigkeitsbezogene Auslandsöffnung).[98] Das gilt insbesondere für solche, die strukturbedingt grenzüberschreitender Natur sind, etwa die Förderung der Völkerverständigung oder der Entwicklungszusammenarbeit.[99] Andererseits können ausländische Rechtsträger an den deutschen gemeinnützigkeitsbezogenen Steuervergünstigungen teilhaben (akteursbezogene Auslandsöffnung). Letzteres hängt spezifisch mit den Vergünstigungstatbeständen zusammen. Denklogisch kann eine Steuervergünstigung nur auf solche Rechtsträger Anwendung finden, die nach deutschem Recht steuerpflichtig sind, was sich wiederum nach den Einzelsteuergesetzen bestimmt.[100] Soweit gemeinnützige ausländische Rechtsträger steuerpflichtig sind, ist die Auslandsöffnung der gemeinnützigkeitsbezogenen Vergünstigungen damit im Ausgangspunkt systemimmanent. Für ihren Ausschluss vom Steuerprivileg bedarf es deshalb expliziter Ausnahmen.[101]

III. Nationalstaatliche Dezisionskompetenz bei der Auslandsöffnung oder Territorialisierung

Inlandsbezug und Auslandsoffenheit stehen nicht unbedingt in einem Ausschließlichkeitsverhältnis. Das deutsche Gemeinnützigkeitsrecht weist beide Elemente auf. Allerdings beschränkt sich die Auslandsoffenheit in Bezug auf die Gemeinnützigkeitsakteure nach derzeitiger Rechtslage auf die Vorgaben des EuGH.[102] Trotzdem muss die Tätigkeit jeder gemeinnützigen Organisation nach geltendem Recht inlandsbezogen sein. Das gilt wegen § 51 Abs. 2 AO selbst für die Verfol-

---

[97] *Schmidt*, Europäische Gemeinnützigkeit, 2020, S. 31 ff.; *Droege*, Gemeinnützigkeit im offenen Steuerstaat, 2010, S. 135 ff.; *Jachmann*, Gemeinnützigkeit in Europa, 2006, S. 10 ff.; *Eicker*, Grenzüberschreitende gemeinnützige Tätigkeit, 2004, S. 63 ff.

[98] BFH, Urt. v. 20.12.2006, I R 94/02, BStBl. II 2010, 331, Rn. 16; *Kraus*, in: Schauhoff/Kirchhain, Hdb. d. Gemeinnützigkeit, 4. Aufl. 2023, § 6 Rn. 16.

[99] Vgl. § 52 Abs. 2 Satz 1 Nr. 13, Nr. 15 AO sowie *Droege*, Gemeinnützigkeit im offenen Steuerstaat, 2010, S. 135 ff.

[100] §§ 1 Abs. 1, 2 Nr. 1 KStG knüpfen an einen inländischen Sitz an, § 2 Abs. 1 Satz 1 GewStG an einen inländischen Gewerbebetrieb, § 2 GrStG an den Liegenschaftsort, § 2 Abs. 1 ErbStG an eine näher definierte Inländereigenschaft des Erblassers oder Schenkers und § 1 Abs. 1 Nr. 1 UStG an den Leistungsort.

[101] So erklärt sich z. B., dass § 5 Abs. 2 Nr. 2 KStG als Ausnahmenorm (Versagung der Befreiung) mit Rückausnahme (Aufhebung der Versagung für EU/EWR-Körperschaften) ausgestaltet ist.

[102] *Hüttemann*, Gemeinnützigkeitsrecht und Spendenrecht, 6. Aufl. 2025, Rn. 1.163.

gung solcher Gemeinwohlzwecke, die einen Auslandsbezug aufweisen. Die Frage nach dem Verhältnis von strukturellem Inlandsbezug und Auslandsoffenheit hängt mit der Staatssubstitutionsthese zusammen. Eine Staatsentlastung findet nur da statt, wo der deutsche Staat seine Aufgaben nicht selbst wahrnehmen muss. Da sich die staatliche Gemeinwohl- und Finanzierungsverantwortung auf das Inland beschränken, kann zunächst nur solches Handeln, welches das Gemeinwohl der Bundesrepublik Deutschland fördert, steuerlich privilegiert werden.[103]

Aufgrund der gesetzgeberischen Kompetenz, die eigenen Staatsaufgaben grundsätzlich selbst festzulegen,[104] kann konzeptionell auch die Förderung reiner Auslandssachverhalte im Inland als gemeinnützig anerkannt werden. Hieran ändert es nichts, dass Gemeinwohlzwecke mit Auslandsbezug, wie etwa die Entwicklungszusammenarbeit, Ausdruck der „Generosität der Rechtsgemeinschaft" sind.[105] Das mag richtig sein; unter Beachtung völker- und verfassungsrechtlicher Grenzen kann diese Generosität aber ohne weiteres zur Staatsaufgabe erhoben und mittels gemeinnützigkeitsbezogener Steuervergünstigungen substituiert werden. Dieser gesetzgeberischen Dezisionskompetenz kommt für die unionsrechtliche Beurteilung materieller Inlandsbezüge im Gemeinnützigkeitsrecht Bedeutung zu.[106]

F. Systematisierungsmöglichkeiten der gemeinnützigkeitsbezogenen Vergünstigungen

Wenngleich die gemeinnützigkeitsbezogenen Vergünstigungen sich in den verschiedenen Einzelsteuergesetzen finden und damit die Besonderheiten der einzelnen Steuerarten für deren Ausgestaltung und Auslegung maßgeblich sind, bestehen steuerartenübergreifend typologische Gemeinsamkeiten und Unterschiede. Diese ermöglichen es, die Vergünstigungsnormen nach bestimmten Kriterien zu ordnen und in Relation zueinander und zum allgemeinen Gemeinnützigkeitsrecht zu setzen. Die Ordnung der Vergünstigungen stellt dabei die äußere, die Relation zum Belastungsgrund der Steuerarten und zum Zweck der Gemeinnützigkeit die innere Systematisierung dar.[107]

---

[103] Vgl. *Isensee*, DStJG 26 (2003), 93, 111.

[104] Vgl. *Jachmann*, in: Igl, Rechtliche Rahmenbedingungen bürgerschaftlichen Engagements, 2002, S. 77.

[105] *Schmidt*, Europäische Gemeinnützigkeit, 2020, S. 388.

[106] Ebenso *Kube*, IStR 2005, 469, 473: „Schlüssel zur Beantwortung der grundfreiheitlichen Rechtfertigungsfrage", siehe im Detail unten Teil 2: A. II. 2. a).

[107] Zur Unterscheidung zwischen äußerem und innerem System stv. *Heck*, Begriffsbildung und Interessenjurisprudenz, 1932, S. 142 f.; *Canaris*, Systemdenken und Systembegriff in der Jurisprudenz, 1969, S. 35.

I. Perspektive der gemeinnützigen Organisation

1. Der Adressat der Vergünstigung

Steuervergünstigungen können einer gemeinnützigen Organisation zugutekommen und werden dann als „direkte" (oder unmittelbare) Vergünstigungen beschrieben. Ist der Adressat dagegen ein Dritter, werden diese als „indirekt" (oder mittelbar) bezeichnet.[108] Indirekte Vergünstigungen zeichnen sich regelmäßig dadurch aus, dass die gemeinnützige Körperschaft nur in den Genuss tatsächlicher Vorteile kommt. Diese bestehen in der Lenkungswirkung der Vergünstigungen. Wenn Dritten steuerliche Vorteile bei der Unterstützung gemeinnütziger Organisationen gewährt werden, steigt deren Bereitschaft zur Förderung.[109] Direkt und unmittelbar wirken alle Vergünstigungen allerdings stets insoweit, als der jeweilige Steuerschuldner begünstigt wird. Die Begriffspaare beziehen sich mithin auf die Nähe zur gemeinnützigen Zweckverwirklichung. Denkbar sind daneben Vergünstigungen, die sowohl der gemeinnützigen Organisation als auch einem Dritten zugutekommen. Dies gilt für Steuern, die eine doppelte Steuerschuldnerschaft kennen. Paradigmatisch hierfür ist die Schenkungsteuer, bei der der Erwerber und der Schenker die Steuer gleichermaßen schulden (§ 20 Abs. 1 Satz 1 ErbStG).

Die Bestimmung des Vergünstigungsadressaten bereitet keine nennenswerten Schwierigkeiten, weil dieser bei der Prüfung der Vergünstigungsnorm bereits feststeht. Meist ergibt sich der Adressat sogar aus dem Wortlaut.[110] Das gilt auch für die Verbrauchsteuern, bei denen Steuerschuldner und intendierter Steuerträger auseinanderfallen.[111] Wessen Steuerschuldverhältnis von der Vergünstigungsnorm betroffen ist und wer (nur) tatsächlich von einer niedrigeren Steuerlast profitieren soll, ohne Steuerschuldner zu sein, ergibt sich aus den jeweiligen Einzelsteuergesetzen. Der Unterschied zu anderen Steuerarten besteht bei den Verbrauchsteuern darin, dass Vergünstigungsnormen regelmäßig direkt und indirekt zugleich wirken, weil der Steueranspruch als solcher ebenso gemindert wird wie die Abgabenlast des Verbrauchers.

[108] *Lang*, StuW 1987, 221, 224; *Franz*, Grundlagen der Besteuerung gemeinnütziger Körperschaften bei wirtschaftlicher Betätigung, 1991, S. 25 ff.; *Hüttemann*, Gemeinnützigkeitsrecht und Spendenrecht, 6. Aufl. 2025, Rn. 1.25.

[109] *Droege*, Gemeinnützigkeit im offenen Steuerstaat, 2010, S. 93; *Lang*, StuW 1987, 221, 224.

[110] So z. B. § 5 Abs. 1 Nr. 9 KStG, § 3 Nr. 6 GewStG.

[111] Vgl. dazu für die Umsatzsteuer *Englisch*, in: Tipke/Lang, Steuerrecht, 25. Aufl. 2024, Rn. 17.12.

2. Die Quelle des begünstigten Steuersubstrats

Direkte Steuervergünstigungen können weiter danach systematisiert werden, ob sie die Finanzierungsseite oder die Tätigkeit der gemeinnützigen Organisation betreffen.[112] Mit der Finanzierungsseite sind solche Vermögenszuflüsse gemeint, die losgelöst von dem Vermögenseinsatz der Organisation entstehen. Hier geht es zuvörderst um unentgeltliche Zuwendungen von Dritten. Tätigkeitsbezogene Vergünstigungen setzen hingegen dort an, wo eine Finanzierung bereits stattgefunden hat, die Körperschaft aber durch den Einsatz des erworbenen Vermögens weiteres Steuersubstrat generiert.

3. Vermögens- und Kostenstruktur

Im Hinblick auf die Intensität der Wettbewerbsverzerrung können Vergünstigungen danach differenziert werden, ob sie die Vermögensstruktur oder die Kostenstruktur der gemeinnützigen Körperschaft verbessern.[113] Vergünstigungen, die sich auf die Vermögensstruktur auswirken, sind demnach grundsätzlich ohne wettbewerbsverzerrende Wirkung. Anders ist es nur, wenn das steuerbegünstigte Vermögen zu wirtschaftlichen Zwecken verwendet wird. Alle indirekten Vergünstigungen sowie die Befreiungen des ErbStG und der Substanzsteuern betreffen die Vermögensstruktur. Wird dagegen die Kostenstruktur einer Organisation verbessert, wirkt dies im Regelfall wettbewerbsverzerrend. Denn diese Privilegierungen ermöglichen der Körperschaft geringere Entgelte. Die Kostenstruktur betreffen vor allem die Vergünstigungen des UStG.[114]

Der Ansatz der Unterteilung von Vergünstigungen nach Vermögens- und Kostenstruktur betrifft zum einen die Perspektive der gemeinnützigen Körperschaft. Gleichzeitig enthält er eine wertungsjuristische Komponente. Die Gewährung gemeinnützigkeitsbezogener Vergünstigungen setzt voraus, dass Wettbewerbsverzerrungen weitestmöglich vermieden werden.[115] Vor diesem Hintergrund ist eine kritische Untersuchung der einzelnen Vergünstigungsnormen mit Blick auf ihre wettbewerbsverzerrende Wirkung angezeigt.

---

[112] *Droege*, Gemeinnützigkeit im offenen Steuerstaat, 2010, S. 82 ff.

[113] Hierzu und zum Folgenden *Lang*, StuW 1987, 221, 227, 230 f.

[114] Siehe im Einzelnen die Übersicht bei *Lang*, StuW 1987, 221, 227.

[115] Grundlegend *Franz*, Grundlagen der Besteuerung gemeinnütziger Körperschaften bei wirtschaftlicher Betätigung, 1991, S. 54 ff.; *Droege*, Gemeinnützigkeit im offenen Steuerstaat, 2010, S. 413 ff.

II. Formelle und materielle Vergünstigungen

Vergünstigungen des materiellen Rechts betreffen den Steueranspruch (§ 38 AO). Diese machen steuerartenübergreifend die weit überwiegende Mehrzahl aller Vergünstigungen aus. Formelle Vergünstigungen sind dagegen verfahrensrechtlicher Natur.[116] Konzeptionell denkbar sind verfahrensrechtliche Vergünstigungen, die trotz Vorliegens eines Steueranspruchs dazu führen, dass keine Steuer erhoben wird. Im deutschen Steuerrecht existieren allerdings nur solche formellen Vergünstigungen, die die Erhebung vereinfachen. So ist es auch bei dem für gemeinnützige Körperschaften relevanten § 44a Abs. 4 Satz 1, Abs. 7 Satz 1 EStG, wonach der Kapitalertragsteuerabzug nicht vorzunehmen ist, wenn der Gläubiger der Kapitalerträge von der Körperschaftsteuer befreit oder eine gemeinnützige Organisation ist.[117] Die Norm bewirkt, dass in Fällen, in denen die Kapitalertragsteuer wieder erstattet werden müsste, diese zuvor nicht erhoben wird.[118] Das Verfahrensrecht wird so dem materiellen Steuerrecht angepasst. Daneben gibt es keine gemeinnützigkeitsspezifischen „echten“ Vergünstigungen des Verfahrensrechts. Diese wären ohne gesetzliche Regelung auch unzulässig, da die Finanzverwaltung nicht zu einer von der materiellen Rechtslage abweichenden Festsetzung ermächtigt ist und entsprechende Vereinbarungen unzulässig sind.[119]

III. Die Stellung im Steuertatbestand

Vergünstigungen können bei verschiedenen Merkmalen des Steuertatbestands[120] ansetzen. Steuerbefreiungen reduzieren den steuerlichen Grundtatbestand. Dieser setzt sich zusammen aus dem Steuersubjekt und dem Steuerobjekt.[121] Sonstige Vergünstigungen setzen beim Berechnungstatbestand an. Dieser bestimmt die Höhe der Steuerschuld und besteht aus der Bemessungsgrundlage und dem Steuersatz. Entsprechend schränken Vergünstigungen des Berechnungstatbestands die Steuerschuld wertmäßig ein.[122]

---

[116] *Jochum*, Die Steuervergünstigung, 2006, S. 186 ff.

[117] Wegen § 44a Abs. 7 Satz 3, Abs. 4 Satz 5 EStG gilt das nicht für Erträge, die in einem wirtschaftlichen Geschäftsbetrieb anfallen.

[118] *Bleschick*, in: Kirchhof/Seer, EStG, 24. Aufl. 2025, § 44a Rn. 1.

[119] Vgl. nur Beschl. v. 20.2.2014, XI B 85/13, BFH/NV 2014, 828, Rn. 18; *Wernsmann*, in: Hübschmann/Hepp/Spitaler, AO/FGO, 9/2025, § 78 AO Rn. 158.

[120] Hierzu *Seer*, in: Tipke/Lang, Steuerrecht, 25. Aufl. 2024, Rn. 6.27 ff.

[121] Vgl. *Lang*, Systematisierung der Steuervergünstigungen, 1974, S. 104.

[122] *Lang*, Systematisierung der Steuervergünstigungen, 1974, S. 104 ff.

1. Befreiungen des Grundtatbestands

Steuerbefreiungen im Grundtatbestand werden nach herkömmlicher Dogmatik in persönliche (subjektive) und sachliche (objektive) Befreiungen unterteilt.[123] Das Gesetz schreibt diese Differenzierung nicht ausdrücklich vor.[124] Sie ist vielmehr das Produkt systematischer Auslegung. Es ist nicht abschließend geklärt, nach welchen Kriterien die Unterscheidung vorzunehmen ist. Die damit verbundenen Unklarheiten treten gerade bei den gemeinnützigkeitsbezogenen Befreiungen der § 5 Abs. 1 Nr. 9 KStG und § 3 Nr. 6 GewStG deutlich zutage. Diese lassen grundsätzlich eine vollständige, bei Vorliegen eines wirtschaftlichen Geschäftsbetriebs aber nur eine teilweise Befreiung zu, was zu der gemeinhin verwendeten Bezeichnung „partielle Steuerpflicht" geführt hat.[125] Daneben finden sich die Bezeichnungen „beschränkte persönliche Steuerbefreiung"[126] oder „objektive Steuerbefreiung eigener Art"[127].

a) Ansätze zur Unterscheidung zwischen „persönlicher" und „sachlicher" Befreiung

Die Differenzierung zwischen „persönlichen" und „sachlichen" Befreiungen kann rechtsfolgen- oder tatbestandsbezogen vorgenommen werden.

Rechtsfolgenbezogen kann auf zwei Arten differenziert werden. Häufig findet sich der Ansatz, wonach es für das Vorliegen der einen oder anderen Art der Befreiung darauf ankommen soll, auf welcher Ebene des Steuertatbestands die Befreiung greift. Persönliche Befreiungen betreffen danach das Steuersubjekt, sachliche das Steuerobjekt.[128] Möglich ist auch, nach dem Umfang der Befreiung zu unterscheiden. Danach sind persönliche Befreiungen solche, die die Steuerschuldnerschaft durch vollständige Freistellung aller Einkünfte aufheben. Sachliche Befreiungen berühren dagegen nur einen Teil des Besteuerungsgegenstandes.[129]

---

[123] Stv. *Hensel*, Steuerrecht, 3. Aufl. 1933, S. 58 f.; *Lang*, Systematisierung der Steuervergünstigungen, 1974, S. 25, 91 ff.

[124] Von 1934 (RGBl. I 1934, 1031) bis 1977 (BGBl. I 1976, 2597) lautete die amtliche Überschrift des damaligen § 4 KStG dagegen noch „persönliche Befreiungen".

[125] *Hüttemann*, Gemeinnützigkeitsrecht und Spendenrecht, 6. Aufl. 2025, Rn. 6.65; *Bott*, in: Schauhoff/Kirchhain, Hdb. d. Gemeinnützigkeit, 4. Aufl. 2023, § 8 Rn. 4; *Jachmann/Unger*, in: Gosch, AO/FGO, 8/2025, § 64 AO Rn. 1; *Hummel/Lampert*, Aktuelle Rechtsfragen der Grenzen steuerlicher Gemeinnützigkeit, 2021, S. 16.

[126] BFH, Urt. v. 7. 8. 2002, I R 84/01, BFHE 200, 191; BFH, Beschl. v. 10. 3. 2010, I R 41/09, BStBl. II 2011, 181, Rn. 14.

[127] BFH, Urt. v. 13. 12. 1978, I R 77/76, BStBl. II 1979, 481; *Seer*, in: Tipke/Lang, Steuerrecht, 25. Aufl. 2024, Rn. 6.41.

[128] *Lang*, Systematisierung der Steuervergünstigungen, 1974, S. 91 f., 104; *Seer*, in: Tipke/Lang, Steuerrecht, 25. Aufl. 2024, Rn. 6.35, 6.41, 6.49; *Hey*, in: Tipke/Lang, Steuerrecht, 25. Aufl. 2024, Rn. 19.16.

[129] *Frotscher*, in: Frotscher/Drüen, KStG/GewStG/UmwStG, 9/2025, § 3 GewStG Rn. 2.

Tatbestandsbezogene Differenzierungen unterscheiden nach dem Anknüpfungspunkt der Befreiung. Hiernach ist entscheidend, ob die Befreiung nur in Bezug auf bestimmte Quellen gewährt wird, also positive Anforderungen an die Art der steuerbefreiten Einkünfte stellt, oder ohne Rücksicht auf die Herkunft des Vermögens erfolgt, das Steuersubjekt also aufgrund seiner Tätigkeit mit sämtlichen Einkünften von der Besteuerung ausnimmt. Im ersten Fall liegt eine sachliche, im zweiten eine persönliche Befreiung vor.[130] Tatbestandlich differenziert werden kann auch im Hinblick darauf, ob der Wortlaut der Befreiungsnorm Steuersubjekte konkret bezeichnet (dann persönliche Befreiung) oder diese abstrakt umschreibt und den Befreiungsgegenstand tätigkeitsbezogen formuliert (dann sachliche Befreiung).[131]

b) Terminologische Präzisierung

Die Abgrenzung zwischen persönlichen und sachlichen Befreiungen ist mit Blick auf die jeweils unterschiedlichen Rechtsfolgen vorzunehmen. Eine Differenzierung anhand von Tatbestandsmerkmalen ist zwar möglich, liefert aber keinen über bloße Wortlautbeschreibungen hinausgehenden Erkenntnisgewinn. Die zutreffende rechtliche Einordnung einer Norm kann nur anhand ihrer Rechtsfolgen gelingen.

Deshalb wird in dieser Arbeit mit persönlicher Steuerbefreiung eine Norm bezeichnet, deren Rechtsfolge darin besteht, die Steuerschuldnerschaft ausnahmsweise aufzuheben, sodass das Steuerobjekt dem Schuldner nicht mehr zugerechnet wird. Die sachliche Steuerbefreiung nimmt dagegen das Steuerobjekt ganz oder teilweise von der Besteuerung aus.[132] Keine Zustimmung verdient die Ansicht, wonach der Befreiungsumfang für die Abgrenzung zwischen persönlicher und sachlicher Befreiung entscheidend sein soll.[133] Umfang und Art einer Befreiung sind zu unterscheiden. Die Differenzierung nach dem Befreiungsumfang lässt sich außerdem begrifflich präziser durch eine Einteilung in unbeschränkte und beschränkte Befreiungen vornehmen.[134]

---

[130] *Drüen*, in: Frotscher/Drüen, KStG/GewStG/UmwStG, 9/2025, § 5 KStG Rn. 4; *Martini*, in: Winheller/Geibel/Jachmann-Michel, Gesamtes Gemeinnützigkeitsrecht, 3. Aufl. 2023, § 5 KStG Rn. 1.

[131] *Böwing-Schmalenbrock*, in: Brandis/Heuermann, Ertragsteuerrecht, 8/2025, § 5 KStG Rn. 1; *Kruschke*, in: Herrmann/Heuer/Raupach, EStG/KStG, 8/2025, § 5 KStG Rn. 1; wohl auch *Jochum*, Die Steuervergünstigung, 2006, S. 144 f.

[132] Ebenso *Lang*, Systematisierung der Steuervergünstigungen, 1974, S. 104.

[133] Vgl. *Frotscher*, in: Frotscher/Drüen, KStG/GewStG/UmwStG, 9/2025, § 3 GewStG Rn. 2.

[134] So auch *Rüsch*, in: Wendt/Suchanek/Möllmann/Heinemann, GewStG, 3. Aufl. 2025, § 3 Rn. 5.

Sachliche Befreiungen können in beschränkte und unbeschränkte Befreiungen unterteilt werden. Die persönliche Befreiung kann nicht beschränkt sein, weil ihre Rechtsfolge in der vollständigen Aufhebung der Steuerschuldnerschaft besteht und sie deshalb absoluten Charakter hat. Daher gibt es auch keine „sachlich eingeschränkte persönliche Steuerbefreiung". Hiermit kann allenfalls eine besondere Regelungstechnik beschrieben werden, die in der Sache aber nichts anderes ist als eine sachliche Steuerbefreiung. Da der Begriff aber anderes suggeriert, sollte er nicht verwendet werden. Ebenso wenig überzeugt die Ansicht, wonach es eine „gemischte Befreiung" gebe, wenn der Gesetzgeber die Aufhebung des Steuerschuldverhältnisses dem Grunde nach angeordnet habe, dieses für bestimmte Verhältnisse aber wiederaufleben solle.[135] Das mag richtig sein. Die grundsätzliche Aufhebung kann indes auf verschiedene Arten erfolgen, nämlich durch Freistellung des Steuerschuldners oder durch grundsätzlich vollständige Freistellung des Steuergegenstandes. Wenn das Gesetz aber einen der beiden Wege einschlägt, liegt auch nur eine Art der Steuerbefreiung vor. Ordnet man die Befreiungen verschiedenen Merkmalen des Steuertatbestands zu, ist es sinnwidrig, diese Ordnung durch Begriffsvermengung wieder zu verklären.

Ebenfalls abzulehnen ist der Begriff der „objektiven Steuerbefreiung eigener Art"[136]. Der sachlichen Befreiung kommt nicht aufgrund ihres besonderen Umfangs eine andere Art im Sinne einer anderen Rechtsnatur zu. Der Terminus „partielle Steuerpflicht"[137] drückt dagegen zutreffend aus, dass nicht alle Einkünfte des jeweiligen Steuersubjektes steuerbar sind. Hiermit ist im Ergebnis nichts anderes als die Rechtsfolge jeder beschränkten sachlichen Steuerpflicht beschrieben. Rechtstechnisch ist die partielle Steuerpflicht allerdings eine Ausnahme von einer (sachlichen) Befreiungsnorm. So können dem Zweck der Befreiung zuwiderlaufende Betätigungen wieder der Besteuerung unterworfen werden.[138] Der Begriff hat daher seine Berechtigung.

2. Vergünstigungen des Berechnungstatbestands

Der Berechnungstatbestand enthält die Merkmale, die die Höhe der grundsätzlich bestehenden Steuerschuld determinieren. Damit setzt er sich aus den Regelungen zur Bemessungsgrundlage und zum Steuersatz zusammen.[139]

---

[135] So aber *Lang*, Systematisierung der Steuervergünstigungen, 1974, S. 100; ähnlich BFH, Urt. v. 7. 8. 2002, I R 84/01, BFHE 200, 191.

[136] Vgl. BFH, Urt. v. 13. 12. 1978, I R 77/76, BStBl. II 1979, 481; *Seer*, in: Tipke/Lang, Steuerrecht, 25. Aufl. 2024, Rn. 6.41.

[137] Statt aller *Hüttemann*, Gemeinnützigkeitsrecht und Spendenrecht, 6. Aufl. 2025, Rn. 6.65; *Bott*, in: Schauhoff/Kirchhain, Hdb. d. Gemeinnützigkeit, 4. Aufl. 2023, § 8 Rn. 4.

[138] *Bott*, in: Bott/Walter, KStG, 10/2025, § 5 Rn. 19.

[139] *Lang*, Systematisierung der Steuervergünstigungen, 1974, S. 104 ff.

Vergünstigungen im Berechnungstatbestand können rechtstechnisch auf unterschiedliche Arten ausgestaltet sein.[140] Im Gemeinnützigkeitsrecht bedeutsam sind die Steuersatzermäßigungen,[141] Bewertungsfreiheiten[142] und Freigrenzen[143]. Freigrenzen sind vergleichbar mit sachlichen Steuerbefreiungen, da die Rechtsfolge einer Freigrenze das Steuerobjekt betrifft. Ob eine Freigrenze allerdings anwendbar ist, kann erst nach einer wertmäßigen Bestimmung des Steuergegenstandes bestimmt werden.[144]

IV. Rechtswirkung und funktionale Äquivalenz

Auch Steuervergünstigungen können deklaratorisch (beschreibend) oder konstitutiv (regelnd) sein. Deklaratorischen Bestimmungen kommt keine selbständige vergünstigende Wirkung zu. Konstitutive Vergünstigungen stellen dagegen Ausnahmen von den Grundentscheidungen einer Einzelsteuer dar. Über die Frage der Steuerbarkeit oder Steuerfreiheit entscheidet der Belastungsgrund der jeweiligen Steuer,[145] weshalb sich die Reichweite der Vergünstigungsnormen nur anhand des inneren Systems der Einzelsteuer bestimmen lässt. Von den Vergünstigungen können allerdings nur die Befreiungen deklaratorisch wirken. Vergünstigungen des Berechnungstatbestands wirken stets konstitutiv, da der Berechnungstatbestand nur relevant wird, wo die grundsätzliche Steuerbarkeit eines Sachverhalts bereits feststeht.

Denklogisch kann eine Steuerbefreiung (konstitutiv) nur da greifen, wo der Steuertatbestand grundsätzlich erfüllt ist.[146] Deshalb kann dasselbe steuerliche Ergebnis regelungstechnisch auf mehrere Arten erzielt werden. Entweder wird die Definition des Steuertatbestands eng gehalten[147] oder es wird eine Befreiung gewährt. Dieser Zusammenhang kann als funktionale Äquivalenz zwischen Nichtsteuerbarkeit und Steuerbefreiung bezeichnet werden.[148] Die regelungstechnische Alternativität der Bestimmung des Besteuerungsumfangs bei Gemeinnützigkeitsakteuren ist für das Unionsrecht bedeutsam. Denn die Ausgestaltung eines mitgliedstaatlichen Steuersystems entscheidet darüber, ob unionsrechtswidrige

---

[140] Hierzu im Einzelnen *Lang*, Systematisierung der Steuervergünstigungen, 1974, S. 104 ff.; *Jochum*, Die Steuervergünstigung, 2006, S. 153 ff.

[141] § 12 Abs. 2 Nr. 8 lit. a UStG.

[142] § 6 Abs. 1 Nr. 4 Satz 4 EStG.

[143] § 64 Abs. 3 AO.

[144] *Jochum*, Die Steuervergünstigung, 2006, S. 159.

[145] Vgl. *Hüttemann*, Gemeinnützigkeitsrecht und Spendenrecht, 6. Aufl. 2025, Rn. 1.55.

[146] *Lang*, Systematisierung der Steuervergünstigungen, 1974, S. 63 ff.; *Jachmann*, in: Igl, Rechtliche Rahmenbedingungen bürgerschaftlichen Engagements, 2002, S. 72 f.

[147] *Droege* spricht von einer „Engführung der Bemessungsgrundlage“, vgl. Gemeinnützigkeit im offenen Steuerstaat, 2010, S. 82.

[148] *Droege*, Gemeinnützigkeit im offenen Steuerstaat, 2010, S. 82.

Beihilfen oder Diskriminierungen vorliegen.[149] Es ist jedoch nicht abschließend geklärt, ob verschiedene Ausgestaltungen des nationalen Steuerrechts zu verschiedenen unionsrechtlichen Konsequenzen führen können, wenn diese Ausgestaltungen dasselbe Ergebnis erzielen.[150]

V. Kongruenz von Vergünstigungsnorm und allgemeinem Gemeinnützigkeitsrecht

Welche Anforderungen an die Gewährung der Vergünstigung gestellt werden, ist für jedes Einzelsteuergesetz und jede Vergünstigung gesondert geregelt. Ausgangspunkt sind zumeist die allgemeinen Vorschriften über die Gemeinnützigkeit (§§ 51–68 AO). Diese gelten nach § 51 Abs. 1 Satz 1 AO auch ohne, dass ein expliziter Verweis erforderlich wäre, wenn eine Steuervergünstigung aufgrund von Gemeinnützigkeit gewährt wird. Die Erfüllung der tatbestandlichen Voraussetzungen des allgemeinen Gemeinnützigkeitsrechts ist allerdings nicht zwangsläufig hinreichende Bedingung dafür, dass eine Vergünstigung auch gewährt wird. Die Einzelsteuergesetze können zusätzliche Anforderungen stellen oder speziellere Regelungen vorsehen.

Im Einzelnen finden sich neben einem ausdrücklichen Verweis auf den gesamten dritten Abschnitt (§§ 51–68) der AO[151] auch eingeschränkte Verweise[152], Kettenverweise[153] oder die wörtliche Bezugnahme auf die Gemeinnützigkeit ohne expliziten Verweis.[154] Manche Vergünstigungsnormen verweisen daneben nur auf einzelne Merkmale des allgemeinen Gemeinnützigkeitsrechts, sodass insbesondere der Körperschaftsbegriff nicht gilt.[155] Daneben enthalten einige Vergünstigungen weitere tatbestandliche Voraussetzungen oder Einschränkungen.

Daher gilt die These, dass das allgemeine Gemeinnützigkeitsrecht den Tatbestand regelt und die Vergünstigungen die Rechtsfolge betreffen[156] nur, soweit eine Vergünstigungsnorm keine weiteren Voraussetzungen enthält. Derartige zusätzliche

---

[149] Vgl. hier nur EuGH, Urt. v. 10. 1. 2006, C-222/04 (*Cassa di Risparmio*), Slg. 2006, I-289; v. 14. 9. 2006, C-386/04 (*Stauffer*), Slg. 2006, I-8203; v. 18. 12. 2007, C-281/06 (*Jundt*), Slg. 2007, I-12231.

[150] Vgl. dazu unten Teil 2: A. II. 2. a) bb) (2).

[151] § 5 Abs. 1 Nr. 9 KStG, § 3 Nr. 6 GewStG, §§ 4a Abs. 1, 12 Abs. 2 Nr. 8 lit. a UStG.

[152] §§ 13 Abs. 1 Nr. 16 lit. b, 29 Abs. 1 Nr. 4 ErbStG verweisen nur auf §§ 52–54 AO.

[153] §§ 6 Abs. 1 Nr. 4 Satz 4, 3 Nr. 26, Nr. 26a, 44, 10b Abs. 1 Satz 2 Nr. 2 EStG, § 9 Abs. 2 Satz 2 lit. b KStG, § 9 Nr. 5 GewStG, § 23a UStG.

[154] § 13 Abs. 1 Nr. 17 ErbStG, § 3 Abs. 1 Satz 1 Nr. 3 lit. b GrStG, § 28 Nr. 2 RennwLottG, § 3 Nr. 5a KraftStG.

[155] § 4 Nr. 16 lit. b, lit. d UStG, § 13 Abs. 1 Nr. 17 ErbStG, § 4 Nr. 6 GrStG, § 3 Nr. 5a KraftStG, § 28 Nr. 2 RennwLottG.

[156] Vgl. für das Ertragsteuerrecht *Hummel/Lampert*, Aktuelle Rechtsfragen der Grenzen steuerlicher Gemeinnützigkeit, 2021, S. 16.

Voraussetzungen können rechtsformbezogen sein,[157] Unterschiede in der Auslandsoffenheit vorsehen[158] oder sonstige Einschränkungen[159] enthalten.

Die Beschreibung der Voraussetzungen, unter denen eine Steuervergünstigung gewährt wird, führt zu der Frage der inneren Systematik von Vergünstigungen mit Gemeinnützigkeitsbezug. Diese besteht aus zwei Komponenten: Der „Rechtfertigung" einer Vergünstigung im Hinblick auf den Belastungsgrund der Einzelsteuer einerseits sowie der Kongruenz zwischen Vergünstigung und dem allgemeinen Gemeinnützigkeitsrecht andererseits. Gemeinnützigkeitsabhängigen Vergünstigungen kommt damit eine systematische Zwitterstellung zu, da sie jeweils Teil von zwei inneren Steuersystemen zugleich sind. Im Folgenden ist daher zu untersuchen, ob und zu welchem Grad sich die bestehenden Vergünstigungen in diese Systeme einfügen.

---

[157] So sind § 10b Abs. 1a EStG, § 9 Nr. 5 Satz 9 GewStG, § 29 Abs. 1 Nr. 4 ErbStG nur auf Stiftungen anwendbar.

[158] § 3 Abs. 1 Satz 1 Nr. 3 lit. b GrStG, § 29 Abs. 1 Nr. 4 ErbStG sind ausdrücklich nur auf inländische Rechtsträger anwendbar.

[159] So setzt § 13 Abs. 1 Nr. 17 ErbStG ein subjektives Element, nämlich den Willen zur Widmung, voraus. Nach § 3 Abs. 1 Satz 1 Nr. 3 lit. b GrStG ist die Nutzung des Grundstücks maßgeblich, § 3 Nr. 5a KraftStG schränkt die gewährte Vergünstigung zeitlich ein.

Teil 2

Systematische Bewertung der direkten Vergünstigungen

A. Körperschaftsteuerliche Vergünstigungen

Eine Organisation kann den Status der Gemeinnützigkeit nur erlangen, wenn sie eine Körperschaft im Sinne des KStG ist (§ 51 Abs. 1 Satz 2 AO). Deshalb sind Fragen der Körperschaftsteuer für alle gemeinnützigen Körperschaften von erheblicher Relevanz.

I. Der Belastungsgrund der Körperschaftsteuer und ihr Grundtatbestand

Die Körperschaftsteuer ist die Einkommensteuer der juristischen Person.[1] Sie wird auf das durch eine Erwerbstätigkeit erwirtschaftete Einkommen (Erwerbseinkommen)[2] als Indikator der wirtschaftlichen Leistungsfähigkeit erhoben,[3] welches damit einen einheitlichen Belastungsgrund von Einkommen- und Körperschaftsteuer darstellt.[4]

Existenz und Nutzen eines solchen steuerartspezifischen Belastungsgrundes sind nicht gänzlich unumstritten.[5] Seine Berechtigung findet der Begriff aber zur Erklärung der Auswahl eines Steuergegenstands, seiner Ausgestaltung und möglicher Ausnahmen sowie der Abgrenzung einer Steuerart von einer anderen.[6] Aus dem identifizierten Belastungsgrund der Körperschaftsteuer lassen sich deshalb

---

[1] *Hey*, in: Tipke/Lang, Steuerrecht, 25. Aufl. 2024, Rn. 11.1; *Desens*, in: Herrmann/Heuer/Raupach, EStG/KStG, 8/2025, Einführung zum KStG Rn. 1.

[2] Das Erwerbseinkommen wird auch als „erweitertes Markteinkommen" bezeichnet, um auszudrücken, dass das Einkommen nicht zwingend am Markt erwirtschaftet, sondern auf eine Erwerbstätigkeit zurückzuführen sein muss, *Hey*, in: Herrmann/Heuer/Raupach, EStG/KStG, 8/2025, Einführung zum EStG, Rn. 13; *dies.*, in: Tipke/Lang, Steuerrecht, 25. Aufl. 2024, Rn. 7.31.

[3] *Tipke*, Die Steuerrechtsordnung, Bd. 2, 2. Aufl. 2003, S. 1174.

[4] Stv. *Hey*, FS Herzig 2010, S. 7, 16.

[5] Ablehnend *Tipke*, Die Steuerrechtsordnung, Bd. 2, 2. Aufl. 2003, S. 579 f.

[6] *G. Kirchhof*, DStR 2020, 1073, 1077; zu weiteren Bedeutungsvarianten des Belastungsgrundes *Valta*, DStR 2023, 378, 379 ff.

Rückschlüsse für die Auslegung des KStG und die Behandlung gemeinnütziger Organisationen im Körperschaftsteuerrecht ziehen.

1. Persönliche Steuerpflicht

Inländische Körperschaften, Personenvereinigungen und Vermögensmassen sind unbeschränkt körperschaftsteuerpflichtig (§ 1 Abs. 1 KStG); sie werden mit ihrem Welteinkommen besteuert (§ 1 Abs. 2 KStG).[7] Welche Organisationen darunter zu verstehen sind, ist in § 1 Abs. 1 KStG abschließend aufgezählt. Maßgeblich ist die Rechtsform.[8] Für das Gemeinnützigkeitsrecht sind insbesondere § 1 Abs. 1 Nr. 1 KStG (Kapitalgesellschaften) sowie § 1 Abs. 1 Nr. 4 und Nr. 5 KStG (Vereine und Stiftungen) von Bedeutung.[9] Steuersubjekt ist stets die Körperschaft, Personenvereinigung oder Vermögensmasse als solche, nicht einzelne wirtschaftliche Geschäftsbetriebe.[10]

Ausländische Körperschaften, Personenvereinigungen oder Vermögensmassen sind beschränkt körperschaftsteuerpflichtig (§ 2 Nr. 1 KStG). Nur die in § 49 EStG aufgeführten inländischen Einkünfte werden besteuert.[11] Die enumerative Aufzählung inländischer Körperschaftsteuersubjekte in § 1 Abs. 1 KStG gilt für ausländische Körperschaften nicht.[12] Ob sich ein ausländisches Rechtsgebilde unter die Begriffe Körperschaft, Personenvereinigung oder Vermögensmasse i. S. v. § 2 Nr. 1 KStG subsumieren lässt, ist anhand eines Rechtstypenvergleichs mit den inländischen Körperschaftsteuersubjekten nach § 1 Abs. 1 KStG zu bestimmen.[13] Ausländische Non-Profit Organisationen[14] sind danach meist taugliche Körperschaftsteuersubjekte, da im internationalen Vergleich eine körperschaftliche oder zumindest verselbständigte Organisationsform regelmäßig Voraussetzung für den Gemeinnützigkeitsstatus ist. Steuerbefreite Einzelpersonen oder Personengesellschaften kommen auch im Ausland grundsätzlich nicht vor.[15]

---

[7] *Rengers*, in: Brandis/Heuermann, Ertragsteuerrecht, 8/2025, § 1 KStG Rn. 194.

[8] BFH, Beschl. v. 25. 6. 1984, GrS 4/82, BStBl. II 1984, 751.

[9] *Bott*, in: Schauhoff/Kirchhain, Hdb. d. Gemeinnützigkeit, 4. Aufl. 2023, § 8 Rn. 15.

[10] BFH, Urt. v. 27. 3. 2001, I R 78/99, BStBl. II 2001, 449.

[11] BFH, Urt. v. 29. 1. 1964, I 153/61 S, BStBl. III 1964, 165; v. 13. 11. 2002, I R 90/01, BStBl. II 2003, 249.

[12] Begründung zum KStG 1934, RStBl. 1935, 81; *Pfirrmann*, in: Gosch, KStG, 4. Aufl. 2020, § 2 Rn. 15.

[13] BFH, Urt. v. 23. 6. 1992, IX R 182/87, BStBl. II 1992, 972; *Martini*, IStR 2012, 441.

[14] Als „Non-Profit Organisation" werden gemeinhin Rechtsgebilde mit Gewinnausschüttungsverbot bezeichnet, vgl. *von Hippel*, Grundprobleme von Nonprofit-Organisationen, 2007, S. 18 ff., 629.

[15] *von Hippel/Walz*, in: Walz/von Auer/von Hippel, Spenden- und Gemeinnützigkeit in Europa, 2007, S. 105 ff., S. 110; *Lindner*, Grundlagen eines europäischen Gemeinnützigkeitsstatuts, 2018, S. 91.

2. Sachliche Steuerpflicht

Steuerobjekt ist das zu versteuernde Einkommen (§ 7 Abs. 1, Abs. 2 KStG). Der Einkommensbegriff und dessen Ermittlung richtet sich vorbehaltlich körperschaftsteuerlicher Sondernormen nach den Vorschriften des EStG (§ 8 Abs. 1 Satz 1 EStG). Sachlich körperschaftsteuerpflichtig sind danach zunächst die mit Einkünfteerzielungsabsicht erwirtschafteten Vermögenszuflüsse einer Einkommensart nach § 2 Abs. 1 Satz 1 EStG. Die Bestimmung des Umfangs der sachlichen Steuerpflicht ist für die Beurteilung der konstitutiven Reichweite der Befreiungsnormen (v. a. § 5 Abs. 1 Nr. 9 KStG) notwendig.[16]

a) § 14 Satz 2 AO und sachliche Körperschaftsteuerpflicht

Eine denkbare gemeinnützigkeitsspezifische Erweiterung der sachlichen Körperschaftsteuerpflicht enthält § 14 Satz 2 AO, wonach eine Gewinnerzielungsabsicht für die Annahme eines wirtschaftlichen Geschäftsbetriebs nicht erforderlich ist. Da Einkünfte in einem wirtschaftlichen Geschäftsbetrieb nicht von der Körperschaftsteuer befreit sind, wird aus dem Verzicht auf das Merkmal der Einkünfteerzielungsabsicht zum Teil gefolgert, derartige Vermögenszuflüsse müssten mit der Körperschaftsteuer belastet werden, obwohl sie den körperschaftsteuerlichen Grundtatbestand nicht erfüllen.[17]

§ 14 Satz 2 AO ist im Verhältnis zum KStG allerdings allgemeinerer Natur und findet auch in sämtlichen anderen Steuergesetzen, bei denen es auf das Vorliegen eines wirtschaftlichen Geschäftsbetriebs ankommt, Anwendung.[18] So erklärt sich das fehlende Erfordernis einer Gewinnerzielungsabsicht zwanglos daher, dass nicht alle Steuerarten eine solche grundsätzlich voraussetzen.[19] Das Merkmal ist beispielsweise für die Umsatzsteuer nicht relevant.[20] Trotzdem kommt es auch dort im Rahmen der Steuersatzermäßigung auf einen wirtschaftlichen Geschäftsbetrieb an.[21] Der These, wonach ein Verzicht auf die Einkünfteerzielungsabsicht aus Gründen der Wettbewerbsneutralität erforderlich sei,[22] ist entgegenzuhalten, dass

---

[16] Grundlegend *Lang*, Systematisierung der Steuervergünstigungen, 1974, S. 63 ff.; *Jachmann*, in: Igl, Rechtliche Rahmenbedingungen bürgerschaftlichen Engagements, 2002, S. 72 f.

[17] *Herbert*, Der wirtschaftliche Geschäftsbetrieb des gemeinnützigen Vereins, 1988, S. 132; *Orth*, FR 2007, 326, 330.

[18] *Franz*, Grundlagen der Besteuerung gemeinnütziger Körperschaften bei wirtschaftlicher Betätigung, 1991, S. 193.

[19] *Hüttemann*, GS Walz, 2008, S. 269, 280.

[20] § 2 Abs. 1 Satz 3 UStG; *Stadie*, in: Stadie, UStG, 3. Aufl. 2015, § 2 Rn. 129 f., 136.

[21] Vgl. § 12 Abs. 2 Nr. 8 lit. a Satz 2 UStG, wonach Leistungen im Rahmen eines wirtschaftlichen Geschäftsbetriebs nicht ermäßigt besteuert werden.

[22] *Herbert*, Der wirtschaftliche Geschäftsbetrieb des gemeinnützigen Vereins, 1988, S. 132; *Orth*, FR 2007, 326, 330.

Wettbewerbsneutralität durch eine Erweiterung der sachlichen Körperschaftsteuerpflicht im Vergleich zu nicht begünstigten Körperschaften gerade nicht hergestellt werden kann. Neutralität setzt keine Benachteiligung, sondern (nur) eine Gleichstellung der Gemeinnützigkeitsakteure mit nicht begünstigten Marktteilnehmern voraus.[23] § 14 Satz 2 AO erweitert deshalb die sachliche Körperschaftsteuerpflicht durch einen Verzicht auf das Merkmal der Gewinnerzielungsabsicht nicht und schafft auch generell keine eigenständigen Steuertatbestände neben den Bestimmungen der Einzelsteuergesetze.[24] Die Steuerbarkeit von Einkünften bestimmt sich auch im Anwendungsbereich der partiellen Steuerpflicht nach den Vorschriften der einschlägigen Einzelsteuergesetze zum Steuerobjekt. § 14 AO betrifft das Steuerobjekt gerade nicht, sondern ist stets erst auf der Ebene der Steuervergünstigung anwendbar.[25]

b) Die Gewerbebetriebsfiktion bei Kapitalgesellschaften

Im Zusammenhang mit der sachlichen Körperschaftsteuerpflicht steht – je nach Lesart – auch § 8 Abs. 2 KStG, wonach bei unbeschränkt Steuerpflichtigen gemäß § 1 Abs. 1 Nr. 1–3 KStG (insbesondere Kapitalgesellschaften) alle Einkünfte als solche aus Gewerbebetrieb gelten. Wenn § 8 Abs. 2 KStG sämtliche Vermögenszuflüsse erfasst und als gewerbliche Einkünfte qualifiziert, wären auch solche Zuflüsse einer gemeinnützigen Kapitalgesellschaft körperschaftsteuerbar, die keine Einkünfte i. S. d. EStG sind.[26] Das betrifft v. a. Spenden, Erbschaften und Zuschüsse.[27] Dieses Verständnis entspricht der Rechtsprechung des BFH ab 1996. Da Kapitalgesellschaften keine außerbetriebliche Sphäre hätten, gälten unabhängig von einer etwaigen Einkünfteerzielungsabsicht auch solche Tätigkeiten als gewerblich, die keiner der sieben Einkunftsarten des § 2 Abs. 1 Satz 1 EStG zugehörig sind.[28]

Versteht man § 8 Abs. 2 KStG dagegen als bloße Qualifikationsnorm, sind mit Einkünfteerzielungsabsicht erzielte Einkünfte i. S. v. § 2 Abs. 1 Satz 1 EStG Voraussetzung und werden lediglich umqualifiziert. Die Gewerbebetriebsfiktion hätte

---

[23] *Hüttemann*, Gemeinnützigkeitsrecht und Spendenrecht, 6. Aufl. 2025, Rn. 6.89; *ders.*, GS Walz, 2008, S. 269, 280.

[24] *Franz*, Grundlagen der Besteuerung gemeinnütziger Körperschaften bei wirtschaftlicher Betätigung, 1991, S. 193.

[25] *Hüttemann*, Wirtschaftliche Betätigung und steuerliche Gemeinnützigkeit, 1991, S. 122 ff.

[26] So ausdrücklich BFH, Urt. v. 6. 12. 2016, I R 50/16, BStBl. II 2017, 324, Rn. 6.

[27] Vgl. unten Teil 2: A. I. 2. c) aa).

[28] BFH, Urt. v. 4. 12. 1996, I R 54/95, BFHE 182, 123; bestätigt durch Urt. v. 22. 8. 2007, I R 32/06, BStBl. II 2007, 961; v. 6. 12. 2016, I R 50/16, BStBl. II 2017, 324, Rn. 6; zustimmend *Wassermeyer*, DB 2011, 1828, 1831; *Pfirrmann*, in: Herrmann/Heuer/Raupach, EStG/KStG, 8/2025, § 8 KStG Rn. 73.

dann keine Auswirkungen auf den Besteuerungsumfang. Das entspricht der Ansicht der früheren Rechtsprechung[29] und noch immer beachtlicher Teile der Literatur.[30]

Dieser letztgenannten Auffassung ist zuzustimmen. Zunächst lässt der Wortlaut von § 8 Abs. 2 KStG grundsätzlich beide Deutungen zu.[31] Die Terminologie („alle Einkünfte") legt es gleichwohl nahe, auf den einkommensteuerlichen Einkünftebegriff abzustellen, da § 8 Abs. 1 Satz 1 KStG auf die Vorschriften des EStG verweist und § 8 Abs. 2 KStG kein hiervon abweichender Einkünftebegriff zu entnehmen ist. Der Gesetzgeber ist überdies von der Nichtsteuerbarkeit von Liebhabereitätigkeiten[32] ausgegangen.[33] Soweit zur Begründung einer fehlenden außerbetrieblichen Sphäre Wertungswidersprüche zur gewerbesteuerrechtlichen Fiktion nach § 2 Abs. 2 Satz 1 GewStG angeführt werden, ist dem entgegenzuhalten, dass sich aus gewerbesteuerlichen Normen keine Grundentscheidungen für Fragen des Einkommen- oder Körperschaftsteuerrechts ableiten lassen.[34]

Das Fehlen einer § 12 Nr. 1 EStG[35] entsprechenden Regelung im KStG hat für die Frage der außerbetrieblichen Sphäre einer Kapitalgesellschaft keine Bedeutung, weil die Norm deklaratorisch ist[36] und die Notwendigkeit einer Gewinnerzielungsabsicht im Einkommensteuerrecht schon aus der Auslegung von § 2 Abs. 1 EStG folgt.[37] Schließlich ist der Maßgeblichkeitsgrundsatz, wonach die bei der Handelsbilanz geltenden Grundsätze ordnungsgemäßer Buchführung grundsätzlich auch für die Steuerbilanz gelten (§ 5 Abs. 1 Satz 1 EStG), kein stichhaltiges Argument. Das Vollständigkeitsgebot (§ 246 Abs. 1 HGB) bezieht sich ohnehin nur auf unternehmerisches Vermögen.[38] Auch der Einzelhandelskaufmann eines „Liebhabereibetriebs" müsste nur handelsrechtlich bilanzieren, aber keine Steuerbilanz aufstellen.[39]

---

[29] RFH, Urt. v. 26. 4. 1930, I A 142/30, RStBl. 1930, 352 Nr. 491; v. 18. 10. 1932, I A 545/31, RStBl. 1932, 1026 Nr. 1026; BFH, Urt. v. 2. 11. 1965, I 221/62 S, BStBl. III 1966, 255; v. 7. 7. 1976, I R 180/74, BStBl. II 1976, 753; v. 24. 9. 1980, I R 88/77, BStBl. II 1981, 108.

[30] *Franz*, Grundlagen der Besteuerung gemeinnütziger Körperschaften bei wirtschaftlicher Betätigung, 1991, S. 197 f.; *Hüttemann*, FS Raupach 2006, S. 495, 499; *Birk*, BB 2009, 860, 866; *Weber-Grellet*, BB 2014, 2263, 2265; *Valta*, FR 2020, 586, 591; *Roser*, in: Gosch, KStG, 4. Aufl. 2020, § 8 Rn. 74.

[31] *Wassermeyer*, FS Haas, 1996, S. 401; *Hüttemann*, FS Raupach, 2006, S. 495, 498.

[32] Liebhaberei bezeichnet Tätigkeiten, die ohne Gewinn- oder Einkünfteerzielungsabsicht ausgeübt werden und damit keiner Einkunftsart i. S. v. § 2 Abs. 1 Satz 1 EStG unterfallen, stv. BFH, Beschl. v. 25. 6. 1984, GrS 4/82, Rn. 183, BStBl. II 1984, 751.

[33] BT-Drs. 7/1470, S. 341.

[34] *Oppenländer*, Verdeckte Gewinnausschüttung, 2004, S. 67.

[35] Die Vorschrift verbietet den Abzug von Aufwendungen der privaten Lebensführung.

[36] Stv. *Thürmer*, in: Brandis/Heuermann, Ertragsteuerrecht, 8/2025, § 12 EStG Rn. 80.

[37] *Hüttemann*, FS Raupach, 2006, S. 495, 501 f. mit Verweis auf BFH, Beschl. v. 25. 6. 1984, GrS 4/82, BStBl. II 1984, 751.

[38] *Merkt*, in: Hopt, HGB, 44. Aufl. 2025, § 246 Rn. 24; *Weber-Grellet*, BB 2014, 2263, 2265.

[39] *Hüttemann*, FS Raupach, 2006, S. 495, 500.

Als Schlüssel zur Auslegung erweist sich der Belastungsgrund der Körperschaftsteuer. Dieser ist – analog zur Einkommensteuer – das erzielte Erwerbseinkommen als Leistungsfähigkeitsindikator.[40] Dieser Belastungsgrund wird durch die Bezugnahme auf den Einkommensbegriff i. S. d. EStG umgesetzt. Ein Verständnis der Gewerbebetriebsfiktion als Erweiterung der Steuerbarkeit jenseits dieses Belastungsgrundes auf sämtliche Vermögenszuflüsse im Sinne einer Reinvermögenszuwachsbesteuerung[41] liefe dem zuwider und führte ohne Not zu Konkurrenzproblemen zwischen Ertragsteuern auf der einen und der Erbschaft- und Schenkungsteuer auf der anderen Seite.[42]

Zwischen Kapitalgesellschaften und anderen Körperschaftsteuersubjekten bestehen nach alldem keine Unterschiede beim Umfang der sachlichen Körperschaftsteuerpflicht.

c) Die Körperschaftsteuerbarkeit einzelner Vermögenszuflüsse

Die Anbindung der körperschaftsteuerlichen Einkommensermittlung an das EStG hat zur Folge, dass Einnahmen aus der wirtschaftlichen Betätigung gemeinnütziger Körperschaften grundsätzlich der Körperschaftsteuer unterliegen. Derartige Einnahmen sind regelmäßig originär gewerblich (§ 15 Abs. 1 Satz 1 Nr. 1 EStG). Zu denken ist etwa an den Verkauf von Lebensmitteln in einer Vereinsgaststätte oder den Betrieb von Forschungseinrichtungen.[43]

Originär gewerblich sind meist auch die Einkünfte der Zweckbetriebe. Diese dienen zwar der Verwirklichung der satzungsmäßigen Zwecke (§ 65 Nr. 1 AO) und sind deshalb am Prinzip der Kostendeckung orientiert.[44] Das schließt eine Einkünfteerzielungsabsicht aber nicht aus. Denn auch ein Zweckbetrieb darf zur Finanzierung etwa künftiger Modernisierungen oder Betriebserweiterungen buchhalterische Überschüsse erzielen oder Rücklagen bilden.[45] Ob Zweckbetriebseinnahmen mit Einkünfteerzielungsabsicht erwirtschaftet und damit körperschaftsteuerbar sind, ist einzelfallabhängig zu beurteilen.

Körperschaftsteuerbar ist daneben die nach Maßgabe des EStG steuerbare Vermögensverwaltung, also Kapitaleinkünfte, wie Dividenden oder Zinsen (§ 20 EStG) sowie die private Vermietung und Verpachtung, insbesondere von Grundbesitz (§ 21 EStG). Im Anwendungsbereich der Kapitalertragsbesteuerung wird

---

[40] *Tipke*, Die Steuerrechtsordnung, Bd. 2, 2. Aufl. 2003, S. 1174; *Hey*, in: Tipke/Lang, Steuerrecht, 25. Aufl. 2024, Rn. 3.55.

[41] Dazu näher *Hey*, in: Tipke/Lang, Steuerrecht, 25. Aufl. 2024, Rn. 7.30 f.

[42] Siehe dazu unten Teil 2: A. I. 2. c) aa).

[43] Vgl. *Hüttemann*, Gemeinnützigkeitsrecht und Spendenrecht, 6. Aufl. 2025, Rn. 6.4.

[44] BFH, Urt. v. 21. 9. 2016, V R 50/15, BStBl. II 2017, 1173, Rn. 47.

[45] *Kirchhain*, in: Schauhoff/Kirchhain, Hdb. d. Gemeinnützigkeit, 4. Aufl. 2023, § 7 Rn. 231; *Hüttemann*, Gemeinnützigkeitsrecht und Spendenrecht, 6. Aufl. 2025, Rn. 6.194.

die Absicht, Erträge zu erzielen, vermutet.[46] Bei privaten Vermietungs- und Verpachtungseinkünften wird ebenfalls grundsätzlich von einer Einkünfteerzielungsabsicht ausgegangen.[47]

Typische Einnahmequellen gemeinnütziger Körperschaften im Grenzbereich der Körperschaftsteuerbarkeit werden im Folgenden kurz erläutert.

aa) Spenden, Zuschüsse und Erbschaften

Spenden, Erbschaften und Zuschüsse tragen zu einem großen Teil zur Finanzierung gemeinnütziger Körperschaften bei.[48] Ihnen ist gemein, dass es sich um unentgeltliche Zuwendungen handelt, die dem Empfänger in der Regel ohne eigene Erwerbstätigkeit zukommen. Sie sind dann keiner Einkommensart zuzurechnen und werden systemkonform nicht mit der Körperschaftsteuer belastet.[49]

Es gibt allerdings zwei Konstellationen, in denen die Körperschaftsteuerbarkeit unentgeltlicher Zuwendungen zumindest denkbar ist. Zum einen betrifft das Körperschaften nach § 8 Abs. 2 KStG, wenn man die Norm mit der neueren Rechtsprechung so versteht, dass sie sämtliche Vermögenszuflüsse der Körperschaftsteuer unterwirft.[50] Konsequent sieht der I. Senat des BFH die dem Betrieb einer Pflegeheim-GmbH zukommende Erbschaft als körperschaftsteuerpflichtig an.[51] Für gemeinnützige Körperschaften anderer Rechtsform kann zum anderen relevant werden, dass unentgeltliche Zuwendungen insbesondere nach älterer Rechtsprechung bei betrieblicher Veranlassung Betriebseinnahmen sind. Das ist z. B. bei öffentlich-rechtlichen Zuschüssen der Fall, die nach den zugrundeliegenden Förderrichtlinien untrennbar mit dem Betrieb verbunden sind.[52] Für den Betrieb bestimmte Erbschaften können nach diesen Maßstäben ebenfalls Betriebseinnahmen sein.[53]

Die Qualifikation einer unentgeltlichen Zuwendung als steuerbare Betriebseinnahme führt dazu, dass dieselbe Zuwendung sowohl der Körperschaft- als auch

---

[46] BFH, Urt. v. 14. 3. 2017, VIII R 38/15, BStBl. II 2017, 1040, Rn. 19.

[47] BFH, Urt. v. 30. 9. 1997, IX R 80/94, BStBl. II 1998, 771; v. 10. 5. 2006, IX R 35/05, BFH/NV 2006, 1648. Hiervon existieren Ausnahmen (z. B. teilweise Selbstnutzung einer Immobilie oder besonders aufwändige Wohnungen, vgl. *Pfirrmann*, in: Herrmann/Heuer/Raupach, EStG/KStG, 8/2025, § 21 EStG, Rn. 72 ff.), die für gemeinnützige Körperschaften aber nur selten relevant sind.

[48] *Hüttemann*, Gemeinnützigkeitsrecht und Spendenrecht, 6. Aufl. 2025, Rn. 1.33.

[49] *Hey*, in: Tipke/Lang, Steuerrecht, 25. Aufl. 2024, Rn. 8.124; *Hüttemann*, Gemeinnützigkeitsrecht und Spendenrecht, 6. Aufl. 2025, Rn. 7.104.

[50] So BFH, Urt. v. 4. 12. 1996, I R 54/95, BFHE 182, 123; bestätigt durch Urt. v. 22. 8. 2007, I R 32/06, BStBl. II 2007, 961; v. 6. 12. 2016, I R 50/16, BStBl. II 2017, 324; *Wassermeyer*, DB 2011, 1828, 1831. Zur Kritik siehe oben Teil 2: A. I. 2. b).

[51] BFH, Urt. v. 6. 12. 2016, I R 50/16, BStBl. II 2017, 324, Rn. 6.

[52] BFH, Urt. v. 14. 3. 1989, I R 83/85, BStBl. II 1989, 650.

[53] BFH, Urt. v. 14. 3. 2006, VIII R 60/03, BStBl. II 2006, 650.

der Erbschaft- oder Schenkungsteuer unterfallen kann.[54] Dazu kommt es zwar nur, wenn die Zuwendung einem wirtschaftlichen Geschäftsbetrieb zugutekommt, da sie anderenfalls ohnehin von § 5 Abs. 1 Nr. 9 KStG befreit wird.[55] Bei entsprechenden Zweckbestimmungen durch den Zuwendenden oder der (Fehl-)Verwendung durch die Körperschaft in der betrieblichen Sphäre ist das aber möglich.[56]

Diese Doppelbelastung desselben Zuflusses ist steuersystematisch nicht zu rechtfertigen. Die Körperschaftsteuer auf der einen und die Erbschaft- und Schenkungsteuer auf der anderen Seite belasten zwar eine erhöhte Leistungsfähigkeit, nutzen indes unterschiedliche Leistungsfähigkeitsindikatoren, weshalb sich ihre Belastungsgründe unterscheiden. Während die Körperschaftsteuer auf das erwirtschaftete Erwerbseinkommen zugreift,[57] belastet die Erbschaft- und Schenkungsteuer als Ergänzung zur Ertragsbesteuerung[58] die außerhalb von wirtschaftlichen Betätigungen unentgeltlich erworbenen Vermögensmehrungen.[59] Da sich beides ausschließt, d. h. ein und derselbe Vermögenszufluss nicht zugleich entgeltlich erwirtschaftet und unentgeltlich nicht erwirtschaftet sein kann, darf er nach zunehmend vertretener und zutreffender Ansicht auch nicht mit beiden Steuern belastet werden.[60]

Die andere Ansicht kann sich prima facie auf die Existenz von § 35b EStG berufen, wonach die Einkommensteuer bei vorheriger Belastung mit der Erbschaftsteuer ermäßigt werden kann, und hieraus folgern, der Gesetzgeber habe die Doppelbelastung für möglich gehalten und sogar gewollt.[61] Weiter wird angeführt, in einem „Vielsteuersystem" ließen sich Doppelbelastungen ohnehin nicht vermeiden.[62]

Abgesehen davon, dass es keine § 35b EStG entsprechende Regelung im hier allein relevanten KStG gibt,[63] ist die Norm nicht Ausdruck einer gewollten Doppelbelastung derselben Vermögensmehrung mit mehreren Steuerarten, sondern dient

---

[54] So ausdrücklich BFH, Urt. v. 6. 12. 2016, I R 50/16, BStBl. II 2017, 324, Rn. 11 ff.; *Crezelius*, ZEV 2006, 419, 421 (Anm. zu BFH VIII R 60/03).

[55] *Hüttemann*, Gemeinnützigkeitsrecht und Spendenrecht, 6. Aufl. 2025, Rn. 7.104.

[56] Zur Behandlung derartiger Zuwendungen nach dem ErbStG siehe unten Teil 2: E. I. 2. a).

[57] *Tipke*, Die Steuerrechtsordnung, Bd. 2, 2. Aufl. 2003, S. 1174.

[58] *Crezelius*, DStJG 22 (1999), 73, 114; *Mellinghoff*, DStJG 22 (1999), 127, 136 ff.

[59] *Tipke*, Die Steuerrechtsordnung, Bd. 2, 2. Aufl. 2003, S. 873 f.; *Seer*, in: Tipke/Lang, Steuerrecht, 25. Aufl. 2024, Rn. 15.1–15.3.

[60] *Crezelius*, ZEV 2015, 392, 393 f.; *Friz*, DStR 2015, 2409, 2410; *Keß*, ZEV 2015, 254, 255, 259; ebenso Teile der neueren Rechtsprechung, z. B. BFH, Beschl. v. 12. 9. 2011, VIII B 70/09, BFH/NV 2012, 229, Rn. 19; v. 6. 12. 2013, VI B 89/13, BFH/NV 2014, 511, Rn. 5; Urt. v. 15. 7. 2014, X R 41/12, BFHE 246, 442, Rn. 42; an der Rechtmäßigkeit einer Doppelbelastung ernstlich zweifelnd auch BFH, Beschl. v. 21. 7. 2014, II B 40/14, BFH/NV 2014, 1554.

[61] BFH, Urt. v. 17. 2. 2010, II R 23/09, BStBl. II 2010, 641, Rn. 17; v. 6. 12. 2016, I R 50/16, BStBl. II 2017, 324, Rn. 18; *Schallmoser*, in: Brandis/Heuermann, Ertragsteuerrecht, 8/2025, § 35b EStG Rn. 1 mit Verweis auf BT-Drs. 7/2180, S. 21.

[62] BFH, Urt. v. 27. 9. 2017, II R 15/15, BStBl. II 2018, 281, Rn. 20; v. 25. 6. 2021, II R 31/19, BStBl. II 2022, 497, Rn. 31.

[63] *Hüttemann*, Gemeinnützigkeitsrecht und Spendenrecht, 6. Aufl. 2025, Rn. 7.104.

der Milderung von Härten, die entstehen, wenn „die bei bestimmten Erwerben später entstehende Einkommensteuerschuld" bei der Erbschaftsteuer nicht berücksichtigt werden kann.[64] Die vom Gesetzgeber angeblich gewollte Doppelbelastung bezieht sich allein darauf, dass es der Erbschaftsbesteuerung nicht entgegensteht, wenn sich das Erbe aus bereits versteuertem Einkommen zusammensetzt.[65] Einer im Hinblick auf die verschiedenen Belastungsgründe systematischen Auslegung zwecks Abgrenzung der Steuerarten steht § 35b EStG nicht entgegen. In Ermangelung einschlägiger Kollisionsnormen kann eine Doppelbelastung deshalb mittels entsprechender Auslegung des einkommensteuerrechtlichen Veranlassungszusammenhangs vermieden werden, indem Vermögenszuflüsse, die auf keiner wirtschaftlichen Erwerbstätigkeit beruhen, als nicht durch eine Einkunftsart veranlasst angesehen werden.[66] Damit ist zugleich das Argument vermeintlich nicht vermeidbarer Doppelbelastungen im Vielsteuersystem widerlegt.[67]

Im Ergebnis können nach hier vertretener Auffassung außerhalb des Marktes erlangte Zuwendungen den Grundtatbestand der Körperschaftsteuer nicht erfüllen. Spenden, Zuschüsse und Erbschaften sind daher nicht körperschaftsteuerbar.

bb) Mitgliedsbeiträge

Körperschaften mit Mitgliedern (insbesondere Vereine) erheben für die Mitgliedschaft meist Beiträge, da die Mitglieder keine Kapitaleinlage leisten und laufende Unternehmenseinkünfte nur selten erwirtschaftet werden. Die Mitgliedsbeiträge haben damit eine zentrale Finanzierungsfunktion.[68] „Echte Mitgliedsbeiträge", d. h. solche, die ohne konkrete Gegenleistung vereinnahmt werden und lediglich den Gesamtbelangen des Vereins dienen,[69] sind keiner einkommensteuerlichen Einkunftsart zuzurechnen und damit schon nicht steuerbar.[70] Der Besteuerung als wiederkehrende Bezüge nach § 22 Nr. 1 Satz 1 EStG steht fehlende Gewinnerzielungsabsicht entgegen.[71] Denn soweit Mitgliedsbeiträge eines gemein-

---

[64] BT-Drs. 7/2180, S. 21.

[65] So ausdrücklich BT-Drs. 7/2180, S. 21.

[66] *Hüttemann*, Gemeinnützigkeitsrecht und Spendenrecht, 6. Aufl. 2025, Rn. 7.105; ähnlich *Mellinghoff*, DStJG 22 (1999), 127, 149 f.

[67] Das Argument des Vielsteuersystems wird zur Begründung der Verfassungskonformität von Doppelbelastungen durch mehrere folgerichtig ausgestaltete Steuern verwendet (stv. BVerfG, Beschl. v. 8. 1. 1999, 1 BvL 14/98, BStBl. II 1999, 152; BFH, Urt. v. 6. 12. 2016, I R 50/16, BStBl. II 2017, 324, Rn. 18). Zur Möglichkeit, Doppelbelastungen mittels systematischer Auslegung zu vermeiden, hat sich das BVerfG jedoch gerade nicht geäußert. Es ist auch kein Grund dafür ersichtlich, dass das GG einem Exklusivitätsverständnis von Einkommen-, Erbschaft- und Schenkungsteuer entgegenstünde.

[68] Vgl. *Könen*, in: BeckOGK BGB, 9/2025, § 38 Rn. 162.

[69] *Kirchhain*, in: Schauhoff/Kirchhain, Hdb. d. Gemeinnützigkeit, 4. Aufl. 2023, § 7 Rn. 85.

[70] R 8.11 Abs. 2 Satz 3 KStR; *Roser*, in: Gosch, KStG, 4. Aufl. 2020, § 8 Rn. 1500.

[71] Ebenso *Helios*, Steuerliche Gemeinnützigkeit und EG-Beihilfenrecht, 2004, S. 126.

nützigen Vereins dessen Gesamtbelangen dienen, strebt dieser nicht nach einem wirtschaftlichen Totalgewinn, sondern nutzt den Vermögenszufluss altruistisch zu Erfüllung seiner Gemeinwohlaufgaben. Echte Mitgliedsbeiträge sind obendrein (deklaratorisch) nach § 8 Abs. 5 KStG steuerbefreit.[72]

Als Mitgliedsbeiträge bezeichnete Zahlungen können allerdings auch verdeckte Entgelte für konkrete Leistungen der Körperschaft im Sonderinteresse der Mitglieder sein, die dann einer Einkunftsart zuzurechnen und körperschaftsteuerbar sind und als „unechte Mitgliedsbeiträge“ bezeichnet werden.[73] Das können „Zusatzbeiträge“ sein, die der Bezahlung bestimmter Leistungen des Vereins dienen, wie etwa ein erhöhter Mitgliedsbeitrag an einen Reitverein zur Überlassung von Ställen.[74] Den Sonderbelangen einzelner Mitglieder dient auch die Vermittlung von Versicherungsschutz.[75] Gleiches gilt für die Überlassung von Zeitschriften, soweit diese nicht nur vereinsinterne Mitteilungen enthalten.[76] Die Problematik unechter Mitgliedsbeiträge betrifft gemeinnützige Körperschaften daneben grundlegend, weil die Gewährung besonderer Vorteile an Mitglieder dem Selbstlosigkeitsgebot (insbesondere § 55 Abs. 1 Nr. 1 Satz 2 AO) zuwiderläuft.[77] Neben der Einordnung eines Entgelts als steuerpflichtige Einnahme droht der Verlust des Gemeinnützigkeitsstatus.[78]

Die Abgrenzung echter und unechter Mitgliedsbeiträge nach Maßgabe ertragsteuerlicher Regeln wurde ursprünglich auch im Umsatzsteuerrecht herangezogen,[79] was aufgrund neuerer Rechtsprechung des EuGH indes nicht mehr aufrechtzuerhalten ist.[80] Danach sind Mitgliedsbeiträge schon dann ein „Entgelt“ i. S. d. Umsatzsteuerrechts,[81] wenn der Verein Tätigkeiten entfaltet, die die gebündelten Interessen der Mitglieder fördern. Auf die Zuordenbarkeit des Entgelts zu einer Einkommensart i. S. d. § 2 Abs. 1 Satz 1 EStG kommt es insoweit nicht an.

---

[72] Dazu unten Teil 2: A. II. 3.

[73] *Rengers*, in: Brandis/Heuermann, Ertragsteuerrecht, 8/2025, § 8 KStG Rn. 970; *Schlegel*, NWB 2017, 3139, 3140.

[74] *Alvermann*, in: Streck/Mack/Schwedhelm, Tax Compliance, 3. Aufl. 2019, Rn. 6.72.

[75] FG Berlin, Urt. v. 11. 9. 2000, 8 K 8516/97, EFG 2001, 104 (rkr.).

[76] BFH, Urt. v. 18. 12. 2002, I R 60/01, BFH/NV 2003, 1025.

[77] BFH, Urt. v. 23. 10. 1991, I R 19/91, BStBl. II 1992, 62; *Musil*, in: Hübschmann/Hepp/Spitaler, AO/FGO, 9/2025, § 55 AO Rn. 179 f.

[78] *Schauhoff*, in: Schauhoff/Kirchhain, Hdb. d. Gemeinnützigkeit, 4. Aufl. 2023, § 9 Rn. 19; *Erdbrügger*, DStR 2019, 1558, 1561 f.

[79] BFH, Urt. v. 21. 4. 1993, XI R 84/90, BFH/NV 1994, 60; FG Saarland, Urt. v. 22. 5. 1985, I 41/84, EFG 1985, 464 (rkr.).

[80] EuGH, Urt. v. 21. 3. 2002, C-174/00 (*Kennemer Golf*), Slg. 2002 I-03293; dem folgend BFH, Urt. v. 9. 8. 2007, V R 27/04, BFHE 217, 314; v. 11. 10. 2007, V R 69/06, BFHE 219, 287; hierzu im Detail unten Teil 2: F. I. 2. c).

[81] Vgl. § 1 Abs. 1 Nr. 1 UStG; Art. 2 Abs. 1 lit. a MwStSystRL.

Eine Übertragung dieser Rechtsprechung auf das Körperschaftsteuerrecht wird überwiegend aufgrund dessen fehlender unionsrechtlicher Prägung abgelehnt.[82] Das ist richtig und folgt daneben schon aus den unterschiedlich ausgestalteten Steuerobjekten von Körperschaft- und Umsatzsteuer. Die Rechtsprechung zu Mitgliedsbeiträgen im Umsatzsteuerrecht ist jeweils zu der Frage ergangen, ob ein Mitgliedsbeitrag ein steuerbarer Umsatz ist und damit den umsatzsteuerlichen Grundtatbestand erfüllt. Die Diskussion zum Körperschaftsteuerrecht bewegt sich indes durchweg auf der dem nachgeordneten Ebene der Steuerbefreiung nach § 8 Abs. 5 KStG. Das verstellt den Blick auf die Problematik einer dem Umsatzsteuerrecht nachempfundenen Beurteilung, die konsequent beim Grundtatbestand der Körperschaftsteuer ansetzen müsste und damit zu einer Ausweitung des körperschaftsteuerlichen Grundtatbestands führen würde. Das Argument einer „besseren Wettbewerbsneutralität“[83] hätte nur dann Gewicht, wenn die Steuerbefreiung von Mitgliedsbeiträgen (§ 8 Abs. 5 KStG) zu einer körperschaftsteuerlichen Bevorzugung der betreffenden Körperschaften führen könnte. Das ist aber nicht denkbar, weil Beitragszahlungen, die ohne konkrete Gegenleistung eingenommen werden, schon dem Grunde nach nicht steuerbar sind.[84] Im Ergebnis ist eine grundsätzlich unterschiedliche Behandlung von Mitgliedsbeiträgen im Körperschaftsteuerrecht auf der einen und dem Umsatzsteuerrecht auf der anderen Seite durch die unterschiedlichen Belastungsgründe[85] bereits vorgegeben.

cc) Sponsoring

Als „Sponsoring“ wird die Gewährung von Geld oder geldwerten Vorteilen durch Unternehmen zur Förderung von gesellschaftspolitischen Zwecken verstanden, mit der regelmäßig auch eigene unternehmensbezogene Ziele der Werbung oder Öffentlichkeitsarbeit verfolgt werden.[86] Der Sponsor gewährt dem Gesponserten Geld und im Gegenzug stellt der Gesponserte für den Sponsor Öffentlichkeitswirksamkeit her. Die im Zusammenhang mit Sponsoring erhaltenen Leistungen können bei der gemeinnützigen Körperschaft steuerfreie Einnahmen im Idealbereich, körperschaftsteuerbare aber durch § 5 Abs. 1 Nr. 9 KStG befreite Einnahmen

---

[82] *Lehmann*, in: Frotscher/Drüen, KStG/GewStG/UmwStG, 9/2025, § 8 KStG Rn. 565; *Roser*, in: Gosch, KStG, 4. Aufl. 2020, § 8 Rn. 1506; *Erdbrügger*, npoR 2019, 7, 10; *Kirchhain*, in: Schauhoff/Kirchhain, Hdb. d. Gemeinnützigkeit, 4. Aufl. 2023, § 7 Rn. 85; a. A. wohl *Rengers*, in: Brandis/Heuermann, Ertragsteuerrecht, 8/2025, § 8 KStG Rn. 982 unter Berufung auf eine „bessere Wettbewerbsneutralität“.

[83] *Rengers*, in: Brandis/Heuermann, Ertragsteuerrecht, 8/2025, § 8 KStG Rn. 982.

[84] Zum deklaratorischen Charakter von § 8 Abs. 5 KStG auch unten Teil 2: A. II. 3.

[85] Zum Belastungsgrund der Umsatzsteuer und darauf aufbauender Steuerbarkeit von Mitgliedsbeiträgen siehe unten Teil 2: F. I. 2. c).

[86] AEAO zu § 64 Abs. 1 Nr. 8; zum Sponsoringbegriff vertieft *Alberti*, Sponsoring im Steuerrecht, 2001, S. 26–31.

der privaten Vermögensverwaltung oder körperschaftsteuerpflichtige Einnahmen des wirtschaftlichen Geschäftsbetriebs sein.[87]

Zuflüsse im Idealbereich setzen voraus, dass es an einer Gegenleistung fehlt.[88] Es handelt sich dann regelmäßig um Spenden oder sonstige unentgeltliche Zuwendungen außerhalb jeder Körperschaftsteuerpflicht.[89] Keine Gegenleistung sind z.B. wirtschaftlich unbedeutende Werbeeffekte wie die Überlassung von Trikots an eine Jugendmannschaft.[90]

Im Übrigen sind Sponsoringeinnahmen regelmäßig einer Einkunftsart zugehörig und damit körperschaftsteuerbar, da die Körperschaft ihren Namen zur Entgelterzielung am Markt einsetzt. Körperschaftsteuerpflichtig – d.h. nicht nach § 5 Abs. 1 Nr. 9 KStG befreit – sind die Sponsoringeinnahmen aber nur, wenn sie über private Vermögensverwaltung hinausgehen (§ 14 Satz 1 AO). Als Kriterien zur Abgrenzung werden die Qualität der Mitwirkung (aktiv oder passiv) sowie die Dauer der Überlassung herangezogen.[91] Danach geht insbesondere die aktive Mitwirkung an Werbemaßnahmen des Sponsors über Vermögensverwaltung hinaus,[92] etwa die Verlinkung des Sponsors auf der Website der gemeinnützigen Körperschaft.[93] Gewerbliche Einkünfte werden regelmäßig auch durch Werbeeinnahmen aufgrund kurzfristiger Vermietung von Werbeflächen[94] oder der Trikotwerbung, bei der ein Verein Werberechte der Spieler als eigene wirtschaftlich nutzt, erzielt.[95] Bloße Vermögensverwaltung liegt dagegen bei der langfristigen Überlassung von Namensbenennungs- oder Werberechten vor.[96] Zu denken ist an die Benennung eines Museumssaals[97] oder eines Stadions.[98]

---

[87] AEAO zu § 64 Abs. 1 Nr. 9 Satz 1; *Kirchhain*, in: Schauhoff/Kirchhain, Hdb. d. Gemeinnützigkeit, 4. Aufl. 2023, § 7 Rn. 110.

[88] *Kirchhain*, in: Schauhoff/Kirchhain, Hdb. d. Gemeinnützigkeit, 4. Aufl. 2023, § 7 Rn. 111.

[89] *R. Wallenhorst*, in: Wallenhorst/Halaczinsky, Die Besteuerung gemeinnütziger und öffentlich-rechtlicher Körperschaften, 7. Aufl. 2017, F Rn. 69.

[90] *Kirchhain*, in: Schauhoff/Kirchhain, Hdb. d. Gemeinnützigkeit, 4. Aufl. 2023, § 7 Rn. 111; vgl. zur umsatzsteuerlichen Abgrenzung auch FG Köln, Urt. v. 17.2.2006, 11 K 827/03, EFG 2006, 1108 (rkr.); FG Nürnberg, Urt. v. 11.9.2007, II 335/2004, DStRE 2008, 500 (rkr.).

[91] *Winheller*, in: Winheller/Geibel/Jachmann-Michel, Gesamtes Gemeinnützigkeitsrecht, 3. Aufl. 2023, Anh. zu § 14 AO Rn. 6–13.1, der das Kriterium der „aktiven Mitwirkung" mit beachtlichen Gründen für untauglich hält.

[92] AEAO zu § 64 Abs. 1 Nr. 11; *R. Wallenhorst*, in: Wallenhorst/Halaczinsky, Die Besteuerung gemeinnütziger und öffentlich-rechtlicher Körperschaften, 7. Aufl. 2017, F Rn. 70.

[93] BFH, Urt. v. 7.11.2007, I R 42/06, BStBl. II 2008, 946.

[94] BFH, Urt. v. 27.3.1991, I R 31/89, BStBl. II 1992, 103; *Kirchhain*, in: Schauhoff/Kirchhain, Hdb. d. Gemeinnützigkeit, 4. Aufl. 2023, § 7 Rn. 139.

[95] *Alberti*, Sponsoring im Steuerrecht, 2001, S. 185f.

[96] *Winheller*, in: Winheller/Geibel/Jachmann-Michel, Gesamtes Gemeinnützigkeitsrecht, 3. Aufl. 2023, Anh. zu § 14 AO Rn. 12; *Kirchhain*, in: Schauhoff/Kirchhain, Hdb. d. Gemeinnützigkeit, 4. Aufl. 2023, § 7 Rn. 139.

[97] Finanzministerium Bayern, Erlass v. 11.2.2000, 33-S-0183–12/14–59238, DStR 2000, 594.

[98] *Winheller*, in: Winheller/Geibel/Jachmann-Michel, Gesamtes Gemeinnützigkeitsrecht, 3. Aufl. 2023, Anh. zu § 14 AO Rn. 12.

Nach Auffassung der Finanzverwaltung soll auch eine Danksagung mit Hinweis auf den Sponsor ohne besondere Hervorhebung private Vermögensverwaltung sein.[99] Dagegen spricht aber, dass sich die Körperschaft oftmals für den Erhalt der Zahlung zu der Danksagung verpflichtet hat und die Einnahmen daher dem wirtschaftlichen Geschäftsbetrieb zuzurechnen sind.[100] Die Finanzverwaltung verzichtet insoweit aus Billigkeitsgründen (zur Erleichterung vom Sponsoring im Kultur- und Sportbereich) auf die Besteuerung.[101] Dieses Vorgehen ist zum einen mangels Rechtsgrundlage rechtswidrig und zum anderen meist überflüssig, weil oft die Voraussetzungen eines Zweckbetriebs (§ 65 AO) erfüllt sind.[102]

d) Zwischenergebnis: Das steuerbare Einkommen gemeinnütziger Körperschaften

Gemeinnützige Körperschaften unterliegen nur mit ihrem Erwerbseinkommen, d. h. den auf Erwerbstätigkeiten beruhenden Vermögensmehrungen, der Körperschaftsteuer. Große Teile der denkbaren Zuflüsse im gemeinnützigen Sektor sind der Körperschaftsbesteuerung deshalb schon grundsätzlich nicht unterworfen. Zuflüsse aufgrund von Idealtätigkeiten oder unentgeltliche Zuwendungen zur Erfüllung gemeinnütziger Zwecke sind kein erwirtschaftetes Erwerbseinkommen. Dieses Ergebnis folgt konsequent aus dem Belastungsgrund der Körperschaftsteuer.

II. Gemeinnützigkeitsbezogene Befreiungen von der Körperschaftsteuer

1. Die Befreiung gemeinnütziger Körperschaften nach § 5 Abs. 1 Nr. 9 KStG

§ 5 Abs. 1 Nr. 9 Satz 1 KStG befreit Körperschaften i. S. d. §§ 51–68 AO von der Körperschaftsteuer. Hiervon ausgenommen sind wirtschaftliche Geschäftsbetriebe (Satz 2) mit Ausnahme selbstbewirtschafteter Forstbetriebe (Satz 3).

---

[99] AEAO zu § 64 Abs. 1 Nr. 10 Sätze 2 und 3.
[100] *Hüttemann*, Gemeinnützigkeitsrecht und Spendenrecht, 6. Aufl. 2025, Rn. 6.167.
[101] *Thiel*, DB 1998, 842, 844.
[102] *Schauhoff*, DB 1998, 494, 496.

a) § 5 Abs. 1 Nr. 9 KStG als sachliche Steuerbefreiung

§ 5 Abs. 1 Nr. 9 KStG ist – sofern ein wirtschaftlicher Geschäftsbetrieb unterhalten wird – eine sachliche Steuerbefreiung, da dann allein das Steuerobjekt betroffen ist.[103] Der Steuerschuldner ist in diesem Fall gerade nicht Gegenstand der Befreiung.[104] Die anders lautende neuere Rechtsprechung des BFH und teilweise vertretener Literaturansicht, wonach die Norm eine persönliche Befreiung darstelle,[105] wäre allenfalls überzeugend, wenn der wirtschaftliche Geschäftsbetrieb ein eigenes Steuersubjekt wäre, welches gleichsam mit Erfüllung der übrigen Voraussetzungen von § 5 Abs. 1 Nr. 9 KStG entstünde. Dann höbe die Norm die Steuersubjekteigenschaft der Körperschaft auf. Das ist indes nicht der Fall. Steuersubjekt bleibt auch im Anwendungsbereich von § 5 Abs. 1 Nr. 9 KStG die gemeinnützige Organisation selbst. Ein wirtschaftlicher Geschäftsbetrieb ist kein eigenes Steuersubjekt.[106] Versteht man die persönliche Befreiung zutreffend als eine Norm, die die Steuerschuld für das Steuersubjekt aufhebt, kann § 5 Abs. 1 Nr. 9 KStG allenfalls bei solchen Körperschaften eine persönliche Befreiung sein, die keinen wirtschaftlichen Geschäftsbetrieb unterhalten.

b) Die konstitutive Reichweite von § 5 Abs. 1 Nr. 9 KStG

Inwieweit § 5 Abs. 1 Nr. 9 KStG konstitutiv wirkt, hängt davon ab, ob die der gemeinnützigen Körperschaft zufließenden Vermögenswerte der Körperschaftsteuer unterliegen. Soweit das nicht der Fall ist, kommt der Norm keine eigene Bedeutung zu und sie wirkt lediglich deklaratorisch.[107] Ein Vermögenszufluss ist körperschaftsteuerbar, wenn er einer Einkunftsart zuzuordnen ist und mit Einkünfteerzielungsabsicht erwirtschaftet wurde.[108]

Das trifft auf Einnahmen der privaten Vermögensverwaltung meist zu, da auch gemeinnützige Körperschaften ihr Vermögen im Regelfall mit der Absicht angelegen, Erträge zu erzielen.[109] Gleiches gilt für Zweckbetriebe, die mit Einkünfte-

---

[103] BFH, Urt. v. 13.12.1978, I R 77/76, BStBl. II 1979, 481; v. 13.11.1996, I R 152/93, BStBl. II 1998, 711; *Kruschke*, in: Herrmann/Heuer/Raupach, EStG/KStG, 8/2025, § 5 KStG Rn. 1; *Bott*, in: Bott/Walter, KStG, 10/2025, § 5 Rn. 18; siehe zum Unterschied zwischen sachlicher und persönlicher Befreiung oben Teil 1: F. III. 1. b).

[104] Körperschaftsteuerschuldner ist nach § 1 Abs. 1 KStG die Körperschaft.

[105] BFH, Urt. v. 7.8.2002, I R 84/01, BFHE 200, 191; *Hüttemann*, Gemeinnützigkeitsrecht und Spendenrecht, 6. Aufl. 2025, Rn. 6.85.

[106] BFH, Urt. v. 27.3.2001, I R 78/99, BStBl. II 2001, 449.

[107] Vgl. *Lang*, Systematisierung der Steuervergünstigungen, 1974, S. 63 ff.; *Jachmann*, in: Igl, Rechtliche Rahmenbedingungen bürgerschaftlichen Engagements, 2002, S. 72 f.

[108] Dazu im Detail oben Teil 2: A. I. 2.

[109] *Isensee/Knobbe-Keuk*, Sondervotum zum Gutachten der Unabhängigen Sachverständigenkommission zur Prüfung des Gemeinnützigkeits- und Spendenrechts, BMF-Schriftenreihe, Heft 40, 1988, S. 367 ff.; siehe auch oben Teil 2: A. I. 2. c).

erzielungsabsicht gewerbliche Einkünfte erzielen.[110] Insoweit ist § 5 Abs. 1 Nr. 9 KStG konstitutiv. Selbstbewirtschaftete Forstbetriebe sind durch § 5 Abs. 1 Nr. 9 Satz 3 KStG ebenfalls konstitutiv steuerbefreit.

Dagegen „befreit" § 5 Abs. 1 Nr. 9 KStG Vermögenszuflüsse im Idealbereich lediglich deklaratorisch.[111] Die konstitutive Wirkung der Steuerbefreiung betrifft deshalb nur einen kleinen Ausschnitt der tatsächlichen Einnahmen gemeinnütziger Körperschaften.

c) Vereinfachung und Wettbewerbsneutralität im Rahmen von § 5 Abs. 1 Nr. 9 KStG

Mit Blick auf den im Vergleich zur geringen konstitutiven Wirkung von § 5 Abs. 1 Nr. 9 KStG hohen Aufwand der Körperschaftsteuererhebung wird die Norm teilweise als verkappte Vereinfachungsnorm eingeordnet.[112] Richtig ist, dass sie insoweit vereinfachend wirkt, als sie die einzelfallabhängige Ermittlung einer Einkünfte- oder Gewinnerzielungsabsicht bei Tätigkeiten der Vermögensverwaltung oder im Zweckbetrieb obsolet macht. Die Norm ist dennoch keine Vereinfachungszwecknorm,[113] da sie nicht dieser Vereinfachungswirkung wegen eingeführt wurde[114] und sich ihr Zweck nicht in der Vereinfachung erschöpft.

§ 5 Abs. 1 Nr. 9 KStG enthält eine entscheidende wertungsjuristische Komponente. Die Grenze zwischen den steuerbefreiten Sphären und dem steuerpflichtigen wirtschaftlichen Geschäftsbetrieb ist nicht zufällig gewählt, sondern Ausdruck der Verwirklichung von Wettbewerbsneutralität.[115] Während eine Steuerbefreiung des wirtschaftlichen Geschäftsbetriebs zur Benachteiligung konkurrierender Unternehmen führte, wird der Wettbewerb bei einem für die private Vermögensverwaltung typischen atomistischen Markt mit einer großen Anzahl an Teilnehmern ohne nennenswerte Marktmacht durch eine Steuervergünstigung kaum beeinträchtigt.[116] Die Steuerbefreiung der Zweckbetriebe soll den Zielkonflikt zwischen Gemeinwohlförderung und Wettbewerbsneutralität lösen.[117] Die Grenze von (konstitutiver)

[110] Teil 2: A. I. 2. c).

[111] Allgemeine Ansicht, stv. *Lang*, StuW 1987, 221, 229; *Seer*, DStJG 26 (2003), 11, 33 f.

[112] *Lang*, StuW 1987, 221, 228 ff.

[113] Als Vereinfachungszwecknorm wird eine Norm dann bezeichnet, wenn sie die Steuerrechtsanwendung erleichtern soll, stv. *Hey*, in: Tipke/Lang, Steuerrecht, 25. Aufl. 2024, Rn. 3.23; *Vogel*, StuW 1977, 97, 107.

[114] Die Gesetzgebungsmaterialien greifen den Vereinfachungsgedanken nicht auf, vgl. BT-Drs. 7/1470, S. 338.

[115] Stv. BFH, Urt. v. 28. 10. 1960, III 134/56 U, BStBl. III 1961, 109; v. 7. 5. 2014, I R 65/12, BFHE 245, 517, Rn. 22; *Hüttemann*, Gemeinnützigkeitsrecht und Spendenrecht, 6. Aufl. 2025, Rn. 6.74.

[116] Stv. *Hüttemann*, Gemeinnützigkeitsrecht und Spendenrecht, 6. Aufl. 2025, Rn. 6.126.

[117] *Droege*, Gemeinnützigkeit im offenen Steuerstaat, 2010, S. 235 f.; *Fischer*, in: Hübschmann/Hepp/Spitaler, AO/FGO, 9/2025, § 65 AO Rn. 31.

Befreiung und Ausnahme ist eine normativ verankerte Unterscheidung zwischen noch hinzunehmenden Beeinträchtigungen des Wettbewerbs und zu verhindernder Wettbewerbsverzerrung.

Vor diesem Hintergrund ist die sukzessive Ausweitung der Zweckbetriebskataloge[118] in §§ 66–68 AO jenseits des für die Verwirklichung der Gemeinwohlaufgaben erforderlichen Maßes nicht systematisch stringent.[119] Die Ausnahme der Zweckbetriebe von der steuerbaren Sphäre rechtfertigt sich durch deren Zweckdienlichkeit, d. h. dem Überwiegen der Gemeinwohlverwirklichung bei notwendiger wirtschaftlicher Betätigung. Die Gemeinwohlverwirklichung und die wirtschaftliche Betätigung müssen deshalb eine Einheit bilden.[120] Wo reine Mittelbeschaffungsaktivitäten, wie Selbstversorgungsbetriebe (§ 68 Nr. 2 AO) oder Lotterien (§ 68 Nr. 6 AO), privilegiert werden, ist das nicht erkennbar.[121] Derartige Betriebe sind für die Zweckverwirklichung nicht erforderlich. Ein unmittelbarer Konnex zwischen Gemeinwohlverwirklichung und Zweckbetrieb liegt dagegen bei Konsumzweckbetrieben vor, wo der Gemeinwohlzweck beim Konsum der Leistung gefördert wird (z. B. kulturelle Einrichtungen oder Bildungseinrichtungen nach § 68 Nr. 7, Nr. 8 AO).[122] Gleiches gilt für Produktionszweckbetriebe, die den Zweck durch die Produktion selbst fördern. Beispiele sind Werkstätten für Behinderte, Arbeits- und Beschäftigungstherapie oder Inklusionsbetriebe (§ 68 Nr. 3 lit. a–c AO).[123]

Aus der Wettbewerbsperspektive unbedenklich ist die Befreiung selbstbewirtschafteter Forstbetriebe durch § 5 Abs. 1 Nr. 9 Satz 3 KStG. Deren Hintergrund besteht in der Annahme, dass die Selbstbewirtschaftung einer Forstwirtschaft regelmäßig notgedrungen erfolgt und eine Verpachtung von Forstbesitz aufgrund der natürlichen Bedingungen meist nicht möglich ist.[124] Die Privilegierung hat – auch wenn sie weiter reicht als die übrigen gemeinnützigkeitsbezogenen Steuerbefreiun-

---

[118] Zur Gesetzgebungshistorie *Musil*, in: Hübschmann/Hepp/Spitaler, AO/FGO, 9/2025, § 68 AO Rn. 1 ff.

[119] Ebenso *Droege*, in: Winheller/Geibel/Jachmann-Michel, Gesamtes Gemeinnützigkeitsrecht, 3. Aufl. 2023, § 65 AO Rn. 6; *Fischer*, in: Hübschmann/Hepp/Spitaler, AO/FGO, 9/2025, § 65 AO Rn. 74.

[120] Richtig *Isensee/Knobbe-Keuk*, Sondervotum zum Gutachten der Unabhängigen Sachverständigenkommission zur Prüfung des Gemeinnützigkeits- und Spendenrechts, BMF-Schriftenreihe, Heft 40, 1988, S. 448 ff.: Das Ausmaß einer in den Wettbewerb eingreifenden Steuervergünstigung wird durch die Reichweite des Legitimationsgrundes bestimmt.

[121] *Isensee/Knobbe-Keuk*, Sondervotum zum Gutachten der Unabhängigen Sachverständigenkommission zur Prüfung des Gemeinnützigkeits- und Spendenrechts, BMF-Schriftenreihe, Heft 40, 1988, S. 459.

[122] *Franz*, Grundlagen der Besteuerung gemeinnütziger Körperschaften bei wirtschaftlicher Betätigung, 1991, S. 250 f.

[123] *Droege*, Gemeinnützigkeit im offenen Steuerstaat, 2010, S. 247.

[124] Vgl. RFH, Urt. v. 29. 11. 1933, I A 157/33, RFHE 34, 329.

gen – kaum eine wettbewerbsverzerrende Wirkung, weil selbstbewirtschaftete Forstbetriebe eine gewisse Nähe zur privaten Vermögensverwaltung aufweisen.[125]

d) Die Ausnahme bei Abzugsteuern nach § 5 Abs. 2 Nr. 1 KStG

Die Steuerbefreiung gilt nach § 5 Abs. 2 Nr. 1 KStG nicht für inländische Einkünfte, die dem Steuerabzug unterliegen. Der Steuerabzug hat gemäß § 32 Abs. 1 Nr. 1 KStG abgeltende Wirkung. Einkünfte, die dem Steuerabzug unterliegen, sind v. a. Zinsen, Dividenden und sonstige Beteiligungserträge (vgl. § 43 Abs. 1 Satz 1 EStG).[126] Die Körperschaft wird insoweit wieder partiell steuerpflichtig.[127] Im Ergebnis führt die Ausnahme aber zu keiner zusätzlichen Belastung mit Kapitalertragsteuer. Denn die auf gemeinnützige Körperschaften anwendbaren Fälle der Abstandnahme vom Kapitalertragsteuerabzug erfassen praktisch alle kapitalertragsteuerpflichtigen Einkünfte,[128] sodass sie dahingehend umfassend eine Steuerbefreiung erreichen können.[129]

e) Zwischenergebnis: Die Bedeutung von § 5 Abs. 1 Nr. 9 KStG

Für die Mehrzahl gemeinnütziger Organisationen, nämlich solche, die ausschließlich Idealtätigkeiten betreiben, ist § 5 Abs. 1 Nr. 9 KStG rein deklaratorisch. Die Bedeutung der Befreiung zeigt sich bei Körperschaften, die daneben wirtschaftlich tätig sind. Weil die konstitutive Wirkung der Steuerbefreiung nur einen kleinen Ausschnitt der Einnahmen einer gemeinnützigen Körperschaft betrifft, ist die Bedeutung von § 5 Abs. 1 Nr. 9 KStG dahingehend gering.[130] Regelungstechnisch kommt ihr aber als Scharniernorm für zahlreiche weitere Vergünstigungen Bedeutung zu.[131]

Die Befreiung steht nur insoweit im Konflikt mit den Zielsetzungen des Gemeinnützigkeitsrechts, als systematische Verwerfungen bereits aus den §§ 51 ff. AO selbst folgen. Namentlich die Ausweitung der Gemeinwohlzwecke jenseits des Staatsentlastungsgedankens (Freizeitzwecke) sowie der Katalogzweckbetriebe

---

[125] Gutachten der Unabhängigen Sachverständigenkommission zur Prüfung des Gemeinnützigkeits- und Spendenrechts, BMF-Schriftenreihe, Heft 40, 1988, S. 193; *Kruschke*, in: Herrmann/Heuer/Raupach, EStG/KStG, 8/2025, § 5 KStG Rn. 182.

[126] *Kümpel*, in: Rödder/Herlinghaus/Neumann, KStG, 2. Aufl. 2023, § 5 Rn. 641.

[127] *Hüttemann*, Gemeinnützigkeitsrecht und Spendenrecht, 6. Aufl. 2025, Rn. 7.145.

[128] § 44a Abs. 4 Satz 1 Nr. 1, Abs. 7 Satz 1 Nr. 1, Abs. 10 EStG verweisen auf sämtliche Fälle des § 43 Abs. 1 EStG, der den grundsätzlichen Steuerabzug regelt.

[129] *Martini*, in: Winheller/Geibel/Jachmann-Michel, Gesamtes Gemeinnützigkeitsrecht, 3. Aufl. 2023, § 5 Abs. 2 KStG Rn. 9.

[130] Ebenso *Lang*, StuW 1987, 221, 229; *Seer*, DStJG 26 (2003), 11, 33 f.

[131] Vgl. § 6 Abs. 1 Nr. 4 Satz 4, § 3 Nr. 26, Nr. 26a, 44, § 10b Abs. 1 Satz 2 Nr. 2 EStG, § 9 Abs. 2 Satz 2 lit. b KStG, § 9 Nr. 5 GewStG, § 23a UStG.

jenseits des für die Verwirklichung der Gemeinwohlaufgaben erforderlichen Maßes (Mittelbeschaffungsbetriebe) wären im Interesse eines systematisch stringenten Gemeinnützigkeitsrechts zu überdenken.

2. Ausländische Körperschaften und relevantes Unionsrecht

Nach § 5 Abs. 2 Nr. 2 KStG gelten die Befreiungen des Abs. 1 grundsätzlich nicht für beschränkt Steuerpflichtige. Ausländische Körperschaften können daher die Befreiungen von der Körperschaftsteuer im Grundsatz nicht in Anspruch nehmen. Als Reaktion auf das EuGH-Urteil in der Rechtssache *Stauffer*, wonach die Beschränkung der Steuerbefreiung auf unbeschränkt steuerpflichtige Körperschaften gegen die Kapitalverkehrsfreiheit verstoße,[132] wurde diese Grundregel dahingehend modifiziert, dass § 5 Abs. 1 Nr. 9 KStG nunmehr auch auf gemeinnützige Körperschaften mit Sitz und Geschäftsleitung innerhalb der EU oder des EWR Anwendung findet, wenn mit dem jeweiligen Staat ein Amtshilfeabkommen besteht.[133] Voraussetzung ist weiterhin, dass diese die Voraussetzungen des deutschen Gemeinnützigkeitsrechts (§§ 51 ff. AO) erfüllt.[134] Andere ausländische gemeinnützige Körperschaften sind nur nach Maßgabe bestehender Doppelbesteuerungsabkommen befreit, wenn sie nach dem Recht des Ansässigkeitsstaats steuerbefreit sind und es nach deutschem Recht bei inländischem Sitz wären.[135]

Für ausländische Körperschaften bestehen insoweit zwei bedeutsame Einschränkungen, die einer unionsrechtlichen Beurteilung bedürfen. Das Erfordernis, die nationalrechtlichen Anforderungen an den Status der Gemeinnützigkeit zu erfüllen, ist an den Grundfreiheiten zu messen (dazu sogleich a) aa)). Daneben fragt sich, ob die Körperschaftsteuerbefreiung eine rechtswidrige Beihilfe ist (dazu sogleich a) bb)). Sodann stellt sich – da die akteursbezogene Schlechterstellung ausländischer Körperschaften im Körperschaftsteuerrecht innerhalb der EU und des EWR aufgehoben wurde – nur noch die Frage nach der Zulässigkeit des Ausschlusses von Drittstaatenorganisationen unter dem Aspekt der Kapitalverkehrsfreiheit gemäß Art. 63 Abs. 1 AEUV (dazu sogleich b)).

---

[132] EuGH, Urt. v. 14.9.2006, C-386/04 (*Stauffer*), Slg. 2006, I-8203; für das Spendenrecht bestätigt durch EuGH, Urt. v. 27.1.2009, C-318/07 (*Persche*), Slg. 2009, I-359 sowie EuGH, Urt. v. 16.6.2011, C-10/10 (*Kommission/Österreich*), Slg. 2011, I-5389.

[133] JStG 2009 v. 19.12.2008, BGBl. I 2008, 2794. Die EU-Amtshilferichtlinie ist ein solches Abkommen (*Kruschke*, in: Herrmann/Heuer/Raupach, EStG/KStG, 8/2025, § 5 KStG Rn. 376). Das Erfordernis eines Amtshilfeabkommens ist unionsrechtlich im Hinblick auf die Wirksamkeit der Steuerkontrolle unbedenklich, vgl. nur *Heintzen*, in: Musil/Weber-Grellet, Europäisches Steuerrecht, 2. Aufl. 2022, § 5 KStG Rn. 13.

[134] BFH, Urt. v. 17.9.2013, I R 16/12, BStBl. II 2014, 440, Rn. 9; v. 21.1.2015, X R 7/13, BStBl. II 2015, 588, Rn. 23; v. 25.10.2016, I R 54/14, BStBl. II 2017, 1216, Rn. 20; v. 15.11.2017, I R 39/15, BFH/NV 2018, 611, Rn. 20.

[135] Vgl. Art. 21 Abs. 8 lit. b DBA-Frankreich, Art. 27 Abs. 2 DBA-USA.

Die Prüfung von § 5 Abs. 1 Nr. 9 KStG am Maßstab der Grundfreiheiten ist dabei auf den konstitutiven Anwendungsbereich der Befreiung – d. h. auf die Befreiung von privater Vermögensverwaltung und von Zweckbetrieben[136] – beschränkt, weil nur insoweit ein Verstoß gegen Unionsrecht denkbar ist.[137]

a) Die Unionsrechtskonformität materieller Inlandsbezüge

aa) Grundfreiheiten

(1) Anwendbare Grundfreiheiten

Gemeinnützige Organisationen können sich auf die Kapitalverkehrsfreiheit (Art. 63 AEUV),[138] die Niederlassungsfreiheit (Art. 49 AEUV)[139] sowie die Dienstleistungsfreiheit (Art. 56, 57 AEUV)[140] berufen, soweit sie sich grenzüberschreitend wirtschaftlich betätigen, d. h. Vermögensverwaltung betreiben oder Zweckbetriebe unterhalten.[141] Für die Kapitalverkehrsfreiheit ist das spätestens seit der EuGH-Entscheidung in der Rechtssache *Stauffer* unbestritten,[142] weil der Kapitalverkehr jede Art von grenzüberschreitender Wertbewegung umfasst, die in erster Linie Anlage- oder Investitionszwecken dient.[143] In Anhang I der Kapitalverkehrs-RL[144] sind (nicht abschließend)[145] grenzüberschreitende Immobilien- und Direktinvestitionen, der Wertpapierhandel sowie Darlehen, Schenkungen oder Erbschaften aufgezählt. Aufgrund ihres umfassenden Anwendungsbereichs ist die Kapitalverkehrsfreiheit die im gemeinnützigen Sektor praktisch wichtigste Grundfreiheit.[146] Sie verliert nicht durch Art. 65 Abs. 1 AEUV an Bedeutung, wonach Mitgliedstaa-

---

[136] Siehe oben unter Teil 2: A. II. 1. b).

[137] Stv. *Jachmann*, Gemeinnützigkeit in Europa, 2006, S. 22; *Helios*, Steuerliche Gemeinnützigkeit und EG-Beihilfenrecht, 2004, S. 120, 134, 261.

[138] Art. 63 AEUV verbietet Beschränkungen des Kapital- (Abs. 1) und Zahlungsverkehrs (Abs. 2).

[139] Art. 49 Abs. 1 AEUV verbietet die Beschränkung der freien Niederlassung.

[140] Die Dienstleistungsfreiheit verbietet (subsidiär) Beschränkungen von grenzüberschreitenden Leistungen gegen Entgelt, etwa gewerbliche, handwerkliche oder freiberufliche Tätigkeiten, Art. 56, 57 Abs. 1, Abs. 2 AEUV.

[141] BFH, Urt. v. 25. 10. 2016, I R 54/14, BStBl. II 2017, 1216, Rn. 16 f.; *Hüttemann*, Gemeinnützigkeitsrecht und Spendenrecht, 6. Aufl. 2025, Rn. 1.134; *Reimer/Ribbrock*, RIW 2005, 611, 612.

[142] EuGH, Urt. v. 14. 9. 2006, C-386/04 (*Stauffer*), Slg. 2006, I-8203, Rn. 21 f.; ebenso EuGH, Urt. v. 27. 1. 2009, C-318/07 (*Persche*), Slg. 2009, I-359, Rn. 20 f. und Urt. v. 10. 2. 2011, C-25/10 (*Missionswerk Werner Heukelbach*), Slg. 2011, I-497, Rn. 15 f.; *Schmidt*, Europäische Gemeinnützigkeit, 2020, S. 104 ff.; *Unger*, DStZ 2010, 154, 159.

[143] EuGH, Urt. v. 31. 1. 1984, 286/82 und 26/93 (*Luisi und Carbone*), Slg. 1984, I-311, Rn. 21.

[144] RL 88/361/EWG v. 24. 6. 1988, ABl.EU Nr. L 178/5 v. 8. 7. 1988, S. 5 ff.

[145] EuGH, Urt. v. 16. 3. 1999, C-222/97 (*Trummer*), Slg. 1999, I-1661, Rn. 21.

[146] So sind auch die EuGH-Urteile v. 14. 9. 2006, C-386/04 (*Stauffer*), Slg. 2006, I-8203; v. 27. 1. 2009, C-318/07 (*Persche*), Slg. 2009, I-359 und v. 10. 2. 2011, C-25/10 (*Missionswerk Werner Heukelbach*), Slg. 2011, I-497 zur Kapitalverkehrsfreiheit ergangen.

ten im Steuerrecht die einschlägigen Vorschriften anwenden dürfen, die Steuerpflichtige mit unterschiedlichem Wohn- oder Kapitalanlageort unterschiedlich behandeln. Denn der EuGH legt den Willkür- und Diskriminierungsvorbehalt in Art. 65 Abs. 3 AEUV so weit aus, dass dem Beschränkungsrecht faktisch kein Anwendungsbereich verbleibt.[147]

Auf die Niederlassung- und Dienstleistungsfreiheit können sich Gesellschaften nur berufen, wenn sie einen Erwerbszweck verfolgen (Art. 49 Abs. 2, 54 Abs. 2 AEUV). Das schließt nach herrschender und zutreffender Auffassung die Anwendbarkeit auf gemeinnützige Körperschaften nicht aus, weil diese sich erwerbswirtschaftlich betätigen können und jedenfalls insoweit auch des Schutzes der Grundfreiheiten bedürfen.[148]

(2) Diskriminierung und Vergleichbarkeit

Eine unionsrechtswidrige Diskriminierung setzt voraus, dass in- und ausländische Körperschaften vergleichbar sind.[149] Nach hier vertretener Auffassung fehlt es an eben dieser Vergleichbarkeit. Insoweit geht es allein um den Vergleich deutscher gemeinnütziger Körperschaften mit ausländischen Körperschaften, die nach deutschem Recht gerade nicht gemeinnützig sind, weil sie die tätigkeitsbezogenen Anforderungen von §§ 51 ff. AO nicht erfüllen. Anderenfalls sind sie ebenso wie inländische Körperschaften steuerbefreit. Im Vergleich mit deutschen Körperschaften werden sie dann schon nicht schlechter behandelt.

(a) Fehlende Vergleichbarkeit unterschiedlicher Zwecke und deren Inlandsbezüge

Ein EU-weites länderübergreifendes Gemeinwohlverständnis, aus dem sich eine Vergleichbarkeit ergeben könnte, existiert nicht,[150] weil die EU für eine Gemeinwohldefinition kein Mandat hat.[151] Die Mitgliedstaaten dürfen deshalb selbst bestimmen, welche Zwecke sie als gemeinwohlförderlich ansehen und steuerlich

---

[147] Z. B. EuGH, Urt. v. 7. 9. 2004, C-319/02 (*Manninen*), Slg. 2004, I-7477, Rn. 28 ff., wo der Gerichtshof bei der Prüfung einer willkürlichen Diskriminierung inzident einen Verstoß gegen die Kapitalverkehrsfreiheit zu prüfen scheint. Dazu auch *Lang*, StuW 2011, 209, 217.

[148] BFH, Vorlagebeschl. v. 14. 7. 2004, I R 94/02, BStBl. II 2005, 721, Rn. 20; *Helios*, Steuerliche Gemeinnützigkeit und EG-Beihilfenrecht, 2004, S. 241 ff.; *Eicker*, Grenzüberschreitende gemeinnützige Tätigkeit, 2004, S. 173 ff.; *Kube*, IStR 2005, 469, 472; *Unger*, DStZ 2010, 154, 158; a. A. *Isensee*, DStJG 26 (2003), 93, 111; *Heger*, FR 2004, 1154, 1156.

[149] EuGH, Urt. v. 7. 9. 2004, C-319/02 (*Manninen*), Slg. 2004, I-7477, Rn. 29; Schlussanträge v. GA *Stix-Hackl* v. 15. 12. 2005, C-386/04 (*Stauffer*), Slg. 2006, I-8203, Rn. 88.

[150] Anders noch die Ansicht der EU-Kommission in der Mitteilung über die Leistungen der Daseinsvorsorge in Europa v. 20. 9. 2000, KOM (2000) 580 (ABl.EU 2001, C 14/4).

[151] Stv. *Jachmann*, Gemeinnützigkeit in Europa, 2006, S. 29.

privilegieren.[152] Eine ausländische Körperschaft, die keinen Zweck i. S. v. § 52 AO verfolgt, ist deshalb nicht mit einer gemeinnützigen Körperschaft nach deutschem Recht vergleichbar. Es bestehen folglich keine Bedenken dagegen, dass ausländische Körperschaften diejenigen Gemeinwohlzwecke verfolgen müssen, die auch für deutsche Körperschaften Voraussetzung sind.[153]

Hieraus folgt auch, dass die Mitgliedstaaten territoriale Bezüge der Tätigkeiten fordern dürfen.[154] Der strukturelle Inlandsbezug in § 51 Abs. 2 AO, wonach bei Zweckverwirklichung im Ausland inländische natürliche Personen gefördert werden müssen oder diese zum Ansehen der Bundesrepublik Deutschland beitragen kann, ist daher im Grundsatz grundfreiheitlich unbedenklich.[155] Die Norm ist missglückt, da sie aufgrund ihrer vagen Formulierung kaum handhabbar ist.[156] De lege ferenda böte sich an, bei Bedarf einzelne Zwecke inlandsbezogen auszugestalten, wie es etwa bei § 52 Abs. 2 Satz 1 Nr. 24 AO (Förderung des demokratischen Staatswesens) bereits de lege lata der Fall ist.[157] Dabei wären die Vertragsziele des AEUV (z. B. die Förderung grenzüberschreitender Forschungsmobilität nach Art. 179 AEUV oder der grenzüberschreitenden Bildung nach Art. 165 AEUV) zu berücksichtigen, da ein dahingehender reiner Inlandsbezug dem vom EuGH postulierten Vorbehalt, Mitgliedstaaten müssten ihr Ermessen bei der Bestimmung von Gemeinwohlzwecken entsprechend den Zielen der Europäischen Union ausüben,[158] zuwiderliefe.[159]

(b) Fehlende Vergleichbarkeit verschiedener Zweckerfüllungsmodalitäten

Eine ausländische Körperschaft kann einen nach deutschem Recht steuerbegünstigten Zweck verfolgen, dabei aber ggf. nicht allen erforderlichen Zweckerfüllungsmodalitäten nachkommen, also etwa das Gebot der Unmittelbarkeit (§ 57 AO),

---

[152] EuGH, Urt. v. 14. 9. 2006, C-386/04 (*Stauffer*), Slg. 2006, I-8203, Rn. 39; v. 27. 1. 2009, C-318/07 (*Persche*), Slg. 2009, I-359, Rn. 48; v. 16. 6. 2011, C-10/10 (*Kommission/Österreich*), Slg. 2011, I-5389, Rn. 32.

[153] BFH, Urt. v. 17. 9. 2013, I R 16/12, BStBl. II 2014, 440, Rn. 9 ff.; *Martini*, ISR 2015, 97, 99 f.; a. A. wohl noch *Reimer/Ribbrock*, RIW 2005, 611, 615.

[154] EuGH, Urt. v. 10. 2. 2011, C-25/10 (*Missionswerk Werner Heukelbach*), Slg. 2011, I-497, Rn. 30.

[155] *Gersch*, in: Klein, AO, 18. Aufl. 2024, § 51 Rn. 15; *Martini*, in: Winheller/Geibel/Jachmann-Michel, Gesamtes Gemeinnützigkeitsrecht, 3. Aufl. 2023, § 51 AO Rn. 62. Unionsrechtswidrig ist allenfalls eine faktische Anknüpfung an den Sitz der Körperschaft, etwa indem ausländische Körperschaften erhöhte Nachweispflichten treffen sollen. So sieht AEAO zu § 51 Nr. 7 Abs. 2 Satz 3 vor, dass nur bei inländischen Körperschaften die Inländerförderung indiziert ist. Insoweit ist § 51 Abs. 2 AO unionsrechtskonform auszulegen, vgl. *Unger*, DStZ 2010, 154, 160, 162 f.; *Förster*, BB 2011, 663, 665 ff.

[156] Stv. *Hüttemann*, Gemeinnützigkeitsrecht und Spendenrecht, 6. Aufl. 2025, Rn. 3.12.

[157] Ebenso *Unger*, DStZ 2010, 154, 161 f.; *Schmidt*, Europäische Gemeinnützigkeit, 2020, S. 417.

[158] EuGH, Urt. v. 18. 12. 2007, C-281/06 (*Jundt*), Slg. 2007, I-12231, Rn. 59 ff.

[159] *Kokott*, Das Steuerrecht der Europäischen Union, 2018, § 5 Rn. 119 ff.; *Unger*, DStZ 2010, 154, 161.

der Selbstlosigkeit (§ 55 Abs. 1 AO) oder das Ausschließlichkeitsgebot (§ 56 AO), missachten. Hierzu ließe sich prima facie vertreten, dass entsprechende Körperschaften insoweit inländischen vergleichbar seien, als sie einem den deutschen Anforderungen ähnlichen Regelungsregime unterlägen.[160]

Gegen eine Anerkennung ausländischer Zweckerfüllungsmodalitäten spricht aber entscheidend der Gedanke der Staatssubstitution als Rechtfertigungsgrund von Steuervergünstigungen mit Gemeinnützigkeitsbezug[161] in Verbindung mit dem fehlenden Mandat der EU im Gemeinnützigkeitsrecht. Der Befund eines fehlenden Mandats gilt nicht nur für die Gemeinwohlzwecke als solche, sondern in gleicher Weise für die Zweckerfüllungsmodalitäten – also die Frage, wie die von den Mitgliedstaaten definierten Zwecke umzusetzen sind. Gewährt der Staat Steuervergünstigungen für ihn entlastende Tätigkeiten, geht damit zugleich ein Regelungserfordernis für die Art und Weise ihrer Erbringung einher. Die Anforderungen, die das nationale Recht an den Gemeinnützigkeitsstatus stellt, sind damit unmittelbar Ausfluss der allein dem Mitgliedstaat zustehenden Befugnis, über seine eigene Entlastung zu entscheiden

Dem kann nicht entgegengehalten werden, dass der EuGH in der Rechtssache *Jundt* entschieden hat, staatsentlastende Effekte seien nicht geeignet, etwaige Ungleichbehandlungen unter dem Gesichtspunkt der Kohärenz des Steuersystems[162] zu rechtfertigen.[163] Diese – eine Vergleichbarkeit bereits voraussetzende – Äußerung ist vor dem Hintergrund zu sehen, dass der Entscheidung eine Schlechterstellung zugrunde lag, die allein an den Sitz der Körperschaft anknüpfte.[164] Über die Vergleichbarkeit in- und ausländischer Körperschaften, die sich inhaltlich unterscheiden, ist damit nichts gesagt.

Die hier vertretene Auffassung teilt auch der BFH, wenn er in ständiger Rechtsprechung ausführt, dass der Maßstab der Gemeinnützigkeit unabhängig vom Sitz der Körperschaft allein das deutsche Recht i. S. v. §§ 51 ff. AO sei.[165] Das gilt auch für die vom Steuerpflichtigen zu erbringenden Nachweise. Jeder Mitgliedstaat darf nach der Judikatur des EuGH selbst über die Beweislast und das Maß an Prä-

---

[160] In diese Richtung unter eingehender Analyse der verschiedenen Zweckerfüllungsmodalitäten *Schmidt*, Europäische Gemeinnützigkeit, 2020, S. 261 ff.

[161] Dazu oben unter Teil 1: B.

[162] Die Kohärenz des Steuersystems ist ein Rechtfertigungsgrund, den der EuGH im Urt. v. 28. 1. 1992, C-204/90 (*Bachmann*), Slg. 1992, I-249, Rn. 28 anerkannt hat. Voraussetzung ist ein unmittelbarer Zusammenhang zwischen einem steuerlichen Vorteil und einer damit verbundenen bestimmten steuerlichen Belastung.

[163] EuGH, Urt. v. 18. 12. 2007, C-281/06 (*Jundt*), Slg. 2007, I-12231, Rn. 66 ff.

[164] In dem Verfahren ging es um einen Steuerpflichtigen, der nebenberufliche Tätigkeiten (§ 3 Nr. 26 EStG, dazu Teil 3: B. I. 1.) an eine Körperschaft mit Sitz in Frankreich erbrachte.

[165] BFH, Urt. v. 20. 12. 2006, I R 94/02, BStBl. II 2010, 331, Rn. 17 ff.; v. 17. 9. 2013, I R 16/12, BStBl. II 2014, 440, Rn. 9; v. 21. 1. 2015, X R 7/13, BStBl. II 2015, 588, Rn. 23; v. 25. 10. 2016, I R 54/14, BStBl. II 2017, 1216, Rn. 20; v. 15. 11. 2017, I R 39/15, BFH/NV 2018, 611, Rn. 20; v. 18. 8. 2022, V R 15/20, BStBl. II 2023, 302, Rn. 15; nunmehr auch FG Münster, Urt. v. 25. 10. 2023, 13 K 2542/20 K, F, EFG 2024, 352, Rn. 58 ff. (rkr.).

zision, das die Nachweise aufweisen müssen, entscheiden.[166] Folge der fehlenden Harmonisierung des Gemeinnützigkeitsrechts ist auch, dass ausländische Körperschaften ggf. einen höheren Verwaltungsaufwand auf sich nehmen müssen, da sie die gemeinnützigkeitsrechtlichen Bestimmungen mehrerer Rechtsordnungen zu befolgen haben. Hierin liegt keine Beschränkung der Kapitalverkehrsfreiheit.[167]

Jedoch ist eine rein formalistische Vorgehensweise untersagt,[168] sodass die Verwendung eines amtlichen Vordrucks nicht verlangt werden darf, wenn im Übrigen alle Informationen vorliegen.[169] Gleiches gilt für die wörtliche Übernahme des gesetzlichen Satzungsmusters nach Anlage 1 zu § 60 AO. Diese ist nicht erforderlich, solange die Satzung der ausländischen Körperschaft mit der Mustersatzung vergleichbar ist.[170]

(3) Schlussfolgerung: Rechtmäßigkeit tätigkeitsbezogener Inlandsanknüpfung

Es steht jedem Mitgliedstaat aus grundfreiheitlicher Perspektive frei, ausländische und inländische Körperschaften für Zwecke der Gewährung gemeinnützigkeitsbezogener Steuerbefreiungen an denselben tätigkeitsbezogenen Anforderungen zu messen. Erfüllt eine ausländische Körperschaft die Voraussetzungen des nationalen Gemeinnützigkeitsrechts – einschließlich nationaler Beweisanforderungen jenseits des bloßen Formalismus – nicht, ist sie mit einer inländischen gemeinnützigen Körperschaft nicht vergleichbar. Diesem Ergebnis steht die einschlägige Rechtsprechung des EuGH zu gemeinnützigkeitsbezogenen Steuervergünstigungen nicht entgegen. Dieser hat bisher nur solche Beschränkungen für unionsrechtswidrig erklärt, die allein an den Sitz einer Körperschaft anknüpfen.[171]

---

[166] EuGH, Urt. v. 27. 1. 2009, C-318/07 (*Persche*), Slg. 2009, I-359, Rn. 60, 63; v. 30. 6. 2011, C-262/09 (*Meilicke II*), Slg. 2011, I-5669, Rn. 45.

[167] FG Münster, Urt. v. 25. 10. 2023, 13 K 2542/20 K, F, EFG 2024, 352, Rn. 62 (rkr.).

[168] EuGH, Urt. v. 30. 6. 2011, C-262/09 (*Meilicke II*), Slg. 2011, I-5669, Rn. 46.

[169] Für Spendenbescheinigungen und § 50 EStDV siehe BFH, Urt. v. 21. 1. 2015, X R 7/13, BStBl. II 2015, 588, Rn. 47 ff.; v. 22. 3. 2018, X R 5/16, BStBl. II 2018, 651, Rn. 37.

[170] FG Münster, Urt. v. 8. 3. 2012, 2 K 2608/09 E, EFG 2012, 1539, Rn. 33; *Weitemeyer/Bornemann*, FR 2016, 437, 440; *Förster*, DStR 2013, 1516, 1518; offenlassend BFH, Urt. v. 18. 8. 2022, V R 15/20, BStBl. II 2023, 302, Rn. 24.

[171] EuGH, Urt. v. 14. 9. 2006, C-386/04 (*Stauffer*), Slg. 2006, I-8203, Rn. 62; v. 18. 12. 2007, C-281/06 (*Jundt*), Slg. 2007, I-12231, Rn. 72 f.; v. 27. 1. 2009, C-318/07 (*Persche*), Slg. 2009, I-359, Rn. 72; v. 10. 2. 2011, C-25/10 (*Missionswerk Werner Heukelbach*), Slg. 2011, I-497, Rn. 36; v. 16. 6. 2011, C-10/10 (*Kommission/Österreich*), Slg. 2011, I-5389, Rn. 35; vgl. auch die Urteilsübersicht bei *Hüttemann*, Gemeinnützigkeitsrecht und Spendenrecht, 6. Aufl. 2025, Rn. 1.132.

bb) Beihilferecht

Die Steuerbefreiung nach § 5 Abs. 1 Nr. 9 KStG ist eine verbotene Beihilfe nach Art. 107 Abs. 1 AEUV, wenn sie eine einseitige staatliche Maßnahme darstellt, durch die ein bestimmtes Unternehmen selektiv begünstigt wird, den Handel zwischen den Mitgliedstaaten beeinträchtigen kann und eine wettbewerbsverfälschende Wirkung hat.[172] Die Frage der Beihilferelevanz gemeinnützigkeitsbezogener Steuervergünstigungen wurde bisher vor allem in der Theorie diskutiert.[173] Ungeahnte praktische Relevanz kommt ihr seit dem neusten Vorlagebeschluss des V. BFH-Senats zu, der § 57 Abs. 3 AO für eine unionsrechtswidrige Beihilfe hält.[174] Danach verfolgen gemeinnützige Körperschaften ihre steuerbegünstigten Zwecke auch dann unmittelbar, wenn sie im Zusammenwirken mit einer anderen gemeinnützigen Körperschaft einen steuerbegünstigten Zweck verwirklichen. Die Ausführungen des Gerichts legen allerdings nahe, dass der BFH sich nicht nur an § 57 Abs. 3 AO stört, sondern an allen Gemeinwohlzwecken, die ab 1958 eingeführt wurden.[175] Für Beihilfen, die bereits vor dem 1. 1. 1958 bestanden (Alt-Beihilfen), gilt das Durchführungsverbot nach Art. 108 Abs. 3 Satz 3 AEUV nicht.[176]

(1) Beihilferechtlich relevante Tätigkeiten gemeinnütziger Organisationen

Der EuGH behandelt gemeinnützige Körperschaften, die wirtschaftlich tätig sind (also z. B. Handelsgeschäfte oder Geschäfte über bewegliches oder unbewegliches Vermögen betreiben), einheitlich als Unternehmen im beihilferechtlichen Sinne, weil diese insoweit in Wettbewerb zu anderen Unternehmen treten können.[177] Zweckbetriebe sind regelmäßig derartige wirtschaftliche Tätigkeiten.[178] Denkbar ist das auch bei privater Vermögensverwaltung, etwa der Vermietung von Immobilien. Die Körperschaft tritt hier in Konkurrenz zu anderen Anbietern.[179]

Eine ungeschriebene Bereichsausnahme für das Gemeinnützigkeitsrecht existiert demnach nicht.[180] Die Ausnahmen nach Art. 107 Abs. 2 lit. a und lit. b AEUV für Beihilfen sozialer Art an einzelne Verbraucher und Beihilfen zur Beseitigung von Schäden aufgrund von Naturkatastrophen betreffen nur einzelne gemeinnützige

---

[172] Stv. *Englisch*, in: Schaumburg/Englisch/Dobratz, Europäisches Steuerrecht, 3. Aufl. 2025, Rn. 9.7.

[173] Vgl. nur *Droege*, Gemeinnützigkeit im offenen Steuerstaat, 2010, S. 518 f.; *Helios*, Steuerliche Gemeinnützigkeit und EG-Beihilfenrecht, 2004; *Hummel*, NPLY 2019, 145; *Musil*, DStR 2009, 2453.

[174] BFH, Vorlagebeschl. v. 22. 5. 2025, V R 22/23, BFH/NV 2025, 1205 (Az. EuGH: C-477/25).

[175] Vgl. BFH, Vorlagebeschl. v. 22. 5. 2025, V R 22/23, BFH/NV 2025, 1205, Rn. 117 ff.

[176] Stv. *Cremer*, in: Calliess/Ruffert, EUV/AEUV, 6. Aufl. 2022, Art. 107 AEUV Rn. 6.

[177] EuGH, Urt. v. 10. 1. 2006, C-222/04 (*Cassa di Risparmio*), Slg. 2006, I-289, Rn. 122 f.

[178] *Hüttemann*, Gemeinnützigkeitsrecht und Spendenrecht, 6. Aufl. 2025, Rn. 1.113.

[179] *Helios*, Steuerliche Gemeinnützigkeit und EG-Beihilfenrecht, 2004, S. 92 ff.

[180] Stv. *Fischer*, in: Hübschmann/Hepp/Spitaler, AO/FGO, 9/2025, § 65 AO Rn. 63.

Organisationen. Die in Art. 107 Abs. 3 AEUV[181] aufgezählten Ausnahmemöglichkeiten hängen von einer Ermessensentscheidung der Kommission ab und sind deshalb ebenfalls nicht geeignet, Steuervergünstigungen des dritten Sektors dem Anwendungsbereich des Beihilferechts zu entziehen.[182]

(2) § 5 Abs. 1 Nr. 9 KStG als Begünstigung?

Traditionell wird jede Abweichung von der Regelbesteuerung als Begünstigung verstanden.[183] Das trifft auf die Steuerbefreiung von Einkünften aus Zweckbetrieben und privater Vermögensverwaltung zu, weshalb die wohl überwiegende Auffassung die Steuerbefreiung gemäß § 5 Abs. 1 Nr. 9 KStG insoweit auch als beihilferelevanten Vorteil begreift.[184]

Nach anderer Ansicht sind gemeinnützigkeitsbezogene Steuervergünstigungen keine Begünstigungen i. S. v. Art. 107 AEUV, weil der Gemeinnützigkeitsstatus mit erheblichen wirtschaftlichen Nachteilen einhergehe. Gemeinnützige Organisationen unterliegen dem Gebot der satzungsmäßigen Mittelverwendung nach § 55 Abs. 1 AO, wonach Gewinnausschüttungen verboten und die erwirtschafteten Erträge für die gemeinnützige Zweckverfolgung, mithin für das Allgemeinwohl, zu verwenden seien. Die Steuerbefreiung komme daher im Ergebnis der Allgemeinheit zugute.[185]

Dieser Ansicht ist zuzustimmen. Steuervergünstigungen, deren Zweck in der Entlastung des Staates bestehen und mit denen so gravierende Nachteile einhergehen, dass sie für eigennützig agierende Körperschaften unattraktiv sind, sind keine beihilferechtlich relevanten Begünstigungen. Jedoch hat der EuGH in der Rechtssache *Altmark Trans* strenge Voraussetzungen für eine „Saldierung“ der Vor- und Nachteile aufgestellt.[186] Diese sind hier nicht erfüllt, weil eine Berechnung des

---

[181] Danach können Beihilfen z. B. zur Förderung der wirtschaftlichen Entwicklung gewisser Gebiete, der gemeinsamen Vorhaben im europäischen Interesse, gewisser Wirtschaftszweige oder der Kultur als mit dem Binnenmarkt vereinbar angesehen werden.

[182] Näher *Helios*, Steuerliche Gemeinnützigkeit und EG-Beihilfenrecht, 2004, S. 201 ff.; *Hüttemann*, Gemeinnützigkeitsrecht und Spendenrecht, 6. Aufl. 2025, Rn. 1.121 ff.

[183] EuGH, Urt. v. 23. 2. 1961, C-30/59 (*Gezamenlijke Steenkolenmijnen*), Slg. 1961, I-3; v. 10. 1. 2006, C-222/04 (*Cassa di Risparmio*), Slg. 2006, I-289, Rn. 132; *Helios*, Steuerliche Gemeinnützigkeit und EG-Beihilfenrecht, 2004, S. 75, 120 ff.

[184] BFH, Vorlagebeschl. v. 22. 5. 2025, V R 22/23, BFH/NV 2025, 1205, Rn. 70 ff.; *Droege*, Gemeinnützigkeit im offenen Steuerstaat, 2010, S. 518 f.; *Helios*, in: Schauhoff/Kirchhain, Hdb. d. Gemeinnützigkeit, 4. Aufl. 2023, § 24 Rn. 55; *Hüttemann*, DB 2006, 914, 917.

[185] *Hummel*, NPLY 2019, 145, 161; *Musil*, DStR 2009, 2453, 2456; *Kube*, IStR 2005, 469, 475.

[186] EuGH, Urt. v. 24. 7. 2003, C-280/00 (*Altmark Trans*), Slg. 2003, I-7747, Rn. 89 ff. Danach muss das Unternehmen (1.) mit der Erfüllung gemeinwirtschaftlicher Aufgaben betraut sein, (2.) die Berechnungsparameter sind zuvor objektiv und transparent aufzustellen, (3.) der geleistete Vorteil muss erforderlich sein und (4.) die Höhe des Ausgleichs ist auf Grundlage einer Analyse der Kosten zu bestimmen, die ein durchschnittliches Unternehmen bei der Aufgabenerfüllung hätte.

Ausgleichs anhand objektiver und transparenter Parameter kaum möglich ist.[187] Gleichwohl sprechen die besseren Gründe gegen die Annahme einer Begünstigung. Insbesondere sind die Nachteile hinsichtlich der Mittelverwendung so gravierend, dass der Gemeinnützigkeitsstatus für eigennützig tätige Marktteilnehmer keine attraktive Option ist.[188] Hierin unterscheidet sich das Gemeinnützigkeitsrecht von dem Fall, der der Rechtssache *Altmark Trans* zugrunde gelegen hat.[189]

Darüber hinaus ist eine Maßnahme keine Beihilfe, wenn sie auf den Grundsätzen und Leitprinzipien des Steuerrechts beruht.[190] Hierzu wird vertreten, gemeinnützigkeitsbezogene Steuervergünstigungen würden nicht aufgrund eines systemimmanenten Zwecks gewährt, sondern beruhten auf externen Beweggründen.[191] Ferner könne nicht einerseits den Mitgliedstaaten das Recht zuerkannt werden, Gemeinwohlzwecke eigenständig zu definieren und andererseits eine so begründete Steuervergünstigung als systemimmanent angesehen werden.[192]

Diese Sichtweise gibt die systematische Bedeutung des Gemeinnützigkeitsrechts nur verkürzt wieder. Dieses ist ein in sich geschlossenes und abgrenzbares System, dessen Bestandteile durch den Staatsentlastungsgedanken inhaltlich verbunden sind.[193] Die gemeinnützigkeitsbezogenen Steuervergünstigungen unterscheiden sich grundlegend von steuerlichen Subventionen. Denn der Staat könnte anstelle der steuerlichen Begünstigung gemeinnütziger Körperschaften ebenso die Steuersätze erhöhen und die Aufgaben selbst erledigen. Dann läge zweifellos keine Beihilfe vor. Warum aber die Art und Weise der Wahrnehmung von Staatsaufgaben über das Vorliegen einer Beihilfe entscheiden soll, erschließt sich nicht.[194]

---

[187] *Droege*, in: Winheller/Geibel/Jachmann-Michel, Gesamtes Gemeinnützigkeitsrecht, 3. Aufl. 2023, Teil 4 Rn. 20.

[188] *Fischer*, FR 2009, 929, 937; *Musil*, DStR 2009, 2453, 2456.

[189] Dort ging es um die Gewährung von finanziellem Ausgleich für das Erbringen von Beförderungsleistungen. Diese können ohne staatliche Hilfen oft nicht profitabel erbracht werden, weshalb der Ausgleich überhaupt erst die Teilnahme am Markt ermöglicht, vgl. EuGH, Urt. v. 24.7.2003, C-280/00 (*Altmark Trans*), Slg. 2003, I-7747. Jeder potentielle Erbringer von Beförderungsleistungen hat deshalb ein Interesse daran, diese finanzielle Förderung zu erhalten, auch wenn er dafür bestimmte Anforderungen erfüllen muss. Im Gemeinnützigkeitsrecht ist es anders. Kein profitorientierter Marktteilnehmer möchte sich einer Steuerbefreiung willen in die Schranken des § 55 AO begeben, weil dieser eine Profitnutzung weitgehend verhindert.

[190] EuGH, Urt. v. 6.9.2006, C-88/03 (*Portugal/Kommission*), Slg. 2006, I-7115, Rn. 81; v. 8.9.2011, C-78–80/08 (*Paint Graphos*), Slg. 2011, I-7611, Rn. 65; v. 18.7.2013, C-6/12 (*P Oy*), ECLI:EU:C:2013:525, Rn. 22.

[191] *Helios*, in: Schauhoff/Kirchhain, Hdb. d. Gemeinnützigkeit, 4. Aufl. 2023, § 24 Rn. 55 mit zweifelhaftem Verweis auf die Schlussanträge v. GA *Jacobs* v. 27.10.2005, C-222/04 (*Cassa di Risparmio*), Slg. 2005, I-289, Rn. 104. Der GA führt nur aus, es obliege den mitgliedstaatlichen Gerichten, zu beurteilen, ob eine systemimmanente Differenzierung vorliege. Im entscheidungserheblichen Fall „dürfte" sich die Vergünstigung aus dem Zweck einer Förderung bestimmter Unternehmen im öffentlichen Interesse ergeben.

[192] *Droege*, Gemeinnützigkeit im offenen Steuerstaat, 2010, S. 520.

[193] Siehe oben Teil 1: B. III.

[194] So auch *Hummel*, NPLY 2019, 145, 156; *ders.*, UR 2023, 345, 350.

Der V. Senat des BFH sieht in diesem Argument die Gefahr einer Umgehung des Beihilferechts begründet.[195] In einer Verordnung zur Feststellung der Vereinbarkeit bestimmter Gruppen von Beihilfen mit dem Binnenmarkt würden außerdem bestimmte Regelungsbereiche als grundsätzlich beihilferelevant eingestuft, die sich mit den Gemeinwohlzwecken in §§ 52 ff. AO überschneiden (Umweltschutzbeihilfen, Ausbildungsbeihilfen, Forschungs- und Entwicklungsbeihilfen, usw.).[196] Das überzeugt nicht. Zum einen trifft die Verordnung keine Aussage darüber, unter welchen Voraussetzungen in den jeweiligen Bereichen Beihilfen vorliegen, sondern nimmt bestimmte Beihilfen (soweit sie denn vorliegen) von der Anmeldepflicht aus. Zum anderen kann von einer Umgehung des Beihilferechts keine Rede sein, wenn sich die Unternehmen ihren steuerlichen „Vorteil" mit dem Nachteil des Verbots privatnütziger Gewinnerzielung erkaufen müssen.

Gegen einen beihilferechtlichen Vorteil spricht auch der Vergleich von § 5 Abs. 1 Nr. 9 KStG mit den Befreiungen in anderen Steuergesetzen. Diese sind entweder vollständig[197] oder jedenfalls in größerem Umfang[198] konstitutiv. Die Begünstigung i. S. v. Art. 107 Abs. 1 AEUV auf eine schlichte Prüfung des konstitutiven Anwendungsbereichs einer Befreiungsnorm zu reduzieren, hieße zugleich, die beihilferechtliche Kontrolldichte allein vom Belastungsgrund und dem darauf aufbauendem Grundtatbestand der Einzelsteuern abhängig zu machen. Ein solches Ergebnis überzeugt jedenfalls bei gemeinnützigkeitsbezogenen Steuerbefreiungen nicht, da diese alle denselben Zweck verfolgen und daher eine einzelsteuerübergreifende Gleichbehandlung (Freistellung von Zuflüssen in den Idealbereich, der privaten Vermögensverwaltung und von Zweckbetrieben) bewirken. Der hier vertretene Ansatz, die Systematik des Gemeinnützigkeitsrechts mit zu berücksichtigen, bewahrt die Beihilfeprüfung vor eher zufälligen Ergebnissen.

Der EuGH geht überdies davon aus, dass Steuersenkungen, welche Anpassungen an „besondere Merkmale" eines Unternehmens darstellen, durch die Natur und den inneren Aufbau des Steuergesetzes gerechtfertigt sein können.[199] Darauf aufbauend lassen ich die Anforderungen an den Status der Gemeinnützigkeit aufgrund der staatsentlastenden Tätigkeit als besondere Merkmale der betreffenden Körperschaften verstehen, welche sodann eine Anpassung der Systeme der Einzelsteuergesetze an das System des Gemeinnützigkeitsrechts[200] erfordern.[201]

---

[195] BFH, Vorlagebeschl. v. 22.5.2025, V R 22/23, BFH/NV 2025, 1205, Rn. 109 ff.

[196] Verordnung (EU) Nr. 651/2014 der Kommission v. 17.6.2014.

[197] So die Befreiungen von der Grundsteuer nach §§ 3, 4 GrStG (siehe unten Teil 2: D. II.) oder von der Erbschaft- und Schenkungsteuer (siehe Teil 2: E. II.).

[198] So § 3 Nr. 6 GewStG (siehe Teil 2: C. II. 1.).

[199] EuGH, Urt. v. 15.12.2005, C-148/04 (*Unicredito Italiano*), Slg. 2005, I-11137, Rn. 51.

[200] Jede gemeinnützigkeitsbezogene Steuervergünstigung ist Teil zweier Systeme: dem Gemeinnützigkeitsrecht und der jeweiligen Einzelsteuer, vgl. oben Teil 1: F. V.

[201] Anders wohl EuGH, Urt. v. 10.1.2006, C-222/04 (*Cassa di Risparmio*), Slg. 2006, I-289, Rn. 137 zu italienischen Bankenstiftungen. In diesem Verfahren wurde der systematische Gesichtspunkt der Staatssubstitution indes nicht thematisiert. Der Gerichtshof scheint vielmehr davon auszugehen, die Steuerbefreiung nach italienischem Recht stelle eine Belohnung für Einrichtungen im sozialen Bereich dar.

(3) Zur Selektivität von § 5 Abs. 1 Nr. 9 KStG

Sofern § 5 Abs. 1 Nr. 9 KStG entgegen der hier vertretenen Auffassung ein beihilferechtlich relevanter Vorteil darstellen sollte, fehlt es jedenfalls an der Selektivität der Begünstigung. Das Kriterium der Selektivität entscheidet darüber, ob eine Maßnahme bestimmte Unternehmen oder Produktionszweige gegenüber anderen begünstigt.[202] Die Wahl des für die Selektivitätsprüfung zu bildenden Referenzrahmens[203] zwecks Feststellung einer vergleichbaren Situation[204] gibt das Prüfungsergebnis bereits weitgehend vor.[205]

Deshalb, und weil der EuGH nationales Recht, welches für die Bestimmung eines Referenzrahmens relevant ist, nur sehr eingeschränkt überprüfen kann, ist bei der Prüfung allgemeiner Steuergesetze ein eingeschränkter Prüfungsmaßstab anzuwenden.[206] Anderenfalls müsste sich nahezu jede steuerliche Differenzierung vor Art. 107 AEUV rechtfertigen, was aufgrund der Steuerhoheit der Mitgliedstaaten nicht Sinn und Zweck des Beihilferechts sein kann.[207] Daher ist den Mitgliedstaaten ein Einschätzungsspielraum für die Ausgestaltung des Steuerrechts zuzugestehen.[208] Das Beihilferecht wird so zu einer Missbrauchskontrolle. In diesem Sinne sind Steuervergünstigungen, die allgemeine steuerliche Maßnahmen darstellen, nur verbotene Beihilfen, wenn sie mit Hinblick auf ihr Ziel auf keiner rationalen Grundlage beruhen.[209]

Der EuGH hat diesen Erwägungen weder explizit zugestimmt noch hat er sie abgelehnt. Die Äußerung des Gerichtshofs, Genossenschaften würden in ihrer Funktionsweise besonderen Grundsätzen folgen, die sie von anderen Wirtschaftsteilnehmern unterscheiden,[210] kann als Perspektivenwechsel hin zu einer differenzierteren Betrachtungsweise gedeutet werden.[211] In der Rechtssache *Fossil (Gibraltar)* hat der Gerichtshof darüber hinaus bei der Bestimmung grundlegender Merkmale

---

[202] Stv. EuGH, Urt. v. 15. 11. 2011, C-106/09 P/C-107/09 P (*Kommission u. Spanien/Gibraltar*) Slg. 2011, I-11113, Rn. 75.
[203] Dazu EuGH, Urt. v. 18. 7. 2013, C-6/12 (*P Oy*), ECLI:EU:C:2013:525, Rn. 19; *Musil*, FR 2014, 953, 954.
[204] Dazu stv. EuGH, Urt. v. 4. 6. 2015, C-5/14 (*Kernkraftwerk Lippe-Ems*), ECLI:EU:C:2015:354, Rn. 74.
[205] *Kokott*, Das Steuerrecht der Europäischen Union, 2018, § 3 Rn. 172; *Soltész*, EuZW 2019, 51, 54.
[206] *Kokott*, Das Steuerrecht der Europäischen Union, 2018, § 3 Rn. 181 ff.
[207] Schlussanträge v. GA *Kokott* v. 13. 6. 2019, C-75/18 (*Vodafone Magyarország*), ECLI:EU:C:2019:492, Rn. 170; v. 4. 7. 2019, C-323/18 (*Tesco*), ECLI:EU:C:2019:567, Rn. 147 ff.; *Hummel*, NPLY 2019, 145, 164 f.; *ders.*, GmbHR 2019, 390, 395.
[208] EuGH, Urt. v. 15. 9. 2022, C-705/20 (*Fossil (Gibraltar)*), ECLI:EU:C:2022:680, Rn. 60 f.; *Kokott*, ISR 2017, 395, 400.
[209] Schlussanträge v. GA *Kokott* v. 13. 6. 2019, C-75/18 (*Vodafone Magyarország*), ECLI:EU:C:2019:492, Rn. 163 ff.; *Hummel*, NPLY 2019, 145, 164 f.; *ders.*, GmbHR 2019, 390, 395.
[210] EuGH, Urt. v. 8. 9. 2011, C-78/08 bis C-80/08 (*Paint Graphos*), Slg. 2011, I-7611, Rn. 55.
[211] *Fischer*, in: Hübschmann/Hepp/Spitaler, AO/FGO, 9/2025, § 65 AO Rn. 63 f.

einer Steurer ein mitgliedstaatliches Ermessen ausdrücklich anerkannt.[212] Ob das auch für gemeinnützigkeitsbezogene Steuervergünstigungen gilt, ist damit aber nicht entschieden.

Die hier befürwortete beihilferechtliche Prüfung im Sinne einer Missbrauchskontrolle ergibt, dass gemeinnützigkeitsbezogene Steuervergünstigungen, die zur Förderung staatsentlastender Zwecke gewährt werden, auf einer rationalen Grundlage beruhen und damit kein Missbrauch des Mitgliedstaates zur Umgehung des Beihilferegimes sind. Denn sie sind Teil des Systems „Gemeinnützigkeitsrecht“, welches der Gesetzgeber in Ausübung seines Einschätzungsspielraums geschaffen hat, um den Staat zu entlasten. § 5 Abs. 1 Nr. 9 KStG ist insoweit keine Beihilfe i. S. v. Art. 107 Abs. 1 AEUV.[213] Beihilfecharakter kann die Befreiung allenfalls annehmen, soweit sie entweder eine Subvention darstellt, d. h. Zwecke ohne staatssubstituierenden Charakter privilegiert,[214] oder Zweckbetriebe freistellt, die zur Erreichung der staatsentlastenden Zwecke nicht erforderlich sind.[215] Das setzt freilich voraus, dass man die Norm überhaupt als beihilferechtlichen Vorteil begreift.

(4) *Zwischenfazit: § 5 Abs. 1 Nr. 9 KStG in der beihilferechtlichen Missbrauchskontrolle*

Aufgrund der Staatsentlastungsfunktion des Gemeinnützigkeitsrechts und den mit den Vergünstigungen einhergehenden Nachteilen ist § 5 Abs. 1 Nr. 9 KStG keine Beihilfe i. S. v. Art. 107 Abs. 1 AEUV. Gemeinnützige Körperschaften sind mit eigennützigen Unternehmen auch aus beihilferechtlicher Perspektive nicht vergleichbar. Als Alternative zur Steuerbefreiung könnte der Staat auch die Steuern erhöhen und die Aufgaben selbst durchführen. Dass bereichsspezifisch Staatsaufgaben auf Private übertragen und hierfür Steuervergünstigungen gewährt werden, ist kein Missbrauch zur Umgehung des Beihilferegimes. Auf eine solche Missbrauchskontrolle ist Art. 107 Abs. 1 AEUV bei allgemeinen Steuermaßnahmen zu reduzieren.

b) Der akteursbezogene Ausschluss von Drittstaatenorganisationen

Drittstaatenorganisationen sind unterschiedslos, also unabhängig davon, ob sie die Anforderungen an das deutsche Gemeinnützigkeitsrecht erfüllen, von der Steuerbefreiung ausgeschlossen (§ 5 Abs. 1 Nr. 9, Abs. 2 Nr. 2 KStG). Ursprünglich

---

[212] EuGH, Urt. v. 15. 9. 2022, C-705/20 (*Fossil (Gibraltar)*), ECLI:EU:C:2022:680, Rn. 60 f.

[213] Gleiche Ansicht *Hummel*, NPLY 2019, 145, 169 ff.; *Jachmann*, in: Igl, Rechtliche Rahmenbedingungen bürgerschaftlichen Engagements, 2002, S. 88; wohl auch *Fischer*, FR 2009, 929, 937.

[214] Dazu oben Teil 1: B. III.

[215] Dazu oben Teil 2: A. II. 1. c).

war vorgesehen, alle beschränkt steuerpflichtigen Körperschaften zu erfassen. Da aber die Vorgaben des EuGH in der Rechtssache *Stauffer* nach Auffassung des Gesetzgebers nur für Körperschaften innerhalb der EU und des EWR gälten, wurde dieses Vorhaben aufgegeben.[216] Die Kapitalverkehrsfreiheit gilt jedoch auch im Verhältnis zu Drittstaaten (Art. 63 Abs. 1 AEUV).

aa) Eingeschränkter Anwendungsbereich der Kapitalverkehrsfreiheit

Der Anwendungsbereich der Kapitalverkehrsfreiheit ist bei vermögensverwaltenden Tätigkeiten oder Zweckbetrieben ausländischer Körperschaften im Inland grundsätzlich eröffnet.[217] Bei Drittstaatensachverhalten erlaubt Art. 64 Abs. 1 AEUV aber solche Beschränkungen auf dritte Länder, die am 31. 12. 1993 bereits bestanden haben.[218] Voraussetzung ist, dass diese im Zusammenhang mit Direktinvestitionen, einschließlich Anlagen in Immobilien, mit der Niederlassung, Finanzdienstleistungen oder der Zulassung von Wertpapieren zu den Kapitalmärkten stehen (sog. *Standstill-Clause*).[219]

Gemeinnützige Körperschaften mit Sitz in einem Drittland können nach diesen Maßstäben nicht generell von den nationalen Steuerbefreiungen ausgeschlossen werden. Zwar erfasst die *Standstill-Clause* oftmals Zweckbetriebe,[220] eine „Direktinvestition" liegt aber jedenfalls bei einer grenzüberschreitenden Beteiligung von weniger als zehn Prozent nicht vor.[221] Der Ausschluss der Befreiung privater Vermögensverwaltung fällt daher in allen anderen Fällen nicht unter die *Standstill-Clause* in Art. 64 Abs. 1 AEUV.[222]

---

[216] BT-Drs. 16/11108, S. 26.

[217] Siehe oben Teil 2: A. II. 2. a) aa) (1).

[218] Das trifft auf die deutsche Regelung zu; Drittstaatenorganisationen sind von den Steuerbefreiungen im KStG ausdrücklich in dieser Form spätestens seit 1976 ausgeschlossen, vgl. BGBl. I 1976, 2597; dazu *Kruschke*, in: Herrmann/Heuer/Raupach, EStG/KStG, 8/2025, § 5 KStG Rn. 3.

[219] Vermögenszuflüsse im Idealbereich (insbesondere Spenden oder Erbschaften) sind davon ersichtlich nicht erfasst (*Freiherr von Proff*, IStR 2009, 371, 376).

[220] *Schmidt*, Europäische Gemeinnützigkeit, 2020, S. 354; a. A. *Martini*, in: Winheller/Geibel/Jachmann-Michel, Gesamtes Gemeinnützigkeitsrecht, 3. Aufl. 2023, § 5 Abs. 2 KStG Rn. 40, der die *Standstill-Clause* im Gemeinnützigkeitsrecht von vornherein für nicht anwendbar hält, weil gemeinnützige Körperschaften mangels Gewinnerzielungsabsicht nicht den maßgeblichen Richtlinienbegriffen (Handels-, Industrie- oder Finanzunternehmen, 88/361/EWG, ABl. EU 1988, L 178, 5) zu subsumieren seien. Insoweit wird aber übersehen, dass diese – soweit sie Zweckbetriebe unterhalten oder Vermögensverwaltung betreiben – sehr wohl mit Gewinnerzielungsabsicht handeln (siehe oben Teil 2: A. I. 2. c)).

[221] EuGH, Urt. v. 10. 2. 2011, C-436–437/08 (*Haribo und Österreichische Salinen*), Slg. 2011, I-305, Rn. 137; v. 26. 2. 2019, C-135/17 (*X GmbH*), ECLI:EU:C:2019:136, Rn. 29 ff.

[222] Ebenso *Schmidt*, Europäische Gemeinnützigkeit, 2020, S. 358.

bb) Vergleichbarkeit von Drittstaatenorganisationen

Drittstaatenkörperschaften, die sämtliche Anforderungen des deutschen Gemeinnützigkeitsrechts erfüllen, sind mit gemeinnützigen Körperschaften mit Sitz im Inland vergleichbar.[223] Die Staatssubstitutionsthese steht dem nicht entgegen, weil die Körperschaft mit Sitz im Drittstaat insoweit sachlich dieselben Tätigkeiten entfaltet, den Staat also bei Tätigwerden im Inland ebenso entlastet, wie eine inländische gemeinnützige Organisation.

cc) Rechtfertigungsstrategien

Die Kohärenz des Steuersystems kann nicht als Rechtfertigungsgrund herangezogen werden. Dem steht die Judikatur des EuGH zu gemeinnützigkeitsbezogenen Steuervergünstigungen entgegen.[224] Möglich scheint aber eine Rechtfertigung aufgrund des Erfordernisses einer wirksamen Steueraufsicht, das als zwingender Grund des Allgemeinwohls anerkannt ist.[225]

Das Fehlen jeglicher vertraglicher Auskunftsverpflichtungen zum Drittstaat berechtigt den betreffenden Mitgliedstaat, eine Steuerbefreiung zu verweigern.[226] Die entscheidende Frage ist daher, ob der Ausschluss vom Gemeinnützigkeitsrecht auch dann zulässig ist, wenn mit dem Drittstaat ein Amtshilfeabkommen besteht. Der EuGH hat in neueren Entscheidungen zum Nachweis der Voraussetzung einer Steuerbefreiung ausgeführt, Mitgliedstaaten dürften neben dem Bestehen einer vertraglichen Vereinbarung mit dem Drittstaat die Gewährung der Steuerbefreiung auch davon abhängig machen, ob die nationalen Behörden die tatsächliche Richtigkeit der Angaben überprüfen können.[227] Insoweit besteht ein größerer Spielraum bei der Rechtfertigung in Drittstaatenfällen, da sich der Kapitalverkehr in einem anderen rechtlichen Rahmen bewegt.[228]

Der BFH hat in der Folge sog. „kleine Auskunftsklauseln“[229] in DBA zurecht als für die Überprüfung der Richtigkeit der Angaben nicht ausreichend erachtet,

[223] *Schmidt*, Europäische Gemeinnützigkeit, 2020, S. 359.

[224] Vgl. nur EuGH, Urt. v. 18. 12. 2007, C-281/06 (*Jundt*), Slg. 2007, I-12231, Rn. 66ff.

[225] Stv. EuGH, Urt. v. 20. 2. 1979, C-120/78 (*Cassis de Dijon*), Slg. 1979, I-649, Rn. 8; v. 6. 10. 2011, C-493/09 (*Kommission/Portugal*), Slg. 2011, I-9247, Rn. 42; *Kokott*, Das Steuerrecht der Europäischen Union, 2018, § 3 Rn. 135.

[226] EuGH, Urt. v. 27. 1. 2009, C-318/07 (*Persche*), Slg. 2009, I-359, Rn. 70 (obiter dictum).

[227] EuGH, Urt. v. 10. 4. 2014, C-190/12 (*DFA Investment Trust Company*), ECLI:EU:C:2014:249, Rn. 88; v. 26. 2. 2019, C-135/17 (*X GmbH*), ECLI:EU:C:2019:136, Rn. 94.

[228] EuGH, Urt. v. 19. 11. 2009, C-540/07 (*Kommission/Italien*), Slg. 2009, I-10983, Rn. 69; v. 28. 10. 2010, C-72/09 (*Établissements Rimbaud*), Slg. 2010, I-10659, Rn. 40; v. 10. 4. 2014, C-190/12 (*DFA Investment Trust Company*), ECLI:EU:C:2014:249, Rn. 82; v. 26. 2. 2019, C-135/17 (*X GmbH*), ECLI:EU:C:2019:136, Rn. 90.

[229] Als „kleine Auskunftsklauseln“ werden Bestimmungen in DBA bezeichnet, nach denen die Vertragsstaaten nur solche Auskünfte erteilen, die für die Durchführung des Abkommens

wenn die benötigten Informationen für die Durchführung des DBA nicht erforderlich sind.[230] Im Gemeinnützigkeitsrecht ermöglichen die kleinen Auskunftsklauseln eine Überprüfung meist nicht, weil die DBA in den seltensten Fällen Regelungen über die Anerkennung des Gemeinnützigkeitsstatus enthalten.[231] Zur Überprüfung geeignet sind dagegen oft „große Auskunftsklauseln"[232] und ähnliche Bestimmungen, etwa Art. 4 Abs. 1 des OECD-Abkommens zur gegenseitigen Amtshilfe in Steuersachen, wonach alle für die Steuererhebung erheblichen Informationen auszutauschen sind.[233]

Der hiergegen vorgebrachte Einwand, zwischenstaatlicher punktueller Informationsaustausch stehe einer im Gemeinnützigkeitsrecht erforderlichen laufenden Steueraufsicht nicht gleich,[234] ist zwar grundsätzlich richtig. Die Finanzverwaltung ist indes nicht daran gehindert, Informationen auch hinsichtlich der laufenden Geschäftsführung (§ 63 AO) einzufordern und die Steuerbefreiung zu versagen, wenn der Nachweis scheitert.[235] Vor diesem Hintergrund ist ein allumfassender Ausschluss gemeinnütziger Körperschaften mit Sitz in einem Drittland bei Vorliegen entsprechender tatsächlich durchgeführter Amtshilfeabkommen und geeigneter Nachweise unionsrechtswidrig und dürfte vor dem EuGH keinen Bestand haben.[236] Erfüllt die Körperschaft darüber hinaus alle Voraussetzungen des deutschen Gemeinnützigkeitsrechts, kann sie sich aufgrund des Anwendungsvorrangs des EU-Rechts auf die Steuerbefreiung berufen.[237]

---

erforderlich sind, *Schaumburg/Oppel*, in: Schaumburg, Internationales Steuerrecht, 5. Aufl. 2023, Rn. 22.87.

[230] BFH, Urt. v. 22.5.2019, I R 11/19 (I R 80/14), BStBl. II 2021, 265, Rn. 37.

[231] Art. 27 Abs. 2 DBA-USA ist diesbezüglich die einzige umfassende Vereinbarung mit einem Drittstaat. Art. 21 Abs. 8 lit. b DBA-Frankreich enthält eine auf das Erbschaft- und Schenkungsteuerrecht und bestimmte Zwecke beschränkte gegenseitige Anerkennung.

[232] Große Auskunftsklauseln enthalten die Verpflichtung zum Austausch aller für die Besteuerung maßgeblichen Informationen, *Schaumburg/Oppel*, in: Schaumburg, Internationales Steuerrecht, 5. Aufl. 2023, Rn. 22.87. Diese werden als „Amtshilfeabkommen" i. S. v. § 5 Abs. 2 Nr. 2 KStG anerkannt, *Kruschke*, in: Herrmann/Heuer/Raupach, EStG/KStG, 8/2025, § 5 KStG Rn. 376; *Heintzen*, in: Musil/Weber-Grellet, Europäisches Steuerrecht, 2. Aufl. 2022, § 5 KStG Rn. 12.

[233] Das OECD-Abkommen zur gegenseitigen Amtshilfe in Steuersachen ist seit 2015 in Deutschland geltendes Recht, vgl. Zustimmungsgesetz v. 16.7.2015, BGBl. II 2015, 966.

[234] *Märtens*, in: Gosch, KStG, 4. Aufl. 2020, § 5 Rn. 360.

[235] Daneben können Geschäfts- und Tätigkeitsberichte angefordert werden, vgl. BFH, Urt. v. 21.1.2015, X R 7/13, BStBl. II 2015, 588, Rn. 27.

[236] Ebenso *Martini*, in: Winheller/Geibel/Jachmann-Michel, Gesamtes Gemeinnützigkeitsrecht, 3. Aufl. 2023, § 5 Abs. 2 KStG Rn. 40; *Kirchhain*, in: Schauhoff/Kirchhain, Hdb. d. Gemeinnützigkeit, 4. Aufl. 2023, § 12 Rn. 40; *Schmidt*, Europäische Gemeinnützigkeit, 2020, S. 371. Der wohl a. A. des FG Baden-Württemberg (Urt. v. 23.4.2015, 3 K 1766/13, DStRE 2016, 1495 (rkr.)) liegt der Fall einer Schweizer Stiftung zugrunde. Mit der Schweiz existiert indes kein Abkommen, anhand dessen die Überprüfung der Voraussetzungen gewährleistet wäre (BFH, Urt. v. 22.5.2019, I R 11/19 (I R 80/14), BStBl. II 2021, 265, Rn. 32 ff.).

[237] Stv. *Martini*, in: Winheller/Geibel/Jachmann-Michel, Gesamtes Gemeinnützigkeitsrecht, 3. Aufl. 2023, § 5 Abs. 2 KStG Rn. 40.

dd) Zwischenergebnis: Gemeinnützige Drittstaatenkörperschaften

Bedingt durch die EuGH-Rechtsprechung zur Rechtfertigung von Kapitalverkehrsbeeinträchtigungen in Drittstaatenfällen ist ein genereller Ausschluss gemeinnütziger Organisationen mit Sitz in Drittländern unionsrechtswidrig. § 5 Abs. 2 Nr. 2 KStG sollte entsprechend geändert werden, sodass die Steuerbefreiung nach § 5 Abs. 1 Nr. 9 KStG auf Drittstaatenkörperschaften unter der Voraussetzung eines Amtshilfeabkommens anwendbar ist. Da das deutsche Gemeinnützigkeitsrecht weiterhin Voraussetzung für die Steuerbefreiung ist, wären die praktischen Auswirkungen gering.

c) Zwischenfazit: § 5 Abs. 1 Nr. 9 KStG im Unionsrecht

§ 5 Abs. 1 Nr. 9, Abs. 2 Nr. 2 KStG ist, bis auf den generellen Ausschluss von Körperschaften mit Sitz in Drittstaaten, unionsrechtskonform. Die Befreiung gemeinnütziger Organisationen von der Körperschaftsteuer ist stets von denselben sachlichen Voraussetzungen des deutschen Gemeinnützigkeitsrechts abhängig. Hierin liegt weder eine grundfreiheitliche Diskriminierung noch stellt die Befreiung eine verbotene Beihilfe dar.

3. Die Befreiung von Mitgliedsbeiträgen nach § 8 Abs. 5 KStG

Nach § 8 Abs. 5 KStG bleiben bei Körperschaften und Personenvereinigungen[238] satzungsmäßige Mitgliedsbeiträge bei der Ermittlung des Einkommens außer Ansatz. Die Norm ist eine sachliche Steuerbefreiung,[239] hat für gemeinnützige Körperschaften allerdings keinen eigenen Anwendungsbereich, wirkt also vollständig deklaratorisch. Sie erfasst nur sog. „echte Mitgliedsbeiträge", die ohne konkrete Gegenleistung vereinnahmt werden und den Gesamtbelangen der Personenvereinigung dienen.[240] Derartige Beiträge sind indes schon grundsätzlich nicht körperschaftsteuerbar.[241] Überdies gelten die Steuerbefreiung nach § 5 Abs. 1 Nr. 9 KStG sowie Einlage- und Entnahmegrundsätze vorrangig.[242]

---

[238] Bis 2023 waren nur Personenvereinigungen erfasst, worunter jedoch auch Kapitalgesellschaften subsumiert wurden, vgl. *Schober*, in: Bott/Walter, KStG, 10/2025, § 8 Rn. 1348. Der Wortlaut von § 8 Abs. 5 KStG wurde im Zuge der Einführung von § 14a AO geändert, wonach Personenvereinigungen im Sinne der Steuergesetze nur noch Personenzusammenschlüsse ohne eigene Rechtspersönlichkeit zur Verfolgung eines gesetzlich zulässigen Zwecks sind. Der Anwendungsbereich von § 8 Abs. 5 KStG hat sich damit nicht verändert, vgl. BT-Drs. 20/9782, S. 196.

[239] *Pfirrmann*, in: Herrmann/Heuer/Raupach, EStG/KStG, 8/2025, § 8 KStG Rn. 518.

[240] *Kirchhain*, in: Schauhoff/Kirchhain, Hdb. d. Gemeinnützigkeit, 4. Aufl. 2023, § 7 Rn. 85.

[241] Siehe oben unter Teil 2: A. I. 2. c) bb).

[242] *Roser*, in: Gosch, KStG, 4. Aufl. 2020, § 8 Rn. 1500, 1509.

III. Die Besteuerungsgrenze nach § 64 Abs. 3 AO

Von der Körperschaftsteuer (und der Gewerbesteuer) ausgenommen sind auch Einnahmen im wirtschaftlichen Geschäftsbetrieb, wenn diese einschließlich Umsatzsteuer 45.000 Euro im Jahr nicht übersteigen (§ 64 Abs. 3 AO).[243] Diese „Besteuerungsgrenze“[244] ist rechtstechnisch eine Freigrenze, da jedes Überschreiten einen vollständigen Besteuerungszugriff auslöst.[245] § 64 Abs. 3 AO ist konstitutiv, weil die Norm nur anwendbar ist, wenn nach allgemeinen ertragsteuerlichen Grundsätzen steuerbare Einnahmen vorliegen.

Da jede gemeinnützige Körperschaft nur einen wirtschaftlichen Geschäftsbetrieb haben kann (§ 64 Abs. 2 AO), kann eine Körperschaft die Besteuerungsgrenze nicht mehrfach in Anspruch nehmen. Die Aufteilung der Körperschaft zum Zwecke der mehrfachen Inanspruchnahme gilt nach § 64 Abs. 4 AO sogar als Missbrauch von Gestaltungsmöglichkeiten.

1. Vereinfachung und Wettbewerbsneutralität

§ 64 Abs. 3 AO ist eine Vereinfachungszwecknorm. Einem Großteil der gemeinnützigen Körperschaften bleibt die Überschussermittlung und der Finanzverwaltung die Veranlagung erspart.[246] Die bewirkte Vereinfachung ist geringer als z. T. angenommen, weil die Einnahmen einer Körperschaft nach allgemeinen Grundsätzen der steuerlichen Gewinnermittlung[247] erst ermittelt werden müssen, damit über die Anwendbarkeit von § 64 Abs. 3 AO entschieden werden kann. Eine echte Vereinfachung aus Sicht der gemeinnützigen Körperschaft ist also nur feststellbar, wenn von Anfang an eindeutig ist, dass die Einnahmen weit unterhalb der Grenze liegen.[248] Vereinfachend wirkt § 64 Abs. 3 AO aber für die Finanzverwaltung, da keine Veranlagung erfolgen muss. Die Besteuerungsgrenze betrifft nach einer Schätzung der Bundesregierung 90 % der gemeinnützigen Körperschaften.[249] Die Breitenwirkung der Vereinfachung ist damit erheblich.

---

[243] Die Grenze soll mit StÄndG 2025 auf 50.000 Euro im Jahr angehoben werden, BT-Drs. 21/1974, S. 38 f.

[244] Der Begriff wird für § 64 Abs. 3 AO allgemein verwendet, vgl. BT-Drs. 11/4176, S. 11; *Seer*, in: Tipke/Kruse, AO/FGO, 9/2025, § 64 AO Rn. 17; *Fischer*, in: Hübschmann/Hepp/Spitaler, AO/FGO, 9/2025, § 64 AO Rn. 101.

[245] *Fischer*, in: Hübschmann/Hepp/Spitaler, AO/FGO, 9/2025, § 64 AO Rn. 102.

[246] BT-Drs. 11/4176, S. 11; Gutachten der Unabhängigen Sachverständigenkommission zur Prüfung des Gemeinnützigkeits- und Spendenrechts, BMF-Schriftenreihe, Heft 40, 1988, S. 199–217.

[247] AEAO zu § 64 Nr. 18 Sätze 1–3; *Jachmann/Unger*, in: Gosch, AO/FGO, 8/2025, § 64 AO Rn. 102.

[248] *Hüttemann*, Gemeinnützigkeitsrecht und Spendenrecht, 6. Aufl. 2025, Rn. 7.61.

[249] BT-Drs. 11/4176, S. 11.

Gleichzeitig steht die Privilegierung wirtschaftlicher Geschäftsbetriebe in einem Spannungsverhältnis mit dem Postulat einer wettbewerbsneutralen Besteuerung.[250] Der Gesetzgeber hat der Vereinfachungswirkung Vorrang vor der Wettbewerbsneutralität eingeräumt. Die wettbewerbsverzerrende Wirkung der Besteuerungsgrenze wird durch den Freibetrag nach § 24 Satz 1 KStG[251] deutlich abgemildert. Denn bei Einnahmen von nicht mehr als 45.000 Euro im Jahr liegt oftmals schon kein den Freibetrag übersteigender Gewinn vor; § 64 Abs. 3 AO kann daher auch als Typisierung begriffen werden.[252] Angesichts des in seiner Breitenwirkung massiven Vereinfachungseffekts ist die Norm nicht zu beanstandenden.

2. § 64 Abs. 3 AO als De-Minimis-Beihilfe

Die konstitutive Befreiung von Einnahmen aus wirtschaftlichen Geschäftsbetrieben gemäß § 64 Abs. 3 AO ist – ungeachtet der Frage, ob tatbestandlich eine Beihilfe vorliegt[253] – beihilferechtlich unbedenklich. Das Unionsrecht gewährt für Beihilfen im Bagatellbereich (De-Minimis-Beihilfen) eine Ausnahme vom Beihilfenverbot. Übersteigt der gewährte Vorteil binnen dreier Steuerjahre den Betrag von 300.000 Euro nicht, liegt nach Art. 3 Abs. 2 der sog. De-Minimis-Verordnung der EU-Kommission[254] keine Beihilfe i. S. v. Art. 107 Abs. 1 AEUV vor. Die Besteuerungsgrenze nach § 64 Abs. 3 AO kann diese Schwelle nicht erreichen.[255]

IV. Zwischenergebnis: Gemeinnützigkeitsbezogene Steuervergünstigungen in der Körperschaftsteuer

Ausgehend vom Belastungsgrund der Körperschaftsteuer – dem erzielten Erwerbseinkommen – erweisen sich die meisten Vermögenszuflüsse einer gemeinnützigen Körperschaft als nicht körperschaftsteuerbar. Daher ist § 5 Abs. 1 Nr. 9 KStG nur teilweise eine konstitutiv wirkende Steuerbefreiung. Ihre Bedeutung

---

[250] *Franz*, Grundlagen der Besteuerung gemeinnütziger Körperschaften bei wirtschaftlicher Betätigung, 1991, S. 225; *Isensee/Knobbe-Keuk*, Sondervotum zum Gutachten der Unabhängigen Sachverständigenkommission zur Prüfung des Gemeinnützigkeits- und Spendenrechts, BMF-Schriftenreihe, Heft 40, 1988, S. 495 ff.

[251] Nach § 24 KStG gilt ein Freibetrag i. H. v. 5.000 Euro für alle Körperschaftsteuersubjekte mit Ausnahme der Kapitalgesellschaften, Genossenschaften und Investmentfonds.

[252] FG Rheinland-Pfalz, Gerichtsbescheid v. 28. 7. 1999, 2 K 2248/98, EFG 1999, 1002 (rkr.); *Bott*, in: Schauhoff/Kirchhain, Hdb. d. Gemeinnützigkeit, 4. Aufl. 2023, § 8 Rn. 48.

[253] Dazu oben Teil 2: A. II. 2. a) bb).

[254] Verordnung (EU) Nr. 2023/2831 der Kommission v. 13. 12. 2023. Rechtsgrundlage ist Art. 108 Abs. 4 AEUV, die Verordnung (EG) 994/98 des Rates v. 7. 5. 1998 und die Verordnung (EU) 2015/1588 des Rates v. 13. 7. 2015 über die Anwendung der Art. 107 und 108 AEUV auf bestimmte Gruppen horizontaler Beihilfen. Rechtsgrundlage hierfür ist Art. 109 AEUV.

[255] *Helios*, Steuerliche Gemeinnützigkeit und EG-Beihilfenrecht, 2004, S. 191 f.

zeigt sich bei wirtschaftlich tätigen gemeinnützigen Körperschaften. Sie befreit deren Einnahmen der privaten Vermögensverwaltung und der Zweckbetriebe konstitutiv von der Körperschaftsteuer und wirkt vereinfachend, da eine einzelfallabhängige Ermittlung der Gewinnerzielungsabsicht in diesen Vermögenssphären entfällt.

Die Befreiung ist aufgrund des Verweises auf §§ 51–68 AO grundsätzlich anhand der Zielsetzungen des Gemeinnützigkeitsrechts ausgestaltet. Dieser Befund gilt insoweit nur eingeschränkt, als einige der privilegierten Gemeinwohlzwecke (Freizeitzwecke) und Katalogzweckbetriebe (Mittelbeschaffungsbetriebe) systemwidrig sind.

Die Befreiung von Mitgliedsbeiträgen nach § 8 Abs. 5 KStG ist für gemeinnützige Körperschaften rein deklaratorisch.

Die Besteuerungsgrenze nach § 64 Abs. 3 AO ist eine Vereinfachungszwecknorm, die Einnahmen im wirtschaftlichen Geschäftsbetrieb konstitutiv befreit. Sie kann deshalb eine wettbewerbsverzerrende Wirkung haben. Das ist wegen des erheblichen Vereinfachungseffekts hinzunehmen.

Das Unionsrecht gibt ein anderes als das derzeitige System körperschaftsteuerlicher Vergünstigungen im Grundsatz nicht vor. Jedenfalls soweit die Vergünstigungen durch das Prinzip der Staatssubstitution gerechtfertigt sind und keine vermeidbare Wettbewerbsbeeinträchtigung durch systemwidrige Ausweitung der Zweckbetriebsdefinition bewirken, sind sie unionsrechtlich unbedenklich. Einzig der kategorische Ausschluss von Drittstaatenkörperschaften ist nicht zulässig.

B. Das Fehlen einer direkten Befreiung von Personengesellschaften im EStG

Personengesellschaften können nach geltendem Recht nicht gemeinnützig sein.[256] Eine entsprechende Befreiung im EStG fehlt. Mit Blick darauf, dass das Gemeinnützigkeitsrecht grundsätzlich rechtsformneutral auszugestalten ist,[257] ist danach zu fragen, ob Besonderheiten der Personengesellschaften ihren Ausschluss vom Gemeinnützigkeitsstatus rechtfertigen.

I. Transparente Besteuerung und Gemeinnützigkeitsstatus

Zur Begründung des Ausschlusses von Personengesellschaften vom Gemeinnützigkeitsstatus wird oft angeführt, dass nur Körperschaften organisatorisch und vermögensrechtlich hinreichend verselbständigt seien und nur durch diese Selb-

---

[256] Vgl. § 51 Abs. 1 Satz 2 AO; eingehend *Wedemann*, NZG 2016, 645.

[257] Dazu *Hüttemann*, Gemeinnützigkeitsrecht und Spendenrecht, 6. Aufl. 2025, Rn. 1.98 mit Verweis auf BVerfG, Beschl. v. 10. 11. 1999, 2 BvR 2861/93, BVerfGE 101, 151.

ständigkeit die Widmung des Vermögens für gemeinnützige Zwecke sichergestellt sei.[258] Auch im internationalen Vergleich können Personengesellschaften meist nicht gemeinnützig sein.[259]

Dem wird entgegengehalten, dass Personengesellschaften ebenso wie Körperschaften gegenüber ihren Mitgliedern weitgehend verselbständigt seien und eine Überprüfung der Satzung und tatsächlichen Geschäftsführung durch die Finanzverwaltung ebenso möglich wäre.[260] Außerdem könnten sie ideelle Zwecke verfolgen.[261] Diese Einwände sind zutreffend. Darüber hinaus ist zweifelhaft, ob das Argument des Rechtsvergleichs – gerade im von nationalen Eigenheiten geprägten Gemeinnützigkeitsrecht – ausreicht, von einer nach deutschem Recht im Grundsatz geforderten rechtsformneutralen Besteuerung abzuweichen.

Gleichwohl lässt es sich steuersystematisch rechtfertigen, dass Personengesellschaften der Gemeinnützigkeitsstatus verwehrt bleibt. Grund hierfür ist die transparente Besteuerung.[262] Die Einkünfte einer Mitunternehmerschaft werden erst auf Ebene der Gesellschafter besteuert (§ 15 Abs. 1 Satz 1 Nr. 2 Satz 1 EStG). Daraus folgt, dass die gemeinnützigkeitsbezogenen direkten Steuervergünstigungen – fänden sie auf Mitunternehmerschaften Anwendung – den Gesellschaftern unmittelbar zugutekämen.

Das Problem daran ist, dass jedenfalls natürliche Personen nicht ausschließlich altruistisch handeln können.[263] Eine gemeinnützigkeitsbezogene Einkommensteuerbefreiung natürlicher Personen würde Gewinnerzielungsabsicht voraussetzen. Insoweit unterscheiden sie sich noch nicht von gemeinnützigen Körperschaften, deren mit Einkünfteerzielungsabsicht erzielten Vermögensmehrungen regelmäßig den Grundtatbestand der Körperschaftsteuer erfüllen.[264] Die Steuerbefreiung einer natürlichen Person käme jedoch unweigerlich ihrem privatnützigen Bereich zugute. Hierin liegt der wesentliche Unterschied zu Körperschaften. Natürliche Personen tätigen naturgemäß Privataufwendungen. Dies steht dem Gemeinnützigkeitsstatus jedoch entgegen, weil die Mittel des Gemeinwohlakteurs ausschließlich für gemeinnützige Zwecke verwendet werden dürfen. Auch gemeinnützige Körperschaften

---

[258] *Kirchhof*, Bundessteuergesetzbuch – Ein Reformentwurf zur Erneuerung des Steuerrechts, 2011, § 27 Rn. 7 f.

[259] *von Hippel/Walz*, in: Walz/von Auer/von Hippel, Spenden- und Gemeinnützigkeit in Europa, 2007, S. 105 ff., S. 110; *Lindner*, Grundlagen eines europäischen Gemeinnützigkeitsstatuts, 2018, S. 91.

[260] *Leisner-Egensperger*, FS Isensee, 2007, S. 893, 904 f.; *Wedemann*, NZG 2016, 645, 649; *Musil*, in: Hübschmann/Hepp/Spitaler, AO/FGO, 9/2025, § 51 AO Rn. 27.

[261] *Stock*, NZG 2001, 440, 444.

[262] *Geibel*, in: Winheller/Geibel/Jachmann-Michel, Gesamtes Gemeinnützigkeitsrecht, 3. Aufl. 2023, Gemeinnützige Rechtsformen – Personengesellschaften Rn. 6; *Hüttemann*, Gemeinnützigkeitsrecht und Spendenrecht, 6. Aufl. 2025, Rn. 2.103.

[263] Stv. *Unger*, in: Gosch, AO/FGO, 8/2025, § 51 AO Rn. 57.

[264] Siehe im Einzelnen oben Teil 2: A. I. 2.

dürfen ihre Mittel nicht für die privaten Zwecke ihrer Gesellschafter ausgeben.[265] Die vereinzelt vertretene Gegenansicht, wonach im Hinblick auf die Gemeinwohlförderung kein wesentlicher Unterschied zwischen Körperschaften und natürlichen Personen bestehe, weil auch Körperschaften gemeinnützigkeitsunschädlich mit Einkünfteerzielungsabsicht handeln könnten,[266] verkennt diesen Zusammenhang. Wenn natürliche Personen zur Bestreitung ihres Lebensunterhalts Aufwendungen tätigen, handeln sie jedenfalls insoweit nie gemeinnützig.[267]

Stattdessen steht natürlichen Personen der Spendenabzug (§ 10b EStG) zu. Dieser bietet einen Anreiz, gemeinnützige Körperschaften durch Privataufwendungen mit Mitteln auszustatten und dient so der Gemeinwohlpartizipation natürlicher Personen.[268] Dafür ist – korrespondierend mit der organisatorischen Verselbständigung der Körperschaften – Voraussetzung, dass die Spenden ihrerseits ausschließlich an gemeinnützige Körperschaften und nicht an transparent besteuerte Personengesellschaften geleistet werden (§ 10b Abs. 1 Satz 2 Nr. 2 EStG).

De lege ferenda wäre eine generelle gemeinnützigkeitsabhängige Steuerbefreiung von Personengesellschaften nach alledem nur sinnvoll umsetzbar, wenn zugleich die transparente Besteuerung der Mitunternehmerschaften abgeschafft würde.[269]

II. Die Option zur Körperschaftsbesteuerung (§ 1a KStG)

Für Wirtschaftsjahre, die nach dem 31. 12. 2021 beginnen, sind Personengesellschaften nach § 1a KStG auf unwiderruflichen Antrag für Zwecke der Besteuerung nach dem Einkommen wie Kapitalgesellschaften zu behandeln.[270] Die optierende Personengesellschaft wird dann nicht mehr transparent besteuert.[271] Vor diesem Hintergrund wird teilweise vertreten, der Ausschluss einer intransparent besteuerten Personengesellschaft vom Gemeinnützigkeitsstatus sei systematisch nicht mehr zu rechtfertigen und optierende Personengesellschaften seien nunmehr ge-

[265] Stv. *Hüttemann*, Gemeinnützigkeitsrecht und Spendenrecht, 6. Aufl. 2025, Rn. 4.130.

[266] *Alders*, Die partiell gemeinnützige (natürliche) Person, 2018, S. 161 ff.

[267] Ebenso *Droege*, Gemeinnützigkeit im offenen Steuerstaat, 2010, S. 169 f.; *Hüttemann*, Gemeinnützigkeitsrecht und Spendenrecht, 6. Aufl. 2025, Rn. 1.12.

[268] *Hüttemann*, Gemeinnützigkeitsrecht und Spendenrecht, 6. Aufl. 2025, Rn. 1.13; *Droege*, Gemeinnützigkeit im offenen Steuerstaat, 2010, S. 169.

[269] Ebenso *Geibel*, in: Winheller/Geibel/Jachmann-Michel, Gesamtes Gemeinnützigkeitsrecht, 3. Aufl. 2023, Gemeinnützige Rechtsformen – Personengesellschaften, Rn. 16; *Hüttemann*, Gemeinnützigkeitsrecht und Spendenrecht, 6. Aufl. 2025, Rn. 2.103.

[270] Gesetz zur Modernisierung des Körperschaftsteuerrechts v. 25.6.2021, BGBl. I 2021, 2050.

[271] Stv. *Tigges-Knümann/Scheerer*, in: Rödder/Herlinghaus/Neumann, KStG, 2. Aufl. 2023, § 1a Rn. 11.

meinnützigkeitsfähig.[272] Jedoch ist zu bedenken, dass die Option nach § 1a Abs. 1 Satz 1 KStG nur für die Ertragsbesteuerung gilt. Für Zwecke der Erbschaft- und Schenkungsteuer entfaltet die Norm keine Wirkung. Daher führt die Option zur Körperschaftsteuer nicht dazu, dass optierende Personengesellschaften nunmehr gemeinnützigkeitsfähig sind.[273] Anderenfalls käme es zu einem auf das Ertragsteuerrecht begrenzten Gemeinnützigkeitsstatus.

Der diesem Zusammenhang aufgestellten These, optierende Personengesellschaften könnten auch erbschaft- und schenkungsteuerliche gemeinnützigkeitsbezogene Befreiungen in Anspruch nehmen,[274] ist zu widersprechen. Zum einen ist die Rechtsfolge von § 1a KStG ausdrücklich auf das Ertragsteuerrecht beschränkt, zum anderen käme es so zu einer systemwidrigen Begünstigung natürlicher Personen. Im Erbschaft- und Schenkungsteuerrecht sind nicht die Personengesellschaften, sondern ihre Gesellschafter die steuerpflichtigen Erwerber (§ 2a Satz 2 ErbStG).[275] Gemeinnützigkeitsbezogene Befreiungen von der Erbschaft- und Schenkungsteuer kämen mithin auch bei optierenden Personengesellschaften den dahinterstehenden natürlichen Personen zugute.

III. Zwischenergebnis: Gemeinnützigkeitsunfähigkeit von Personengesellschaften

Im Ergebnis ist festzuhalten, dass Personengesellschaften trotz der Einführung von § 1a KStG weiterhin nach geltendem Recht nicht gemeinnützigkeitsfähig sind. Das ist aufgrund der transparenten Besteuerung konsequent, da natürliche Personen nicht systemimmanent mittels gemeinnützigkeitsbezogenen Steuerbefreiungen privilegiert werden können.

Der Gemeinnützigkeitsstatus könnte Personengesellschaften nur dann zugutekommen, wenn ihre transparente Besteuerung steuerartübergreifend aufgegeben würde. Derzeit besteht nach hier vertretener Auffassung kein Handlungsbedarf.[276]

---

[272] *Martini*, in: Winheller/Geibel/Jachmann-Michel, Gesamtes Gemeinnützigkeitsrecht, 3. Aufl. 2023, § 51 AO Rn. 25; *Hüttemann*, Gemeinnützigkeitsrecht und Spendenrecht, 6. Aufl. 2025, Rn. 2.104.

[273] Ebenso *Jachmann-Michel/Liebel*, BB 2022, 535.

[274] *Geibel*, in: Winheller/Geibel/Jachmann-Michel, Gesamtes Gemeinnützigkeitsrecht, 3. Aufl. 2023, Gemeinnützige Rechtsformen – Personengesellschaften, Rn. 15.3.

[275] Das galt auch vor der Einführung von § 2a ErbStG, vgl. BFH, Urt. v. 22. 2. 2017, II R 52/14, BStBl. II 2017, 653, Rn. 19; v. 5. 2. 2020, II R 9/17, BStBl. II 2020, 658, Rn. 13 f.

[276] Zu der hiervon zu trennenden Frage der Behandlung von gemeinnützigen Kooperationen in Gestalt einer Personengesellschaft, d. h. dem Zusammenwirken zweier Körperschaften i. S. d. § 51 Abs. 1 Satz 2 AO, vgl. unten Teil 2: C. III.; Teil 2: F. IV. 5.

C. Gewerbesteuerliche Befreiungen

I. Grundtatbestand und Belastungsgrund der Gewerbesteuer

Die Gewerbesteuer ist eine Realsteuer (§ 3 Abs. 2 AO). Sie knüpft nicht an eine Person, sondern eine Sachgesamtheit an (stehender Gewerbebetrieb, § 2 Abs. 1 Satz 1 GewStG) und nimmt keine Rücksicht auf persönliche Merkmale des Betriebsinhabers.[277] Gleichwohl handelt es sich bei der Gewerbesteuer nicht ausschließlich um eine Realsteuer im Sinne einer Sollertrag- oder gar Substanzsteuer. Denn ebenso wie die Körperschaftsteuer ist sie Ertragsteuer, soll also den am Markt erzielten Ertrag belasten.[278] Die Gewerbesteuer ist damit eine vornehmlich auf den Ertrag gerichtete Realsteuer.[279] Die Zusatzbelastung zur Einkommen- und Körperschaftsteuer wird historisch mit dem Äquivalenzprinzip als Ausgleich der den Gemeinden durch Gewerbetreibende entstehende Lasten gerechtfertigt.[280]

Diese systematische Einordnung ist jedoch deshalb sehr allgemein, weil sich das geltende Gewerbesteuerrecht von seiner ursprünglich äquivalenztheoretischen Rechtfertigung und seiner Ausgestaltung als Realsteuer entfernt hat.[281] Mit dem Realsteuercharakter verträgt es sich z. B. nicht, dass für die Besteuerung eines Veräußerungsgewinns die Rechtsnatur des Gesellschafters einer Personengesellschaft maßgeblich ist (§ 7 Satz 2 GewStG).[282] Auch beruht der Umfang der Hinzurechnungen sowie deren Faktoren[283] auf keiner konsequenten Ableitung aus einem stringenten Besteuerungskonzept.[284]

Entsprechend ist der Belastungsgrund der Gewerbesteuer weitgehend ungeklärt und wird kaum angesprochen,[285] kann aber unter Berücksichtigung der Merkmale einer sich äquivalenztheoretisch rechtfertigenden ertragsorientierten Realsteuer nach hier vertretener Ansicht wie folgt formuliert werden: Belastungsgrund ist

---

277 Stv. BFH, Urt. v. 24. 10. 1990, X R 64/89, BStBl. II 1991, 358; *Hey*, in: Tipke/Lang, Steuerrecht, 25. Aufl. 2024, Rn. 12.3; *Drüen*, in: Brandis/Heuermann, Ertragsteuerrecht, 8/2025, § 1 GewStG Rn. 9.

278 *Güroff*, in: Glanegger/Güroff, 11. Aufl. 2023, GewStG, § 1 Rn. 12; *G. Kirchhof*, Die grundgesetzlichen Grenzen der Grundsteuerreform, 2018, S. 19.

279 BFH, Vorlagebeschl. v. 6. 11. 2019, I R 32/18, BStBl. II 2021, 68, Rn. 46; ähnlich BVerfG, Beschl. v. 15. 1. 2008, 1 BvL 2/04, BVerfGE 120, 1, Rn. 78: „ertragsorientierte Objektsteuer"; a. A.: *Güroff*, in: Glanegger/Güroff, 11. Aufl. 2023, GewStG, § 1 Rn. 12: „reine Ertragsteuer".

280 BVerfG, Beschl. v. 15. 1. 2008, 1 BvL 2/04, BVerfGE 120, 1, Rn. 99 ff.; v. 15. 1. 2014, 1 BvR 1656/09, BVerfGE 135, 126, Rn. 92; *Hey*, in: Tipke/Lang, Steuerrecht, 25. Aufl. 2024, Rn. 12.3.

281 *Hey*, in: Tipke/Lang, Steuerrecht, 25. Aufl. 2024, Rn. 12.3; *Drüen*, in: Brandis/Heuermann, Ertragsteuerrecht, 8/2025, § 1 GewStG Rn. 9.

282 *Wendt*, in: Wendt/Suchanek/Möllmann/Heinemann, GewStG, 3. Aufl. 2025, Einl. Rn. 7.

283 Die Hinzurechnungsfaktoren betragen zwischen 0,25 und 0,0625, vgl. § 8 Nr. 1 GewStG.

284 *Hey*, in: Tipke/Lang, Steuerrecht, 25. Aufl. 2024, Rn. 12.3; *Schneider*, DStR 2023, 366, 367.

285 *Schneider*, DStR 2023, 366, 369.

das Innehaben eines objektiv ertragskräftigen Gewerbebetriebs, der das staatliche Leistungsangebot typischerweise mehr beansprucht als der Rest der Bevölkerung.

1. Persönliche Steuerpflicht

Steuerschuldner ist der Unternehmer, d. h. derjenige, für dessen Rechnung das Gewerbe betrieben wird (§ 5 Abs. 1 Sätze 1 und 2 GewStG). Maßgeblich ist, wer die Unternehmensinitiative entfalten kann und das Unternehmensrisiko trägt.[286] Persönlich steuerpflichtig ist damit die Körperschaft selbst, nicht ein einzelner wirtschaftlicher Geschäftsbetrieb.[287] Ausländische Rechtsträger werden besteuert, soweit sie eine inländische Betriebsstätte unterhalten (§ 2 Abs. 1 Satz 3 GewStG).

Gewerbesteuerschuldner können auch Personengesellschaften sein (§ 5 Abs. 1 Satz 3 GewStG), was mangels dahingehender Befreiung bei gemeinnützigen Kooperationen bedeutsam ist.[288]

2. Sachliche Steuerpflicht – Gewerbebetriebsfiktionen

Steuerobjekt ist der inländische stehende Gewerbebetrieb (§ 2 Abs. 1 Satz 1 GewStG). Maßgeblich ist nach § 2 Abs. 1 Satz 2 GewStG der einkommensteuerliche Begriff des Gewerbebetriebs i. S. v. § 15 Abs. 2 EStG. Deshalb muss auch für Zwecke der Gewerbesteuer im Grundsatz Gewinnerzielungsabsicht vorliegen.[289]

Eine gewerbesteuerliche Eigenart ist die Umqualifizierung sämtlicher Einnahmen (mit Ausnahme der land- und forstwirtschaftlichen Einkünfte) im wirtschaftlichen Geschäftsbetrieb durch § 2 Abs. 3 GewStG. Daneben gibt es eine zweite Gewerbebetriebsfiktion, die zumindest dem ersten Anschein nach mit § 8 Abs. 2 KStG vergleichbar ist: § 2 Abs. 2 Satz 1 GewStG ordnet an, dass die Tätigkeit einer Kapitalgesellschaft als Gewerbebetrieb gilt.

Beide Fiktionen sind jedoch weiter als § 8 Abs. 2 KStG. Sie sind keine reinen Qualifikationsnormen, sondern erweitern den Gegenstand der Gewerbesteuer, indem sie Zuflüsse ungeachtet ihrer Steuerbarkeit nach einkommensteuerlichen Grundsätzen der Gewerbesteuer unterwerfen. Erträge einer Kapitalgesellschaft oder eines wirtschaftlichen Geschäftsbetriebs sind damit auch dann gewerbesteuer-

---

[286] BFH, Beschl. v. 3. 5. 1993, GrS 3/92, BStBl. II 1993, 616; *Gosch*, in: Brandis/Heuermann, Ertragsteuerrecht, 8/2025, § 5 GewStG Rn. 22.

[287] *F. Wallenhorst*, in: Wallenhorst/Halaczinsky, Die Besteuerung gemeinnütziger und öffentlich-rechtlicher Körperschaften, 7. Aufl. 2017, J Vorbem.

[288] Dazu unten Teil 2: C. III.

[289] *Hawlitschek*, in: Winheller/Geibel/Jachmann-Michel, Gesamtes Gemeinnützigkeitsrecht, 3. Aufl. 2023, § 2 GewStG Rn. 9.

pflichtig, wenn sie einer Einkunftsart nicht zuzurechnen sind oder ohne Gewinnerzielungsabsicht erzielt werden.[290]

Das folgt zum einen daraus, dass § 2 Abs. 2, Abs. 3 GewStG „die Tätigkeit" zum Gewerbebetrieb erklärt, nicht die „Einkünfte". Damit knüpft das GewStG nicht an die einkommensteuerlichen Begriffsbestimmungen (§ 2 EStG) an. Zum anderen folgt dieses Auslegungsergebnis aus einem Umkehrschluss zur Gewerbebetriebsdefinition nach § 2 Abs. 1 Satz 2 GewStG i. V. m. § 15 Abs. 2 EStG, wonach Gewinnerzielungsabsicht erforderlich ist. Die Fiktionen nach § 2 Abs. 2, Abs. 3 GewStG verweisen hierauf gerade nicht, sondern sind als Ausnahmen von diesem Grundsatz ausgestaltet.[291]

Diese Auffassung wird teilweise mit der Begründung kritisiert, dass sich der Sinn und Zweck einer Gewerbebetriebsfiktion für wirtschaftliche Geschäftsbetriebe von Körperschaften, die keine Kapitalgesellschaften sind, nicht erschließe. Insbesondere könne das nicht der Wettbewerbsneutralität dienen, da diese einen im Vergleich zu Personengesellschaften verschärften Besteuerungszugriff nicht verlange.[292] § 2 Abs. 3 GewStG bietet jedoch keine Anhaltspunkte für eine einschränkende Auslegung in dem Sinne, dass die Tätigkeit eines wirtschaftlichen Geschäftsbetriebs nur dann gewerbesteuerpflichtig wäre, wenn die Anforderungen des § 15 Abs. 2 EStG erfüllt sind. Damit wäre der Norm jeder Anwendungsbereich genommen.

Im Ergebnis sind deshalb sämtliche Vermögenszuflüsse einer Kapitalgesellschaft nach § 2 Abs. 2 Satz 1 GewStG gewerbesteuerpflichtig. Bei anderen Körperschaften gilt dasselbe hinsichtlich ihrer wirtschaftlichen Geschäftsbetriebe (§ 2 Abs. 3 GewStG).

3. Bemessungsgrundlage

Für Zwecke der Gewerbebesteuerung ist zunächst der Gewinn aus dem Gewerbebetrieb nach den Vorschriften des EStG und KStG zu ermitteln (§ 7 Abs. 1 Satz 1 GewStG). Deshalb wirken die körperschaftsteuerlichen Befreiungen in die Gewerbesteuer hinein.[293] Der Gewinn wird sodann durch Hinzurechnungen (§ 8 GewStG) und Kürzungen (§ 9 GewStG) modifiziert. Das Ergebnis (Gewerbeertrag) bildet die Bemessungsgrundlage (§ 6 GewStG).[294]

---

[290] BFH, Urt. v. 22. 8. 1990, I R 67/88; BStBl. II 1991, 250; Beschl. v. 20. 3. 2019, VIII B 81/18, BFH/NV 2019, 712, Rn. 12; *Keß*, in: Lenski/Steinberg, GewStG, 9/2025, § 2 Rn. 3126.

[291] *Keß*, in: Lenski/Steinberg, GewStG, 9/2025, § 2 Rn. 3126.

[292] *Hüttemann*, Gemeinnützigkeitsrecht und Spendenrecht, 6. Aufl. 2025, Rn. 7.166.

[293] BFH, Beschl. v. 19. 7. 2010, I R 36/09, BStBl. II 2010, 1020, Rn. 9; *Drüen*, in: Brandis/Heuermann, Ertragsteuerrecht, 8/2025, § 7 GewStG Rn. 92.

[294] Im Einzelnen *Hey*, in: Tipke/Lang, Steuerrecht, 25. Aufl. 2024, Rn. 12.40 ff.

II. Die gemeinnützigkeitsbezogene Befreiung nach § 3 Nr. 6 GewStG

Nach § 3 Nr. 6 Satz 1 GewStG sind Körperschaften, Personenvereinigungen oder Vermögensmassen, die die Anforderungen von §§ 51–68 AO erfüllen, von der Gewerbesteuer befreit. Hiervon sind wirtschaftliche Geschäftsbetriebe – mit Ausnahme der land- und forstwirtschaftlichen Betriebe – ausgenommen (§ 3 Nr. 6 Satz 2 GewStG).

Die Befreiung nach § 3 Nr. 6 GewStG ist auf Ebene der Einkünfte, nicht erst auf der Ebene des Gewerbeertrags anwendbar.[295] Würde die Norm auf den Gewerbeertrag Anwendung finden, beträfe sie den Berechnungstatbestand der Gewerbesteuer, was streng genommen der Bezeichnung „Befreiung" zuwiderliefe.[296] Bei gemeinnützigen Körperschaften, die zugleich steuerpflichtigen und steuerbefreiten Tätigkeiten nachgehen, würde sich eine andere Lesart überdies aufgrund der Hinzurechnungen und Kürzungen auf die Gewerbesteuerlast auswirken.[297] Aus der systematischen Stellung von § 3 GewStG folgt aber, dass dieser die Einkünfte befreit und nicht erst die Bemessungsgrundlage betrifft. Wäre ein anderes Ergebnis gewollt, wäre die Norm in den II. Abschnitt über die Bemessung der Gewerbesteuer integriert worden. Daher enthält § 3 GewStG – ebenso wie § 5 Abs. 1 KStG – „echte" Befreiungen des steuerlichen Grundtatbestands.

1. Rechtsnatur und konstitutive Reichweite

§ 3 Nr. 6 GewStG ist – jedenfalls bei gemeinnützigen Körperschaften, die einen wirtschaftlichen Geschäftsbetrieb unterhalten – ebenso wie § 5 Abs. 1 Nr. 9 KStG eine sachliche Steuerbefreiung, da nicht das Steuersubjekt, sondern das Steuerobjekt befreit wird.[298] Gewerbesteuerschuldner ist der Unternehmer (§ 5 Abs. 1 Satz 1 GewStG), nicht der wirtschaftliche Geschäftsbetrieb.[299] Der Gegenauffassung („persönliche Befreiung")[300] liegt ein anderes terminologisches Verständnis zugrunde, wonach der Umfang der Befreiung darüber entscheiden soll, ob diese sachlich oder persönlich ist.[301] Die Unterscheidung ist aufgrund des Objektsteuercharakters der Gewerbesteuer ohne materielle Relevanz und damit rein terminologisch.[302]

---

295 *Rüsch*, in: Wendt/Suachanek/Möllmann/Heinemann, GewStG, 3. Aufl. 2025, § 3 Rn. 8 f.

296 *Köster*, in: Lenski/Steinberg, GewStG, 9/2025, § 3 Rn. 16.

297 *Rüsch*, in: Wendt/Suachanek/Möllmann/Heinemann, GewStG, 3. Aufl. 2025, § 3 Rn. 9.

298 Hierzu ausführlich oben Teil 1: F. III. 1. b).

299 *F. Wallenhorst*, in: Wallenhorst/Halaczinsky, Die Besteuerung gemeinnütziger und öffentlich-rechtlicher Körperschaften, 7. Aufl. 2017, J Vorbem.

300 *Güroff*, in: Glanegger/Güroff, 11. Aufl. 2023, GewStG, § 3 Rn. 20.

301 Zur hier verwendeten Terminologie oben Teil 1: F. III. 1. b).

302 *Hey*, in: Tipke/Lang, Steuerrecht, 25. Aufl. 2024, Rn. 12.31; *Rüsch*, in: Wendt/Suachanek/Möllmann/Heinemann, GewStG, 3. Aufl. 2025, § 3 Rn. 4.

§ 3 Nr. 6 GewStG ist außerdem keine verkappte Vereinfachungszwecknorm,[303] weil der Befreiung dieselbe Wertungsentscheidung (wettbewerbsverträgliche Ausgestaltung) zugrunde liegt, wie § 5 Abs. 1 Nr. 9 KStG.[304]

Anders als im Körperschaftsteuerrecht unterscheidet sich die Reichweite der konstitutiven Wirkung von § 3 Nr. 6 GewStG je nach Rechtsform der Körperschaft. Bei Kapitalgesellschaften ist die Regelung vollständig konstitutiv, denn sie unterliegen mit allen Zuflüssen der Gewerbebetriebsfiktion (§ 2 Abs. 2 Satz 1 GewStG).[305] Bei sonstigen gemeinnützigen Organisationen wirkt § 3 Nr. 6 GewStG dagegen im Bereich der ideellen Betätigung und der privaten Vermögensverwaltung deklaratorisch.[306] Konstitutiv ist sie hingegen bei Zweckbetrieben, die regelmäßig einen stehenden Gewerbebetrieb darstellen.[307]

§ 3 Nr. 6 Satz 2 GewStG befreit auch Einkünfte aus Land- und Forstwirtschaft vollständig von der Gewerbesteuer. Die Befreiung hat nur bei Kapitalgesellschaften materiellen Gehalt, weil die Gewerbebetriebsfiktion für Kapitalgesellschaften nach § 2 Abs. 2 Satz 1 GewStG land- und forstwirtschaftliche Einkünfte umqualifiziert, die Fiktion für wirtschaftliche Geschäftsbetriebe (§ 2 Abs. 3 GewStG) dagegen nicht. Im Ergebnis können alle gemeinnützigen Körperschaften gewerbesteuerfrei Land- und Forstwirtschaft betreiben. Das ist konsequent, da die Land- und Forstwirtschaft nicht gewerblicher Natur ist.[308]

2. Ausländische Steuerschuldner

§ 3 GewStG enthält keine mit § 5 Abs. 2 Nr. 2 KStG vergleichbare Bestimmung über die Anwendung auf ausländische Körperschaften. Deshalb können sie sich ohne weiteres auf § 3 Nr. 6 GewStG berufen.[309] Teilweise wird dagegen vertreten, der persönliche Anwendungsbereich von § 3 Nr. 6 GewStG sei im Einklang mit § 5 Abs. 1 Nr. 9 KStG auszulegen; ausländische Körperschaften wären danach nur unter den zusätzlichen Voraussetzungen von § 5 Abs. 2 Nr. 2 KStG begünstigt.[310] Aus dem Gesetz lässt sich das allerdings nicht ableiten. Im Gegenteil hätte eine

---

303 So aber *Lang*, StuW 1987, 221, 228ff.

304 Vgl. oben Teil 2: A. II. 1. c).

305 Wie hier *Franz*, Grundlagen der Besteuerung gemeinnütziger Körperschaften bei wirtschaftlicher Betätigung, 1991, S. 214.

306 Ebenso *Franz*, Grundlagen der Besteuerung gemeinnütziger Körperschaften bei wirtschaftlicher Betätigung, 1991, S. 213f.

307 Vgl. *Hüttemann*, Gemeinnützigkeitsrecht und Spendenrecht, 6. Aufl. 2025, Rn. 6.178; *Erdbrügger*, in: Wendt/Suachanek/Möllmann/Heinemann, GewStG, 3. Aufl. 2025, § 3 Nr. 6 Rn. 36.

308 *Kronawitter*, GewStG, 2. Aufl. 2023, § 6 Rn. 16; *Hawlitschek*, in: Winheller/Geibel/Jachmann-Michel, Gesamtes Gemeinnützigkeitsrecht, 3. Aufl. 2023, § 3 GewStG Rn. 13.

309 Ebenso *Köster*, in: Lenski/Steinberg, GewStG, 9/2025, § 3 Nr. 6 Rn. 10; *Güroff*, in: Glanegger/Güroff, GewStG, 11. Aufl. 2023, § 3 Rn. 21.

310 *Hüttemann*, Gemeinnützigkeitsrecht und Spendenrecht, 6. Aufl. 2025, Rn. 2.120.

entsprechende Regelung in § 3 GewStG aufgenommen werden können, wie es auch beim gewerbesteuerlichen Spendenabzug (§ 9 Nr. 5 Satz 2 lit. c GewStG) geschehen ist.[311]

Die Befreiung setzt voraus, dass die Anforderungen von §§ 51 ff. AO eingehalten werden. Durch einen Typenvergleich ist zu ermitteln, ob die ausländische Körperschaft strukturell einem deutschen Körperschaftsteuersubjekt entspricht.[312] Sie muss außerdem die Voraussetzungen des deutschen allgemeinen Gemeinnützigkeitsrechts erfüllen.[313] Das ist aus den schon im Rahmen von § 5 Abs. 1 Nr. 9 KStG erörterten Gründen keine grundfreiheitlich relevante Diskriminierung.[314] Ebenso liegt keine Beihilfe nach Art. 107 Abs. 1 AEUV vor.[315] Weil die Befreiung von der Gewerbesteuer darüber hinaus auch auf Drittstaatenkörperschaften anwendbar ist, ist sie insgesamt unionsrechtskonform.

III. Fehlende Befreiung gemeinnütziger Kooperationen

Kooperieren zwei gemeinnützige Körperschaften, indem sie einen Zweckbetrieb in der Rechtsform einer gewerbesteuerpflichtigen Personengesellschaft betreiben, kann diese Personengesellschaft die Steuerbefreiung nicht in Anspruch nehmen.[316] Denn eine gewerbliche (oder gewerblich geprägte)[317] Personengesellschaft ist gewerbesteuerrechtlich – anders als im Einkommensteuerrecht[318] – Steuerschuldnerin (§ 5 Abs. 1 Satz 3 GewStG). Sie kann nach derzeitigem Recht allerdings nicht gemeinnützig sein, da § 51 Abs. 1 Satz 2 AO nur auf Körperschaften i. S. d. KStG verweist.[319] Optierenden Personengesellschaften (§ 1a KStG) ist der Gemeinnützigkeitsstatus ebenfalls verwehrt, da die Option allein für die Ertragbesteuerung gilt.[320] Im GewStG fehlt eine Regelung, die die Steuerbefreiung auf derartige Kooperationen erweitert, wie es etwa bei § 12 Abs. 2 Nr. 8 lit. b UStG der Fall ist.[321]

---

[311] Dazu unten Teil 3: A. VIII.

[312] Allg. Ansicht. Zum Rechtstypenvergleich im Körperschaftsteuerrecht allgemein BFH, Urt. v. 24. 8. 2011, I R 46/10, BStBl. II 2014, 764; v. 6. 6. 2012, I R 52/11, BStBl. II 2014, 240; mit Bezug zum Gemeinnützigkeitsrecht BFH, Urt. v. 25. 10. 2016, I R 54/14, BStBl. II 2017, 1216; *Köster*, in: Lenski/Steinberg, GewStG, 9/2025, § 3 Nr. 6 Rn. 10; *Güroff*, in: Glanegger/Güroff, GewStG, 11. Aufl. 2023, § 3 Rn. 21.

[313] Stv. *Güroff*, in: Glanegger/Güroff, GewStG, 11. Aufl. 2023, § 3 Rn. 21.

[314] Dazu oben Teil 2: A. II. 2. a) aa).

[315] Dazu oben Teil 2: A. II. 2. a) bb).

[316] *Hüttemann*, Gemeinnützigkeitsrecht und Spendenrecht, 6. Aufl. 2025, Rn. 7.168.

[317] Hiermit sind Personengesellschaften i. S. d. § 15 Abs. 3 Nr. 2 EStG gemeint, also solche, die aufgrund ihrer Struktur gewerbliche Einkünfte erzielen. Voraussetzung ist, dass ausschließlich eine oder mehrere Kapitalgesellschaften persönlich haftende Gesellschafter und nur diese oder Dritte zur Geschäftsführung befugt sind.

[318] *Gosch*, in: Brandis/Heuermann, Ertragsteuerrecht, 8/2025, § 5 GewStG Rn. 39 ff.

[319] *Wedemann*, NZG 2016, 645.

[320] Siehe oben Teil 2: B. II.

[321] Siehe dazu unten Teil 2: F. IV. 5.

Diese Rechtslage wird vermehrt kritisiert.[322] Eine erweiterte Auslegung von § 3 Nr. 6 GewStG auf Personengesellschaften[323] ist aber angesichts der Eindeutigkeit des Ausschlusses von Personengesellschaften vom Gemeinnützigkeitsstatus nicht möglich.[324]

Die fehlende Befreiung von Kooperationen von der Gewerbesteuer steht im Widerspruch zu § 57 Abs. 3 AO, wonach mehrere gemeinnützige Körperschaften ihre satzungsmäßigen Zwecke auch durch planmäßiges Zusammenwirken miteinander verwirklichen können. Gäbe es die Norm nicht, wäre die rechtliche Verselbständigung einzelner Tätigkeitsbereiche steuerschädlich.[325] Diesem „organisationsübergreifenden Ansatz"[326] steht das Gewerbesteuerrecht entgegen. Der Missstand sollte behoben werden, etwa indem § 3 Nr. 6 GewStG entsprechend geändert wird[327] oder durch eine verfahrensrechtliche Möglichkeit, einen steuerfreien Zweckbetrieb auf Ebene der Personengesellschaft festzustellen und anteilig keine Gewerbesteuer festzusetzen.[328]

IV. Zwischenergebnis: Gemeinnützigkeit in der Gewerbesteuer

Die Befreiung gemeinnütziger Körperschaften von der Gewerbesteuer nach § 3 Nr. 6 GewStG ist weitgehend mit der Befreiung nach § 5 Abs. 1 Nr. 9 KStG deckungsgleich. Festzustellen sind drei Unterschiede: Erstens unterscheidet sich der Grad der Auslandsöffnung; eine grundsätzliche Ausnahme ausländischer Körperschaften von der Befreiung fehlt. Zweitens sind Einkünfte aus Land- und Forstwirtschaft umfassend befreit. Drittens ist die konstitutive Reichweite der Befreiung aufgrund des weitergehenden Umfangs der Fiktionen im GewStG umfassender.

§ 3 Nr. 6 GewStG verwirklicht – ebenso wie § 5 Abs. 1 Nr. 9 KStG – im Wesentlichen die Zielsetzungen des Gemeinnützigkeitsrechts. Das gilt jedoch insoweit nicht, als einige der privilegierten Gemeinwohlzwecke (Freizeitzwecke) und Katalogzweckbetriebe (Mittelbeschaffungsbetriebe) systemwidrig sind.[329] Das Fehlen einer Befreiung von Kooperations-Personengesellschaften steht im Widerspruch zur organisationsübergreifenden Möglichkeit der Zweckverwirklichung nach § 57 Abs. 3 AO.

---

[322] *Orth*, DStR 2012, 116, 120 f.; *Droege*, Gemeinnützigkeit im offenen Steuerstaat, 2010, S. 173, 413; *Leisner-Egensperger*, FS Isensee, 2007, S. 893, 904 f.; *Wedemann*, NZG 2016, 645.

[323] So wohl *Orth*, DStR 2012, 116, 120.

[324] Ebenso *Schunk*, Kooperationen zwischen gemeinnützigen Körperschaften und das Unmittelbarkeitsgebot nach § 57 AO, 2014, S. 132 f.; *Frotscher*, in: Frotscher/Drüen, KStG/GewStG/UmwStG, 9/2025, § 3 GewStG Rn. 31a.

[325] Beschl. d. Bundesrates v. 20. 9. 2019, BR-Drs. 356/19, S. 85 f.; *Seer*, in: Tipke/Kruse, AO/FGO, 9/2025, § 57 AO Rn. 9 f.

[326] *Bott*, BB 2021, 414, 417.

[327] *Orth*, DStR 2012, 116, 120.

[328] *Schotenroehr*, DStR 2012, 14, 17.

[329] Vgl. schon oben Teil 2: A. IV.

D. Grundsteuerliche Befreiungen

I. Grundtatbestand und Belastungsgrund

Die Grundsteuer ist eine auf den Grundbesitz erhobene Realsteuer (§ 3 Abs. 2 AO).[330] Steuergegenstand ist der inländische Grundbesitz. Steuerschuldner ist, wem der Steuergegenstand zugerechnet wird (§ 10 Abs. 1 GrStG), also der Eigentümer i. S. v. § 39 AO.[331] Das kann auch eine ausländische Körperschaft sein.

Der Belastungsgrund der Grundsteuer besteht im Innehaben von Grundbesitz, der zumindest die Möglichkeit seiner ertragsbringenden Nutzung als Quelle finanzieller Leistungsfähigkeit beinhaltet.[332] Die derzeitige Grundsteuer ist damit eine Sollertragsteuer.[333] Die hieran geäußerte Kritik entzündet sich vor allem daran, wie die Grundsteuer im Einzelnen auszugestalten wäre.[334] Das ist für gemeinnützige Körperschaften unter dem gegenwärtigen GrStG aber ohne Bedeutung.

Da das GrStG an das Innehaben einer Rechtsposition (wirtschaftliches Eigentum) anknüpft, unterfallen zunächst alle inländischen Grundstücke einer gemeinnützigen Körperschaft der Grundsteuer. Das gilt unabhängig von der Art der Nutzung und schließt deshalb sogar Grundbesitz im Idealbereich, der vollständig gemeinnützigen Zwecken dient, mit ein. Dem steht der Charakter der Grundsteuer als Sollertragsteuer nicht entgegen, weil es der Körperschaft praktisch jederzeit möglich ist, den Nutzungszweck zu ändern und den Grundbesitz ertragsbringend zu nutzen. Sähe man das anders,[335] müsste auch der selbst genutzte Grundbesitz von der Grundsteuer ausgenommen werden, weil für die Dauer der Selbstnutzung eine ertragsbringende Nutzung gerade nicht möglich ist.[336] Das entspricht der geltenden Rechtslage aber nicht; die Möglichkeit einer abstrakt ertragsbringenden Nutzung genügt.[337]

---

[330] Stv. BVerfG, Beschl. v. 6. 12. 1983, 2 BvR 1275/79, BVerfGE 65, 325; v. 18. 2. 2009, 1 BvR 1334/07, NJW 2009, 1868; Urt. v. 10. 4. 2018, 1 BvL 11/14, BVerfGE 148, 147; *Marx*, in: Stenger/Loose, Bewertungsrecht, 10/2025, § 2 GrStG Rn. 1.

[331] *Loose*, in: Stenger/Loose, Bewertungsrecht, 10/2025, § 10 GrStG Rn. 10 ff., 20 ff.

[332] *Freund*, FR 2019, 931, 935.

[333] BT-Drs. 19/11085, S. 84; *Seer*, in: Tipke/Lang, Steuerrecht, 25. Aufl. 2024, Rn. 16.1.

[334] Gefordert wird zumeist eine (stärker) an der Allgemeinäquivalenz ausgerichtete Grundsteuer, z. T. auch die Abschaffung, vgl. *Hey*, in: Tipke/Lang, Steuerrecht, 25. Aufl. 2024, Rn. 3.62 ff.; *G. Kirchhof*, DStR 2018, 2661.

[335] So wohl *Hüttemann*, DB 2006, 914, 918.

[336] Vgl. *Freund*, FR 2019, 931, 933.

[337] *Freund*, FR 2019, 931, 933.

II. Befreiungen mit Gemeinnützigkeitsbezug

1. Die Befreiung gemeinnütziger Körperschaften

§ 3 Abs. 1 Satz 1 Nr. 3 lit. b GrStG befreit Grundbesitz, der von einer inländischen Körperschaft, Personenvereinigung oder Vermögensmasse, die nach der Satzung, dem Stiftungsgeschäft oder der sonstigen Verfassung und nach ihrer tatsächlichen Geschäftsführung ausschließlich und unmittelbar gemeinnützigen oder mildtätigen Zwecken dient, für gemeinnützige oder mildtätige Zwecke genutzt wird. Damit ergeben sich die Grundvoraussetzungen der Befreiung auch ohne ausdrücklichen Verweis aus den §§ 51–68 AO.[338] Die Befreiung ist vollständig konstitutiv, weil der Grundtatbestand der Grundsteuer nutzungsunabhängig jedes Innehaben des wirtschaftlichen Eigentums am Grundbesitz erfasst.

a) Unmittelbarkeitskriterium und partielle Steuerpflicht

Grundsteuerliche Befreiungen setzen stets eine unmittelbare Benutzung voraus (§ 7 GrStG).

Die Nutzung ist unmittelbar, wenn der Grundbesitz im Rahmen der ideellen Sphäre oder durch Zweckbetriebe benutzt wird.[339] Befreit ist außerdem Grundbesitz, dessen Nutzung nicht unmittelbar der Zweckverwirklichung dient, hierfür aber unentbehrlich ist.[340] Eine Nutzung durch einen wirtschaftlichen Geschäftsbetrieb ist dagegen nicht unmittelbar.[341] Von der Grundsteuer befreite Grundstücksnutzung zur privaten Vermögensverwaltung ist kaum denkbar, da diese eine Überlassung an Dritte für nicht steuerbegünstigte Zwecke voraussetzt, was der Befreiung entgegensteht.[342]

Der Sache nach erfüllt das Unmittelbarkeitskriterium dieselbe Funktion wie die Ausnahme von wirtschaftlichen Geschäftsbetrieben aus dem Anwendungsbereich anderer Vergünstigungsnormen (partielle Steuerpflicht). Wettbewerbsverzerrungen sollen vermieden werden.[343] Die Anknüpfung an eine besondere Art der Nutzung ist notwendig, weil es im Rahmen des Grundtatbestands der Grundsteuer hierauf nicht ankommt.

---

[338] *Knittel*, in: Stenger/Loose, Bewertungsrecht, 10/2025, § 3 GrStG Rn. 222; *Spak*, in: Winheller/Geibel/Jachmann-Michel, Gesamtes Gemeinnützigkeitsrecht, 3. Aufl. 2023, § 3 GrStG Rn. 2.

[339] *Hüttemann*, Gemeinnützigkeitsrecht und Spendenrecht, 6. Aufl. 2025, Rn. 7.390; ebenso Abschn. 12, Abs. 4 Satz 1 GrStR.

[340] Z. B. der Parkplatz eines Krankenhauses, vgl. *Hüttemann*, Gemeinnützigkeitsrecht und Spendenrecht, 6. Aufl. 2025, Rn. 7.390.

[341] Vgl. Abschn. 12, Abs. 6 Nr. 2 GrStR.

[342] *Hüttemann*, Gemeinnützigkeitsrecht und Spendenrecht, 6. Aufl. 2025, Rn. 7.390; ebenso Abschn. 12, Abs. 6 Nr. 5 Satz 1 GrStR.

[343] Stv. *Hüttemann*, GS Walz, 2008, S. 269, 270; *Walz*, NPLY 2001, 197, 204.

b) Inlandsbezug

Die Grundsteuer ist ihrem Wesen nach in besonderer Weise inlandsbezogen, da nur inländische Grundstücke besteuert werden.[344] Darüber hinaus ist § 3 Abs. 1 Satz 1 Nr. 3 lit. b GrStG nur auf Grundbesitz anwendbar, der von einer inländischen gemeinnützigen Körperschaft genutzt wird. Die im Ertragsteuerrecht festzustellende Öffnung für ausländische Non-Profit-Akteure[345] fehlt im Grundsteuerrecht.

Damit ist § 3 Abs. 1 Satz 1 Nr. 3 lit. b GrStG unionsrechtswidrig.[346] Die Befreiung schließt ausländische Körperschaften unabhängig davon aus, ob sie die Anforderungen des deutschen Gemeinnützigkeitsrechts nach §§ 51 ff. AO erfüllen. Derartige akteursbezogene Schlechterstellungen hat der EuGH bereits für unzulässig erklärt.[347] Auch wenn sich ausländische gemeinnützige Körperschaften aufgrund des Anwendungsvorrangs des Unionsrecht auf § 3 Abs. 1 Satz 1 Nr. 3 lit. b GrStG berufen können,[348] sollte in Zukunft auf die Beschränkung auf inländische Körperschaften verzichtet werden.

2. Weitere gemeinnützigkeitsbezogene Befreiungen

Daneben enthält § 4 GrStG allgemeinere[349] Befreiungen, deren Zweck teilweise in der Förderung selbstlosen bürgerschaftlichen Engagements besteht und die sich mit § 3 Abs. 1 Satz 1 Nr. 3 lit. b GrStG teilweise überschneiden. Das gilt für die Befreiung von Grundbesitz, der für wissenschaftliche oder edukative Zwecke genutzt wird (§ 4 Nr. 5 GrStG) und für die Befreiung von (privaten) Bestattungsplätzen[350] (§ 4 Nr. 2 GrStG).

Die Befreiungen des § 4 GrStG sind rechtsformneutral und können auch von Privaten in Anspruch genommen werden.[351] Sie sind für gemeinnützige Körper-

---

[344] § 1 Abs. 1 GrStG.

[345] Hierzu oben Teil 2: A. II. 2.; Teil 2: C. II. 2.

[346] Ebenso *Schmidt*, Europäische Gemeinnützigkeit, 2020, S. 138; *Spak*, in: Winheller/Geibel/Jachmann-Michel, Gesamtes Gemeinnützigkeitsrecht, 3. Aufl. 2023, § 3 GrStG Rn. 2; *Hüttemann*, Gemeinnützigkeitsrecht und Spendenrecht, 6. Aufl. 2025, Rn. 1.163.

[347] EuGH, Urt. v. 14. 9. 2006, C-386/04 (*Stauffer*), Slg. 2006, I-8203, Rn. 62; v. 18. 12. 2007, C-281/06 (*Jundt*), Slg. 2007, I-12231, Rn. 72 f.; v. 27. 1. 2009, C-318/07 (*Persche*), Slg. 2009, I-359, Rn. 72; v. 10. 2. 2011, C-25/10 (*Missionswerk Werner Heukelbach*), Slg. 2011, I-497, Rn. 36; v. 16. 6. 2011, C-10/10 (*Kommission/Österreich*), Slg. 2011, I-5389, Rn. 35.

[348] *Spak*, in: Winheller/Geibel/Jachmann-Michel, Gesamtes Gemeinnützigkeitsrecht, 3. Aufl. 2023, § 3 GrStG Rn. 2.

[349] § 3 GrStG ist lex specialis, vgl. BT-Drs. VI/3418, S. 79 f.; *Spak*, in: Winheller/Geibel/Jachmann-Michel, Gesamtes Gemeinnützigkeitsrecht, 3. Aufl. 2023, § 4 GrStG Rn. 1.

[350] Vgl. auch den Gemeinwohlzweck der Friedhofsförderung (§ 52 Abs. 2 Satz 1 Nr. 26 AO). Bestattungsplätze im Eigentum einer öffentlich-rechtlichen Körperschaft sind schon nach § 3 Abs. 1 Satz 1 Nr. 1 GrStG befreit.

[351] BT-Drs. VI/3418, S. 80; *Knittel*, in: Stenger/Loose, Bewertungsrecht, 10/2025, § 4 GrStG Rn. 4.

schaften aufgrund der vorrangigen Geltung von § 3 Abs. 1 Satz 1 Nr. 3 lit. b GrStG nur wenig relevant.[352] Die Befreiungen nach § 4 GrStG sind außerdem unionsrechtlich unbedenklich, weil sie auf jeden Grundsteuerschuldner unabhängig von dessen Sitz anwendbar sind.

III. Zwischenergebnis: Gemeinnützigkeitsbezogene Befreiungen von der Grundsteuer

Die grundsteuerlichen Befreiungen mit Gemeinnützigkeitsbezug privilegieren bestimmte Arten der Nutzung von Grundstücken. Das ist systematisch stringent, weil der Grundtatbestand der Grundsteuer nicht an die Nutzung anknüpft, sondern jeden Grundbesitz erfasst. §§ 51–68 AO gelten ohne Einschränkung auch im Anwendungsbereich von § 3 Abs. 1 Satz 1 Nr. 3 lit. b GrStG. Der akteursbezogene Ausschluss ausländischer Körperschaften, die die Anforderungen des deutschen Gemeinnützigkeitsrechts erfüllen, ist unionsrechtswidrig und sollte aufgegeben werden.

E. Erbschaft- und schenkungsteuerliche Befreiungen

I. Bedeutung, Belastungsgrund und Tatbestand der Erbschaft- und Schenkungsteuer

Gemeinnützige Körperschaften finanzieren sich regelmäßig zu einem erheblichen Teil aus Spenden und Erbschaften.[353] Fällt darauf Erbschaft- und Schenkungsteuer[354] an, kann die Steuerlast bis zu 50 % betragen.[355]

Belastungsgrund und Rechtfertigung der Erbschaft- und Schenkungsteuer ist die Vermögensmehrung beim Empfänger und seine damit verbundene höhere wirtschaftliche Leistungsfähigkeit.[356] Als Annex zu den Ertragsteuern belastet sie außerhalb des Marktes erworbene Vermögenszuflüsse.[357]

---

[352] Vgl. *Petersen*, in: Haase/Jachmann, Hdb. Immobiliensteuerrecht, 3. Aufl. 2024, § 7 Rn. 325.

[353] *Hüttemann*, Gemeinnützigkeitsrecht und Spendenrecht, 6. Aufl. 2025, Rn. 1.33.

[354] Es handelt sich bei der Erbschaftsteuer und der Schenkungsteuer um zwei unterschiedliche, aber weitgehend parallel geregelte Steuerarten, vgl. *Erkis*, in: BeckOK ErbStG, 10/2025, § 1 Rn. 11.

[355] §§ 15 Abs. 1, 19 Abs. 1 ErbStG.

[356] Stv. *Seer*, in: Tipke/Lang, Steuerrecht, 25. Aufl. 2024, Rn. 15.1, 15.4.

[357] *Jochum*, in: Wilms/Jochum, ErbStG/BewG/GrEStG, 10/2025, Einf. zum ErbStG Rn. 6, 28; zum Belastungsgrund der Körperschaftsteuer und möglichen Konkurrenzproblemen siehe oben Teil 2: A. I.

1. Persönliche Steuerpflicht

Persönlich unbeschränkt steuerpflichtig sind die am Erwerb Beteiligten, wenn einer von ihnen im Erwerbszeitpunkt Inländer ist (§ 2 Abs. 1 ErbStG). Steuerschuldner sind der Erwerber, bei einer Schenkung auch der Zuwendende (§ 20 Abs. 1 Satz 1 ErbStG). Dass der Zuwendende Steuerschuldner ist, ist im Hinblick auf den Belastungsgrund der Schenkungsteuer systemwidrig, weil bei ihm keine höhere Leistungsfähigkeit eintritt.[358] Er wird daher wie ein Haftungsschuldner behandelt. Der Zuwendungsempfänger ist vorrangig in Anspruch zu nehmen.[359]

2. Sachliche Steuerpflicht

Der Erbschaft- und Schenkungsteuer unterliegen Erwerbe von Todes wegen (§§ 1 Abs. 1 Nr. 1, 3 ErbStG), Schenkungen unter Lebenden (§§ 1 Abs. 1 Nr. 2, 7 ErbStG) und Zweckzuwendungen (§§ 1 Abs. 1 Nr. 3, 8 ErbStG). Die sog. Erbersatzsteuer auf das Vermögen einer Familienstiftung nach § 1 Abs. 1 Nr. 4 ErbStG betrifft gemeinnützige Stiftungen nicht, weil diese nicht „wesentlich im Interesse einer Familie" errichtet sein können.[360]

a) Zuwendungen an eine gemeinnützige Körperschaft

Erbschaft- und schenkungsteuerbar sind der Erwerb durch Erbanfall oder durch Vermächtnis (§ 3 Abs. 1 Nr. 1 ErbStG), die Schenkung auf den Todesfall (§ 3 Abs. 1 Nr. 2 ErbStG) sowie Spenden (§ 7 Abs. 1 Nr. 1 ErbStG).[361] Gleiches gilt für die Ausstattung einer rechtsfähigen Stiftung, sei es durch Stiftungsgeschäft durch Verfügung von Todes wegen (§ 3 Abs. 2 Nr. 1 ErbStG) oder unter Lebenden (§ 7 Abs. 1 Nr. 8 ErbStG). Die Vermögensausstattung einer nichtrechtsfähigen Stiftung ist ebenfalls steuerbar, wird aber als Zweckzuwendung (§ 8 ErbStG) behandelt.[362]

Mitgliedsbeiträge sind nur steuerbare freigebige Zuwendungen nach § 7 Abs. 1 Nr. 1 ErbStG, wenn sie keinen Entgeltcharakter haben.[363] Denn das Merkmal der Freigebigkeit setzt Unentgeltlichkeit voraus.[364] Daran fehlt es bei solchen Mitglieds-

---

[358] *Jochum*, in: Wilms/Jochum, ErbStG/BewG/GrEStG, 10/2025, § 20 ErbStG Rn. 46.

[359] BFH, Urt. v. 29. 11. 1961, II 282/58 U, BStBl. III 1962, 323; *Loose*, in: von Oertzen/Loose, ErbStG, 3. Aufl. 2024, § 20 Rn. 12.

[360] *Holm*, in: Winheller/Geibel/Jachmann-Michel, Gesamtes Gemeinnützigkeitsrecht, 3. Aufl. 2023, § 1 ErbStG Rn. 5.

[361] *Hüttemann*, Gemeinnützigkeitsrecht und Spendenrecht, 6. Aufl. 2025, Rn. 9.2.

[362] BFH, Urt. v. 25. 1. 2017, II R 26/16, BStBl. II 2018, 199, Rn. 14 ff.; *von Oertzen*, in: von Oertzen/Loose, ErbStG, 3. Aufl. 2024, § 7 Rn. 346; *Gebel*, in: Troll/Gebel/Jülicher/Gottschalk, ErbStG, 4/2025, § 7 Rn. 332.

[363] *Hüttemann*, KSzW 2014, 158, 161.

[364] R E 7.1 Abs. 2 Satz 3 ErbStR; *Esskandari*, in: von Oertzen/Loose, ErbStG, 3. Aufl. 2024, § 7 Rn. 18.

beiträgen, die ertragsteuerlich als Einnahme zu erfassen sind.[365] Nicht freigebig sind auch solche Mitgliedsbeiträge, die in rechtlichem Zusammenhang mit einem Gemeinschaftszweck stehen und satzungsmäßig festgeschrieben sind, weil dann eine die Unentgeltlichkeit ausschließende Gegenleistung vorliegt.[366] Schenkungsteuerbar sind deshalb im Ergebnis nur die wenigen außerordentlichen, d. h. nicht satzungsmäßig vorgesehenen, „Mitgliedsbeiträge".[367]

Sponsoringeinnahmen sind ebenfalls nur selten schenkungsteuerbar. Eine freigebige Zuwendung kann nämlich nur vorliegen, wenn der Zuwendende mit Bereicherungswillen handelt.[368] Daran fehlt es beim Sponsoring oft, weil der Zuwendende regelmäßig in der Erwartung leistet, dass der Empfänger eine Gegenleistung in Form einer Werbeleistung erbringt.[369] Problematisch sind solche Sponsoringleistungen, die über den wirtschaftlichen Wert der Gegenleistung hinausgehen. Nach Auffassung der Finanzverwaltung sind Sponsoringzahlungen ertragsteuerlich nur dann nicht in voller Höhe als Betriebsausgaben abziehbar, wenn Leistung und Gegenleistung in einem krassen Missverhältnis stehen.[370] Vereinzelt hat die Rechtsprechung Sponsoringleistungen in einen entgeltlichen und einen unentgeltlichen Teil aufgeteilt; letzterer wäre danach schenkungsteuerbar.[371] Eine derartige Aufteilung derselben Sponsoringleistung führt aber zu einer Doppelbelastung desselben Zuflusses mit Ertrags- und Schenkungsteuer und ist deshalb abzulehnen.[372] Die Annahme einer teilweise freigebigen und insoweit schenkungsteuerbaren Zuwendung ist aus schenkungsteuerlicher Perspektive zwar vertretbar. Führt man sich aber vor Augen, dass die gesamte Leistung durch eine Einkunftsart veranlasst und daher vollumfänglich mit der Ertragsteuer belastet wird, ist es überzeugender, ein Ausschließlichkeitsverhältnis zwischen Schenkungsteuer und Ertragsteuern anzunehmen.[373] Hierfür sprechen nicht zuletzt die sich gegenseitig ausschließenden

---

[365] Vgl. BFH, Urt. v. 27.8.2014, II R 44/13, BStBl. II 2015, 249, Rn. 16. Zu Mitgliedsbeiträgen im KStG siehe oben Teil 2: A. I. 2. c) bb).

[366] Stv. BFH, Urt. v. 15.3.2007, II R 5/04, BStBl. II 2007, 472; *Halaczinsky*, in: Wallenhorst/Halaczinsky, Die Besteuerung gemeinnütziger und öffentlich-rechtlicher Körperschaften, 7. Aufl. 2017, M Rn. 29.

[367] BFH, Urt. v. 15.3.2007, II R 5/04, BStBl. II 2007, 472; vgl. auch *Meincke/Holtz/Hannes*, in: Meincke/Hannes/Holtz, ErbStG, 19. Aufl. 2025, § 18 Rn. 1: „in aller Regel nicht freigebig".

[368] Allgemeine Ansicht, vgl. nur BFH, Urt. v. 27.11.2013, II R 25/12, BFH/NV 2014, 537, Rn. 11.

[369] *Alberti*, Sponsoring im Steuerrecht, 2001, S. 258 f.; *Halaczinsky*, in: Wallenhorst/Halaczinsky, Die Besteuerung gemeinnütziger und öffentlich-rechtlicher Körperschaften, 7. Aufl. 2017, M Rn. 27.

[370] BMF-Schreiben v. 18.2.1998, BStBl. I 1998, 212, Rn. 5.

[371] FG Köln, Urt. v. 27.11.2003, 9 K 3304/02, EFG 2004, 664; insoweit aufrechterhalten von BFH, Urt, v. 15.3.2007, II R 5/04, BStBl. II 2007, 472.

[372] Ebenso *Schauhoff*, DStR 2004, 1465, 1466 f.; *Hüttemann*, Gemeinnützigkeitsrecht und Spendenrecht, 6. Aufl. 2025, Rn. 9.4.

[373] *Schauhoff*, DStR 2004, 1465, 1466 f.; *Hüttemann*, Gemeinnützigkeitsrecht und Spendenrecht, 6. Aufl. 2025, Rn. 9.4; im Ergebnis auch *Alberti*, Sponsoring im Steuerrecht, 2001, S. 259.

Belastungsgründe. Eine Vermögensverschiebung kann nur entweder entgeltlich am Markt erwirtschaftet oder unentgeltlich außerhalb des Marktes zugeflossen sein.[374]

Körperschaftsinterne Vermögensverschiebungen lösen keine Schenkungsteuer aus. Insoweit fehlt es am erforderlichen Rechtsträgerwechsel.[375] „Spenden" eines wirtschaftlichen Geschäftsbetriebs an den Idealbereich derselben Körperschaft sind daher stets schenkungsteuerfrei.[376]

b) Zuwendungen einer gemeinnützigen Körperschaft an Dritte

Erbschaft- oder schenkungsteuerbare Zuwendungen kommen auch in der Weise vor, dass die Körperschaft Zuwendungen an Dritte tätigt. Diese erreichen zwar oftmals nicht den Freibetrag in Höhe von 20.000 Euro,[377] im Einzelfall kann das aber anders sein, etwa wenn eine kostenintensive Operation finanziert werden soll.[378]

Ob derartige Zuwendungen freigebig im Sinne von § 7 Abs. 1 Nr. 1 ErbStG und damit grundsätzlich schenkungsteuerbar sind, hängt von der Satzungsmäßigkeit der Zuwendung ab. Ist der Empfänger ein Gesellschafter, Mitglied oder satzungsmäßig Begünstigter, hat der BFH bereits entschieden, dass es bei satzungskonformen Zuwendungen an der Freigebigkeit fehlt und die Zuwendung daher nicht schenkungsteuerbar ist.[379]

Wenig behandelt und von der Rechtsprechung noch nicht entschieden sind Zuwendungen an sonstige Dritte, mit denen die Körperschaft ihre gemeinnützigen Zwecke erfüllt. Diese sind mangels Freiwilligkeit nicht schenkungsteuerbar.[380] Für eine freigebige Zuwendung spricht zwar zunächst, dass die Entscheidung darüber, wie genau die Allgemeinheit durch Verwirklichung der satzungsmäßigen Zwecke gefördert wird, der Körperschaft obliegt. Die Zuwendung beruht auf der Entscheidung ihrer Organe.[381] Der BFH stellt aber bei Zuwendungen von Trägern der öffentlichen Verwaltung zutreffend darauf ab, dass diese an das Gesetz gebun-

---

[374] Dazu schon oben Teil 2: A. I. 2. c).

[375] *Gebel*, in: Troll/Gebel/Jülicher/Gottschalk, ErbStG, 6/2025, § 7 Rn. 6. Die Erbschaft- und Schenkungsteuer ist „Transfersteuer", vgl. *Hey*, in: Tipke/Lang, Steuerrecht, 25. Aufl. 2024, Rn. 7.40 f.

[376] Vgl. *Hüttemann*, Gemeinnützigkeitsrecht und Spendenrecht, 6. Aufl. 2025, Rn. 8.50; zur spendenrechtlichen Dimension interner Vermögensverschiebungen siehe unten Teil 3: A. IV. 1.

[377] §§ 15 Abs. 1, 16 Abs. 1 Nr. 7 ErbStG.

[378] Beispiel von *Kien-Hümbert*, in: Moench/Weinmann, ErbStG, 9/2025, § 13 Rn. 96.

[379] Für Gesellschafter stv. BFH, Urt. v. 17. 10. 2007, II R 63/05, BStBl. II 2008, 381; für Begünstigte einer Stiftung BFH, Urt. v. 3. 7. 2019, II R 6/16, BStBl. II 2020, 61.

[380] *Halaczinsky*, ErbStB 2004, 91, 92; *ders.*, in: Wallenhorst/Halaczinsky, Die Besteuerung gemeinnütziger und öffentlich-rechtlicher Körperschaften, 7. Aufl. 2017, M Rn. 53; *Kien-Hümbert*, in: Moench/Weinmann, ErbStG, 9/2025, § 13 Rn. 96; *Hüttemann*, Gemeinnützigkeitsrecht und Spendenrecht, 6. Aufl. 2025, Rn. 9.5.

[381] *Halaczinsky*, ErbStB 2004, 91, 92.

den sind, Freigebigkeit also nur vorliegen kann, wenn der Rahmen der öffentlichen Aufgabenerfüllung eindeutig verlassen wird.[382] Bei gemeinnützigen Körperschaften kann nichts anderes gelten. Wenn es nur auf die Verknüpfung der Vermögensübertragung mit der Aufgabenwahrnehmung ankommt,[383] handeln gemeinnützige Organisationen nicht freiwillig, wenn sich die Zuwendung im Rahmen der satzungsmäßigen Zwecke bewegt.

Aus diesem Grund bedarf es de lege ferenda keiner gesonderten Befreiung für Zuwendungen einer gemeinnützigen Körperschaft zur Erfüllung ihrer satzungsmäßigen Zwecke.[384]

II. Befreiungen

1. Die organisationsgebundene Befreiung nach § 13 Abs. 1 Nr. 16 lit. b ErbStG

Von der Erbschaft- und Schenkungsteuer sind konstitutiv sämtliche Zuwendungen an inländische Körperschaften, Personenvereinigungen oder Vermögensmassen, die nach der Satzung, dem Stiftungsgeschäft oder der sonstigen Verfassung und ihrer tatsächlichen Geschäftsführung ausschließlich unmittelbar kirchlichen, gemeinnützigen oder mildtätigen Zwecken im Sinne der §§ 52–54 AO dienen, sachlich befreit (§ 13 Abs. 1 Nr. 16 lit. b ErbStG). Die Norm erfasst dieselben Körperschaften wie § 5 Abs. 1 Nr. 9 KStG.[385]

a) Zuwendungen und wirtschaftlicher Geschäftsbetrieb

Anders als die gemeinnützigkeitsbezogenen Befreiungen des Ertragsteuerrechts enthält § 13 Abs. 1 Nr. 16 lit. b ErbStG keine Rückausnahme für wirtschaftliche Geschäftsbetriebe.

aa) Das Unterhalten eines wirtschaftlichen Geschäftsbetriebs

Überwiegend wird zurecht angenommen, dass die Existenz eines wirtschaftlichen Geschäftsbetriebs unschädlich ist und damit der Befreiung nicht entgegen-

[382] Stv. BFH, Urt. v. 1. 12. 2004, II R 46/02, BStBl. II 2005, 311.

[383] BFH, Urt. v. 1. 12. 2004, II R 46/02, BStBl. II 2005, 311.

[384] So der (hilfsweise) Vorschlag von *Kien-Hümbert*, in: Moench/Weinmann, ErbStG, 9/2025, § 13 Rn. 96.

[385] *Jochum*, in: Wilms/Jochum, ErbStG/BewG/GrEStG, 10/2025, § 13 ErbStG Rn. 141; vgl. auch R E 13.8 Abs. 1 Satz 3 ErbStR, wonach die Entscheidung über die Körperschaftsteuerbefreiung grundsätzlich zu übernehmen ist.

steht.[386] Das war zunächst zweifelhaft geworden, nachdem der BFH die fast wortgleiche Befreiung des inzwischen aufgehobenen § 7 Abs. 1 Nr. 1 KVStG entsprechend ausgelegt hatte.[387] Das Gericht war der Ansicht, dass das Unterhalten eines wirtschaftlichen Geschäftsbetriebs nur unschädlich sein könne, wenn die Befreiungen der Einzelsteuergesetze den wirtschaftlichen Geschäftsbetrieb ausdrücklich von ihrem Anwendungsbereich ausnähmen.[388] Dass dieses Verständnis nicht zutreffend sein kann, zeigt schon § 51 Abs. 1 Satz 1 AO, wonach für gemeinnützigkeitsbezogene Vergünstigungen alle Vorschriften des Abschnitts „Steuerbegünstigte Zwecke“ gelten. Das schließt auch § 64 AO mit ein, die für wirtschaftliche Geschäftsbetriebe zentrale Norm.[389]

Sofern in diesem Zusammenhang behauptet wird, aus § 64 Abs. 1 AO ergebe sich, dass grundsätzlich jeder wirtschaftliche Geschäftsbetrieb zum Verlust der Steuervergünstigung führen soll,[390] ist dem entgegenzuhalten, dass die Norm überhaupt erst anwendbar ist, wenn eine Steuervergünstigung den wirtschaftlichen Geschäftsbetrieb von ihrem Anwendungsbereich ausnimmt. Das ist bei § 13 Abs. 1 Nr. 16 lit. b ErbStG gerade nicht der Fall. Darüber hinaus wäre eine derartige Lesart mit der Intention, wirtschaftliche Betätigungen grundsätzlich zu gestatten und nur von den Steuervergünstigungen auszuschließen,[391] nicht vereinbar.

bb) Zuwendungen an einen wirtschaftlichen Geschäftsbetrieb

Es herrscht überwiegend Einigkeit darüber, dass Zuwendungen, die einem wirtschaftlichen Geschäftsbetrieb zugutekommen, nicht schrankenlos von der Erbschaft- und Schenkungsteuer befreit sein können, weil das zu ungerechtfertigten Wettbewerbsvorteilen führen würde.[392] Die anderslautende Auffassung, wonach erbschaft- und schenkungsteuerliche Vergünstigungen den Wettbewerb generell

---

[386] R E 13.8 Abs. 2 Satz 3 ErbStR; FG Köln, Urt. v. 17. 11. 2003, 9 K 3304/02, EFG 2004, 664; *Hüttemann*, Gemeinnützigkeitsrecht und Spendenrecht, 6. Aufl. 2025, Rn. 9.12; *Meincke/Holtz/Hannes*, in: Meincke/Hannes/Holtz, ErbStG, 19. Aufl. 2025, § 13 Rn. 72. Gleiches gilt, wenn ein wirtschaftlicher Geschäftsbetrieb zugewendet wird, vgl. R E 13.8 Abs. 2 Satz 5 ErbStR.

[387] BFH, Urt. v. 10. 4. 1991, I R 77/87, BStBl. II 1992, 41.

[388] Zustimmend und auch Zweckbetriebe für befreiungsschädlich haltend *Viskorf*, in: Viskorf/Schuck/Wälzholz, ErbStG, 7. Aufl. 2023, § 13 Rn. 168.

[389] Ebenso *Thiel*, DB 1993, 2452.

[390] *Viskorf*, in: Viskorf/Schuck/Wälzholz, ErbStG, 7. Aufl. 2023, § 13 Rn. 170.

[391] Stv. BFH, Urt. v. 15. 7. 1998, I R 156/94, BStBl. II 2002, 162; *Hüttemann*, Gemeinnützigkeitsrecht und Spendenrecht, 6. Aufl. 2025, Rn. 6.6. Vgl. RFH, Urt. v. 24. 7. 1937, VIa A 1/35, RStBl. 1937, 1103; BFH, Urt. v. 15. 7. 1998, I R 156/94, BStBl. II 2002, 162; Gutachten der Unabhängigen Sachverständigenkommission zur Prüfung des Gemeinnützigkeits- und Spendenrechts, BMF-Schriftenreihe, Heft 40, 1988, S. 152, 166 ff.; *Hüttemann*, Gemeinnützigkeitsrecht und Spendenrecht, 6. Aufl. 2025, Rn. 6.6.

[392] R E 13.8 Abs. 2 Satz 4 ErbStR; *Jochum*, in: Wilms/Jochum, ErbStG/BewG/GrEStG, 10/2025, § 13 ErbStG Rn. 156; *Hüttemann*, Gemeinnützigkeitsrecht und Spendenrecht, 6. Aufl. 2025, Rn. 9.13.

nicht beeinträchtigen können,[393] hat sich zurecht nicht durchgesetzt. Verbessert eine Steuervergünstigung die Vermögensstruktur einer Körperschaft, ist das jedenfalls dann wettbewerbsbeeinträchtigend, wenn das Vermögen für wirtschaftliche Zwecke genutzt wird.[394]

Klärungsbedürftig ist allerdings, ob alle Zuwendungen, die einem wirtschaftlichen Geschäftsbetrieb zugutekommen, von der Steuerbefreiung ausgenommen sind. Das ist derzeit der Standpunkt der Finanzverwaltung.[395] Diese Auffassung ist aber in dieser Pauschalität unzutreffend. Eine Geldzuwendung kommt nicht automatisch einer der steuerlichen Sphären einer Körperschaft zu, sondern fließt allgemein in deren Haushalt ein.[396] Hierin unterscheidet sich die Situation von den sonstigen direkten Vergünstigungen, bei denen sich der steuerbare Vorgang stets qualitativ zuordnen lässt.[397]

Im Übrigen ergibt sich aus § 13 Abs. 1 Nr. 16 lit. b ErbStG nicht, dass die Verwendung der zugewendeten Mittel zu dem steuerbegünstigten Zweck gesichert sein muss. Deshalb ist für die Beantwortung der Frage nach der zulässigen Mittelverwendung auf die Bestimmungen der AO zurückzugreifen. Danach ist eine Zuwendung erbschaft- und schenkungsteuerfrei, wenn mit dieser mittelbar die steuerbegünstigten satzungsmäßigen Zwecke verfolgt werden.[398] Gegen die allgemeinen Prinzipien der gemeinnützigen Mittelverwendung[399] kann eine Zuwendung für sich genommen nicht verstoßen, sondern nur der Umgang der gemeinnützigen Körperschaft mit der Zuwendung. Das ist z. B. der Fall, wenn sie zur Abdeckung von Verlusten aus dauerdefizitären Geschäftsbetrieben genutzt wird.[400] Von der Befreiung ausgenommen sind Zuwendungen daher nur dann, wenn von Anfang an feststeht, dass diese zur gemeinnützigen Zweckverwirklichung nicht verwendet werden können. Das ist etwa bei schädlichen Bestimmungen durch den Zuwendenden (z. B. Zuwendungen zur Erfüllung satzungsfremder Zwecke) denkbar.[401]

Die Befreiung von Zuwendungen, die einem wirtschaftlichen Geschäftsbetrieb zugutekommen, ist geeignet, dessen Vermögensstruktur zu verbessern. Eine Bevorzugung gegenüber anderen Marktteilnehmern tritt ein, wenn die gemeinnützige Körperschaft die Mittel auch wirtschaftlich verwendet.[402] Damit ist eine den Wett-

---

[393] FG Nürnberg, Urt. v. 30. 9. 1997, IV 4/95, EFG 1998, 121, rkr.

[394] *Lang*, StuW 1987, 22, 230; *Jochum*, in: Wilms/Jochum, ErbStG/BewG/GrEStG, 10/2025, § 13 ErbStG Rn. 156.

[395] R E 13.8 Abs. 2 Satz 4 ErbStR.

[396] BFH, Urt. v. 20. 3. 2017, X R 13/15, BStBl. II 2017, 1110, Rn. 51; *Kirchhain*, in: Schauhoff/Kirchhain, Hdb. d. Gemeinnützigkeit, 4. Aufl. 2023, § 12 Rn. 62.

[397] So sind bestimmte Tätigkeiten der Ertrags- und Umsatzbesteuerung unterworfen, die von vornherein einer Sphäre eindeutig zuordenbar sind.

[398] *Kirchhain*, in: Schauhoff/Kirchhain, Hdb. d. Gemeinnützigkeit, 4. Aufl. 2023, § 7 Rn. 62.

[399] Dazu *Schauhoff*, in: Schauhoff/Kirchhain, Hdb. d. Gemeinnützigkeit, 4. Aufl. 2023, § 9.

[400] *Hüttemann*, Gemeinnützigkeitsrecht und Spendenrecht, 6. Aufl. 2025, Rn. 8.115, 9.13.

[401] *Hüttemann*, Gemeinnützigkeitsrecht und Spendenrecht, 6. Aufl. 2025, Rn. 9.13.

[402] *Lang*, StuW 1987, 22, 230; *Jochum*, in: Wilms/Jochum, ErbStG/BewG/GrEStG, 10/2025, § 13 ErbStG Rn. 156.

bewerb verzerrende Wirkung der Steuerbefreiung von Zuwendungen in den wirtschaftlichen Geschäftsbetrieb also zumindest möglich. Der strukturelle Unterschied einer Steuerbefreiung von Zuwendungen, der in der fehlenden Zuordenbarkeit einer Zuwendung im Zeitpunkt ihres Zuflusses zu einer bestimmten Vermögenssphäre besteht, rechtfertigt das Privileg aber nach hier vertretener Ansicht.[403] Für die Einführung eines nachträglichen Wegfalltatbestands bei einer Mittelfehlverwendung[404] besteht kein Anlass. Die Grundsätze über die Mittelverwendung (§ 55 AO) gelten auch im Erbschaft- und Schenkungsteuerrecht.[405] Werden sie nicht befolgt, kann die Körperschaft ihren Gemeinnützigkeitsstatus verlieren.[406] Durch einen etwaigen Wegfall der Pflicht zur zeitnahen Mittelverwendung nach § 55 Abs. 1 Nr. 5 AO – wie ursprünglich im Entwurf des Steuerfortentwicklungsgesetzes vorgesehen[407] – würde sich daran nichts ändern. Dieser betrifft allein die strengen zeitlichen Vorgaben über die Mittelverwendung, nicht jedoch die grundsätzliche Pflicht, Mittel für satzungsmäßige Zwecke zu verwenden (§ 55 Abs. 1 Nr. 1 AO). Daher besteht in Bezug auf § 13 Abs. 1 Nr. 16 lit. b ErbStG kein Handlungsbedarf.

cc) Zwischenergebnis: „Partielle Steuerpflicht“ im ErbStG

Erbschaft- und schenkungsteuerbare Zuwendungen an eine gemeinnützige Körperschaft sind nur dann von der Steuerbefreiung nach § 13 Abs. 1 Nr. 16 lit. b ErbStG ausgeschlossen, wenn von Anfang an feststeht, dass sie nicht zweckkonform verwendet werden können. Die Befreiung enthält zurecht keine Rückausnahme für Zuwendungen in einen wirtschaftlichen Geschäftsbetrieb. Die damit einhergehende mögliche Wettbewerbsbeeinträchtigung ist aufgrund der strukturellen Besonderheiten von Zuwendungen hinzunehmen. Die Zuordnung einer Zuwendung zu einzelnen Vermögenssphären der Körperschaft ist mangels Tätigkeit der Körperschaft, durch die die Zuwendung veranlasst ist, nicht ohne weiteres möglich. Zuwendungen erhöhen allgemein den Finanzbestand der Organisation. Satzungsmäßige Mittelverwendung wird bereits durch das allgemeine Gemeinnützigkeitsrecht (vgl. insbesondere §§ 55, 63 AO) gewährleistet.

---

[403] Ebenso *Hüttemann*, Gemeinnützigkeitsrecht und Spendenrecht, 6. Aufl. 2025, Rn. 9.13; für das Parallelproblem beim Spendenabzug auch *Kirchhain*, in: Schauhoff/Kirchhain, Hdb. d. Gemeinnützigkeit, 4. Aufl. 2023, § 12 Rn. 59.

[404] Ähnlich dem nachträglichen Wegfall der Befreiung nach § 13 Abs. 1 Nr. 16 lit. b Satz 2, lit. c Satz 5 ErbStG, dazu sogleich Teil 2: E. II. 1. b).

[405] *Hüttemann*, Gemeinnützigkeitsrecht und Spendenrecht, 6. Aufl. 2025, Rn. 9.13.

[406] *Schauhoff*, in: Schauhoff/Kirchhain, Hdb. d. Gemeinnützigkeit, 4. Aufl. 2023, § 9 Rn. 46 f.

[407] Regierungsentwurf v. 24. 7. 2024, BT-Drs. 373/24, S. 22 f. Aufgrund der Beschlussempfehlung des Finanzausschusses v. 18. 12. 2024 insoweit nicht übernommen, BT-Drs. 20/14309, S. 48; BR-Drs. 637/24.

b) Nachträglicher Wegfall der Befreiung

Entfällt der Gemeinnützigkeitsstatus der Körperschaft innerhalb von zehn Jahren ab Erhalt der Zuwendung und wird deren Vermögen nicht begünstigten Zwecken zugeführt, entfällt die Steuerbefreiung rückwirkend.[408] Der nachträgliche Wegfall der Befreiung ist damit erklärbar, dass es sich bei der Erbschaft- und Schenkungsteuer um eine Stichtagsteuer handelt.[409] Es besteht deshalb ein erhöhter Anreiz für die Beteiligten, durch nur vorübergehende steuerliche Gestaltungen die Befreiungen in Anspruch zu nehmen. Durch den nachträglichen Wegfall wird sichergestellt, dass der Zweck der Befreiung erfüllt wird. Ähnliche Wegfalltatbestände finden sich auch bei anderen Befreiungen in § 13 ErbStG.[410] Diese Besonderheit ist durch die Systematik der Erbschaft- und Schenkungsteuer veranlasst und daher keine gemeinnützigkeitsrechtliche Eigenart.

c) Ausländische Empfängerkörperschaften

Gemäß § 13 Abs. 1 Nr. 16 lit. c ErbStG können auch Zuwendungen an ausländische gemeinnützige Körperschaften befreit sein. Voraussetzung ist, dass die Körperschaft nach § 5 Abs. 1 Nr. 9, Abs. 2 Nr. 2 KStG steuerbefreit wäre, wenn sie inländische Einkünfte erzielen würde und der Ansässigkeitsstaat Amtshilfe und Beitreibungsunterstützung leistet. § 13 Abs. 1 Nr. 16 lit. c ErbStG enthält eine § 51 Abs. 2 AO nachgebildete Einschränkung.[411] Danach muss die ausländische Körperschaft natürliche inländische Personen fördern oder deren Tätigkeit muss zum Ansehen der Bundesrepublik Deutschland beitragen können (§ 13 Abs. 1 Nr. 16 lit. c Satz 4 ErbStG).

§ 13 Abs. 1 Nr. 16 lit. c ErbStG ist im Wesentlichen unionsrechtskonform. Die Kapitalverkehrsfreiheit ist auf Erbschaften und Spenden anwendbar.[412] Dass ausländische Körperschaften den materiellen Anforderungen des deutschen Gemeinnützigkeitsrechts genügen müssen[413] und dass ein Amtshilfeabkommen bestehen muss,[414] sind aber keine grundfreiheitlich relevanten Diskriminierungen. Soweit eine Zuwendung dem Idealbereich zugutekommt, kann die Steuerbefreiung keine

---

[408] § 13 Abs. 1 Nr. 16 lit. b Satz 2 ErbStG.

[409] Das ergibt sich aus §§ 9, 11 ErbStG, die den Entstehungs- und Bewertungszeitpunkt regeln, stv. *Milatz/Christopeit*, in: Burandt/Rojahn, Erbrecht, 4. Aufl. 2022, § 9 ErbStG Rn. 2.

[410] Z.B. § 13 Abs. 1 Nr. 2 Satz 2, Nr. 3 Satz 2, Nr. 4b Satz 5 ErbStG.

[411] Vgl. *Halaczinsky*, in: Wallenhorst/Halaczinsky, Die Besteuerung gemeinnütziger und öffentlich-rechtlicher Körperschaften, 7. Aufl. 2017, M Rn. 126.

[412] EuGH, Urt. v. 27. 1. 2009, C-318/07 (*Persche*), Slg. 2009, I-359 Rn. 25 ff.

[413] Vgl. EuGH, Urt. v. 14. 9. 2006, C-386/04 (*Stauffer*), Slg. 2006, I-8203, Rn. 39; v. 27. 1. 2009, C-318/07 (*Persche*), Slg. 2009, I-359, Rn. 48; v. 16. 6. 2011, C-10/10 (*Kommission/Österreich*), Slg. 2011, I-5389, Rn. 32. Siehe auch oben Teil 2: A. II. 2. a) aa).

[414] EuGH, Urt. v. 27. 1. 2009, C-318/07 (*Persche*), Slg. 2009, I-359, Rn. 70 (obiter dictum).

Beihilfe nach Art. 107 Abs. 1 AEUV sein, weil sie nicht wettbewerbsrelevant ist.[415] Im Übrigen fehlt es an einem beihilferelevanten Vorteil und der erforderlichen Selektivität.[416]

Das Erfordernis von Beitreibungsunterstützung ist im Ergebnis ebenfalls unbedenklich. Zwar hat es der EuGH in der Rechtssache *Haribo und Österreichische Salinen* für unverhältnismäßig gehalten, dass eine Steuervergünstigung von Vollstreckungshilfe abhängig gemacht wurde.[417] Das betraf allerdings eine Konstellation, in dem ein Mitgliedstaat die Vollstreckungshilfe auch dann verlangte, wenn die Körperschaft ihren Sitz in dessen Hoheitsgebiet hatte. Hat eine Körperschaft ihren Sitz dagegen im Ausland, wird aber im Inland gemeinnützig tätig, ist kein Grund ersichtlich, das Erfordernis der Beitreibungshilfe für unverhältnismäßig zu halten. Denn eine im Ausland ansässige Körperschaft wäre nach deutschem Erbschaft- und Schenkungsteuerrecht steuerpflichtig, wenn sie von einem Inländer bedacht wird (§§ 1 Abs. 1 Nr. 1 lit. a, 20 Abs. 1 ErbStG). Um den Steueranspruch gegen sie durchzusetzen, der ggf. nachträglich entstehen kann (§ 13 Abs. 1 Nr. 16 lit. c Satz 5 ErbStG), kann das deutsche Recht daher unionsrechtskonform Beitreibungshilfe verlangen.[418]

Aufgrund des Verweises auf § 5 Abs. 2 Nr. 2 KStG gilt § 13 Abs. 1 Nr. 16 lit. c ErbStG allerdings nicht für Körperschaften mit Sitz in einem Drittstaat, was gegen die auf Drittstaatensachverhalte anwendbare Kapitalverkehrsfreiheit verstößt.[419] Die Möglichkeit, nach Maßgabe von § 13 Abs. 1 Nr. 17 ErbStG steuerbefreite Zuwendungen auch an ausländische Körperschaften zu leisten (dazu sogleich), beseitigt den Verstoß gegen Art. 63 Abs. 1 AEUV nicht. Denn § 13 Abs. 1 Nr. 17 ErbStG befreit keine Zuwendungen, die die Empfängerkörperschaft frei verwenden kann, sondern nur solche mit einem konkreten Verwendungszweck.[420] Durch den Ausschluss von der Befreiung nach § 13 Abs. 1 Nr. 16 ErbStG werden Drittstaatenkörperschaften also insoweit benachteiligt.

2. Die verwendungsgebundene Befreiung nach § 13 Abs. 1 Nr. 17 ErbStG

§ 13 Abs. 1 Nr. 17 ErbStG enthält einen Ergänzungstatbestand zu § 13 Abs. 1 Nr. 16 lit. b ErbStG.[421] Die Befreiung ist im Vergleich zur organisationsgebundenen Befreiung nach § 13 Abs. 1 Nr. 16 lit. b ErbStG teilweise enger, teilweise aber auch

---

415 Vgl. EuGH, Urt. v. 10. 1. 2006, C-222/04 (*Cassa di Risparmio*), Slg. 2006, I-289, Rn. 121; *Hüttemann*, DB 2006, 914, 918; *Droege*, Gemeinnützigkeit im offenen Steuerstaat, 2010, S. 516.

416 Vgl. oben Teil 2: A. II. 2. a) bb).

417 EuGH, Urt. v. 10. 2. 2011, C-436–437/08 (*Haribo und Österreichische Salinen*), Slg. 2011, I-305, Rn. 72 ff.

418 Ebenso *Schmidt*, Europäische Gemeinnützigkeit, 2020, S. 368 f.

419 Siehe dazu oben Teil 2: A. II. 2. b).

420 *Jülicher*, in: Troll/Gebel/Jülicher/Gottschalk, ErbStG, 6/2025, § 13 Rn. 222.

421 Vgl. *Jülicher*, in: Troll/Gebel/Jülicher/Gottschalk, ErbStG, 6/2025, § 13 Rn. 222.

weiter gefasst. Zuwendungen, die ausschließlich kirchlichen, gemeinnützigen oder mildtätigen Zwecken gewidmet sind, werden befreit, wenn die Verwendung zu dem bestimmten Zweck gesichert ist. Der Zweck muss unter §§ 52–54 AO subsumierbar sein,[422] was auch dann gilt, wenn er im Ausland erfüllt wird.[423] Das ist unionsrechtlich zulässig.[424] Gesichert ist die Zweckverwendung nur, wenn sie erfolgt oder beaufsichtigt wird durch eine öffentliche Behörde oder einen Amtsträger. Es genügt regelmäßig nicht, wenn die Verwendung einer Privatperson aufgetragen wird.[425]

Im Vergleich zu § 13 Abs. 1 Nr. 16 lit. b ErbStG ist die Norm insoweit enger, als eine Zweckbestimmung durch den Zuwendenden erforderlich ist.[426] Der Empfänger ist – anders als bei § 13 Abs. 1 Nr. 16 lit. b ErbStG – nicht frei in der Verwendung der zugewendeten Mittel,[427] sondern muss sich an diese Zweckbestimmung halten.[428]

§ 13 Abs. 1 Nr. 17 ErbStG ist aber in Bezug auf den möglichen Empfängerkreis weiter. Nur die Förderung eines unbestimmten Personenkreises ist erforderlich.[429] Der Empfängerkreis ist daher nicht auf Körperschaften beschränkt. Die Zuwendung kann auch an eine Einzelperson geleistet werden,[430] da gemeinnützige Mittelverwendung ausreichend ist. Ausländische Empfänger werden ohne weitere Voraussetzungen erfasst.[431]

Die Erweiterung des Empfängerkreises durch § 13 Abs. 1 Nr. 17 ErbStG ist eine Ausnahme vom grundsätzlich organisationsbezogenen Förderkonzept des Gemeinnützigkeitsrechts.[432] Die Befreiung ist systematisch trotzdem nicht zu beanstanden, da durch das Erfordernis einer für den Empfänger bindenden Zweckbestimmung eine ausschließliche und selbstlose Gemeinwohlförderung hinreichend gewährleistet ist.

---

[422] R E 13.10 Abs. 1 Satz 1 ErbStR; *Jochum*, in: Wilms/Jochum, ErbStG/BewG/GrStG, 10/2025, § 13 ErbStG Rn. 166; *Meincke/Holtz/Hannes*, in: Meincke/Hannes/Holtz, ErbStG, 19. Aufl. 2025, § 13 Rn. 79.

[423] *Kien-Hümbert*, in: Moench/Weinmann, ErbStG, 9/2025, § 13 Rn. 107.

[424] Vgl. die Ausführungen oben Teil 2: A. II. 2. a).

[425] FG Mecklenburg-Vorpommern, Urt. v. 31. 1. 2024, 1 K 231/22, EFG 2024, 1515, Rn. 98 (Revision beim BFH unter II R 12/24); *Meincke/Holtz/Hannes*, in: Meincke/Hannes/Holtz, ErbStG, 19. Aufl. 2025, § 13 Rn. 78.

[426] Stv. R E 13.10 Abs. 1 Satz 2 ErbStR; *Schienke-Ohletz*, in: von Oertzen/Loose, ErbStG, 3. Aufl. 2024, § 13 Rn. 104.

[427] Grenzen sind freilich auch bei § 13 Abs. 1 Nr. 16 lit. b ErbStG die Satzung und das allgemeine Gemeinnützigkeitsrecht (insbesondere §§ 55, 63 AO).

[428] *Jülicher*, in: Troll/Gebel/Jülicher/Gottschalk, ErbStG, 6/2025, § 13 Rn. 222.

[429] *Gibhardt/Mühlhaus*, in: BeckOK ErbStG, 10/2025, § 13 Rn. 546.

[430] *Meincke/Holtz/Hannes*, in: Meincke/Hannes/Holtz, ErbStG, 19. Aufl. 2025, § 13 Rn. 78; a. A. *Gibhardt/Mühlhaus*, in: BeckOK ErbStG, 10/2024, § 13 Rn. 546.

[431] *Hüttemann*, Gemeinnützigkeitsrecht und Spendenrecht, 6. Aufl. 2025, Rn. 9.18; *Milatz/Christopeit*, in: Burandt/Rojahn, Erbrecht, 4. Aufl. 2022, § 13 ErbStG Rn. 29.

[432] Dazu *Hüttemann*, DStJG 26 (2003), 49, 51; *Droege*, Gemeinnützigkeit im offenen Steuerstaat, 2010, S. 30f.

III. Der Freibetrag bei Mitgliederbeiträgen

§ 18 Satz 1 ErbStG sieht einen Freibetrag in Höhe von 300 Euro für Beiträge an Personenvereinigungen vor, die nicht lediglich die Förderung ihrer Mitglieder zum Zweck haben. Die Steuerbefreiung gemäß § 13 Abs. 1 Nr. 16 ErbStG ist nach § 18 Satz 2 ErbStG vorrangig anzuwenden.

Der Freibetrag hat für gemeinnützige Körperschaften nur geringe Bedeutung. Mitgliedsbeiträge sind ohnehin nur steuerbar, wenn sie „außerordentlich", d. h. nicht satzungsmäßig, sind.[433] Hauptanwendungsbereich in der Praxis sind Zuwendungen an einen wirtschaftlichen Geschäftsbetrieb,[434] die die Finanzverwaltung pauschal von der Steuerbefreiung nach § 13 Abs. 1 Nr. 16 lit. b ErbStG ausnimmt.[435]

IV. Erlöschen der Steuer durch nachträgliche Zuwendung an gemeinnützige Stiftungen

§ 29 Abs. 1 Nr. 4 Satz 1 ErbStG sieht eine nachträgliche Steuerbefreiung vor. Im Unterschied zu den anderen Befreiungen im ErbStG befreit sie einen Erwerb, an dem kein gemeinnütziger Akteur beteiligt ist. Die Erbschaft- oder Schenkungsteuer auf einen Erwerb von Todes wegen oder eine Schenkung unter Lebenden entfällt, soweit diese binnen 24 Monaten einer gemeinnützigen inländischen Stiftung zugewendet wird. Der Sinn der Befreiung besteht darin, insbesondere Erben zu ermutigen, mit dem erhaltenen Nachlass gemeinnützige Zwecke zu unterstützen.[436]

1. Zweckförderung und Art. 3 Abs. 1 GG

§ 29 Abs. 1 Nr. 4 ErbStG verweist auf die Zweckkataloge von §§ 52–54 AO, nimmt aber Zwecke nach § 52 Abs. 2 Satz 1 Nr. 23 AO (Freizeitaktivitäten, wie Tier- und Pflanzenzucht, Kleingärtnerei oder Modellflug) aus. Eine vergleichbare Differenzierung findet sich im Rahmen der Abziehbarkeit von Mitgliedsbeiträgen nach § 10b Abs. 1 Satz 8 EStG.[437] Vor dem Hintergrund, dass die Privilegierung dieser Freizeitaktivitäten mit dem Staatsentlastungsgedanken ohnehin nicht zu rechtfertigen und daher systemwidrig ist,[438] ist § 29 Abs. 1 Nr. 4 ErbStG insoweit jedenfalls keine systemwidrige Subventionsnorm. Gleichwohl ist eine Unterscheidung zwischen förderungswürdigen und förderungsunwürdigen Zwecken inner-

---

[433] BFH, Urt. v. 15. 3. 2007, II R 5/04, BStBl. II 2007, 472.
[434] *Stein*, in: von Oertzen/Loose, ErbStG, 3. Aufl. 2024, § 18 Rn. 2.
[435] R E 13.8 Abs. 2 Satz 4 ErbStR; siehe dazu oben Teil 2: E. II. 1. a) bb).
[436] BT-Drs. 11/7833, S. 10.
[437] Dazu unten Teil 3: A. III.
[438] Vgl. oben Teil 1: B. III.

halb des besonderen Gemeinnützigkeitsrechts unstimmig. Sie müsste sachgerecht auf der vorgelagerten Ebene der grundsätzlichen Förderungswürdigkeit von Gemeinwohlverwirklichung durch das Steuerrecht – mithin im Rahmen der AO – verortet sein.

Gleichwohl verstößt die Herausnahme der Freizeitzwecke nicht gegen Art. 3 Abs. 1 GG. Der Gesetzgeber ist zwar grundsätzlich gehalten, das Steuerrecht folgerichtig auszugestalten und eine einmal getroffene Belastungsentscheidung konsequent durchzusetzen. Abweichungen hiervon sind aus sachlichen Gründen, namentlich Förderungs- und Lenkungszwecken sowie Typisierung- und Vereinfachungszwecken, jedoch zulässig.[439] Die Unterscheidung zwischen der Vergünstigung von Gemeinwohlzwecken einerseits und der Privilegierung bloßer Freizeitaktivitäten andererseits ist ein solcher sachlicher Grund. Denn hierdurch wird die gebotene Differenzierung zwischen gleichheitsimmanenten Fördertatbeständen mit staatssubstituierendem Charakter und der rechtfertigungsbedürftigen steuerlichen Subventionierung einiger Selbstverwirklichungsaktivitäten umgesetzt.[440]

2. Rechtsformbezug und Art. 3 Abs. 1 GG

Die nachträgliche Zuwendung muss an eine Stiftung erfolgen. Der Anwendungsbereich der Norm kann nicht im Wege der Analogie auf andere Rechtsformen ausgedehnt werden,[441] da der Wortlaut eindeutig ist.[442] Ein gesetzgeberisches Versehen liegt nicht vor. Schon bei der Einführung von § 29 Abs. 1 Nr. 4 ErbStG sollten ausdrücklich nur Stiftungen gefördert werden.[443] Das ist im Anschluss durch das Gesetz zur weiteren steuerlichen Förderung von Stiftungen bestätigt worden.[444] Die rechtsformbezogene Privilegierung steht im Widerspruch dazu, dass das Gemeinnützigkeitsrecht grundsätzlich rechtsformneutral auszugestalten ist.[445]

a) Differenzierungskriterien

Rechtsformbezogene Ungleichbehandlungen müssen im Hinblick auf den allgemeinen Gleichheitssatz nach Art. 3 Abs. 1 GG durch besondere sachliche Gründe gerechtfertigt sein.[446] Speziell im Gemeinnützigkeitsrecht sind rechtsformbezo-

---

[439] Stv. BVerfG, Urt. v. 9. 12. 2008, 2 BvL 1/07 u. a., BVerfGE 122, 210, Rn. 57 ff.
[440] Dazu oben Teil 1: B. IV.
[441] So der Vorschlag von *Reich*, in: von Oertzen/Loose, ErbStG, 3. Aufl. 2024, § 29 Rn. 49.
[442] Stv. *Jochum*, in: Wilms/Jochum, ErbStG/BewG/GrEStG, 10/2025, § 29 ErbStG Rn. 56.
[443] BT-Drs. 11/7833, S. 10.
[444] BGBl. I 2000, 1034; BT-Drs. 14/2340.
[445] Dazu *Hüttemann*, Gemeinnützigkeitsrecht und Spendenrecht, 6. Aufl. 2025, Rn. 1.98 mit Verweis auf BVerfG, Beschl. v. 10. 11. 1999, 2 BvR 2861/93, BVerfGE 101, 151.
[446] Stv. BVerfG, Beschl. v. 10. 11. 1999, 2 BvR 2861/93, BVerfGE 101, 151.

gene Ungleichbehandlung nur zulässig, wenn sich die Rechtsform zugleich auf die gemeinwohlfördernde Tätigkeit oder ihre steuerliche Behandlung auswirkt.[447]

Teilweise wird erwogen, das Stiftungsprivileg damit zu begründen, dass die Stiftung mitgliederlos und daher das Stiftungsvermögen „dem Zugriff von Mitgliedern oder Gesellschaftern" dauerhaft entzogen sei, weshalb sich die Stiftung für gemeinnützige Zweckverfolgung besonders eigne.[448] Das Gemeinnützigkeitsrecht differenziert jedoch allgemein nicht danach, welche Rechtsformen mehr oder weniger zur Gemeinwohlverwirklichung geeignet sind, sondern ist auf alle Körperschaften gleichermaßen anwendbar (§ 51 Abs. 1 Satz 2 AO). Auch in den übrigen Einzelsteuergesetzen findet sich keine dahingehende Differenzierung.[449] Ferner steht der dauerhafte Entzug des Stiftungsvermögens oder deren Mitgliederlosigkeit in keinem sachlichen Zusammenhang mit der steuerlichen Behandlung der Stiftung. Grund für die gemeinnützigkeitsbezogenen Steuerbefreiungen ist die altruistische Tätigkeit der Körperschaft. Die Mitgliederlosigkeit der Stiftung hat mit diesem Entlastungszweck nichts zu tun.[450] Es genügt auch nicht, Stiftungen eine besondere Verlässlichkeit in der Verwendung der empfangenen Mittel für gemeinnützige Zwecke zu attestieren,[451] weil das Verbot zweckwidriger Mittelverwendung (§ 55 Abs. 1 Nr. 1 AO) ohnehin rechtsformübergreifend gilt.

Der Grund für den Rechtsformbezug kann jedoch darin gesehen werden, dass Stiftungen, anders als verbandsmäßig organisierte Vereine oder Gesellschaften, in besonderer Weise auf Hilfe von außen angewiesen sind.[452] Denn Stiftungen müssen sich weitgehend aus ihrem Vermögen finanzieren und können insbesondere nicht von wiederkehrenden Mitgliedsbeiträgen oder Leistungen der Gesellschafter profitieren.[453] Vor diesem Hintergrund ist eine stärkere steuerliche Förderung von Stiftungen gegenüber anderen Rechtsformen verfassungsrechtlich grundsätzlich zulässig.[454] Gleichwohl stellt sich bei der nachträglichen Befreiung von der Erbschaft- und Schenkungsteuer nach § 29 Abs. 1 Nr. 4 ErbStG durchaus die Frage, ob der Ausschluss anderer Körperschaften überhaupt geeignet ist, die Finanzierungsnachteile der Stiftung zu beheben. Anders als bei einem zusätzlichen Spendenabzug (vgl. § 10b Abs. 1a EStG), ist eine Staffelung nach Abzugsbeträgen je nach Rechtsform der Empfängerkörperschaftbei bei einer Befreiungsnorm nicht möglich. Jedoch hat ein zuwendungswilliger Erbe nach derzeitiger Rechtslage keine

---

[447] *Hüttemann*, Gemeinnützigkeitsrecht und Spendenrecht, 6. Aufl. 2025, Rn. 1.98.
[448] *Crezelius/Rawert*, ZIP 1999, 337, 346; *dies.*, ZEV 2000, 421, 425.
[449] *Jochum*, in: Wilms/Jochum, ErbStG/BewG/GrEStG, 10/2025, § 29 ErbStG Rn. 56.
[450] *Hüttemann*, NPLY 2001, 145, 152.
[451] *Geserich*, in: Kirchhof/Kube/Mellinghoff, EStG, 8/2025, § 10b Rn. Ba 16.
[452] BFH, Urt. v. 15. 9. 2010, X R 11/08, BFH/NV 2011, 769, Rn. 22 ff. (zum Spendenabzug); *Hüttemann*, NPLY 2001, 145, 157 ff.; für die Privilegierung von Stiftungen nach § 10b Abs. 1a Satz 1 EStG auch *Kirchhain*, in: Schauhoff/Kirchhain, Hdb. d. Gemeinnützigkeit, 4. Aufl. 2023, § 12 Rn. 5.
[453] *Crezelius/Rawert*, ZEV 2000, 421, 425.
[454] BFH, Urt. v. 15. 9. 2010, X R 11/08, BFH/NV 2011, 769, Rn. 22 ff.

andere Möglichkeit, die Erbschaftsteuer (teilweise) nachträglich zum Erlöschen zu bringen, als Vermögensgegenstände einer Stiftung zukommen zu lassen. Insoweit scheint es zumindest möglich, dass auf diese Weise eine Stiftung anstelle einer anderen gemeinnützigen Körperschaft gefördert wird.

b) Verfassungskonforme Auslegung?

Der Differenzierungsgrund der rechtsformbedingten Finanzierungsnachteile kann – worauf zurecht hingewiesen wurde[455] – nur insoweit eine Ungleichbehandlung mit anderen Rechtsformen rechtfertigen, als es um die Beseitigung ebenjener Finanzierungsnachteile geht. Hieraus wird teilweise gefolgert, dass bei Stiftungen allein die Kompensation rechtsformbedingt erschwerten Vermögensaufbaus ein sachliches Differenzierungskriterium sein könne.[456] § 29 Abs. 1 Nr. 4 ErbStG befreit jedoch sämtliche Vermögenszuflüsse, einschließlich solcher, die nicht dem Vermögensstock der Stiftung zukommen, sondern die zeitnah für satzungsmäßige Zwecke verwendet werden.[457] Daher müsse die Norm im Wege verfassungskonformer Auslegung auf Zuwendungen in den Vermögensstock beschränkt werden.[458]

Dagegen spricht jedoch schon, dass sich keinerlei Anhaltspunkte im Normwortlaut oder den Gesetzgebungsmaterialien finden, die eine dahingehende einschränkende Auslegung nahelegten.[459] Darüber hinaus ist eine solche einschränkende Auslegung auch nicht erforderlich. Die rechtsformbedingten Finanzierungsnachteile der Stiftung zeigen sich nicht nur beim Aufbau des Vermögens, aus dem der laufende Finanzbedarf zu decken ist. Die Mitgliederlosigkeit der Stiftung führt zugleich zu einem erhöhten Zuwendungsbedarf von außen.[460] Da den Stiftungen nur ihr Vermögen und Zuwendungen von dritter Seite zur Finanzierung zur Verfügung stehen, können diese beiden Finanzierungsquellen steuerlich bevorzugt behandelt werden. Die Befreiung nach § 29 Abs. 1 Nr. 4 ErbStG betrifft sowohl den Vermögensaufbau der Stiftung als auch Zuwendungen, die diese für ihre satzungsmäßigen Zwecke verwendet und ist daher insgesamt verfassungsrechtlich nicht zu beanstanden.

---

[455] *Hüttemann*, NPLY 2001, 145, 162.
[456] *Hüttemann*, NPLY 2001, 145, 162.
[457] Vgl. *Hüttemann*, NPLY 2001, 145, 166; *Thiel/Eversberg*, DB 1991, 118, 125.
[458] *Hüttemann*, NPLY 2001, 145, 166.
[459] Vgl. BT-Drs. 11/7833, S. 10, wonach „das Einkommen aus dem Vermögen der Stiftung ungeschmälert den begünstigten Zwecken zugutekommen“ soll.
[460] Zutreffend BFH, Urt. v. 15.9.2010, X R 11/08, BFH/NV 2011, 769, Rn. 25.

c) Systematische Bewertung

Die Verfassungskonformität der rechtsformspezifischen Privilegierung bedeutet nicht zwingend, dass die Beschränkung der Befreiungen auf Stiftungen auch systematisch vollständig überzeugt. Das Argument, dass Stiftungen stärker gefördert werden, wenn andere Rechtsformen von der Befreiung ausgeschlossen sind, könnte auch für andere Vergünstigungen verwendet werden. Das liefe jedoch der Intention von § 51 Abs. 1 Satz 2 AO zuwider, wonach das Gemeinnützigkeitsrecht für alle Körperschaften i. S. d. KStG gelten soll. Es ist kein besonderer systematischer Grund ersichtlich, warum ausgerechnet § 29 Abs. 1 Nr. 4 ErbStG der richtige Standort für rechtsformbezogene Differenzierungen sein soll. Der Ausschluss anderer Rechtsformen lässt sich nur historisch damit erklären, dass die Befreiung im Zuge einer nur für Stiftungen gedachten Reform eingeführt wurde.[461] Im Sinne systematischer Stringenz wäre es daher empfehlenswert, § 29 Abs. 1 Nr. 4 ErbStG für gemeinnützige Organisationen anderer Rechtsformen zu öffnen.

d) Zwischenergebnis: Auslegungsergebnis und Verfassungskonformität

§ 29 Abs. 1 Nr. 4 ErbStG befreit nur nachträgliche Zuwendungen an Stiftungen von der Erbschaft- und Schenkungsteuer. Das ist nicht zwingend, jedoch auch nicht verfassungswidrig. Aus systematischer Perspektive ist allerdings fraglich, warum ausgerechnet § 29 Abs. 1 Nr. 4 ErbStG der richtige Standort für eine rechtsformspezifische Privilegierung ist. Die rechtsformbedingten Finanzierungsnachteile der Stiftung erlauben eine stärkere steuerliche Förderung von Stiftungen gegenüber anderen Rechtsformen. Diese Finanzierungsnachteile sind nicht auf die dauerhafte Vermögensausstattung der Stiftung beschränkt, sondern betreffen auch die laufenden Tätigkeiten. Daher ist § 29 Abs. 1 Nr. 4 ErbStG nicht dergestalt einschränkend auszulegen, dass die Befreiung nur für solche Zuwendungen gilt, die dauerhaft im Vermögen verbleiben. Der Rechtsformbezug ist zwar verfassungskonform, jedoch systematisch nicht vollständig überzeugend und sollte daher aufgegeben werden.

3. Inlandsbezug

§ 29 Abs. 1 Nr. 4 ErbStG erfasst nur Zuwendungen an inländische Stiftungen, also solche, die ihre Geschäftsleitung oder ihren Sitz im Inland haben (§ 2 Abs. 1 Nr. 1 lit. d ErbStG).[462] Insoweit verstößt die Norm gegen die Kapitalverkehrsfrei-

---

[461] Vgl. Kultur- und Stiftungsförderungsgesetz v. 13. 12. 1990, BGBl. I 1990, 2775.
[462] BFH, Urt. v. 3. 8. 1983, II R 20/80, BStBl. II 1984, 9.

heit nach Art. 63 Abs. 1 AEUV und ist unionsrechtswidrig.[463] Rechtfertigen lässt sich ein allein an den Sitz der Körperschaft anknüpfender Ausschluss ausländischer Akteure nach ständiger Rechtsprechung des EuGH nicht.[464]

V. Zwischenergebnis: Gemeinnützigkeitsbezogene Befreiungen im ErbStG

§ 13 Abs. 1 Nr. 16 lit. b, Nr. 17 ErbStG verweisen inhaltlich auf das allgemeine Gemeinnützigkeitsrecht der AO. Die nicht vollständige Übernahme der Grundsätze der partiellen Steuerpflicht folgt aus der regelmäßig fehlenden Zuordenbarkeit von Zuwendungen zu einer steuerlichen Sphäre.

Die gemeinnützigkeitsbezogenen Vergünstigungen im ErbStG sind durch die Befreiung verwendungsgebundener Zuwendungen zwar weitgehend auslandsoffen. Die an den Sitz einer Körperschaft anknüpfende Schlechterstellung ausländischer Organisationen nach § 29 Abs. 1 Nr. 4 ErbStG sowie der Ausschluss von Drittstaatenkörperschaften von der Befreiung nach § 13 Abs. 1 Nr. 16 lit. c ErbStG sind gleichwohl unionsrechtswidrig.

§ 29 Abs. 1 Nr. 4 ErbStG privilegiert rechtsformspezifisch nur Stiftungen. Der Ausschluss von Körperschaften anderer Rechtsform ist zwar nicht zwingend, jedoch durch rechtsformbedingte Finanzierungsnachteile von Stiftungen gleichheitsrechtlich gerechtfertigt.

F. Umsatzsteuerliche Vergünstigungen

Die Umsatzsteuer hat für gemeinnützige Organisationen erhebliche Relevanz. Da sie nicht von Gewinnen abhängt, sondern an den Umsatz anknüpft, sind auch kleinere Körperschaften betroffen.[465]

Belastungsgrund der Umsatzsteuer ist die Einkommens- oder Vermögensverwendung durch den Endverbraucher.[466] In dieser Vermögensverwendung kommt die vermutete Belastbarkeit zum Ausdruck, die sich aus der Nachfrage in einer be-

---

[463] *Schmidt*, Europäische Gemeinnützigkeit, 2020, S. 138; *Hüttemann*, Gemeinnützigkeitsrecht und Spendenrecht, 6. Aufl. 2025, Rn. 1.163.

[464] EuGH, Urt. v. 14.9.2006, C-386/04 (*Stauffer*), Slg. 2006, I-8203; v. 27.1.2009, C-318/07 (*Persche*), Slg. 2009, I-359; v. 16.6.2011, C-10/10 (*Kommission/Österreich*), Slg. 2011, I-5389.

[465] *Weitemeyer*, in: Weitemeyer/Hüttemann/Schauhoff, Umsatzsteuerrecht für den Nonprofitsektor, 2. Aufl. 2024, Rn. 1.1.

[466] *Seer*, ZfZ 2013, 146, 147; ähnlich *Birkenfeld*, in: Birkenfeld/Wäger, Umsatzsteuer-Handbuch, 8/2025, Archiv, Einführung, § 5 Rn. 137: „Verwendung von Einkommen oder Vermögen für einen nichtunternehmerischen Verbrauch“.

stimmten im Preis ausgedrückten Werthöhe ergibt.[467] Die Umsatzsteuer ist eine indirekte Verbrauchsteuer. Der Steuerschuldner (Unternehmer)[468] und derjenige, den die Steuerlast schlussendlich treffen soll (Verbraucher), fallen auseinander.[469] Erbringt ein Unternehmer umsatzsteuerbare Leistungen, hat er die hierauf anfallende Umsatzsteuer abzuführen. Die Steuerlast kann er sodann an den Leistungsempfänger weitergeben. Charakteristisch für das derzeitige System der Allphasen-Netto-Umsatzsteuer[470] ist der Vorsteuerabzug, welcher es dem Unternehmer erlaubt, die Umsatzsteuer, die er selbst als Leistungsempfänger für sog. Eingangsleistungen gezahlt hat, abzuziehen (§ 15 UStG).[471]

Die Umsatzsteuer ist unionsrechtlich durch die MwStSystRL fast vollständig harmonisiert.[472] Das UStG weicht indes teilweise von der MwStSystRL ab. Neben der Untersuchung des nationalen Rechts stellt sich daher immer auch die Frage nach dessen Richtlinienkonformität.

I. Steuergegenstand

Steuergegenstand der Umsatzsteuer sind die steuerbaren Umsätze nach § 1 Abs. 1 UStG, welche durch einen Unternehmer (§ 2 Abs. 1 UStG) erbracht werden.[473]

1. Der Unternehmer

Unternehmer ist, wer eine gewerbliche oder berufliche Tätigkeit selbständig ausübt, wobei der Gewerblichkeit weder fehlende Gewinnerzielungsabsicht noch ein ausschließliches Tätigwerden gegenüber Mitgliedern entgegensteht (§ 2 Abs. 1 UStG). Rechtsform und -fähigkeit der Körperschaft sind unerheblich.[474] Gewerbliche Tätigkeiten sind solche, die entgeltlich durchgeführt werden.[475] Erfüllt die

---

[467] BVerfG, Urt. v. 7. 5. 1998, 2 BvR 1991, 2004/95, BVerfGE 98, 106, 125.
[468] § 13a Abs. 1 Nr. 1 UStG.
[469] *Englisch*, in: Tipke/Lang, Steuerrecht, 25. Aufl. 2024, Rn. 17.12.
[470] Eingehend *Tipke*, Die Steuerrechtsordnung, Bd. 2, 2. Aufl. 2003, S. 975 ff.; *Englisch*, in: Tipke/Lang, Steuerrecht, 25. Aufl. 2024, Rn. 17.15 ff.
[471] Zum Vorsteuerabzug als Fundamentalprinzip des harmonisierten Mehrwertsteuersystems EuGH, Urt. v. 30. 9. 2010, C-392/09 (*Uszodaépítő*), Slg. 2010, I-8791; v. 28. 7. 2011, C-274/10 (*Kommission/Ungarn*), Slg. 2011, I-7289; ferner *Klenk*, in: Sölch/Ringleb, UStG, 6/2025, Wesen der Umsatzsteuer Rn. 9.
[472] Stv. *Klenk*, in: Sölch/Ringleb, UStG, 6/2025, Wesen der Umsatzsteuer Rn. 12 ff.
[473] *Erdbrügger*, in: Schauhoff/Kirchhain, Hdb. d. Gemeinnützigkeit, 4. Aufl. 2023, § 13 Rn. 4.
[474] Stv. BFH, Urt. v. 22. 4. 2015, XI R 10/14, BStBl. II 2015, 862, Rn. 22.
[475] *Erdbrügger*, in: Schauhoff/Kirchhain, Hdb. d. Gemeinnützigkeit, 4. Aufl. 2023, § 13 Rn. 121.

Körperschaft zugleich ihre gemeinnützigen Satzungszwecke, steht das der Annahme der Unternehmereigenschaft nicht entgegen.[476]

Art. 9 Abs. 1 MwStSystRL, auf dem § 2 UStG beruht, verwendet statt dem Unternehmerbegriff den Terminus „Steuerpflichtiger". Beide Begriffe entsprechen sich aber inhaltlich.[477] Der EuGH stellt maßgeblich auf das Kriterium der aktiven Teilnahme am Wirtschaftsverkehr ab.[478] Denn die Umsatzsteuer als indirekte Verbrauchsteuer soll nur solche Personen treffen, die nach ihrem Organisationsgrad als Fiskalgehilfen des Staates fungieren können, was bei der Auslegung des nationalen Rechts zu berücksichtigen ist.[479] Hieraus folgt, dass gemeinnützige Organisationen, die wirtschaftliche Geschäftsbetriebe oder Zweckbetriebe unterhalten, regelmäßig Unternehmer i. S. d. § 2 Abs. 1 UStG sind.[480] Entgeltliche private Vermögensverwaltung ist ebenfalls unternehmerisch. Das trifft v. a. auf die Vermietung und Verpachtung zu.[481] Anders ist es bei Kapitalanlagen, wo es an einem für Unternehmer typischen Marktauftritt fehlt.[482]

2. Der steuerbare Umsatz

Der für gemeinnützige Organisationen wichtigste Fall des steuerbaren Umsatzes ist die entgeltliche Leistungserbringung nach § 1 Abs. 1 Nr. 1 UStG.[483] Erfasst sind die Lieferung (§ 3 Abs. 1 UStG) und die sonstige Leistung (§ 3 Abs. 9 UStG). Bei beiden Formen der Leistungserbringung muss zwischen Leistung und Entgelt ein unmittelbarer Zusammenhang in Gestalt eines Rechtsverhältnisses bestehen, in dessen Rahmen gegenseitige Leistungen ausgetauscht werden.[484] Unionsrechtliche Grundlage ist Art. 2 Abs. 1 lit. a, lit. c MwStSystRL, wonach Lieferungen von Gegenständen (lit. a) und Dienstleistungen (lit. c), die ein Steuerpflichtiger im Gebiet eines Mitliedstaats gegen Entgelt tätigt, der Mehrwertsteuer unterliegen.

Da die Umsatzsteuer eine Verbrauchsteuer ist, können von vornherein nur solche Vorgänge dem Leistungsbegriff nach § 1 Abs. 1 Nr. 1 UStG unterfallen, die ihrer

---

[476] BFH, Urt. v. 18. 3. 2004, V R 101/01, BStBl. II 2004, 798; v. 24. 9. 2014, V R 54/13, BFH/NV 2015, 364, Rn. 31.

[477] *Scharpenberg*, in: Hartmann/Metzenmacher, UStG, 7. Aufl. 2025, § 2 Rn. 29.

[478] Vgl. nur EuGH, Urt. v. 26. 9. 1996, C-230/94 (*Enkler*), Slg. 1996, I-4517, Rn. 28 f.

[479] *Englisch*, in: Tipke/Lang, Steuerrecht, 25. Aufl. 2024, Rn. 17.42 f.

[480] *Jacobs*, Umsatzsteuer und Gemeinnützigkeit, 2009, S. 31; *Hüttemann*, Gemeinnützigkeitsrecht und Spendenrecht, 6. Aufl. 2025, Rn. 7.202.

[481] Vgl. EuGH, Urt. v. 26. 9. 1996, C-230/94 (*Enkler*), Slg. 1996, I-4517, Rn. 21 f.

[482] Stv. EuGH, Urt. v. 20. 6. 1996, C-155/94 (*Wellcome Trust*), Slg. 1996, I-3013, Rn. 35 f.; *Englisch*, in: Tipke/Lang, Steuerrecht, 25. Aufl. 2024, Rn. 17.43.

[483] Die übrigen Fälle sind die Einfuhr und der innergemeinschaftliche Erwerb (§ 1 Abs. 1 Nr. 4, Nr. 5 UStG), die hier aber nicht weiter behandelt werden.

[484] EuGH, Urt. v. 3. 3. 1994, C-16/93 (*Tolsma*), Slg. 1994, I-743, Rn. 14; v. 15. 4. 2021, C-846/19 (*EQ*), ECLI:EU:C:2021:277, Rn. 25; BFH, Urt. v. 21. 10. 2015, XI R 22/13, BStBl. II 2018, 612, Rn. 22.

Art nach Kosten für privaten Endverbrauch verursachen können.[485] Das folgt aus dem Belastungsgrund der Umsatzsteuer und ist für die Auslegung des Merkmals des unmittelbaren Zusammenhangs zwischen Leistung und Entgelt von entscheidender Bedeutung.

Im Folgenden werden im Gemeinnützigkeitssektor häufige Vorgänge umsatzsteuerlich beleuchtet.

a) Spenden und private Einkommensverwendung

Erhält eine gemeinnützige Körperschaft Spenden, d. h. freiwillige und unentgeltliche Zuwendungen,[486] handelt es sich dabei mangels Leistungsaustauschs nicht um Entgelte für umsatzsteuerbare Leistungen.[487] Gleichwohl bedarf es einer Abgrenzung von Spenden zu anderen Formen von Zuwendungen, insbesondere Sponsoring (dazu sogleich unter d)). Umsatzsteuerlich besonders relevant ist außerdem die Behandlung von Sachspenden durch Unternehmer. Ertragsteuerlich sind Sachspenden dagegen wenig problematisch, weil eine Aufdeckung stiller Reserven durch das Buchwertprivileg nach § 6 Abs. 1 Nr. 4 Satz 4 EStG verhindert wird.[488]

aa) Rechtlicher Rahmen

Die Entnahme eines Gegenstands aus dem unternehmerischen Bereich für unternehmensfremde Zwecke steht nach § 3 Abs. 1b Satz 1 Nr. 1, Abs. 9a Nr. 1 UStG einer Lieferung gegen Entgelt gleich und ist damit umsatzsteuerbar. Werden Gegenstände des unternehmerischen Bereichs für unternehmensfremde Zwecke entnommen (Abs. 1b) oder verwendet (Abs. 9a), liegen darin umsatzsteuerbare Leistungen.[489] Unionsrechtliche Grundlagen sind Art. 16, Art. 26 MwStSystRL, die die vollständige Belastung privater Einkommensverwendung sicherstellen sollen.[490] Art. 16 MwStSystRL stellt die Entnahme eines Gegenstands für unternehmensfremde Zwecke einer Lieferung von Gegenständen gegen Entgelt gleich. Art. 26 MwStSystRL betrifft die Verwendung eines dem Unternehmen zugeordneten Gegenstands für unternehmensfremde Zwecke und stellt diese einer Dienstleistung gegen Entgelt gleich. Gemeinnützige Körperschaften, die zugleich umsatzsteuerliche Unternehmer sind, verwirklichen den Sachentnahmetatbestand nach § 3

---

485 *Englisch*, in: Tipke/Lang, Steuerrecht, 25. Aufl. 2024, Rn. 17.87.

486 Stv. BFH, Urt. v. 19.12.1990, X R 40/86, BStBl. II 1991, 234.

487 *Erdbrügger*, in: Schauhoff/Kirchhain, Hdb. d. Gemeinnützigkeit, 4. Aufl. 2023, § 13 Rn. 95.

488 Dazu im Detail unten Teil 3: A. V.

489 *Hüttemann*, Gemeinnützigkeitsrecht und Spendenrecht, 6. Aufl. 2025, Rn. 7.236.

490 EuGH, Urt. v. 20.1.2005, C-412/03 (*Hotel Scandic Gåsabäck*), Slg. 2005, I-743, Rn. 23; *Wäger*, in: Wäger, UStG, 3. Aufl. 2024, § 3 Rn. 76 ff., 562.

Abs. 1b Satz 1 Nr. 1 UStG, wenn sie Gegenstände des wirtschaftlichen Geschäftsbetriebs oder Zweckbetriebs im Idealbereich verwenden. Zu denken ist etwa an die Verwendung eines Omnibusses für gemeinnützige Jugendarbeit, wenn dieser zuvor für die Lizenzmannschaft verwendet wurde.[491]

Darüber hinaus sind unentgeltliche Zuwendungen von Gegenständen umsatzsteuerbar (vgl. § 3 Abs. 1b Satz 1 Nr. 3 UStG). Das betrifft auch und v. a. Sachspenden von Unternehmern an gemeinnützige Empfänger.[492] Erfasst ist außerdem die Weitergabe von Gegenständen für Zwecke des Unternehmens. Der EuGH hält das für zulässig.[493] Die unionsrechtliche Grundlage (Art. 16 Abs. 1 MwStSystRL) betreffe zwar nur Fälle des privaten Letztverbrauchs. Aus Art. 16 Abs. 2 MwStSystRL ergebe sich aber, dass auch Entnahmen zu Unternehmenszwecken erfasst sein dürfen. Danach sind Entnahmen für Geschenke von geringem Wert sowie für Warenmuster für unternehmerische Zwecke einer Lieferung gegen Entgelt nicht gleichgestellt. Die Norm hätte keinen Sinn, wenn Art. 16 Abs. 1 MwStSystRL nicht auch Entnahmen zu unternehmerischen Zwecken erfasste. In einem neueren Judikat hat der EuGH jedoch ausgeführt, dass eine Lieferung zumindest geeignet sein müsse, zu einem Endverbrauch zu führen.[494]

bb) Problemstellung bei Sachspenden

Insbesondere § 3 Abs. 1b Satz 1 Nr. 3 UStG hat in der Praxis zu zahlreichen Problemen geführt. Die Umsatzbesteuerung von unternehmerischen Sachspenden betrifft vielfältige Fallgestaltungen, wie etwa die Abgabe von Lebensmitteln an Tafeln oder die Überlassung ausgesonderter Einrichtungsgegenstände. Werden diese Spenden umsatzsteuerlich belastet, sinkt naturgemäß die Spendenbereitschaft. Darüber hinaus ist der Zuwendungsbegriff in § 3 Abs. 1b Satz 1 Nr. 3 UStG nicht vollständig geklärt und die Feststellung der Entgelthöhe häufig schwierig, gerade bei geringwertigen Gegenständen, wie Lebensmitteln oder Hygieneartikeln.[495] Dass die Vernichtung von Lebensmitteln günstiger ist als deren Spende, hat auch die Politik auf den Plan gerufen. Im Koalitionsvertrag 2021–2025 wurde angekündigt, „bestehende steuerrechtliche Hürden für Sachspenden an gemeinnützige Organisationen durch eine rechtssichere, bürokratiearme und einfache Regelung (zu) beseitigen, um so die Vernichtung dieser Waren zu verhindern.“[496] § 3 Abs. 1b Satz 1 Nr. 3 UStG wurde seitdem jedoch nicht geändert.

---

[491] *Hüttemann*, Gemeinnützigkeitsrecht und Spendenrecht, 6. Aufl. 2025, Rn. 7.236.

[492] *Hüttemann*, Gemeinnützigkeitsrecht und Spendenrecht, 6. Aufl. 2025, Rn. 7.235; BT-Drs. 14/23, S. 196.

[493] EuGH, Urt. v. 27. 4. 1999, C-48/97 (*Kuwait Petroleum*), Slg. 1999, I-2323, Rn. 22.

[494] EuGH, Urt. v. 16. 9. 2020, C-528/19 (*Mitteldeutsche Hartstein-Industrie*), ECLI:EU:C:2020:712, Rn. 66.

[495] *Weitemeyer/Küffner/Zugmaier*, DB 2021, 2995.

[496] Koalitionsvertrag 2021–2025 v. 7. 12. 2021, S. 133.

cc) Lösungsansätze

Die Finanzverwaltung geht davon aus, dass Sachspenden eines Unternehmers grundsätzlich nach § 3 Abs. 1b Satz 1 Nr. 3 UStG umsatzsteuerbar sind.[497] Die Besonderheiten von Sachspenden sollen im Rahmen der Bemessungsgrundlage berücksichtigt werden.[498] Es sei zwischen verkehrsfähigen, eingeschränkt verkehrsfähigen und nicht verkehrsfähigen Gegenständen zu unterscheiden. Bei nicht verkehrsfähigen Gegenständen sei die Bemessungsgrundlage mit Null anzusetzen. Beispiele sind Lebensmittel oder sonstige Produkte mit eingeschränkter Haltbarkeit kurz vor Ablauf des Haltbarkeitsdatums. Bei Gegenständen mit eingeschränkter Verkehrsfähigkeit, wie mangelhafter Ware, sei die Bemessungsgrundlage im Umfang der Einschränkung zu mindern. Bei voll verkehrsfähiger Ware sei schließlich ein fiktiver Einkaufspreis anhand objektiver Schätzunterlagen zu ermitteln. Normativer Anknüpfungspunkt ist § 10 Abs. 4 Satz 1 Nr. 1 UStG, wonach bei Lieferungen i. S. d. § 3 Abs. 1b UStG als Bemessungsgrundlage der Einkaufspreis zuzüglich der Nebenkosten für den Gegenstand oder die Selbstkosten anzusetzen sind. Im Ergebnis geht es um die Wiederbeschaffungskosten.[499]

Teilweise wird auch erwogen, Sachspenden aus dem Tatbestand von § 3 Abs. 1b Satz 1 Nr. 3 UStG auszuklammern. Voraussetzung für die Besteuerung ist eine „unentgeltliche Zuwendung", also die zielgerichtete Verschaffung eines Vermögensvorteils.[500] Hieran fehle es jedenfalls bei nicht werthaltigen Gegenständen.[501] Insoweit lägen lediglich nicht steuerbare Entsorgungsleistungen vor.[502] Der Zuwendungscharakter wird auch solchen Sachspenden abgesprochen, die lediglich durch die gemeinnützige Organisation durchgeleitet werden und den Bedürftigen zukommen sollen, wie es etwa bei Lebensmitteln häufig der Fall ist.[503] Das ist insoweit überzeugend, als die Bedürftigen aus Sicht des spendenden Unternehmers meist nicht hinreichend individualisierbar sind und daher keine tauglichen Leistungsempfänger darstellen.[504] Jedoch ist nicht zu übersehen, dass ein großer Teil der Sachspenden mit dieser Begründung vom Zuwendungsbegriff nicht ausgeschlossen werden kann. Zu denken ist etwa an gebrauchte Werkzeuge, die ein Handwerker einer gemeinnützigen Behindertenwerkstatt überlässt. Gleiches gilt für den Vorschlag, für die Berechnung des geringen Wertes (35 Euro) auf den Endempfänger abzustellen.[505]

---

[497] Abschn. 3.3. Abs. 10 Satz 9 UStAE; BMF-Schreiben v. 18. 3. 2021, BStBl. I 2021, 384.
[498] Abschn. 10.6. Abs. 1a UStAE; BMF-Schreiben v. 18. 3. 2021, BStBl. I 2021, 384.
[499] Dazu *Meyering/Hintzen/Keitel*, DStR 2021, 2614, 2615.
[500] BFH, Urt. v. 14. 5. 2008, XI R 60/07, BStBl. II 2008, 721; Abschn. 3.3. Abs. 10 Satz 3 UStAE.
[501] *Nieskens*, in: Rau/Dürrwächter, UStG, 9/2025, § 3 Rn. 1382.
[502] *Wäger*, in: Wäger, UStG, 3. Aufl. 2024, § 3 Rn. 133.
[503] *Weitemeyer/Küffner/Zugmaier*, DB 2021, 2995, 2999 f.; *Rust*, MwStR 2021, 494, 495; *Nieskens*, in: Rau/Dürrwächter, UStG, 9/2025, § 3 Rn. 1383.
[504] Vgl. *Weitemeyer/Küffner/Zugmaier*, DB 2021, 2995, 2999 f.
[505] *Rust*, MwStR 2021, 494, 495.

Ein weiterer Ansatz besteht darin, § 3 Abs. 1b Satz 1 Nr. 3 UStG teleologisch zu reduzieren.[506] Da die Norm der Verhinderung unversteuerten Endverbrauchs diene, müsse der Anwendungsbereich auf solche Fälle reduziert werden, in denen verbrauchsfähige Vorteile überhaupt entstehen können.[507] Diese Auffassung hat durch neuere EuGH-Rechtsprechung Rückendeckung erfahren, wonach eine unentgeltliche Zuwendung geeignet sein müsse, zu unversteuertem Endverbrauch zu führen. Anderenfalls liege kein umsatzsteuerbarer Vorgang vor.[508] Das sei aber nur dann nicht der Fall, wenn die Zuwendung dem steuerpflichtigen Unternehmer zugutekomme und in direktem und unmittelbaren Zusammenhang mit seiner gesamten wirtschaftlichen Tätigkeit stehe.[509] Der BFH hat dazu ausgeführt, die Gefahr eines unversteuerten Endverbrauchs drohe nicht, wenn die Eingangsleistung v. a. für die Bedürfnisse des Steuerpflichtigen genutzt wird, für das Unternehmen erforderlich ist, die Kosten der Eingangsleistung im Preis der getätigten Ausgangsumsätze enthalten sind und der Vorteil des Dritten allenfalls nebensächlich ist.[510] Dem Kriterium des unversteuerten Endverbrauchs komme keiner weitergehenden Bedeutung zu, als dass die Verwendung von Eingangsleistungen, die vor allem für die Bedürfnisse des Steuerpflichtigen genutzt werden, keine unentgeltliche Wertabgabe begründe.[511]

Eine teleologische Reduktion von § 3 Abs. 1b Satz 1 Nr. 3 UStG führt allerdings nicht zur umsatzsteuerlichen Irrelevanz von Sachspenden. Privater Endverbrauch ist insbesondere bei Lebensmittel- und Hygieneartikelspenden die Regel.

dd) Sachspenden im System der Umsatzsteuer und Entwicklungsperspektiven

Der umsatzsteuerliche Belastungsgrund – die Belastung der Einkommensverwendung durch den Endverbraucher[512] – bietet nach hier vertretener Auffassung den Ausgangspunkt für die Auslegung von § 3 Abs. 1b Satz 1 Nr. 1, Nr. 3 UStG im Hinblick auf Sachspenden. Die Besteuerung unentgeltlicher Wertabgaben dient der

---

506 Dieser Ansatz kann mit einer einschränkenden Auslegung des Zuwendungsbegriffs kombiniert werden, vgl. *Weitemeyer/Küffner/Zugmaier*, DB 2021, 2995, 3000, die einen ergänzende teleologische Reduktion befürworten.

507 *Herrgott*, Die umsatzsteuerliche Behandlung der Sachspenden, 2022, S. 149 ff.; *Englisch*, in: Tipke/Lang, Steuerrecht, 25. Aufl. 2024, Rn. 17.179; *Küffner*, UR 2020, 840, 847; *Weitemeyer/Küffner/Zugmaier*, DB 2021, 2995, 3000 f.; *Jachmann/Thiesen*, DStZ 2002, 355, 359; *Widmann*, UR 2000, 19, 20 f.

508 EuGH, Urt. v. 16. 9. 2020, C-528/19 (*Mitteldeutsche Hartstein-Industrie*), ECLI:EU:C:2020:712, Rn. 66 f.

509 EuGH, Urt. v. 25. 4. 2024, C-207/23 (*Finanzamt X*), ECLI:EU:C:2024:352, Rn. 47.

510 BFH, Urt. v. 16. 12. 2020, XI R 26/20, BStBl. II 2024, 146, Rn. 38; nunmehr auch Abschn. 3.2. Abs. 4 UStAE.

511 BFH, Urt. v. 15. 3. 2022, V R 34/20, BFHE 276, 369, Rn. 27.

512 *Seer*, ZfZ 2013, 146, 147.

Sicherstellung des Besteuerungszugriffs auf den privaten Endverbrauch.[513] Soweit die Ersatztatbestände darüber hinausgehen, sind sie mit dem EuGH teleologisch zu reduzieren.[514] Das ist auch aus nationaler Perspektive überzeugend, weil Zuwendungen an andere Unternehmer zu unternehmerischen Zwecken nicht systemgerecht mit der Umsatzsteuer belastet werden können.

Daran schließt sich jedoch unmittelbar die Frage an, in welchen Fällen privater Endverbrauch bei Sachspenden vorliegt. Die von EuGH und BFH aufgestellten hohen Hürden dürften Sachspenden nur in Ausnahmefällen dem Anwendungsbereich von § 3 Abs. 1b Satz 1 Nr. 3 UStG von vornherein entziehen. Wenn die Zuwendung dem steuerpflichtigen Unternehmer zugutekommen und in direktem Zusammenhang mit seiner gesamten wirtschaftlichen Tätigkeit stehen muss,[515] und wenn zugleich der Vorteil des Empfängers allenfalls nebensächlich sein darf,[516] betrifft das nur wenige Fälle. Denn der Sinn einer Spende liegt zumeist gerade darin, dem Empfänger einen Vorteil zu verschaffen. Allenfalls bei in hohem Maße werbewirksamen und gleichzeitig geringwertigen Zuwendungen könnte ein privater Endverbrauch nach den Maßstäben von EuGH und BFH ausgeschlossen sein. Insbesondere dürfte es nicht ausreichen, wenn ein Unternehmer allgemein mit der Spende wirbt oder lediglich Platz schafft.[517] Derlei Zuwendungen mögen zwar auch für den Unternehmer vorteilhaft sein, jedoch nicht überwiegend. Für den Empfänger ist der Erhalt einer Einrichtung oder von Lagerbestand regelmäßig nicht nebensächlich.

Jedoch ist der Zuwendungsbegriff in § 3 Abs. 1b Satz 1 Nr. 3 UStG bei Sachspenden nicht immer erfüllt. Das betrifft wertlose Gegenstände sowie solche, die durch das Empfängerunternehmen durchgeleitet werden, sodass es an identifizierbaren konkreten Leistungsempfängern fehlt.[518] Im Übrigen erfüllen Sachspenden meist die Voraussetzungen einer umsatzsteuerbaren unentgeltlichen Wertabgabe. Insbesondere Zuwendungen zur Nutzung durch eine gemeinnützige Organisation unterliegen damit der Umsatzsteuer. Das betrifft z. B. die Spende von Einrichtungsgegenständen oder von Werkzeugen an Katastrophenschutzeinrichtungen oder Behindertenwerkstätten.

Die von der Finanzverwaltung präferierte Lösung über die Bemessungsgrundlage[519] erweist sich somit teilweise als überflüssig. Bei wertlosen oder durchge-

---

[513] Vgl. stv. EuGH, Urt. v. 11. 12. 2008, C-371/07 (*Danfoss und AstraZeneca*), Slg. 2008, I-9549, Rn. 46 f.

[514] EuGH, Urt. v. 16. 9. 2020, C-528/19 (*Mitteldeutsche Hartstein-Industrie*), ECLI:EU:C:2020:712, Rn. 66 f.

[515] EuGH, Urt. v. 25. 4. 2024, C-207/23 (*Finanzamt X*), ECLI:EU:C:2024:352, Rn. 47.

[516] BFH, Urt. v. 16. 12. 2020, XI R 26/20, BStBl. II 2024, 146, Rn. 38; nunmehr auch Abschn. 3.2. Abs. 4 UStAE.

[517] So aber *Weitemeyer/Küffner/Zugmaier*, DB 2021, 2995, 3001.

[518] Ebenso *Rust*, MwStR 2021, 494, 495; *Nieskens*, in: Rau/Dürrwächter, UStG, 9/2025, § 3 Rn. 1382 f.

[519] Abschn. 3.3. Abs. 10 Satz 9 UStAE; BMF-Schreiben v. 18. 3. 2021, BStBl. I 2021, 384.

leiteten Gegenständen fehlt es schon an einer Zuwendung. In allen anderen Fällen jedoch ist die Bemessungsgrundlage der richtige Ansatz. Werden eingeschränkt verkehrsfähige Gegenstände gespendet, ist die Bemessungsgrundlage im Umfang der Einschränkung zu mindern. Bei voll verkehrsfähiger Ware ist ein fiktiver Einkaufspreis zu ermitteln. Das betrifft insbesondere Sachspenden, die die empfangende gemeinnützige Organisationen selbst verwendet.

Die Umsatzsteuerbarkeit werthaltiger Sachspenden mindert die Spendenbereitschaft erheblich. So verliert auch das einkommensteuerliche Buchwertprivileg nach § 6 Abs. 1 Nr. 4 Satz 4 EStG an Wirkung. Daher sollte eine Reform erwogen werden. Denkbar sind im Wesentlichen zwei Optionen. Der Ausnahmetatbestand in § 3 Abs. 1b Satz 1 Nr. 3 UStG könnte auf Sachspenden an gemeinnützige Organisationen erweitert werden. Dann wären Sachspenden von vornherein nicht umsatzsteuerbar.[520] Möglich ist auch die Einführung einer gesonderten Steuerbefreiung.[521] Eine derartige Reform müsste jedoch auf Unionsebene angestoßen werden, weil die MwStSystRL weder die Möglichkeit einer weiteren Ausnahme noch einer dahingehenden Steuerbefreiung enthält.[522]

ee) Zwischenfazit: Sachspenden im Umsatzsteuerrecht

Sachspenden von Unternehmern sind regelmäßig umsatzsteuerbar. § 3 Abs. 1b Satz 1 Nr. 1, Nr. 3 UStG ist zwar teleologisch dahingehend einschränkend auszulegen, dass nur Zuwendungen erfasst sind, die zu privatem Endverbrauch führen können. Das ist bei Sachspenden nach den von EuGH und BFH aufgestellten Maßstäben jedoch meist der Fall, weil der Vorteil für den Empfänger nicht nur nebensächlich ist.

Nicht umsatzsteuerbar sind wertlose Sachspenden, da diese den Zuwendungstatbestand nicht erfüllen. Gleiches gilt für Gegenstände, die lediglich durch eine gemeinnützige Organisation durchgeleitet werden.

In allen anderen Fällen, also insbesondere bei der Zuwendung von Gegenständen, die die gemeinnützige Organisation selbst benutzt, liegt eine umsatzsteuerbare unentgeltliche Wertabgabe vor. Als Bemessungsgrundlage sind nach § 10 Abs. 4 Satz 1 Nr. 1 UStG die Wiederbeschaffungskosten anzusetzen. Bei verkehrsfähiger Ware ist ein fiktiver Einkaufspreis zu ermitteln, anderenfalls ist die Bemessungsgrundlage im Umfang der Einschränkung der Verkehrsfähigkeit zu mindern.

---

520 Hierfür *Meyering/Hintzen/Keitel*, DStR 2021, 2614, 2621.

521 *Birkenfeld*, Umsatzsteuerliche Beurteilung von Sachspenden an gemeinnützige Abnehmer, 2020, S. 10, 14; *Weitemeyer/Küffner/Zugmaier*, DB 2021, 2995, 3001.

522 *Birkenfeld*, Umsatzsteuerliche Beurteilung von Sachspenden an gemeinnützige Abnehmer, 2020, S. 10, 14.

Um eine Behinderung der Spendenbereitschaft zu verhindern, sollte eine Ausnahme oder eine Steuerbefreiung für Sachspenden in die MwStSystRL und das UStG aufgenommen werden.

b) Zuschüsse

Gemeinnützige Körperschaften werden oft durch Zuschüsse von der öffentlichen Hand oder sonstigen Förderinstitutionen mitfinanziert. Für Zuschüsse gelten die allgemeinen Grundsätze des umsatzsteuerlichen Grundtatbestands. Erbringt die gemeinnützige Organisation eine Leistung, mit der ein Zuschuss verknüpft ist, ist diese Leistung umsatzsteuerbar.[523] § 10 Abs. 1 Satz 2 UStG und Art. 73 MwStSystRL stellen übereinstimmend lediglich klar, dass mit dem Preis der Umsätze unmittelbar zusammenhängende „Subventionen“[524] Teil des Entgelts, also der Bemessungsgrundlage, sind. Das darf nicht dahingehend missverstanden werden, dass Zuschüsse, die mit keinem anderweitigen Preis einer Leistung zusammenhängen, umsatzsteuerlich irrelevant wären. Besteuerungsgrundlage ist alles, was als Gegenleistung empfangen wird. § 10 Abs. 1 Satz 2 UStG und Art. 73 MwStSystRL betreffen folglich nur einen von mehreren denkbaren Fällen.[525]

Zuschüsse können in drei Fallgruppen unterteilt werden.[526] „Echte Zuschüsse“ sind kein Entgelt für eine umsatzsteuerbare Leistung. Die mit einem „unechten Zuschuss“ zusammenhängende Leistung ist dagegen umsatzsteuerbar. Der unechte Zuschuss kann entweder vom Leistungsempfänger gezahlt werden (Zwei-Personen-Verhältnis) oder von einem Dritten (Drei-Personen-Verhältnis).

Ein umsatzsteuerbarer Leistungsaustausch setzt voraus, dass dem Zuwendenden ein konkreter verbrauchsfähiger Vorteil zugutekommt.[527] Weiter muss zwischen Leistung und Zuschusses ein unmittelbarer Zusammenhang bestehen. Ob der Zuschuss überwiegend im öffentlichen Interesse gezahlt wird oder den Satzungszwecken der Körperschaft entspricht, ist unerheblich.[528] Nach der Rechtsprechung von BFH und EuGH ist vielmehr erforderlich, dass zwischen Leistendem und Leistungsempfänger ein Rechtsverhältnis besteht, in dessen Rahmen gegenseitige

---

[523] BFH, Urt. v. 22.4.2015, XI R 10/14, BStBl. II 2015, 862, Rn. 21; Abschn. 10.2. UStAE; *Hüttemann*, Gemeinnützigkeitsrecht und Spendenrecht, 6. Aufl. 2025, Rn. 7.214 ff.

[524] Die Begriffe „Zuschuss“ und „Subvention“ werden für Zwecke der Umsatzsteuer gemeinhin synonym verwendet, vgl. *Treiber*, in: Sölch/Ringleb, UStG, 6/2025, § 10 Rn. 176.

[525] EuGH, Urt. v. 27.3.2014, C-151/13 (*Le Rayon d'Or*), ECLI:EU:C:2014:185, Rn. 30 f.

[526] Abschn. 10.2. Abs. 1 Satz 1 UStAE; *Hüttemann*, Gemeinnützigkeitsrecht und Spendenrecht, 6. Aufl. 2025, Rn. 7.214.

[527] Zuletzt BFH, Urt. v. 23.9.2020, XI R 35/18, BStBl. II 2022, 344, Rn. 43, 53.

[528] BFH, Beschl. v. 18.12.2019, XI R 31/17, BFH/NV 2020, 565, Rn. 19; zu Mitgliedsbeiträgen auch EuGH, Urt. v. 21.3.2002, C-174/00 (*Kennemer Golf & Country Club*), Slg. 2002, I-3293, Rn. 42.

Leistungen ausgetauscht werden und die empfangene Vergütung den tatsächlichen Gegenwert für die Leistung bildet.[529]

Diese Voraussetzungen sind jedenfalls dann nicht erfüllt, wenn es an einem konkreten individualisierten Leistungsempfänger fehlt, z. B. bei Zahlungen zur Förderung allgemeinpolitischer oder volkswirtschaftlicher Zwecke, die der Allgemeinheit zukommen.[530] Die Zuwendung von Mitteln zur Förderung lediglich allgemeiner Vermittlung bestimmter Wertvorstellungen[531] oder zur Aufgabe einer Art der Erzeugung im Allgemeininteresse an einem funktionsfähigen Markt[532] sind daher umsatzsteuerfreie echte Zuschüsse.

Umgekehrt sind Zuschüsse zur Finanzierung einer Leistung im Interesse des Zahlenden Entgelte für eine umsatzsteuerbare Leistung. Das ist bei gegenseitigen Verträgen meist der Fall.[533] Lässt sich z. B. ein Ministerium entgeltlich ein Gutachten von einer gemeinnützigen Forschungseinrichtung zur Vorbereitung einer bestimmten Entscheidung erstellen, liegt darin ein umsatzsteuerbarer unechter Zuschuss.[534] Aber auch ohne gegenseitigen Vertrag kann ein Rechtsverhältnis mit Leistungsaustausch vorliegen, wenn etwa die Empfängerkörperschaft eine Aufgabe der öffentlichen Hand übernimmt und hierfür bezuschusst wird. So kann die Arbeitslosenförderung im Auftrag der Bundesagentur für Arbeit umsatzsteuerbar sein.[535]

Der Zuschuss kann nach § 10 Abs. 1 Satz 2 UStG und Art. 73 MwStSystRL auch von einem Dritten stammen. Ein unmittelbarer Zusammenhang zwischen der von der gemeinnützigen Organisation erbrachten Leistung und dem Zuschuss von dritter Seite muss gleichwohl vorliegen, was sich nach denselben Kriterien wie beim Zwei-Personen-Verhältnis richtet.[536] Zuschüsse an eine gemeinnützige Organisation, die Leistungen an Dritte erbringt, sind danach Entgelte für diese Leistungen, wenn der Zuschuss dem Leistungsempfänger zugutekommt, gerade für die Erbringung der Leistung gezahlt wird und mit der Verpflichtung der auszahlenden Stelle das Recht der Körperschaft auf Auszahlung einhergeht, wenn sie einen steuerbaren Umsatz bewirkt hat.[537] Umsatzsteuerbare Entgelte von Dritter Seite sind z. B. die

---

[529] EuGH, Urt. v. 27. 3. 2014, C-151/13 (*Le Rayon d'Or*), ECLI:EU:C:2014:185, Rn. 29; BFH, Urt. v. 18. 3. 2004, V R 101/01, BStBl. II 2004, 798; v. 22. 4. 2015, XI R 10/14, BStBl. II 2015, 862, Rn. 18.

[530] St. Rspr., vgl. EuGH, Urt. v. 29. 2. 1996, C-215/94 (*Mohr*), Slg. 1996, I-959, Rn. 20; BFH, Urt. v. 27. 11. 2008, V R 8/07, BStBl. II 2009, 397; ebenso Abschn. 10.2. Abs. 7 Satz 4 UStAE.

[531] Vgl. BFH, Urt. v. 23. 9. 2020, XI R 35/18, BStBl. II 2022, 344, Rn. 57.

[532] EuGH, Urt. v. 29. 2. 1996, C-215/94 (*Mohr*), Slg. 1996, I-959.

[533] Stv. BFH, Urt. v. 21. 4. 2005, V R 11/03, BStBl. II 2007, 63.

[534] *Erdbrügger*, in: Schauhoff/Kirchhain, Hdb. d. Gemeinnützigkeit, 4. Aufl. 2023, § 13 Rn. 74 f.

[535] BFH, Urt. v. 22. 4. 2015, XI R 10/14, BStBl. II 2015, 862, Rn. 17 ff.

[536] *von Holt/Hörmann*, in: Weitemeyer/Hüttemann/Schauhoff, Umsatzsteuerrecht für den Nonprofitsektor, 2. Aufl. 2024, Rn. 7.65; *Jacobs*, Umsatzsteuer und Gemeinnützigkeit, 2009, S. 34.

[537] Stv. BFH, Urt. v. 10. 8. 2016, XI R 41/14, BStBl. II 2017, 590, Rn. 50; ähnlich schon EuGH, Urt. v. 22. 11. 2001, C-184/00 (*Office de produit wallons*), Slg. 2001, I-9115, Rn. 14.

Zahlungen der Sozialhilfe für Betreuungs- oder Verpflegungsleistungen an eine gemeinnützige Organisation, die eine Behindertenwerkstatt betreibt.[538]

Hiervon zu unterscheiden sind Fälle der Weiterleitung von Zuschüssen vom Förderempfänger an Dritte. Für die Verhältnisse zwischen Zuwendendem und Weiterleitendem sowie zwischen diesem und dem endgültigen Empfänger gelten die allgemeinen Grundsätze zu Zwei-Personen-Verhältnissen.[539] Denkbar ist auch ein direkter Leistungsaustausch zwischen dem Zuwendenden und dem Letztempfänger. In diesem Fall liegt bei der weiterleitenden Körperschaft ein durchlaufender Posten (§ 10 Abs. 1 Satz 5 UStG) vor.[540]

c) Mitgliedsbeiträge

Die umsatzsteuerliche Behandlung von Mitgliedsbeiträgen[541] richtete sich bis zum Urteil des EuGH in der Rechtssache *Kennemer Golf & Country Club*[542] danach, ob die Organisation den Beitrag im Gesamtinteresse aller Mitglieder erhob (steuerfreier echter Mitgliedsbeitrag) oder die Sonderbelange einzelner Mitglieder berücksichtigte (steuerbarer unechter Mitgliedsbeitrag).[543] Mitgliedsbeiträge wurden damit ertrag- und umsatzsteuerlich gleichbehandelt.[544] Konsequenz dieser Rechtsprechung war insbesondere, dass nicht gestaffelte Beiträge ohne Rücksicht auf die vermutete oder tatsächliche Inanspruchnahme von Vereinsleistungen umsatzsteuerfrei waren, was v. a. Sportvereine betraf.[545]

Der EuGH hat dagegen entschieden, dass ein Mitgliedsbeitrag bereits dann ein Entgelt für eine umsatzsteuerbare Leistung ist, wenn er mit individuellen verbrauchsfähigen Vorteilen der Mitglieder verbunden ist. Es genügt, dass die Organisation gebündelte Interessen fördert. Auch Pauschalbeiträge, die die Nutzung von Vereinsleistungen ermöglichen, sind demnach Entgelte, weil es für die Verbrauchsfähigkeit des Vorteils nicht darauf ankommt, ob jede persönliche Nutzung dem Mitgliedsbeitrag zugeordnet werden kann. Die Leistungen des Vereins können

---

[538] BFH, Urt. v. 6. 10. 1988, V R 101/85, BFH/NV 1989, 327.

[539] BFH, Urt. v. 10. 8. 2016, XI R 41/14, BStBl. II 2017, 590, Rn. 32 ff.; *Erdbrügger*, in: Schauhoff/Kirchhain, Hdb. d. Gemeinnützigkeit, 4. Aufl. 2023, § 13 Rn. 78.

[540] Durchlaufende Posten werden für Rechnung eines anderen vereinnahmt und verausgabt und gehören nicht zum Entgelt. Vgl. zu dieser Konstellation BFH, Urt. v. 27. 6. 1996, V R 35/95, BFH/NV 1997, 155.

[541] Der Einfachheit halber ist im Folgenden nur von Mitgliedsbeiträgen die Rede, wobei für Gesellschafterbeiträge dasselbe gilt, vgl. *Erdbrügger*, in: Schauhoff/Kirchhain, Hdb. d. Gemeinnützigkeit, 4. Aufl. 2023, § 13 Rn. 81.

[542] EuGH, Urt. v. 21. 3. 2002, C-174/00 (*Kennemer Golf & Country Club*), Slg. 2002, I-3293.

[543] BFH, Urt. v. 20. 12. 1984, V R 25/76, BStBl. II 1985, 176; v. 27. 7. 1995, V R 40/93, BStBl. II 1995, 753; so noch immer Abschn. 1.4. Abs. 1 UStAE.

[544] *Alvermann*, FR 2006, 262, 265. Zur körperschaftsteuerlichen Behandlung von Mitgliedsbeiträgen siehe oben Teil 2: A. I. 2. c) bb).

[545] *Hüttemann*, Gemeinnützigkeitsrecht und Spendenrecht, 6. Aufl. 2025, Rn. 7.223.

insoweit auch im dauerhaften Zurverfügungstellen von Vereinsanlagen bestehen.[546] Dem haben sich die Rechtsprechung und Literatur angeschlossen,[547] während die Finanzverwaltung an der alten Abgrenzung festhält.[548]

Das Abstellen auf einen verbrauchsfähigen Vorteil ist mit Blick auf den Belastungsgrund der Umsatzsteuer konsequent. Wenn der private Verbrauch als Leistungsfähigkeitsindikator steuerlich belastet werden soll, ist eine Differenzierung danach, ob der Mitgliedsbeitrag einen möglichen privaten Verbrauch abgilt, schon nach nationalem Recht folgerichtig.

Erhalten die Mitglieder keinen verbrauchsfähigen Vorteil für ihren Beitrag, liegt auch kein steuerbarer Leistungsaustausch vor.[549] Mitgliedsbeiträge, die der Förderung der Interessen aller Mitglieder dienen, sind somit keine Entgelte.[550] Das trifft auf die Mehrzahl der gemeinnützigen Körperschaften zu, weil deren Tätigkeit gerade darauf ausgerichtet ist, die Allgemeinheit selbstlos, d.h. nicht im Interesse der Mitglieder oder Gesellschafter, zu fördern. Rein altruistische Zweckerfüllung, etwa in den Bereichen Tierschutz, Völkerverständigung oder Bildung, kann keinen verbrauchsfähigen Vorteil begründen.[551] Steuerbare Leistungen gegenüber den Mitgliedern kommen v. a. bei gemeinnützigen Sportvereinen vor.[552]

Werden Mitgliedsbeiträge gestaffelt erhoben, etwa je nach Alter, Vereinszugehörigkeit oder Intensität und Häufigkeit der Nutzung, liegt ein steuerbarer Leistungsaustausch nur vor, wenn eine hinreichend enge Beziehung zwischen dem Umfang der Vorteile und der Höhe der Beiträge gegeben ist.[553] Knüpft die Beitragsstaffelung an äußere Faktoren an (z.B. Alter, Vermögenslage oder andere Sozialkriterien), die nichts mit der Leistung an sich zu tun haben, ist das umsatzsteuerlich irrelevant.[554] „Erkauft" sich ein Mitglied umgekehrt besondere Leistungen und zahlt im

---

[546] EuGH, Urt. v. 21.3.2002, C-174/00 (*Kennemer Golf & Country Club*), Slg. 2002, I-3293, Rn. 40.

[547] BFH, Urt. v. 9.8.2007, V R 27/04, BFHE 217, 314; v. 11.10.2007, V R 69/06, BFHE 219, 287; v. 20.3.2014, V R 4/13, BFHE 245, 397, Rn. 11; Vorlagebeschl. v. 21.6.2018, V R 20/17, BStBl. II 2018, 558, Rn. 31; *Hüttemann*, Gemeinnützigkeitsrecht und Spendenrecht, 6. Aufl. 2025, Rn. 7.226; *Bertels*, in: Winheller/Geibel/Jachmann-Michel, Gesamtes Gemeinnützigkeitsrecht, 3. Aufl. 2023, § 1 UStG Rn. 130.

[548] Abschn. 1.4. Abs. 1 UStAE.

[549] *Friedrich-Vache*, in: Reiß/Kraeusel/Langer, UStG, 9/2025, § 1 Rn. 455.1 f.; *Jacobs*, Umsatzsteuer und Gemeinnützigkeit, 2009, S. 36.

[550] Vgl. EuGH, Urt. v. 12.2.2009, C-515/07 (*VNLTO*), Slg. 2009, I-839, Rn. 34; BFH, Urt. v. 24.9.2014, V R 54/13, BFH/NV 2015, 364, Rn. 28; *Robisch*, in: Bunjes, UStG, 24. Aufl. 2025, § 1 Rn. 65.

[551] *Stadie*, in: Rau/Dürrwächter, UStG, 9/2025, § 2 Rn. 225; *Friedrich-Vache*, in: Reiß/Kraeusel/Langer, UStG, 9/2025, § 1 Rn. 456.

[552] *Jacobs*, Umsatzsteuer und Gemeinnützigkeit, 2009, S. 37.

[553] EuGH, Urt. v. 8.3.1988, C-102/86 (*Apple and Pear*), Slg. 1988, I-1443, Rn. 14 f.; v. 29.10.2009, C-246/08 (*Kommission/Finnland*), Slg. 2009, I-10605, Rn. 49 ff.

[554] Vgl. *Heber*, in: Weitemeyer/Hüttemann/Schauhoff, Umsatzsteuerrecht für den Nonprofitsektor, 2. Aufl. 2024, Rn. 7.32.

Gegenzug einen erhöhten Beitrag, liegt ein umsatzsteuerbarer Leistungsaustausch dagegen vor. Zu denken ist etwa an sogenannte „Premium-Mitgliedschaften", wo die entsprechenden Mitglieder im Gegenzug für den höheren Beitrag vergünstige Verköstigung oder bevorzugten Zugang zu Vereinsräumlichkeiten erhalten. Gleiches gilt für Fälle, in denen nur einige Mitglieder umsatzsteuerbare Leistungen beziehen, andere hingegen nicht, etwa beim optionalen Bezug einer Vereinszeitung. Das gilt erst recht, wenn der Bezug an einen höheren Mitgliedsbeitrag gekoppelt ist.

d) Sponsoring

Beim „Sponsoring" erhält der Gesponserte Geld oder einen sonstigen Vorteil vom Sponsor, um damit ein bestimmtes gesellschaftspolitisches Ziel zu verfolgen. Im Gegenzug stellt der Gesponserte für den Sponsor Öffentlichkeitswirksamkeit her, indem etwa dessen Name oder Logo sichtbar gemacht wird.[555] Die Umsatzsteuerbarkeit dieser Leistungen richtet sich nach allgemeinen Grundsätzen. Nach der Vereinbarung der Beteiligten muss der Gesponserte dem Sponsor entgeltlich einen verbrauchsfähigen Vorteil zuwenden.[556]

Danach sind insbesondere die in Werbeverträgen vorgesehenen konkreten Werbeleistungen umsatzsteuerbar, wie Trikot- und Bandenwerbung, Anzeigen oder Werbeaufdrucke auf Fahrzeugen.[557] Gleiches gilt für die Einräumung von Vermarktungsrechten, wie z. B. Vereinsnamen und -logo, zu eigenen Werbezwecken des Sponsors.[558]

Die Finanzverwaltung will davon bloße Hinweise „ohne besondere Hervorhebung" abgrenzen, die nicht umsatzsteuerbar sein sollen.[559] Da aber jede Form öffentlicher Aufmerksamkeit grundsätzlich geeignet ist, einen wirtschaftlichen – und damit verbrauchsfähigen – Vorteil zu vermitteln, ist es wenig überzeugend, die grundsätzliche Umsatzsteuerbarkeit von der Intensität der potentiellen Öffentlichkeitswirkung abhängig zu machen. Die Differenzierung zwischen Werbung mit Hervorhebung und bloßen Hinweisen ohne Hervorhebung ist daher abzulehnen.[560]

---

[555] *Heber*, in: Weitemeyer/Hüttemann/Schauhoff, Umsatzsteuerrecht für den Nonprofitsektor, 2. Aufl. 2024, Rn. 7.151.

[556] BMF-Schreiben v. 13. 11. 2012, BStBl. I 2012, 1169; *Erdbrügger*, in: Schauhoff/Kirchhain, Hdb. d. Gemeinnützigkeit, 4. Aufl. 2023, § 13 Rn. 98.

[557] BFH, Urt. v. 16. 4. 2008, XI R 56/06, BStBl. II 2008, 909; *Winheller*, in: Winheller/Geibel/Jachmann-Michel, Gesamtes Gemeinnützigkeitsrecht, 3. Aufl. 2023, UStG Anh. Sponsoring Rn. 6; *Reiß*, NPLY 2005, 47, 61; *Röthel/Konold*, DStR 2009, 15, 17.

[558] BMF-Schreiben v. 13. 11. 2012, BStBl. I 2012, 1169; Abschn. 1.1. Abs. 23 Satz 4 UStAE; *Hüttemann*, Gemeinnützigkeitsrecht und Spendenrecht, 6. Aufl. 2025, Rn. 7.230.

[559] BMF-Schreiben v. 13. 11. 2012, BStBl. I 2012, 1169; Abschn. 1.1. Abs. 23 UStAE.

[560] Ebenso *Heber*, in: Weitemeyer/Hüttemann/Schauhoff, Umsatzsteuerrecht für den Nonprofitsektor, 2. Aufl. 2024, Rn. 7.160; *Hüttemann*, Gemeinnützigkeitsrecht und Spendenrecht, 6. Aufl. 2025, Rn. 7.232.

Stattdessen muss es auf den Zusammenhang zwischen kommunikativer Leistung und Entgelt ankommen. Dieser liegt nur vor, wenn sowohl der Sponsor als auch der Gesponserte ihre Tätigkeiten gerade im Hinblick auf die Gegenleistung erbringen.[561] Wird etwa die Danksagung für eine Spende im Vorfeld vereinbart, liegt darin auch dann ein steuerbarer Leistungsaustausch, wenn diese in dezenter Form erfolgt.[562] Anders kann es bei Danksagungen der gemeinnützigen Körperschaft im Anschluss an den Erhalt einer Spende sein.[563] Auch damit ist zwar häufig eine nicht unbedeutende Außenwirkung zugunsten des Spenders verbunden.[564] Die Spende ist aber dann kein Entgelt für die Danksagung, wenn die Körperschaft sich lediglich erkenntlich zeigen und die Mittelherkunft transparent dartun will.[565]

3. Zwischenergebnis: Umsatzsteuerbare Tätigkeiten gemeinnütziger Körperschaften

Ausgehend von ihrem Belastungsgrund belastet die Umsatzsteuer entgeltliche Tätigkeiten eines Unternehmers, die Kosten für privaten Endverbrauch verursachen können. Von vornherein außerhalb der steuerbaren Sphäre stehen Idealtätigkeiten, bei denen es an der Entgeltlichkeit fehlt, und Teile der privaten Vermögensverwaltung (Wertpapierhandel), wo kein für einen Händler typischer Marktauftritt vorliegt.

Im Übrigen kommt es zunächst auf die Verbrauchsfähigkeit des Vorteils an. Daran fehlt es jedenfalls im Kernbereich altruistischen Handelns. Gegenüber ihren Gesellschaftern oder Mitgliedern erbringen gemeinnützige Körperschaften schon aufgrund des Selbstlosigkeitsgebots nur in Ausnahmefällen umsatzsteuerbare Leistungen. Deshalb war festzustellen, dass Mitgliedsbeiträge nur Entgelte i. S. v. § 10 Abs. 1 UStG sind, wenn die Körperschaft den Mitgliedern im Gegenzug Vorteile zugutekommen lässt, an denen die Allgemeinheit nicht partizipieren kann. Sachspenden sind wegen § 3 Abs. 1b Nr. 1, Nr. 3 UStG jedoch häufig umsatzsteuerbar.

Tätigkeiten gegenüber Dritten sind meist umsatzsteuerbare Leistungen. Zwar müssen gemeinnützige Körperschaften ihre satzungsmäßigen Zwecke verwirklichen. Das schließt aber nicht aus, dass Dritten verbrauchsfähige Vorteile entstehen. So sind bezuschusste Tätigkeiten, die nicht nur der Allgemeinheit, sondern (auch) dem Zuwendenden zugutekommen, umsatzsteuerbare Leistungen. Darüber hinaus

---

561 *Heber*, in: Weitemeyer/Hüttemann/Schauhoff, Umsatzsteuerrecht für den Nonprofitsektor, 2. Aufl. 2024, Rn. 7.170 ff. spricht von „Wertschätzung der Leistung".

562 *Erdbrügger*, in: Schauhoff/Kirchhain, Hdb. d. Gemeinnützigkeit, 4. Aufl. 2023, § 13 Rn. 102.

563 *Alberti*, Sponsoring im Steuerrecht, 2001, S. 239 f.

564 *Heber*, in: Weitemeyer/Hüttemann/Schauhoff, Umsatzsteuerrecht für den Nonprofitsektor, 2. Aufl. 2024, Rn. 7.170; a. A. wohl *Alberti*, Sponsoring im Steuerrecht, 2001, S. 239 f.

565 *Heber*, in: Weitemeyer/Hüttemann/Schauhoff, Umsatzsteuerrecht für den Nonprofitsektor, 2. Aufl. 2024, Rn. 7.171.

ist ein unmittelbarer Zusammenhang zwischen Leistung und Entgelt erforderlich, der sich nach der Vereinbarung der Beteiligten bestimmt. Insbesondere gegenseitige Verträge, wie sie etwa beim Sponsoring üblich sind, begründen einen steuerbaren Leistungsaustausch.

II. Steuerpflicht (Steuerbefreiungen)

Anders als bei den bisher behandelten Steuerarten fehlt bei der Umsatzsteuer eine umfassende Befreiung der gemeinnützigen Akteure. Gemeinnützigkeitsbezogene sachliche Befreiungen werden nur punktuell für einzelne Umsätze gewährt (§ 4 UStG).

1. Der Befreiungsadressat

Direkter Befreiungsadressat ist stets der Unternehmer als Steuerschuldner. Die Umsatzsteuer belastet wirtschaftlich allerdings den (End-)Verbraucher. Daher führt eine steuerliche Entlastung des Unternehmers zu einer wirtschaftlichen Entlastung des Verbrauchers, während sie für den Unternehmer wirtschaftlich neutral ist. Das gilt jedenfalls dann, wenn der Unternehmer den Steuervorteil weitergibt. Formeller und materieller Befreiungsadressat fallen damit auseinander. Anders ist es nur, wenn der Unternehmer die Weitergabe der Umsatzsteuerlast an den Verbraucher versäumt, etwa weil er die Umsatzsteuerbarkeit einer Leistung verkannt hat.

Den umsatzsteuerlichen Befreiungen ist gemein, dass sie nicht an die Organisationsbezogenheit des gemeinnützigkeitsrechtlichen Förderkonzepts[566] anknüpfen. Die Befreiungen können jedem Unternehmer zugutekommen, gleich welcher Rechtsform.[567] Das schließt natürliche Personen mit ein. Nichts anderes gilt für die Befreiungen, die eine „Einrichtung" voraussetzen.[568] Da der umsatzsteuerliche Neutralitätsgrundsatz eine unterschiedliche Behandlung gleichartiger Umsätze verbietet, ist der Begriff der „Einrichtung" nicht rechtsformbezogen auszulegen.[569] Der Gemeinnützigkeitsstatus des Unternehmers nach nationalem Recht ist trotz der Intention des Richtliniengebers, Gemeinwohl zu begünstigen, nie entscheidend.[570]

---

[566] Dazu *Hüttemann*, DStJG 26 (2003), 49, 51; *ders.*, FR 2016, 969, 970; *Droege*, Gemeinnützigkeit im offenen Steuerstaat, 2010, S. 30f.

[567] Anders ist es nur bei der Befreiung der Umsätze der Blinden nach § 4 Nr. 19 lit. a UStG, die nur auf natürliche Personen anwendbar ist, vgl. *Weitemeyer*, in: Weitemeyer/Hüttemann/Schauhoff, Umsatzsteuerrecht für den Nonprofitsektor, 2. Aufl. 2024, Rn. 23.31.

[568] Z. B. Art. 132 Abs. 1 lit. b, lit. m, lit. p MwStSystRL, § 4 Nr. 14 lit. b, Nr. 15, Nr. 16 UStG.

[569] EuGH, Urt. v. 7.9.1999, C-216/97 (*Gregg*), Slg. 1999, I-4947; v. 3.4.2003, C-144/00 (*Hoffmann*), Slg. 2003, I-2921; v. 15.11.2012, C-174/11 (*Zimmermann*), ECLI:EU:C:2012:716; anders noch EuGH, Urt. v. 11.8.1995, C-453/93 (*Bulthuis Griffioen*), Slg. 1995, I-2341.

[570] EuGH, Urt. v. 26.5.2005, C-498/03 (*Kingscrest Associates Ltd.*), Slg. 2005, I-4427, Rn. 44.

2. Steuerbefreiungen auf unionsrechtlicher Grundlage

a) Sozial- und Wohlfahrtseinrichtungen

§ 4 Nr. 15–16 und Nr. 18 UStG befreien Leistungen von Sozial- und Wohlfahrtseinrichtungen. Rechtsgrundlage ist Art. 132 Abs. 1 lit. g MwStSystRL. Danach sind eng mit der Sozialfürsorge oder sozialen Sicherheit verbundene Leistungen zu befreien, einschließlich derjenigen, die durch Altenheime, Einrichtungen des öffentlichen Rechts oder andere vom Mitgliedstaat als Einrichtungen mit sozialem Charakter anerkannte Einrichtungen, bewirkt werden. Den Befreiungen liegen sozialpolitische Erwägungen zugrunde. Der Endverbrauch der begünstigten Leistungen soll möglichst kostengünstig und damit besser zugänglich sein.[571]

Die sich daraus ergebenden unionsrechtlichen Vorgaben gelten für alle Befreiungen der Sozial- und Wohlfahrtseinrichtungen nach § 4 Nr. 15–16 und Nr. 18 UStG gleichermaßen. Erstens dürfen nur solche Leistungen befreit werden, die eng mit der Sozialfürsorge oder der sozialen Sicherheit verbunden sind. Zweitens müssen diese von Einrichtungen mit sozialem Charakter erbracht werden.[572] Hinsichtlich beider Voraussetzungen steht den Mitgliedstaaten ein Ermessen zu, welches jedoch durch den Neutralitätsgrundsatz begrenzt ist.[573] Der EuGH hat bereits entschieden, dass Art. 132 Abs. 1 lit. g MwStSystRL unmittelbar anwendbar ist, soweit das nationale Recht die Richtlinie nach diesen Maßstäben unzureichend umsetzt.[574] Darüber hinaus gilt für alle auf Art. 132 Abs. 1 lit. g MwStSystRL beruhenden Befreiungen die Einschränkung des Art. 134 MwStSystRL, wonach die Befreiungen unerlässlich sein müssen und nicht im Wesentlichen dazu bestimmt sein dürfen, den Einrichtungen Wettbewerbsvorteile zu verschaffen.

Im Folgenden werden nur diejenigen Befreiungen erläutert, die auf gemeinnützige Körperschaften anwendbar sein können. Das ist bei § 4 Nr. 15 und Nr. 15a UStG nicht der Fall, die nur Sozialversicherungsträger, Grundsicherungsträger und medizinische Träger als Körperschaften des öffentlichen Rechts erfassen (§ 29 Abs. 1 SGB IV, §§ 278 Abs. 1, 281 Abs. 1 SGB V).[575]

---

[571] EuGH, Urt. v. 26. 5. 2005, C-498/03 (*Kingscrest Associates Ltd.*), Slg. 2005, I-4427, Rn. 30.

[572] EuGH, Urt. v. 26. 5. 2005, C-498/03 (*Kingscrest Associates Ltd.*), Slg. 2005, I-4427, Rn. 34; krit. zur deutschen Fassung, die fälschlich eine rein leistungsbezogene Betrachtung nahelegt, *Erdbrügger*, in: Hartmann/Metzenmacher, UStG, 7. Aufl. 2025, § 4 Nr. 16 Rn. 22 ff.

[573] EuGH, Urt. v. 26. 5. 2005, C-498/03 (*Kingscrest Associates Ltd.*), Slg. 2005, I-4427, Rn. 53, 55; v. 15. 11. 2012, C-174/11 (*Zimmermann*), ECLI:EU:C:2012:716, Rn. 24, 26; v. 12. 3. 2015, C-594/13 („*go fair*“), ECLI:EU:C:2015:164, Rn. 28.

[574] EuGH, Urt. v. 10. 9. 2002, C-141/00 (*Kügler*), Slg. 2002, I-6833, Rn. 53.

[575] Dazu *Oelmaier*, in: Sölch/Ringleb, UStG, 6/2025, § 4 Nr. 15 Rn. 6 und § 4 Nr. 15a Rn. 4 f.

aa) Eingliederungsleistungen – § 4 Nr. 15b UStG

§ 4 Nr. 15b UStG befreit Leistungen zur Eingliederung in Arbeit und Leistungen der Arbeitsförderung[576] von der Umsatzsteuer. Zusammengefasst sind das all jene Leistungen, die einer aufgrund von Arbeitslosigkeit oder Hilfsbedürftigkeit bestehenden wirtschaftlichen oder sozialen Notlage abhelfen und die Eingliederung in den Arbeitsmarkt zum Ziel haben.[577] Die Leistungen müssen von juristischen Personen des öffentlichen Rechts oder anderen Einrichtungen mit sozialem Charakter erbracht werden. Andere Einrichtungen sind solche, die nach § 178 SGB III zugelassen sind, Verträge mit den Trägern der Grundsicherung für Arbeitssuchende oder für vergleichbare Leistungen Verträge mit juristischen Personen des öffentlichen Rechts geschlossen haben (§ 4 Nr. 15b Satz 2 UStG). Damit sind private Unternehmer nur unter zusätzlichen Voraussetzungen erfasst. Die Befreiung hängt bei Eingliederungsleistungen alternativ von einer behördlichen Zulassung oder einem Vertragsabschluss mit einem gesetzlichen Träger oder juristischen Person des öffentlichen Rechts ab.

Die Aufzählung der befreiten Leistungen ist richtlinienkonform. Da auch „vergleichbare Leistungen“ befreit sind, verstößt § 4 Nr. 15b UStG nicht gegen den Neutralitätsgrundsatz.[578] Mit Blick auf Art. 134 lit. a MwStSystRL müssen die betreffenden Leistungen für die Umsätze unerlässlich sein. Das setzt jedoch nicht voraus, dass die Leistung unmittelbar an eine bedürftige Person erbracht wird. Ausreichend kann auch ein Subunternehmerverhältnis sein, etwa die Erstellung eines Gutachtens im Auftrag der Trägerkörperschaft. Voraussetzung ist dann aber, dass die Trägerkörperschaft die Entgelte an den Subunternehmer weiterleitet.[579]

Die zusätzlichen Voraussetzungen, unter denen Private sich auf die Befreiung nach § 4 Nr. 15b UStG berufen können, sind ebenfalls richtlinienkonform. Das den Mitgliedstaaten zustehende Anerkennungsermessen ist nicht überschritten, wenn Private die Möglichkeit haben, durch den Abschluss eines Vertrages mit einem gesetzlichen Träger in den Genuss der Steuerbefreiung zu kommen. Anderenfalls wäre das Ermessen praktisch bedeutungslos.[580]

bb) Arbeitsförderung – § 4 Nr. 15c UStG

§ 4 Nr. 15c UStG befreit Leistungen zur Teilnahme am Arbeitsleben i. S. v. § 49 SGB IX. Im Unterschied zu den durch § 4 Nr. 15b UStG befreiten Einglie-

[576] Legaldefiniert in § 16 SGB II, §§ 3, 29 ff. SGB III.
[577] BT-Drs. 18/1529, S. 76 f.
[578] *Waza*, in: Offerhaus/Söhn/Lange, Umsatzsteuer, 11/2025, § 4 Nr. 15b Rn. 9, 13.
[579] EuGH, Urt. v. 8. 10. 2020, C-657/19 (*Finanzamt D*), ECLI:EU:C:2020:811, Rn. 34; BFH, Urt. v. 24. 2. 2021, XI R 30/20, BStBl. II 2023, 792, Rn. 29.
[580] EuGH, Urt. v. 8. 10. 2020, C-657/19 (*Finanzamt D*), ECLI:EU:C:2020:811, Rn. 50 ff.; BFH, Urt. v. 24. 2. 2021, XI R 30/20, BStBl. II 2023, 792, Rn. 36.

derungsleistungen erfasst § 4 Nr. 15c UStG Leistungen, die der Erhaltung der Erwerbsfähigkeit behinderter oder von Behinderung bedrohter Menschen dienen.[581] Begünstigt sind nur juristische Personen des öffentlichen Rechts und Rehabilitationseinrichtungen gemäß §§ 36, 51 SGB IX, mit denen die Rehabilitationsträger entsprechende Verträge abgeschlossen haben. Für die unionsrechtliche Beurteilung gilt das zu § 4 Nr. 15b UStG Ausgeführte entsprechend.[582] Die Befreiung ist richtlinienkonform.

cc) Pflege- und Seniorenheime – § 4 Nr. 16 UStG

Nach § 4 Nr. 16 UStG sind Leistungen befreit, die eng mit der Betreuung oder Pflege körperlich, kognitiv oder psychisch hilfsbedürftiger Personen verbunden sind. Voraussetzung ist, dass diese Leistungen von in § 4 Nr. 16 lit. a–n UStG näher bezeichneten Einrichtungen erbracht werden.

(1) Die befreiten Leistungen

Eng mit der Betreuung und Pflege verbundene Leistungen sind solche, die regelmäßig und allgemein beim laufenden Betrieb vorkommen, typisch sind und mit dem Betrieb unmittelbar oder mittelbar zusammenhängen.[583] Das umfasst etwa die stationäre oder ambulante Aufnahme und Betreuung oder die zur Pflege erforderlichen Medikamente und Hilfsmittel, nicht aber die entgeltliche Abgabe von Getränken an Besucher, die Vermietung von Fernsehern oder Unterbringung von Begleitpersonen.[584]

Unionsrechtlich vorgegeben ist, dass die Befreiungen für die Leistungen unerlässlich sein müssen und nicht dazu bestimmt sein dürfen, der Einrichtung zusätzliche Einnahmen durch Umsätze zu verschaffen, die in unmittelbarem Wettbewerb mit Umsätzen von der Umsatzsteuer nicht befreiter Unternehmer bewirkt werden (Art. 134 MwStSystRL). Konsequent hat der EuGH betont, die Leistungen müssten für die Sozialfürsorge unerlässlich sein, was jedoch nicht zwingend voraussetze, dass diese unmittelbar an die hilfsbedürftige Person erbracht werden.[585] Ebenso wie bei § 4 Nr. 15b UStG kann daher auch ein privates Gutachten nach § 4 Nr. 16 UStG umsatzsteuerbefreit sein.

---

[581] BT-Drs. 18/9522, S. 348; *Janzen*, in: Lippross/Seibel, Basiskommentar Steuerrecht, 10/2025, § 4 Nr. 15c UStG Rn. 2.
[582] Vgl. *Wüst*, in: Wäger, UStG, 3. Aufl. 2024, § 4 Nr. 15c Rn. 4–6, 25.
[583] BFH, Urt. v. 1. 12. 1977, V R 37/75, BStBl. II 1978, 173.
[584] Abschn. 4. 16. 6. Abs. 2, Abs. 3 UStAE.
[585] EuGH, Urt. v. 8. 10. 2020, C-657/19 (*Finanzamt D*), ECLI:EU:C:2020:811, Rn. 31 ff.

Die in der Rechtsprechung des EuGH behandelten Fälle eng verbundener Leistungen stimmen weitgehend mit der Aufzählung in Abschn. 4. 16. 6. Abs. 2 UStAE überein.[586] Der einzige Unterschied besteht in der Behandlung der Personalgestellung, die der EuGH nicht als eng verbundene Dienstleistung eingeordnet hat und die deshalb nach nationalem Recht – entgegen der Auffassung der Finanzverwaltung[587] – nicht nach § 4 Nr. 16 UStG befreit werden darf.[588] Das nationalrechtliche Merkmal der engen Verbundenheit ist unbestimmt und daher bei Bedarf der (richtlinienkonformen) Auslegung zugänglich.

(2) Die Leistungserbringer

Mit Ausnahme von § 4 Nr. 16 lit. a UStG, wonach die Leistungen von juristischen Personen des öffentlichen Rechts erbracht werden können und § 4 Nr. 16 lit. m UStG, wonach dasselbe für Einrichtungen gilt, die als Verfahrenspfleger nach dem FamFG bestellt sind, knüpfen die Definitionen der begünstigten Einrichtungen an sozialrechtliche Normen und Vorgänge an. Die Prüfung der für gemeinnützige Körperschaften praktisch bedeutsamen Befreiungsvorschrift[589] erfordert vertiefte sozialrechtliche Kenntnisse.[590] Die folgenden Ausführungen beschränken sich daher auf das für das Grundverständnis der Befreiung und deren unionsrechtliche Einordnung erforderliche Maß.

Einrichtungen i. S. v. § 4 Nr. 16 lit. b-l UStG müssen erstens Betreuungs- und Pflegeleistungen erbringen und zweitens entweder sozialrechtlich „anerkannt" sein oder einen im Sozialrecht näher bestimmten Vertrag mit einer Trägerkörperschaft geschlossen haben. § 4 Nr. 16 lit. n UStG enthält einen Auffangtatbestand, wonach nicht (ggf. vertragsmäßig) anerkannte Betreuungs- oder Pflegeeinrichtungen steuerbefreit sind, wenn ihre Kosten zu mindestens 25 % (sog. Sozialgrenze) von den gesetzlichen Trägerkörperschaften vergütet worden sind.

Diese Voraussetzungen sind unionsrechtskonform. Das den Mitgliedstaaten zustehende Anerkennungsermessen[591] ist nicht überschritten worden, weil der Gesetzgeber durch die Anbindung der Umsatzsteuerbefreiungen an sozialrechtliche Vorschriften sichergestellt hat, dass die erbrachten Leistungen bestimmten Qua-

---

586 Vgl. EuGH, Urt. v. 1. 12. 2005, C-394–395/04 (*Ygeia*), Slg. 2005, I-10373, Rn. 33; v. 21. 1. 2016, C-335/14 (*Les Jardins de Jouvence*), ECLI:EU:C:2016:36, Rn. 44 sowie die Aufzählung bei *Hartman*, in: Musil/Weber-Grellet, Europäisches Steuerrecht, 2. Aufl. 2022, § 4 Nr. 14 UStG Rn. 11.

587 Abschn. 4. 16. 6. Abs. 2 Nr. 4 UStAE.

588 EuGH, Urt. v. 12. 3. 2015, C-594/13 („*go fair*"), ECLI:EU:C:2015:164, Rn. 28.

589 Vgl. *Leisner-Egensperger/Eisele*, in: Winheller/Geibel/Jachmann-Michel, Gesamtes Gemeinnützigkeitsrecht, 3. Aufl. 2023, § 4 Nr. 16 UStG Rn. 6.

590 *Hölzer*, in: Rau/Dürrwächter, UStG, 9/2025, § 4 Nr. 16 Rn. 41; *Widmann*, DStR 2009, 1061, 1063.

591 Dazu EuGH, Urt. v. 26. 5. 2005, C-498/03 (*Kingscrest Associates Ltd.*), Slg. 2005, I-4427, Rn. 49, 51; v. 15. 11. 2012, C-174/11 (*Zimmermann*), ECLI:EU:C:2012:716, Rn. 26.

litätsstandards entsprechen.[592] Auch die Sozialgrenze i. H. v. 25 % ist zulässig, da die Mitgliedstaaten bei der Ermessensausübung auch die Kostenübernahme durch soziale Träger berücksichtigen können.[593]

Strittig ist allerdings, ob § 4 Nr. 16 UStG insoweit richtlinienwidrig ist, als Altenheime die skizzierten Anerkennungsvoraussetzungen erfüllen müssen. Ausgangspunkt ist der (deutsche) Wortlaut von Art. 132 Abs. 1 lit. g MwStSystRL, wonach sich das mitgliedstaatliche Ermessen auf Altenheime nicht zu beziehen scheint („einschließlich derjenigen, die durch Altenheime (...) oder andere (...) anerkannte Einrichtungen bewirkt werden"). Nach dieser Lesart wären Altenheime ohne weitere Voraussetzungen zu befreien und könnten sich unmittelbar auf Art. 132 Abs. 1 lit. g MwStSystRL berufen.[594] Dem ist nicht zu folgen. Der deutschen Fassung von Art. 132 Abs. 1 lit. g MwStSystRL liegt ein Übersetzungsfehler zugrunde. Aus den anderen Sprachfassungen und der früheren deutschen Fassung („einschließlich derjenigen der Altenheime (...) oder andere (...) anerkannte Einrichtungen").[595] ergibt sich, dass Altenheime nur beispielhaft aufgezählt werden.[596] Für diese gelten mithin – unionsrechtlich zwingend – dieselben Anforderungen wie für andere Pflege- und Betreuungseinrichtungen.

Auf Altenwohnheime, bei denen im Unterschied zu Altenheimen keine Pflege- oder Betreuungsleistungen, sondern Vermietungsleistungen erbracht werden, ist § 4 Nr. 16 UStG nicht anwendbar.[597]

Nach § 4 Nr. 16 lit. m UStG sind auch Einrichtungen erfasst, die als Verfahrenspfleger nach den §§ 276, 297, 298, 317, 419 FamFG bestellt worden sind, wenn die Preise behördlich genehmigt sind. Ist eine Preisgenehmigung nicht vorgesehen, müssen die verlangten Preise unter denen liegen, die gewerbliche Unternehmen für entsprechende Umsätze fordern. Damit soll dem Umstand Rechnung getragen werden, dass § 4 Nr. 16 UStG a. F. den Art. 132 Abs. 1 lit. g MwStSystRL insoweit unzureichend umgesetzt hat, als Verfahrenspfleger in Betreuungs- und Unterbringungssachen nicht befreit waren.[598] § 4 Nr. 16 lit. m UStG n. F. ist nach den Maßstäben

---

592 Zu § 14 Nr. 16 lit. h UStG BFH, Urt. v. 9. 3. 2017, V R 39/16, BStBl. II 2023, 784, Rn. 12 ff.; zu § 4 Nr. 16 lit. l UStG BFH, Urt. v. 13. 6. 2018, XI R 20/16, BStBl. II 2023, 786, Rn. 42 ff. mit jeweils identischer Begründung. Zu den übrigen Befreiungen nach § 4 Nr. 16 UStG *Wüst*, in: Wäger, UStG, 3. Aufl. 2024, § 4 Nr. 16 Rn. 75, 78.

593 EuGH, Urt. v. 8. 6. 2006, C-106/05 (*L. u. P.*), Slg. 2006, I-5123, Rn. 53 f.; *Hartman*, in: Musil/Weber-Grellet, Europäisches Steuerrecht, 2. Aufl. 2022, § 4 Nr. 16 UStG Rn. 32.

594 So *Oelmaier*, in: Sölch/Ringleb, UStG, 6/2025, § 4 Nr. 16 Rn. 32; *Hartman*, in: Musil/Weber-Grellet, Europäisches Steuerrecht, 2. Aufl. 2022, § 4 Nr. 16 UStG Rn. 32; *Birkenfeld*, UR 2017, 865, 871.

595 Art. 13 Teil A Abs. 1 lit. g der 6. Richtlinie 77/388/EWG.

596 *Erdbrügger*, in: Hartmann/Metzenmacher, UStG, 7. Aufl. 2025, § 4 Nr. 16 Rn. 22 ff.; *Wüst*, in: Wäger, UStG, 3. Aufl. 2024, § 4 Nr. 16 Rn. 13; *Küffner/Streit*, MwStR, 2014, 10, 13.

597 Die Vermietung von Wohnraum ist aber nach § 4 Nr. 12 UStG befreit, stv. *Heidner*, in: Bunjes, UStG, 24. Aufl. 2025, § 4 Nr. 16 Rn. 33.

598 BT-Drs. 20/8628, S. 202 mit Verweis auf BFH, Urt. v. 25. 11. 2021, V R 34/19, BFHE 275, 283.

des EuGH-Urteils in der Rechtssache *EQ* zulässig. Der Gerichtshof hat ausgeführt, die Leistung von Rechtsbeiständen zur Wahrung der Interessen nicht geschäftsfähiger Erwachsener sei eine eng mit der sozialen Fürsorge verbundene Leistung.[599]

dd) Wohlfahrtseinrichtungen – § 14 Nr. 18 UStG

§ 4 Nr. 18 UStG befreit eng mit der Sozialfürsorge und sozialen Sicherheit verbundene Leistungen, die von öffentlichen oder nicht systematisch Gewinnerzielung anstrebenden Einrichtungen erbracht werden. Erzielt eine derartige Einrichtung trotzdem Gewinne, dürfen diese nicht verteilt, sondern müssen zur Erhaltung oder Verbesserung der erbrachten Leistungen verwendet werden. Die Befreiung ist subsidiär; nach anderen Vorschriften befreite Leistungen müssen die jeweiligen Befreiungsvoraussetzungen erfüllen und können nicht gemäß § 4 Nr. 18 UStG befreit sein (§ 4 Nr. 18 Satz 3 UStG). Praktische Anwendungsfälle sind etwa die Leistungen von Tafeln, Frauenhäusern, Eheberatungsstellen sowie Hilfeleistungen für Obdachlose, Suchtkranke oder Migranten.[600]

Die Beschränkung auf nicht systematisch nach Gewinnerzielung strebende Einrichtungen und das Gewinnverteilungsverbot beruhen auf Art. 133 lit. a MwStSystRL. Die Merkmale sind unionsautonom auszulegen. Auf nationale Regelungen, wie das Gewinnausschüttungsverbot nach § 55 Abs. 1 Nr. 1 AO, kommt es nicht an.[601] Gleichwohl ist davon auszugehen, dass gemeinnützige Körperschaften in der Regel nicht systematisch nach Gewinn streben.[602] Denn eine Einrichtung handelt auch dann ohne Gewinnstreben, wenn sie planmäßig Überschüsse erwirtschaftet, diese aber nicht an ihre Mitglieder auszahlt.[603] Noch ungeklärt ist, ob die gemeinnützigkeitsrechtlichen Ausnahmen vom Gebot der zeitnahen Mittelverwendung (z. B. zulässige Rücklagenbildung nach § 62 AO), dem Gewinnverteilungsverbot entgegenstehen können.[604] Dieselbe Frage stellt sich, sofern es zu einem Wegfall des Gebots der zeitnahen Mittelverwendung nach § 55 Abs. 1 Nr. 5 AO kommen sollte.[605] Da Art. 133 lit. a MwStSystRL jedoch keine sofortige Mittelverwendung verlangt, sind derartige Ausnahmen vom Gebot der zeitnahen Mittelverwendung unionsrechtlich unproblematisch. Das Gewinnverwendungsverbot ist im Übrigen auf die Einrichtung als Ganzes zu beziehen. Das bedeutet, dass die Gewinne nicht

---

[599] EuGH, Urt. v. 15.4.2021, C-846/19 (*EQ*), ECLI:EU:C:2021:277, Rn. 88; so auch schon BFH, Urt. v. 17.7.2019, V R 27/17, BStBl. II 2023, 591, Rn. 16 ff.

[600] BT-Drs. 19/13436, S. 147; *Hartman*, in: Musil/Weber-Grellet, Europäisches Steuerrecht, 2. Aufl. 2022, § 4 Nr. 18 UStG Rn. 11.

[601] *Oelmaier*, in: Sölch/Ringleb, UStG, 6/2025, § 4 Nr. 18 Rn. 14.

[602] *Michel*, UR 2020, 601, 605; *Liegmann*, in: Wäger, UStG, 3. Aufl. 2024, § 4 Nr. 18 Rn. 26.

[603] EuGH, Urt. v. 21.3.2002, C-174/00 (*Kennemer Golf & Country Club*), Slg. 2002, I-3293, Rn. 26 ff.

[604] *Liegmann*, in: Wäger, UStG, 3. Aufl. 2024, § 4 Nr. 18 Rn. 28.

[605] Vgl. Regierungsentwurf v. 24.7.2024, BT-Drs. 373/24, S. 22 f., der jedoch insoweit aufgrund der Beschlussempfehlung des Finanzausschusses v. 18.12.2024 nicht übernommen wurde, BT-Drs. 20/14309, S. 48; BR-Drs. 637/24.

nur für den steuerbefreiten Teil der Leistung verwendet werden müssen, solange sichergestellt ist, dass diese nicht an Gesellschafter oder Mitglieder verteilt werden.[606]

§ 4 Nr. 18 UStG ist richtlinienkonform, da die Norm keine von Art. 132 Abs. 1 lit. g MwStSystRL unzulässig abweichenden Einschränkungen enthält. Eine darüberhinausgehende Berufung auf Art. 132 Abs. 1 lit. g MwStSystRL ist nicht möglich.[607]

b) Kulturelle Einrichtungen – § 4 Nr. 20 UStG

§ 4 Nr. 20 lit. a UStG befreit abschließend aufgezählte kulturelle Einrichtungen, wie Orchester, Chöre, Museen, Theater, Archive oder zoologische und botanische Gärten, wenn diese von einer juristischen Person des öffentlichen Rechts betrieben werden. Gleichartige Einrichtungen von Privatunternehmern sind nur befreit, wenn die zuständige Landesbehörde bescheinigt, dass sie die gleichen kulturellen Aufgaben erfüllen. Durch § 4 Nr. 20 lit. b UStG werden darüber hinaus Theateraufführungen und Konzerte anderer Unternehmer befreit, wenn die Darbietungen von den in lit. a aufgeführten Theatern oder Orchestern erbracht werden. Die Befreiung ist damit nicht von der erbrachten Leistung, sondern vom Unternehmer abhängig.[608]

Unionsrechtliche Grundlage ist Art. 132 Abs. 1 lit. n MwStSystRL, wonach bestimmte kulturelle Dienstleistungen von anerkannten Einrichtungen zu befreien sind. Anders als das nationale Recht knüpft das Unionsrecht an die Leistung an.[609] Die Mitgliedstaaten haben sowohl in Bezug auf die Leistung als auch hinsichtlich der anzuerkennenden Einrichtungen ein Ermessen.[610] Vor diesem Hintergrund ist die Beschränkung in § 4 Nr. 20 UStG auf bestimmte Einrichtungen und bestimmte kulturelle Bereiche unionsrechtskonform.[611] Andere Unternehmer können sich daher nicht unmittelbar auf Art. 132 Abs. 1 lit. n MwStSystRL berufen; der EuGH hat darüber hinaus ohnehin entschieden, dass dieser aufgrund des mitgliedstaatlichen Ermessens nicht unmittelbar anwendbar ist.[612]

§ 4 Nr. 20 UStG enthält aber keine Einschränkung gemäß Art. 134 MwStSystRL, wonach die Leistung für die Befreiung unerlässlich sein muss und nicht im Wesentlichen dazu bestimmt sein darf, der Einrichtung zusätzliche Einnahmen durch Umsätze zu verschaffen, die in unmittelbarem Wettbewerb mit Umsätzen von nicht

---

[606] *Wiesch*, in: Offerhaus/Söhn/Lange, Umsatzsteuer, 11/2025, § 4 Nr. 18 Rn. 20; *Hüttemann/Schauhoff*, DStR 2019, 1601, 1607.
[607] *Oelmaier*, in: Sölch/Ringleb, UStG, 6/2025, § 4 Nr. 18 Rn. 14.
[608] *Moldan*, in: Wäger, UStG, 3. Aufl. 2024, § 4 Nr. 20 Rn. 1.
[609] *Wäger*, in: Reiß/Kraeusel/Langer, UStG, 9/2025, § 4 Nr. 20 Rn. 8.
[610] EuGH, Urt. v. 15.2.2017, C-592/15 (*British Film Institute*), ECLI:EU:C:2017:117, Rn. 23 f.; BFH, Urt. v. 4.5.2011, XI R 44/08, BStBl. II 2014, 200, Rn. 24.
[611] Stv. *Leisner-Egensperger/Eisele*, in: Winheller/Geibel/Jachmann-Michel, Gesamtes Gemeinnützigkeitsrecht, 3. Aufl. 2023, § 4 Nr. 20 UStG Rn. 11 f.
[612] EuGH, Urt. v. 15.2.2017, C-592/15 (*British Film Institute*), ECLI:EU:C:2017:117, Rn. 24.

befreiten Unternehmen bewirkt werden. Insoweit sind die nationalrechtlichen Begriffe „Umsätze“ und „Veranstaltungen“ einschränkend richtlinienkonform auszulegen.[613] Daher ist etwa die Abgabe von Speisen und Getränken in einem Theater nicht umsatzsteuerbefreit.[614]

c) Erwachsenenbildung, Kultur und Sport – § 4 Nr. 22 UStG

aa) Bildungsveranstaltungen – § 4 Nr. 22 lit. a UStG

§ 4 Nr. 22 lit. a UStG befreit Vorträge, Kurse und andere Veranstaltungen wissenschaftlicher oder belehrender Art, die von juristischen Personen des öffentlichen Rechts, Verwaltungs- und Wirtschaftsakademien, Volkshochschulen oder Einrichtungen, die gemeinnützigen Zwecken oder dem Zweck eines Berufsverbandes dienen, durchgeführt werden. Die Einnahmen müssen überwiegend zur Deckung der Kosten verwendet werden.

Rechtsgrundlage ist – wie bei der Befreiung von privaten Bildungseinrichtungen nach § 4 Nr. 21 UStG – Art. 132 Abs. 1 lit. i MwStSystRL. Die unionsrechtlichen Vorgaben sind damit dieselben. Einigkeit besteht darin, dass die abschließende Aufzählung der Einrichtungen insoweit richtlinienwidrig ist, als der personelle Anwendungsbereich auf juristische Personen beschränkt ist.[615] § 4 Nr. 22 lit. a UStG kann jedoch richtlinienkonform ausgelegt werden, indem der Begriff der „Einrichtung“ rechtsformneutral ausgelegt und der Begriff „gemeinnützige Zwecke“ nicht im Sinne eines umfassenden Rechtsgrundverweises auf §§ 51–68 AO verstanden wird.[616]

Vor diesem Hintergrund ist die Frage, ob der Verweis auf „gemeinnützige Zwecke“ in § 4 Nr. 22 lit. a UStG lediglich die Zweckkataloge in §§ 52–54 AO meint oder in Gänze auf das Gemeinnützigkeitsrecht gemäß §§ 51–68 AO verweist,[617] ohne Bedeutung. Die Umsatzsteuerbefreiung darf ohnehin nicht vom nationalen Gemeinnützigkeitsrecht abhängig gemacht werden, sodass Unternehmer die Steuerbefreiung in jedem Fall in Anspruch nehmen können.[618]

§ 4 Nr. 22 lit. a UStG geht über die Vorgaben der MwStSystRL aber z. T. hinaus, da die befreiten Leistungen nicht auf erzieherische und schulische Kenntnisver-

---

[613] BFH, Urt. v. 18. 8. 2005, V R 20/03, BStBl. II 2005, 910; *Wäger*, in: Reiß/Kraeusel/Langer, UStG, 9/2025, § 4 Nr. 20 Rn. 9 f.

[614] BFH, Urt. v. 18. 8. 2005, V R 20/03, BStBl. II 2005, 910.

[615] *Oelmaier*, in: Sölch/Ringleb, UStG, 6/2025, § 4 Nr. 22 Rn. 10 ff.; *Leisner-Egensperger/Eisele*, in: Winheller/Geibel/Jachmann-Michel, Gesamtes Gemeinnützigkeitsrecht, 3. Aufl. 2023, § 4 Nr. 22 UStG Rn. 21.

[616] Ebenso *Kulmsee*, in: Reiß/Kraeusel/Langer, UStG, 9/2025, § 4 Nr. 22 Rn. 23; *Hartman*, in: Musil/Weber-Grellet, Europäisches Steuerrecht, 2. Aufl. 2022, § 4 Nr. 22 UStG Rn. 16.

[617] Dies offenlassend BFH, Vorlagebeschl. v. 21. 6. 2018, V R 20/17, BStBl. II 2018, 558, Rn. 51.

[618] Vgl. *Alvermann/Esteves Gomes*, in: Wäger, UStG, 3. Aufl. 2024, § 4 Nr. 22 Rn. 55.

mittlung im Rahmen schul- oder hochschultypischer Bildung beschränkt sind. Insoweit ist die Norm unionsrechtkonform einzuschränken.[619] Insbesondere „Veranstaltungen belehrender Art" sind damit entgegen dem ersten Anschein oft nicht umsatzsteuerbefreit. Voraussetzung für die Steuerbefreiung ist, dass der Unterricht auf einem integrierten System der Vermittlung von Kenntnissen und Fähigkeiten in Bezug auf ein breites und vielfältiges Spektrum von Stoffen sowie auf der Vertiefung und Entwicklung dieser Kenntnisse und Fähigkeiten beruht.[620] Daran fehlt es z. B. bei der Durchführung eines Fahrsicherheitstrainings und der Erteilung von Flugunterricht.[621]

bb) Kulturelle und sportliche Veranstaltungen – § 4 Nr. 22 lit. b UStG

Kulturelle und sportliche Veranstaltungen sind gemäß § 4 Nr. 22 lit. b UStG befreit, soweit das Entgelt in Teilnehmergebühren besteht. Das gilt aber nur für die in § 4 Nr. 22 lit. a UStG bezeichneten Unternehmer, was unionsrechtlich unzulässig ist. Die Norm ist richtlinienkonform weit, d. h. rechtsformneutral, auszulegen.[622]

Die Befreiung nach § 4 Nr. 22 lit. b UStG beruht auf Art. 132 Abs. 1 lit. m, lit. n und lit. o MwStSystRL, setzt aber keine dieser Vorgaben vollständig um. Art. 132 Abs. 1 lit. m MwStSystRL erfasst bestimmte, in engem Zusammenhang mit Sport und Körperertüchtigung stehende Dienstleistungen, Art. 132 Abs. 1 lit. n MwStSystRL die bereits erwähnten kulturellen Dienstleitungen. Art. 132 Abs. 1 lit. o MwStSystRL befreit zusätzlich Leistungen bei Veranstaltungen durch derartige Einrichtungen, wenn die Veranstaltungen den Einrichtungen eine finanzielle Unterstützung bringen sollen und ausschließlich zu ihrem Nutzen durchgeführt werden. Voraussetzung ist weiter, dass keine Wettbewerbsverzerrung eintritt.

§ 4 Nr. 22 lit. b UStG setzt diese Vorgaben nicht hinreichend um und ist damit richtlinienwidrig, soweit die Befreiung auf sportliche und kulturelle „Veranstaltungen" beschränkt ist.[623] Denn Art. 132 Abs. 1 lit. m, lit. n MwStSystRL erfassen alle in engem Zusammenhang mit Kultur oder Sport erbrachte Dienstleistungen. Nach früherer Rechtsprechung des BFH sollte § 4 Nr. 22 lit. b UStG einer richtlinienkonformen Auslegung nicht zugänglich sein und stattdessen Art. 132 Abs. 1 lit. m, lit. n

---

[619] BFH, Urt. v. 27. 4. 2006, V R 53/04, BStBl. II 2007, 16; Beschl. v. 10. 7. 2012, V B 33/12, BFH/NV 2012, 1676, Rn. 52; *Hartman*, in: Musil/Weber-Grellet, Europäisches Steuerrecht, 2. Aufl. 2022, § 4 Nr. 22 UStG Rn. 15.

[620] EuGH, Urt. v. 21. 10. 2021, C-373/19 (*Dubrovin & Tröger – Aquatics*), ECLI:EU:C:2021:873, Rn. 28.

[621] BFH, Beschl. v. 10. 7. 2012, V B 33/12, BFH/NV 2012, 1676; Urt. v. 17. 11. 2022, V R 33/21, BFHE 279, 253, Rn. 23; Urt. v. 13. 11. 2024, XI R 31/22, BFH/NV 2025, 494, Rn. 24 ff.

[622] Es gelten dieselben Maßstäbe wie für § 4 Nr. 22 lit. a UStG, vgl. *Hartman*, in: Musil/Weber-Grellet, Europäisches Steuerrecht, 2. Aufl. 2022, § 4 Nr. 22 UStG Rn. 46.

[623] BFH, Urt. v. 3. 4. 2008, V R 74/07, BFHE 221, 451; *Heidner*, in: Bunjes, UStG, 24. Aufl. 2025, § 4 Nr. 22 Rn. 12.

MwStSystRL unmittelbar angewendet werden.[624] Jedoch hat der EuGH in neuerer Rechtsprechung festgestellt, dass die Wendung „bestimmte" Dienstleistungen so auszulegen ist, dass die Mitgliedstaaten nicht dazu verpflichtet sind, alle ein entsprechendes Merkmal aufweisenden Leistungen zu befreien und eine unmittelbare Anwendung somit mangels hinreichender Eindeutigkeit ausscheidet.[625] Eine richtlinienkonforme Auslegung ist gleichwohl möglich, da der Begriff „Veranstaltung" nicht derart eng ist, dass allgemeine sportliche oder kulturelle Dienstleistungen hierunter nicht subsumiert werden könnten.[626]

d) Versorgung zu Erziehungs- und Ausbildungszwecken – § 4 Nr. 23 UStG

§ 4 Nr. 23 UStG befreit die Erziehung von Kindern und Jugendlichen sowie damit eng verbundene Leistungen (lit. a), eng mit der Betreuung verbundene Leistungen (lit. b) und Verpflegungs- und Beherbergungsdienstleistungen gegenüber Kindern, Schülern und Studenten an Kindertagesstätten oder staatlichen oder staatlich anerkannten (Hoch-)Schulen (lit. c). Daneben sind die Beherbergung, Beköstigung und übliche Naturalleistungen gegenüber den Personen, die an der Leistungserbringung beteiligt sind, umsatzsteuerbefreit (§ 4 Nr. 23 Satz 2 UStG).

Private Leistungserbringer müssen bestimmte Anforderungen erfüllen. Erziehungsleistungen müssen von Einrichtungen erbracht werden, deren Zielsetzung mit einer öffentlichen – mit derartigen Aufgaben betrauten – Einrichtung vergleichbar ist. Sie dürfen keine systematische Gewinnerzielung anstreben. Gleichwohl erwirtschaftete Gewinne dürfen nicht verteilt werden, sondern müssen den Erziehungsleistungen dienen. Gleiches gilt für Einrichtungen, die Verpflegungs- und Beherbergungsdienstleistungen erbringen. Betreuungsleistungen sind von Einrichtungen zu erbringen, deren sozialer Charakter anerkannt ist. Das setzt voraus, dass sie aufgrund gesetzlicher Regelungen im Bereich der sozialen Sicherheit tätig werden oder Leistungen erbringen, die im vergangenen Kalenderjahr ganz oder überwiegend durch öffentlich-rechtliche Einrichtungen vergütet wurden.

Unionsrechtliche Grundlage ist Art. 132 Abs. 1 lit. h MwStSystRL, wonach eng mit der Kinder- und Jugendbetreuung verbundene Dienstleistungen und Lieferungen von Gegenständen durch Einrichtungen des öffentlichen Rechts oder andere von dem betreffenden Mitgliedstaat als Einrichtungen mit sozialem Charakter an-

---

[624] BFH, Urt. v. 3.4.2008, V R 74/07, BFHE 221, 451; v. 2.3.2011, XI R 21/09, BFHE 223, 269, Rn. 25 ff.

[625] EuGH, Urt. v. 15.2.2017, C-592/15 (*British Film Institute*), ECLI:EU:C:2017:117, Rn. 24; v. 10.12.2020, C-488/18 (*Golfclub Schloss Igling*), ECLI:EU:C:2020:1013, Rn. 42; dem folgend nunmehr BFH, Urt. v. 21.4.2022, V R 48/20, BFHE 276, 394, Rn. 17 f.

[626] Ebenso *Hartman*, in: Musil/Weber-Grellet, Europäisches Steuerrecht, 2. Aufl. 2022, § 4 Nr. 22 UStG Rn. 45.

erkannte Einrichtungen zu befreien sind. Soweit die Leistungen gegenüber Schülern und Studenten erbracht werden oder der Bildung dienen, basiert die Befreiung auf Art. 132 Abs. 1 lit. i MwStSystRL.

Die einrichtungsbezogenen Voraussetzungen orientieren sich seit 2020[627] im Wesentlichen an den unionsrechtlichen Vorgaben und bewegen sich innerhalb des mitgliedstaatlichen Ermessensspielraums.[628] Vom Wortlaut von Art. 132 Abs. 1 lit. i MwStSystRL weicht § 4 Nr. 23 lit. a UStG nur insoweit ab, als danach eine allgemeine Vergleichbarkeit der Zielsetzung mit einer öffentlich-rechtlichen Einrichtung ausreicht. Unionsrechtlich ist stattdessen eine Vergleichbarkeit mit öffentlich-rechtlichen Einrichtungen vorgesehen, die mit der Erziehung von Kindern und Jugendlichen betraut sind. Insoweit ist die Befreiung richtlinienkonform auszulegen.[629]

Daneben ist § 4 Nr. 23 lit. b Doppellit. bb UStG, wonach die Einrichtung Leistungen erbringen muss, die im Vorjahr ganz oder teilweise durch eine öffentlich-rechtliche Einrichtung vergütet worden sind, nach der Rechtsprechung des EuGH unionsrechtswidrig, weil eine rein vergangenheitsbezogene Betrachtung mit den Zielen der MwStSystRL unvereinbar ist.[630] Anders als die vergleichbare Bestimmung in § 4 Nr. 14 lit. b Doppellit. aa UStG, wo „grundsätzlich" auf das vergangene Jahr abzustellen ist, erlaubt der Wortlaut von § 4 Nr. 23 lit. b Doppellit. bb UStG keine richtlinienkonforme Auslegung. Steuerpflichtige können sich dann unmittelbar auf Art. 132 Abs. 1 lit. h MwStSystRL berufen, da die Norm ebenso hinreichend eindeutig ist wie Art. 132 Abs. 1 lit. g MwStSystRL, den der EuGH bereits für unmittelbar anwendbar erklärt hat.[631]

Die Beschränkung auf Einrichtungen, die keine Gewinnerzielung anstreben, beruht auf Art. 133 lit. a MwStSystRL.[632] Gemeinnützige Körperschaften erfüllen diese Voraussetzung stets, auch wenn es auf §§ 51 ff. AO nicht ankommt.[633]

Hinsichtlich der leistungsbezogenen Anforderungen steht den Mitgliedstaaten kein Ermessen zu.[634] § 4 Nr. 23 lit. a und lit. b UStG verstoßen insoweit auch nicht gegen das Unionsrecht. Dagegen ist die Befreiung von Verpflegungs- und Beherbergungsdienstleistungen nach § 4 Nr. 23 lit. c UStG unionsrechtswidrig. Derartige Leistungen lassen sich nicht immer unter Art. 132 Abs. 1 lit. h und lit. i

---

[627] Gesetz zur weiteren steuerlichen Förderung der Elektromobilität und zur Änderung weiterer steuerlicher Vorschriften v. 12. 12. 2019, BGBl. I 2019, 2451.

[628] Vgl. dazu EuGH, Urt. v. 6. 11. 2003, C-45/01 (*Dornier*), Slg. 2003, I-12911, Rn. 64.

[629] *Kulmsee*, in: Reiß/Kraeusel/Langer, UStG, 9/2025, § 4 Nr. 23 Rn. 62.

[630] EuGH, Urt. v. 15. 11. 2012, C-174/11 (*Zimmermann*), ECLI:EU:C:2012:716, Rn. 41.

[631] EuGH, Urt. v. 10. 9. 2002, C-141/00 (*Kügler*), Slg. 2002, I-6833, Rn. 53; *Dickopp*, UR 2007, 553, 563.

[632] *Heidner*, in: Bunjes, UStG, 24. Aufl. 2025, § 4 Nr. 23 Rn. 19.

[633] *Hüttemann/Schauhoff*, DStR 2019, 1601, 1605; *Alvermann/Ruske*, in: Wäger, UStG, 3. Aufl. 2024, § 4 Nr. 23 Rn. 18.

[634] *Oelmaier*, in: Sölch/Ringleb, UStG, 6/2025, § 4 Nr. 23 Rn. 53.

MwStSystRL subsumieren. Der EuGH sieht nur solche Leistungen als „eng verbunden“ an, die als Nebenleistung zu einer Hauptleistung im Bildungs- oder Erziehungsbereich erbracht werden. Sie dürfen keinen eigenen Zweck erfüllen, sondern müssen das Mittel darstellen, die Hauptleistung zu bestmöglichen Bedingungen zu erhalten.[635] Darüber hinaus müssen die Leistungen nach Art. 134 MwStSystRL für die Umsätze, für die die Befreiung gewährt wird, unerlässlich sein. Das setzt voraus, dass die Leistung von solcher Art oder Qualität ist, dass ohne sie keine Gleichwertigkeit des Unterrichts gewährleistet wäre.[636]

Diese Anforderungen können Verpflegungs- und Beherbergungsdienstleistungen i. S. v. § 4 Nr. 23 lit. c UStG meist nicht erfüllen. Dabei handelt es sich regelmäßig nur um nützliche Leistungen, die für die Bildung und Erziehung gerade nicht unerlässlich sind.[637] Das gilt auch insoweit, als nach der Vorstellung des Gesetzgebers eine ausgewogene Ernährung für die geistige Leistungsfähigkeit förderlich ist[638] oder durch steuerfreie Beherbergung der Zugang zu Hochschulen verbilligt wird.[639] Beides ist richtig, bedingt aber nicht die Unerlässlichkeit dieser Leistungen.[640] Steuerpflichtige können sich gleichwohl weiterhin auf § 4 Nr. 23 lit. c UStG berufen.[641]

An diesen Anforderungen muss sich auch die Befreiung von Beherbergung, Beköstigung und üblichen Naturalleistungen gegenüber den an der Leistungserbringung beteiligten Personen nach § 4 Nr. 23 Satz 2 UStG messen lassen. Naturalleistungen gegenüber Lehrkräften unterscheiden sich von den Bewirtungs- und Beherbergungsleistungen gegenüber Schülern und Studenten durch ihren Vergütungscharakter. Damit sind sie erstens nur ein Mittel zur Erreichung des Erziehungszwecks und somit eine eng verbundene (Neben-)Leistung. Zweitens ist die Vergütung von Lehr- oder Erziehungspersonal zur Erreichung des Bildungszwecks unerlässlich. Ob die Vergütung nicht umsatzsteuerbar in Geld oder in Form einer grundsätzlich umsatzsteuerbaren Sachleistungen erfolgt, macht im Hinblick auf die Zweckerreichung keinen Unterschied. § 4 Nr. 23 Satz 2 UStG ist damit unionsrechtskonform.[642]

---

635 EuGH, Urt. v. 4. 5. 2017, C-699/15 (*Brockenhurst College*), ECLI:EU:C:2017:344, Rn. 24 f.

636 EuGH, Urt. v. 14. 6. 2007, C-434/05 (*Horizon College*), Slg. 2007, I-4793, Rn. 39.

637 So auch BFH, Urt. v. 8. 3. 2012, V R 14/11, BStBl. II 2012, 630, Rn. 10.

638 BT-Drs. 19/13436, S. 149.

639 BR-Drs. 503/20, S. 131.

640 Ebenso *Tehler*, in: Rau/Dürrwächter, UStG, 9/2025, § 4 Nr. 23 Rn. 181 ff.; *Kulmsee*, in: Reiß/Kraeusel/Langer, UStG, 9/2025, § 4 Nr. 23 Rn. 101.

641 *Meinert*, in: Weitemeyer/Hüttemann/Schauhoff, Umsatzsteuerrecht für den Nonprofitsektor, 2. Aufl. 2024, Rn. 14.59.

642 Ebenso *Oelmaier*, in: Sölch/Ringleb, UStG, 6/2025, § 4 Nr. 25 Rn. 100.

e) Jugendherbergen – § 4 Nr. 24 UStG

§ 4 Nr. 24 UStG beruht ebenfalls auf Art. 132 Abs. 1 lit. h MwStSystRL[643] und befreit Leistungen des Hauptverbandes des deutschen Jugendherbergswerkes sowie dessen Untergliederungen, Einrichtungen und Jugendherbergen, soweit die Leistungen den Satzungszwecken unmittelbar dienen oder den bei der Leistungserbringung tätigen Personen Beherbergung, Beköstigung und übliche Naturalleistungen als Vergütung gewährt werden. Die Befreiung gilt auch für Leistungen anderer Vereinigungen, die gleiche Aufgaben unter denselben Voraussetzungen erfüllen.

Damit befreit § 4 Nr. 24 UStG nur einen Ausschnitt der nach Art. 132 Abs. 1 lit. h MwStSystRL zu befreienden Leistungen und ergänzt § 4 Nr. 23 UStG inhaltlich. Die Beschränkung auf den Hauptverband der Jugendherbergswerke ist in Anbetracht des mitgliedstaatlichen Anerkennungsermessens unionsrechtlich nicht zu beanstanden. Notwendig ist allerdings eine Erweiterung des persönlichen Anwendungsbereichs auf öffentlich-rechtliche Einrichtungen, wie es Art. 132 Abs. 1 lit. h MwStSystRL vorsieht.[644] Diese können sich de lege lata unmittelbar darauf berufen.

Der Begriff der Vereinigung muss im Übrigen unionsrechtskonform als „Einrichtung" verstanden werden, der auch einzelne natürliche Personen erfasst.[645] Die Befreiung von Beherbergungsleistungen mit Vergütungscharakter ist – wie im Rahmen von § 4 Nr. 23 UStG erörtert – unionsrechtlich unbedenklich.

Da § 4 Nr. 24 Satz 2 UStG die Befreiung von Leistungen anderer Vereinigungen davon abhängig macht, dass diese dieselben Voraussetzungen erfüllen wie das i. S. v. §§ 51 ff. AO gemeinnützige deutsche Jugendherbergswerk, könnte die Norm so verstanden werden, dass die Befreiung vom Gemeinnützigkeitsstatus abhinge.[646] Dieses Verständnis wäre aber richtlinienwidrig, weil die Mitgliedstaaten die Befreiung nach Art. 132 Abs. 1 lit. h MwStSystRL nur von den in Art. 133 MwStSystRL aufgeführten Voraussetzungen – insbesondere dem Fehlen eines systematischen Gewinnstrebens – abhängig machen und nicht schlicht auf das nationale Gemeinnützigkeitsrecht abstellen dürfen.[647] § 4 Nr. 24 Satz 2 UStG ist daher unionsrechtskonform dahingehend auszulegen, dass Einrichtungen bereits dann „gleiche Aufgaben unter denselben Voraussetzungen" erfüllen, wenn sie keine systematische Gewinnerzielung anstreben und trotzdem anfallende Gewinne nicht verteilen.[648]

---

[643] *Meinert*, in: Weitemeyer/Hüttemann/Schauhoff, Umsatzsteuerrecht für den Nonprofitsektor, 2. Aufl. 2024, Rn. 14.70.

[644] *Jacobs*, Umsatzsteuer und Gemeinnützigkeit, 2009, S. 101.

[645] EuGH, Urt. v. 7.9.1999, C-216/97 (*Gregg*), Slg. 1999, I-4947, Rn. 17; *Leisner-Egensperger/Eisele*, in: Winheller/Geibel/Jachmann-Michel, Gesamtes Gemeinnützigkeitsrecht, 3. Aufl. 2023, § 4 Nr. 24 UStG Rn. 20.

[646] So FG Berlin-Brandenburg, Urt. v. 5.11.2014, 2 K 2274/10, BeckRS 2015, 95561, Rn. 40 ff., bestätigt durch BFH, Beschl. v. 21.9.2016, XI R 2/15, BFH/NV 2017, 168.

[647] *Achatz*, DStJG 26 (2003), 279, 301.

[648] Ähnlich *Tehler*, in: Rau/Dürrwächter, UStG, 9/2025, § 4 Nr. 24 Rn. 46 und *Achatz*, DStJG 26 (2003), 279, 301 f., der indes eine unmittelbare Anwendung von Art. 132 Abs. 1 lit. h MwStSystRL bevorzugt.

f) Jugendhilfe – § 4 Nr. 25 UStG

§ 4 Nr. 25 Satz 1 UStG befreit Leistungen im Zusammenhang mit der Jugendhilfe nach § 2 Abs. 2 SGB VIII, der Inobhutnahme nach § 42 SGB VIII und der Adoptionsvermittlung nach dem AdVermiG. Die Leistungen müssen von Trägern der öffentlichen Jugendhilfe oder anderen Einrichtungen mit sozialem Charakter erbracht werden. Letztere sind in § 4 Nr. 25 Satz 2 UStG aufgezählt. Anerkannt sind Träger der freien Jugendhilfe, Kirchen und Religionsgemeinschaften des öffentlichen Rechts; daneben Einrichtungen, die eine sozialrechtliche Erlaubnis besitzen oder ihrer nicht bedürfen (§§ 44, 45 SGB VIII), Leistungen erbringen, die im Vorjahr ganz oder überwiegend durch eine öffentlich-rechtliche Einrichtung vergütet wurden, Leistungen der Kindertagespflege erbringen, für die sie nach § 23 Abs. 3 SGB VIII geeignet sind, oder Leistungen der Adoptionsvermittlung erbringen, für die sie nach § 4 AdVermiG zugelassen sind.

Nach § 4 Nr. 25 Satz 3 UStG sind weitere Leistungen steuerfrei, namentlich die Durchführung von kulturellen und sportlichen Veranstaltungen und die Beherbergung, Beköstigung und die üblichen Naturalleistungen als Vergütung für Empfänger der Jugendhilfeleistungen, Mitarbeiter der Jugendhilfe sowie den bei den Leistungen nach Satz 1 tätigen Personen. Ferner sind Leistungen befreit, die von Einrichtungen erbracht werden, die als Vormunde (§ 1773 BGB), Ergänzungspfleger (§ 1809 BGB) oder als Verfahrensbeistand für Minderjährige nach Maßgabe des FamFG bestellt worden sind.

Auf welcher Richtlinienbestimmung § 4 Nr. 25 UStG beruhen soll, ist nicht unmittelbar erkennbar. Der Gesetzgeber geht davon aus, dass Art. 132 Abs. 1 lit. h MwStSystRL umgesetzt wird.[649] Dieser deckt aber nicht den gesamten Regelungsgehalt ab. Denn § 4 Nr. 25 UStG erfasst neben der Kinder- und Jugendbetreuung auch die Sozialfürsorge, Erziehung und Bildung, Sport und Kultur, weshalb allgemein davon ausgegangen wird, dass die Befreiung auf Art. 132 Abs. 1 lit. g, lit. h, lit. i, lit. m und lit. n MwStSystRL zurückzuführen ist.[650]

aa) Begünstigte Einrichtungen

Hinsichtlich der begünstigten Einrichtungen besteht jeweils ein Anerkennungsermessen.[651] Daher ist die Anknüpfung an nach dem SGB VIII oder dem AdVermiG zugelassene Einrichtungen in § 4 Nr. 25 Satz 2 UStG grundsätzlich zulässig.[652]

---

[649] BT-Drs. 16/6290, S. 78.
[650] Stv. *Leisner-Egensperger/Eisele*, in: Winheller/Geibel/Jachmann-Michel, Gesamtes Gemeinnützigkeitsrecht, 3. Aufl. 2023, § 4 Nr. 25 UStG Rn. 11 f.
[651] *Kulmsee*, in: Reiß/Kraeusel/Langer, UStG, 9/2025, § 4 Nr. 25 Rn. 9.
[652] *Kulmsee*, in: Reiß/Kraeusel/Langer, UStG, 9/2025, § 4 Nr. 25 Rn. 10.

Unzulässig ist jedoch die rein vergangenheitsbezogene Betrachtung der Kostenübernahme durch die öffentliche Hand in § 4 Nr. 25 Satz 2 lit. b Doppellit. bb UStG.[653] Eine richtlinienkonforme Auslegung ist – ebenso wie bei § 4 Nr. 23 lit. b Doppellit. bb UStG – nicht möglich. Steuerpflichtige können sich unmittelbar auf Art. 132 Abs. 1 lit. h MwStSystRL berufen, da dieser ebenso hinreichend eindeutig ist wie Art. 132 Abs. 1 lit. g MwStSystRL, den der EuGH bereits für unmittelbar anwendbar erklärt hat.[654]

bb) Begünstigte Leistungen

Die Mitgliedstaaten können den Umfang der Befreiung selbständig festlegen, da das EU-Recht nicht definiert, was ein „eng verbundener Umsatz" ist.[655] Dabei sind sie an den Wortlaut (Kinder- und Jugendbetreuung oder -erziehung) und den Zweck von Art. 132 MwStSystRL (Zugangserleichterung durch Kostensenkung)[656] gebunden.[657]

Leistungen der Jugendhilfe nach § 2 Abs. 2 SGB VIII und der Inobhutnahme nach § 42 SGB VIII sind nach diesen Maßstäben zulässigerweise befreit. Die in § 2 Abs. 2 SGB VIII aufgeführten Jugendhilfeleistungen lassen sich unter den Begriff der Erziehungsleistungen i. S. v. Art. 132 Abs. 1 lit. i MwStSystRL subsumieren. Bei der Inobhutnahme nach § 42 SGB VIII gilt dasselbe für Art. 132 Abs. 1 lit. g MwStSystRL.[658] Leistungen der Adoptionsvermittlung sind ebenfalls eng mit der Kinder- und Jugendbetreuung verbundene Leistungen.[659] Damit ist § 4 Nr. 25 Satz 1 UStG unionsrechtlich unbedenklich.

Die Durchführung von kulturellen und sportlichen Veranstaltungen nach § 4 Nr. 25 Satz 3 lit. a UStG beruht auf Art. 132 Abs. 1 lit. m und lit. n MwStSystRL. Für die unionsrechtliche Beurteilung gilt das zu § 4 Nr. 22 lit. b UStG Gesagte entsprechend.[660] Die Norm ist richtlinienkonform weit, d. h. rechtsformneutral, auszulegen.[661] Sie ist richtlinienwidrig, soweit sie auf sportliche und kulturelle „Veranstaltungen" beschränkt ist[662] und deshalb dahingehend auszulegen, dass alle mit Sport und Kultur eng verbundenen Leistungen erfasst sind.

---

[653] EuGH, Urt. v. 15. 11. 2012, C-174/11 (*Zimmermann*), ECLI:EU:C:2012:716, Rn. 41.

[654] EuGH, Urt. v. 10. 9. 2002, C-141/00 (*Kügler*), Slg. 2002, I-6833, Rn. 53; *Dickopp*, UR 2007, 553, 563.

[655] *Langer*, in: Reiß/Kraeusel/Langer, UStG, 9/2025, Art. 132 MwStSystRL Rn. 50.

[656] Vgl. EuGH, Urt. v. 5. 10. 2016, C-412/15 (*TDM*), ECLI:EU:C:2016:738, Rn. 30.

[657] *Jacobs*, Umsatzsteuer und Gemeinnützigkeit, 2009, S. 105.

[658] Vgl. *Oelmaier*, in: Sölch/Ringleb, UStG, 6/2025, § 4 Nr. 25 Rn. 13.

[659] BR-Drs. 356/19, S. 170 f.; *Handzik*, in: Offerhaus/Söhn/Lange, UStG, 11/2025, § 4 Nr. 25 Rn. 15a.

[660] Dazu oben Teil 2: F. II. 2. c) bb).

[661] Es gelten dieselben Maßstäbe wie für § 4 Nr. 22 lit. a UStG, vgl. *Hartman*, in: Musil/Weber-Grellet, Europäisches Steuerrecht, 2. Aufl. 2022, § 4 Nr. 22 UStG Rn. 46.

[662] Vgl. BFH, Urt. v. 3. 4. 2008, V R 74/07, BFHE 221, 451.

§ 4 Nr. 25 Satz 3 lit. b UStG befreit Sachleistungen mit Vergütungscharakter und ist selbst gemessen an den strengen Anforderungen von Art. 134 lit. a MwStSystRL richtlinienkonform, weil die Befreiung für die Leistungserbringung unerlässlich ist.[663]

§ 4 Nr. 25 Satz 3 lit. c UStG, wonach Leistungen von Vormund und Ergänzungspfleger befreit sind, sowie die Befreiung von Leistungen als Verfahrensbeistand (§ 4 Nr. 25 Satz 3 lit. d UStG) beruhen auf Art. 132 Abs. 1 lit. g MwStSystRL[664] und sind nach den Maßstäben des EuGH-Urteils in der Rechtssache *EQ* zulässig. Der Gerichtshof hat ausgeführt, die Leistung von Rechtsbeiständen zur Wahrung der Interessen nicht geschäftsfähiger Erwachsener sei eine eng mit der sozialen Fürsorge verbundene Leistung.[665] Auch wenn das Urteil zur Erwachsenenbetreuung ergangen ist, gilt gleiches für die Wahrnehmung der Interessen Minderjähriger durch Vormund, Ergänzungspfleger und Verfahrensbeistand, weil in beiden Fällen Art. 132 Abs. 1 lit. g MwStSystRL einschlägig ist.

g) Personalgestellung – § 4 Nr. 27 UStG

Von der Umsatzsteuer ist in bestimmten Fällen die auf Dauer angelegte Überlassung von Arbeitskräften unter Fortsetzung des bestehenden Arbeitsverhältnisses (Personalgestellung)[666] befreit. Das betrifft nach § 4 Nr. 27 lit. a UStG die Personalgestellung durch religiöse und weltanschauliche Einrichtungen für die in § 4 Nr. 14 lit. b, Nr. 16, Nr. 18, Nr. 21, Nr. 22 lit. a, Nr. 23, Nr. 25 UStG genannten Tätigkeiten und für Zwecke geistlichen Beistands.

Religiöse und weltanschauliche Einrichtungen sind solche, die berechtigt sind, den Schutz von Art. 4 Abs. 1, Abs. 2, Art. 140 GG i. V. m. Art. 137 WRV in Anspruch zu nehmen, also Kirchen, Ordensgemeinschaften oder Mutterhäuser.[667] Erfasst ist auch die Gestellung von selbständigem Personal.[668]

Unionsrechtliche Grundlage ist der fast wortgleiche Art. 132 Abs. 1 lit. k MwStSystRL. Danach ist die Personalgestellung aber nur für die in Art. 132 Abs. 1 lit. b, lit. g, lit. h, lit. i MwStSystRL genannten Tätigkeiten befreit. § 4 Nr. 27 lit. a UStG geht richtlinienwidrig insoweit darüber hinaus, als die Norm auf § 4 Nr. 21

[663] Zu der Parallelproblematik bei § 4 Nr. 23 Satz 2 UStG siehe Teil 2: F. II. 2. d).
[664] *Oelmaier*, in: Sölch/Ringleb, UStG, 6/2025, § 4 Nr. 25 Rn. 13.
[665] EuGH, Urt. v. 15. 4. 2021, C-846/19 (*EQ*), ECLI:EU:C:2021:277, Rn. 88; so auch schon BFH, Urt. v. 17. 7. 2019, V R 27/17, BStBl. II 2023, 591, Rn. 16 ff.
[666] Zur Definition *Alvermann/Esteves Gomes*, in: Wäger, UStG, 3. Aufl. 2024, § 4 Nr. 27 Rn. 14.
[667] BT-Drs. 18/1529, S. 77; *Alvermann/Esteves Gomes*, in: Wäger, UStG, 3. Aufl. 2024, § 4 Nr. 27 Rn. 12.
[668] BT-Drs. 18/1529, S. 77 f. mit Verweis auf EuGH, Urt. v. 26. 1. 2012, C-218/10 (*ADV-Allround*), ECLI:EU:C:2012:35, Rn. 23 ff.

UStG verweist, der auf Art. 132 Abs. 1 lit. j MwStSystRL beruht. Steuerpflichtige können sich gleichwohl weiterhin auf die für sie günstige nationalrechtliche Befreiung berufen.[669] Weiter werden durch den Verweis auf andere Befreiungen in § 4 UStG deren unionsrechtliche Verstöße in die Befreiung der Personalgestellung transferiert.[670] Insoweit ist § 4 Nr. 27 lit. a UStG richtlinienwidrig. Steuerpflichtige können sich dann unmittelbar auf Art. 132 Abs. 1 lit. k MwStSystRL berufen, da die Norm inhaltlich unbedingt und hinreichend genau ist.[671]

§ 4 Nr. 27 lit. b UStG befreit daneben die Gestellung von land- und forstwirtschaftlichen Arbeitskräften für bestimmte land- und forstwirtschaftliche Betriebe zur Überbrückung des Ausfalls des Betriebsinhabers oder dessen Familienangehörigen wegen Krankheit, Unfalls, Schwangerschaft, eingeschränkter Erwerbsfähigkeit oder Todes sowie die Gestellung von Betriebshelfern an die gesetzlichen Träger der Sozialversicherung.

Art. 132 Abs. 1 lit. k MwStSystRL sieht eine derartige Befreiung nicht vor. Die Befreiung beruht auch nicht auf Art. 132 Abs. 1 lit. g MwStSystRL, wonach eng mit der Sozialfürsorge verbundene Leistungen zu befreien sind.[672] Die Gestellung von Betriebshelfern (§ 4 Nr. 27 lit. b Var. 2 UStG) darf nicht nach Art. 132 Abs. 1 lit. g MwStSystRL befreit werden, weil der EuGH entschieden hat, dass die entgeltliche Personalgestellung keine im sozialen Bereich erbrachte Gemeinwohlleistung ist.[673] Für die Befreiung land- und forstwirtschaftlicher Betriebe nach § 4 Nr. 27 lit. b Var. 1 UStG gilt dasselbe, zumal ein Privileg des Agrarsektors auf keine der Befreiungen in Art. 132 MwStSystRL gestützt werden kann.[674] § 4 Nr. 27 lit. b UStG ist daher unionsrechtswidrig, bleibt aber weiterhin anwendbar.[675]

h) Kostenteilungsgemeinschaften – § 4 Nr. 29 UStG

Seit 2020[676] sind gemäß § 4 Nr. 29 UStG Leistungen eines selbständigen, d. h. eigenständig umsatzsteuerpflichtigen,[677] gemeinwohldienlichen Zusammenschlusses an seine Mitglieder steuerbefreit. Die Mitglieder müssen eine dem Gemeinwohl

---

[669] Vgl. BFH, Urt. v. 8. 8. 2013, V R 13/12, BFHE 242, 557, Rn. 30.
[670] *Alvermann/Esteves Gomes*, in: Wäger, UStG, 3. Aufl. 2024, § 27 Rn. 4.
[671] Allgemeine Ansicht, stv. FG Rheinland-Pfalz, Urt. v. 27. 11. 2008, 6 K 2348/07, EFG 2009, 441, Rn. 23 ff.; *Alvermann/Esteves Gomes*, in: Wäger, UStG, 3. Aufl. 2024, § 4 Nr. 27 Rn. 4.
[672] Ebenso *Liebgott*, in: Birkenfeld/Wäger, Umsatzsteuer-Handbuch, 8/2025, § 4 Nr. 27 Rn. 75; *Alvermann/Esteves Gomes*, in: Wäger, UStG, 3. Aufl. 2024, § 4 Nr. 27 Rn. 5.
[673] EuGH, Urt. v. 12. 3. 2015, C-594/13 („*go fair*“), ECLI:EU:C:2015:164, Rn. 28.
[674] *Schüler-Täsch*, in: Sölch/Ringleb, UStG, 6/2025, § 4 Nr. 27 Rn. 6.
[675] Vgl. BFH, Urt. v. 8. 8. 2013, V R 13/12, BFHE 242, 557, Rn. 30.
[676] Gesetz zur weiteren steuerlichen Förderung der Elektromobilität und zur Änderung weiterer steuerlicher Vorschriften v. 12. 12. 2019, BGBl. I 2019, 2451.
[677] BT-Drs. 19/13436, S. 151.

dienende nichtunternehmerische Tätigkeit oder eine dem Gemeinwohl dienende Tätigkeit ausüben, die nach § 4 Nr. 11b, Nr. 14–18, Nr. 20–25 oder Nr. 27 UStG befreit ist. Der Zusammenschluss muss im Inland ansässig sein und die Leistungen gegenüber im Inland ansässigen Mitgliedern erbringen. Die Befreiung darf nicht zu einer Wettbewerbsverzerrung führen.

Dadurch wird es den begünstigten Unternehmern ermöglicht, gemeinsam kostengünstig Leistungen zu beschaffen, die sie für ihre steuerbefreiten Tätigkeiten benötigen.[678] Das ist etwa im Gesundheitssektor von Bedeutung, wenn Ärzte sog. Apparategemeinschaften für die Anschaffung medizinischer Geräte bilden, die die Geräte dann gegen anteilige Kostenerstattung den Ärzten überlassen.[679] Weitere Beispiele sind Kooperationen von Universitätskliniken und Hochschulen.[680] Leistungen der Mitglieder untereinander oder an den Zusammenschluss sind jedoch nicht befreit. Die Rechtsform des Zusammenschlusses ist unerheblich. Personengesellschaften oder Körperschaften sind gleichermaßen erfasst.[681]

Die Befreiung der Kostenteilungsgemeinschaften beruht auf dem beinahe wortlautidentischen Art. 132 Abs. 1 lit. f MwStSystRL. Der einzige Unterschied ist das Erfordernis der inländischen Ansässigkeit von Zusammenschluss und von seinen Mitgliedern (doppelter Inlandsbezug), der sich in der MwStSystRL nicht wiederfindet und damit unionsrechtswidrig ist.[682] Die Rechtfertigung der Inlandsbezüge in den Gesetzesmaterialien trägt nicht. Diese seien historisch damit zu rechtfertigen, dass die Vorgängervorschrift von Art. 132 MwStSystRL (Art. 13 der 6. Richtlinie 77/388/EWG) nur Steuerbefreiungen „im Inland" erfasste. Ferner sollten Wertungswidersprüche zur umsatzsteuerlichen Organschaft vermieden werden, die nach Art. 11 MwStSystRL nur in inländischen Fällen möglich ist.[683]

Historische Erwägungen nach dem Verständnis eines Mitgliedstaates sind indes schon nicht geeignet, eine vom Wortlaut der Richtlinie abweichende nachteilige Behandlung des Steuerpflichtigen zu rechtfertigen. Der Verweis auf Art. 11 MwStSystRL geht außerdem fehl. Der dortige Inlandsbezug ist unionsrechtlich ausdrücklich vorgesehen und dient der Verhinderung der Aufkommensverschiebung zwischen den Mitgliedstaaten. Diese sollen sich nicht untereinander die Besteuerungshoheit beschneiden können.[684] Da die Steuerbefreiungen aber ohnehin nur bei einer inländischen steuerbaren Leistung zur Anwendbarkeit kommen (§ 1 Nr. 1 UStG), ist die Frage nach der Steuerhoheit bereits beantwortet und die

---

[678] BT-Drs. 19/13436, S. 152; *Erdbrügger*, in: Schauhoff/Kirchhain, Hdb. d. Gemeinnützigkeit, 4. Aufl. 2023, § 13 Rn. 265.

[679] *Brill*, KÖSDI, 2019, 21228, 21242.

[680] BT-Drs. 19/13436, S. 152.

[681] BFH, Urt. v. 23.9.2020, XI R 35/18, BStBl. II 2022, 344, Rn. 31; *Alvermann/Esteves Gomes*, in: Wäger, UStG, 3. Aufl. 2024, § 4 Nr. 29 Rn. 18.

[682] Ebenso *Brill*, KÖSDI, 2019, 21228, 21242; *Kirchinger*, UStB 2020, 17, 18 f.; *Oelmaier*, in: Sölch/Ringleb, UStG, 6/2025, § 4 Nr. 29 Rn. 5.

[683] BT-Drs. 19/13436, S. 152 f.; zustimmend *Sterzinger*, UR 2021, 298, 302 f.

[684] Stv. *Heber*, in: Wäger, UStG, 3. Aufl. 2024, § 2 Rn. 161.

mitgliedstaatliche Besteuerungshoheit gewährleistet.[685] Aus diesem Grund bezog sich der frühere Verweis auf Steuerbefreiungen im Inland in der Überschrift von Art. 13 der 6. Richtlinie 77/388/EWG auch schlicht auf den inländischen Leistungsort, nicht auf die Ansässigkeit.[686]

Eine richtlinienkonforme Auslegung ist nicht möglich, da der Wortlaut eindeutig ist. Art. 132 Abs. 1 lit. f MwStSystRL ist aber unmittelbar anwendbar.[687]

3. Nationalrechtliche Befreiungen ohne unionsrechtliches Äquivalent

Mit § 4 Nr. 19 und Nr. 26 UStG enthält das nationale Recht zwei umsatzsteuerliche Befreiungen mit Gemeinnützigkeitsbezug, die in der MwStSystRL nicht vorgesehen sind.

Nach § 4 Nr. 26 UStG ist unter bestimmten Voraussetzungen die ehrenamtliche Tätigkeit befreit. Anders als die anderen umsatzsteuerlichen Befreiungen betrifft das allerdings keine gemeinnützigen Organisationen, sondern für diese tätig werdende Dritte. Es handelt sich also um eine indirekte Befreiung, die im dritten Teil dieser Arbeit näher erläutert wird.[688]

§ 4 Nr. 19 UStG befreit die Umsätze der Blinden (lit. a) und der Blindenwerkstätten (lit. b).

Die Umsätze der Blinden sind befreit, wenn sie nicht mehr als zwei Arbeitnehmer beschäftigen, wobei Familienmitglieder und Lehrlinge außer Betracht bleiben. Ausgenommen sind nur die Lieferung von Energie- und Alkoholerzeugnissen. Die Vorschrift dient dem Ausgleich der wirtschaftlichen Lage der Betroffenen[689] und ist zugleich die einzige Befreiung, die an eine persönliche Eigenschaft des Unternehmers anknüpft und ausschließlich auf natürliche Personen anwendbar ist.[690] Personen- oder Kapitalgesellschaften mit ausschließlich blinden Gesellschaftern sind nicht befreit.[691]

§ 4 Nr. 19 lit. b UStG befreit subsidiär die Lieferungen von Blindenwaren und Zusatzwaren sowie sonstige Leistungen, soweit bei ihrer Ausführung ausschließlich Blinde mitgewirkt haben. Erfüllen diese Lieferungen zugleich die Voraussetzungen einer innergemeinschaftlichen Lieferung vor, geht die echte Steuerbefreiung nach

---

[685] *Kirchinger*, UStB 2020, 17, 18 f.; *Oelmaier*, in: Sölch/Ringleb, UStG, 6/2025, § 4 Nr. 29 Rn. 5.
[686] *Kirchinger*, UStB 2020, 17, 18.
[687] Schlussanträge v. GA *Kokott* v. 1.3.2017, C-326/15 (*DNB Banka*), ECLI:EU:C:2017:145, Rn. 27, 30; *Brill*, KÖSDI, 2019, 21228, 21242; wohl auch BFH, Urt. v. 6.9.2018, V R 30/17, BFH/NV 2019, 54, Rn. 11.
[688] Siehe unten Teil 3: B. I. 2.
[689] BT-Drs. 11/934, S. 8.
[690] *Hüttemann*, Gemeinnützigkeitsrecht und Spendenrecht, 6. Aufl. 2025, Rn. 7.241.
[691] *Heuermann*, in: Sölch/Ringleb, UStG, 6/2025, § 4 Nr. 19 Rn. 15.

§ 4 Nr. 1 lit. b UStG vor. Der Vorsteuerabzug bleibt dann erhalten.[692] Die Lieferungen nach § 4 Nr. 19 lit. b UStG müssen von einem Inhaber anerkannter Blindenwerkstätten oder von anerkannten Zusammenschlüssen von Blindenwerkstätten i. S. v. § 226 SGB IX erbracht werden. Blindenwerkstätten sind im Unterschied zu den Blinden selbst somit nur hinsichtlich bestimmter Leistungen steuerbefreit. Blinden- und Zusatzwaren sind von Blinden hergestellte, in §§ 1, 2 DVOBliWaG[693] abschließend aufgezählte Erzeugnisse, wie Besen, Bürsten oder Strickwaren. Sonstige Leistungen sind insbesondere Reparaturarbeiten.[694]

Obwohl § 4 Nr. 19 UStG keine Entsprechung in Art. 132 MwStSystRL hat, ist die Befreiung insgesamt unionsrechtskonform. Sie besteht in ihrer jetzigen Fassung seit 1967.[695] Art. 371 i. V. m. Anh. X Teil B Nr. 5 MwStSystRL gestattet es, vor 1978 bereits bestehende Steuerbefreiungen beizubehalten, wenn diese keine erheblichen Wettbewerbsverzerrungen verursachen. Erhebliche Wettbewerbsverzerrungen werden bei der Befreiung sämtlicher Umsätze der Blinden durch die Beschränkung der Arbeitnehmerzahl und bei der Befreiung der Werkstätten durch die Beschränkung auf solche Leistungen, die typischerweise nur von Blinden erbracht werden, vermieden.[696]

4. Unionsrechtliche Befreiungen ohne nationalrechtliches Äquivalent

Art. 132 Abs. 1 MwStSystRL enthält einige Befreiungen, die nicht in nationales Recht umgesetzt wurden.

Dazu gehört zunächst die Befreiung solcher Leistungen, deren Entgelt ein Mitgliedsbeitrag ist (Art. 132 Abs. 1 lit. l MwStSystRL).[697] Danach sind Leistungen, die von Einrichtungen ohne Gewinnstreben, die politische,[698] gewerkschaftliche, religiöse, patriotische, weltanschauliche, philanthropische oder staatsbürgerliche Ziele verfolgen, an ihre Mitglieder erbracht werden, zu befreien. Voraussetzungen

---

[692] FG Niedersachsen, Urt. v. 14. 11. 2024, 5 K 17/24, EFG 2025, 435, Rn. 43 ff. (Revision beim BFH unter V R 40/24 anhängig).

[693] Durchführungsverordnung zum Blindenwarenvertriebsgesetz v. 11. 8. 1965, BGBl. I 1965, 807.

[694] *Heidner*, in: Bunjes, UStG, 24. Aufl. 2025, § 4 Nr. 19 Rn. 8.

[695] Zur Historie *Heidner*, in: Bunjes, UStG, 24. Aufl. 2025, § 4 Nr. 19 Rn. 1.

[696] Vgl. *Liegmann*, in: Wäger, UStG, 3. Aufl. 2024, § 4 Nr. 19 Rn. 2.

[697] *Stadie*, in: Rau/Dürrwächter, UStG, 9/2025, Vorbem. zu §§ 4–9 Rn. 39; *Meinert/Hüttemann*, in: Weitemeyer/Hüttemann/Schauhoff, Umsatzsteuerrecht für den Nonprofitsektor, 2. Aufl. 2024, Rn. 17.36 ff.

[698] § 4 Nr. 18a UStG befreit Leistungen zwischen selbständigen Gliederungen einer politischen Partei. Die Norm erfasst aber andere Sachverhalte als Art. 132 Abs. 1 lit. l MwStSystRL (*Meinert/Hüttemann*, in: Weitemeyer/Hüttemann/Schauhoff, Umsatzsteuerrecht für den Nonprofitsektor, 2. Aufl. 2024, Rn. 17.37) und gehört auch nicht zum Gemeinnützigkeitsrecht nach nationalem Verständnis, weil politische Betätigung keinen staatssubstituierenden Charakter hat (vgl. Teil 1: B. III.).

zung ist, dass diese Leistungen gegen einen satzungsmäßig festgelegten Beitrag (Mitgliedsbeitrag) erbracht werden. Nach deutscher Rechtspraxis sind diese Mitgliedsbeiträge ohnehin nicht steuerbar,[699] weshalb eine unmittelbare Anwendung von Art. 132 Abs. 1 lit. l MwStSystRL zunächst überflüssig erscheint. Da diese Praxis der Finanzverwaltung aber im Widerspruch zur Rechtsprechung des EuGH steht,[700] wird die Frage der unmittelbaren Anwendung auf absehbare Zeit relevant werden. Im Ergebnis ist davon auszugehen, dass Art. 132 Abs. 1 lit. l MwStSystRL unmittelbar anwendbar ist. Hierzu gibt es zwar noch keine Rechtsprechung durch EuGH oder BFH. Die Norm ist aber inhaltlich bestimmt und eindeutig nicht umgesetzt worden.[701]

Steuerpflichtige können auch die Befreiung von Dienstleistungen und Lieferungen im Zusammenhang mit Mittelbeschaffungsaktivitäten (Art. 132 Abs. 1 lit. o MwStSystRL) unmittelbar in Anspruch nehmen, die ebenfalls noch nicht umgesetzt worden aber hinreichend bestimmt ist.[702] Danach sind Leistungen bei Veranstaltungen durch Einrichtungen, deren Umsätze nach Art. 132 Abs. 1 lit. b, lit. g, lit. h, lit. i, lit. l, lit. m und lit. n MwStSystRL befreit sind, zu befreien, wenn die Veranstaltungen dazu bestimmt sind, den Einrichtungen eine finanzielle Unterstützung zu bringen und ausschließlich zu ihrem Nutzen durchgeführt werden. Dadurch soll vermieden werden, dass die begünstigten Einrichtungen lediglich hinsichtlich einzelner Veranstaltungen steuerpflichtige Umsätze ausführen.[703]

5. Umsatzsteuerliche Befreiungen und Zielsetzungen des Gemeinnützigkeitsrechts

Bei der Relation umsatzsteuerlicher Befreiungen mit den Zielsetzungen des nationalen Gemeinnützigkeitsrechts sind im Wesentlichen zwei Besonderheiten zu beachten. Zum einen sind die Befreiungen unionsrechtlich vorgeprägt und knüpfen daher nicht an §§ 51 ff. AO an. Zum anderen sind ihre steuerliche Entlastungswirkung und ihre Auswirkungen auf den Wettbewerb nicht offenkundig, da sich jede Befreiung auf verschiedenen Leistungsebenen und auf der Verbraucherebene auswirken kann.

---

[699] Vgl. Abschn. 1.4. Abs. 1 Satz 1 UStAE. Zur Umsatzsteuerbarkeit von Mitgliedsbeiträgen oben Teil 2: F. I. 2. c).

[700] EuGH, Urt. v. 21. 3. 2002, C-174/00 (*Kennemer Golf & Country Club*), Slg. 2002, I-3293; *Stadie*, in: Rau/Dürrwächter, UStG, 9/2025, Vorbem. zu §§ 4–9 Rn. 40.

[701] BFH, Urt. v. 23. 9. 2020, XI R 35/18, BStBl. II 2022, 344, Rn. 28; *Meinert/Hüttemann*, in: Weitemeyer/Hüttemann/Schauhoff, Umsatzsteuerrecht für den Nonprofitsektor, 2. Aufl. 2024, Rn. 17.7 f.

[702] FG Niedersachsen, Urt. v. 10. 2. 2005, 11 K 628/02, EFG 2005, 1313, rkr.; *von Holt*, in: Weitemeyer/Hüttemann/Schauhoff, Umsatzsteuerrecht für den Nonprofitsektor, 2. Aufl. 2024, Rn. 20.30, 20.33.

[703] *Langer*, in: Reiß/Kraeusel/Langer, UStG, 9/2025, Art. 132 MwStSystRL Rn. 73.

a) Systemzugehörigkeit und leistungsbezogenes Förderkonzept

Sämtlichen erörterten Umsatzsteuerbefreiungen ist gemein, dass die geförderten Zwecke gleichermaßen vom Staat verfolgt werden könnten. In den begünstigten Bereichen könnte der Staat auch selbst tätig werden und entsprechende Leistungen an seine Bürger erbringen. Das Unionsrecht weicht davon nur insoweit ab, als nach Art. 132 Abs. 1 lit. l MwStSystRL auch bestimmte Leistungen von Einrichtungen mit politischer Zweckverfolgung befreit sind.[704] Im Übrigen sind die Befreiungen aber prinzipiell zur Staatsentlastung geeignet. Damit sind die erörterten Umsatzsteuerbefreiungen – obwohl an keiner Stelle auf §§ 51–68 AO verwiesen wird – materiell Teil des Systems des Gemeinnützigkeitsrechts.[705]

Von den Gemeinwohlzwecken in §§ 52–54 AO fördern die umsatzsteuerlichen Befreiungen freilich nur einen Ausschnitt. Z.B. enthält Art. 132 Abs. 1 MwStSystRL keine Befreiung, die auf Naturschutzvereine (§ 52 Abs. 2 Satz 1 Nr. 8 AO) oder die Entwicklungszusammenarbeit fördernde Körperschaften (§ 52 Abs. 2 Satz 1 Nr. 15 AO) anwendbar wäre. Gleichzeitig knüpft das Umsatzsteuerrecht nicht an die strengen nationalen Voraussetzungen des Gemeinnützigkeitsstatus an. Bedingt durch das Unionsrecht handelt es sich bei den umsatzsteuerlichen gemeinnützigkeitsbezogenen Befreiungen damit nicht um ein organisationsbezogenes Förderkonzept,[706] sondern um ein leistungsbezogenes.

Die Leistungsbezogenheit ist erstens mit dem Neutralitätsgrundsatz erklärbar. Gleichartige Umsätze sind gleich zu behandeln. Zweitens ist sie mit Blick auf den Belastungsgrund der Umsatzsteuer systematisch konsequent. Dieser besteht in der Einkommens- oder Vermögensverwendung durch den Verbraucher,[707] sodass die Umsatzsteuerbefreiungen auch den Verbraucher entlasten müssen. Soll Förderung des Gemeinwohls durch die Verbilligung bestimmter Leistungen erreicht werden, kann sich das Förderinstrument (die Umsatzsteuerbefreiung) nicht allein anhand der Merkmale des Unternehmers bestimmen, sondern muss gerade auf das Leistungsangebot bezogen sein.[708]

---

[704] Zum Verhältnis von politischer Zweckverfolgung und Gemeinnützigkeit siehe Teil 1: B. III.

[705] Zur Staatssubstitution als Abgrenzungsmaßstab des Gemeinnützigkeitsrechts siehe oben Teil 1: B. III.

[706] Dazu *Hüttemann*, DStJG (26) 2003, 49, 51; *Droege*, Gemeinnützigkeit im offenen Steuerstaat, 2010, S. 30f.

[707] *Seer*, ZfZ 2013, 146, 147.

[708] Ähnlich schon *Schmölders*, Die Umsatzsteuern, 1966, S. 14: „Jede Abstufung nach Merkmalen, die nicht die (...) Leistungen als solche, sondern die sie bewirkenden Unternehmen betreffen“ widerspricht dem Wesen der Umsatzsteuer.

b) Zielgenaue Gemeinwohlförderung?

Die Feststellungen, dass die Umsatzsteuerbefreiungen Teil des Gemeinnützigkeitsrechts und aufgrund ihrer Leistungsbezogenheit mit Blick auf den Belastungsgrund der Umsatzsteuer im Grundsatz systematisch folgerichtig sind, beantworten noch nicht die Frage danach, ob die Befreiungen ihr Ziel auch erreichen können. Gemeinsamer Zweck ist die Förderung der Endverbraucher. Die Zielgenauigkeit der Förderung ist v. a. deshalb zweifelhaft, weil es sich bei den auf gemeinnützige Körperschaften anwendbaren Umsatzsteuerbefreiungen um sog. „unechte Befreiungen" handelt, also solche, die den Vorsteuerabzug ausschließen (§ 15 Abs. 2 Satz 1 Nr. 1 UStG).

Das führt zu zwei wesentlichen Problemen. Erstens bleibt so im Ergebnis nur die eigene Wertschöpfung des Unternehmers unbesteuert.[709] Diese Wertschöpfung ist indes oft zufällig. Je mehr Vorleistungen die gemeinnützige Körperschaft einsetzt, desto geringer ist die Befreiungswirkung auf Ebene des Verbrauchers.[710] Zweitens kann der begünstigte Unternehmer zwar nicht nach § 9 UStG auf die Steuerbefreiung verzichten (mit Ausnahme der Blinden, vgl. § 9 Abs. 1 UStG). Er kann aber frei entscheiden, ob er die nicht abziehbaren Vorsteuern auf den Verbraucher abwälzt. Dann ist der steuerbefreite Umsatz auf Ebene des Verbrauchers mit einer „heimlichen Steuer" belastet; die Steuerbefreiung ist nur noch eine Ermäßigung, deren Höhe wiederum der eigenen Wertschöpfung des Unternehmers abhängt.[711] Die Entlastungswirkung der Befreiungen hängt für den Verbraucher auch insoweit vom Zufall ab.

Damit lässt sich festhalten, dass Umsatzsteuerbefreiungen im Grundsatz zur Gemeinwohlförderung durch Verbilligung gewisser Leistungen geeignet sind. Aufgrund des fehlenden Vorsteuerabzugs fehlt es aber an der Zielgenauigkeit der Förderung.[712]

Der nationale Gesetzgeber kann diesen Missstand nicht beheben, weil der Ausschluss des Vorsteuerabzugs im Grundsatz unionsrechtlich vorgegeben ist.[713] Eine grundsätzliche Abkehr von den unechten Befreiungen auf EU-Ebene ist ebenfalls nicht zu erwarten. Jedoch sieht Art. 98 Abs. 2 MwStSystRL seit 2022[714] vor, dass die

---

[709] *Erdbrügger*, in: Schauhoff/Kirchhain, Hdb. d. Gemeinnützigkeit, 4. Aufl. 2023, § 13 Rn. 14.

[710] *Jacobs*, Umsatzsteuer und Gemeinnützigkeit, 2009, S. 52 f.

[711] *Englisch*, in: Tipke/Lang, Steuerrecht, 25. Aufl. 2024, Rn. 17.206.

[712] Ebenso *Jacobs*, Umsatzsteuer und Gemeinnützigkeit, 2009, S. 52 f., 66; *Achatz*, DStJG 26 (2003), 279, 304 f.; *Hüttemann*, Gemeinnützigkeitsrecht und Spendenrecht, 6. Aufl. 2025, Rn. 7.243; *Zaumseil*, in: Winheller/Geibel/Jachmann-Michel, Gesamtes Gemeinnützigkeitsrecht, 3. Aufl. 2023, § 4 UStG Rn. 9.

[713] Nach Art. 168 MwStSystRL berechtigen nur besteuerte (d. h. nicht befreite) Umsätze zum Vorsteuerabzug, vgl. dazu *Dobratz*, in: Schaumburg/Englisch/Dobratz, Europäisches Steuerrecht, 3. Aufl. 2025, Rn. 20.219.

[714] RL (EU) 2022/542 des Rates v. 5.4.2022 zur Änderung der MwStSystRL, ABl.EU Nr. L 107/1.

Mitgliedstaaten Nullsteuersätze[715] oder Befreiungen mit dem Recht zum Vorsteuerabzug anwenden dürfen. Die Ermächtigung bezieht sich nur auf die in Anh. III Nr. 1–6 und Nr. 10c MwStSystRL aufgeführten Leistungen, etwa die Lieferung von Wasser, Arzneimitteln, medizinischen Geräten oder Büchern. Für die Leistungen gemeinnütziger Organisationen (Anh. III Nr. 15 MwStSystRL) gilt das nicht. Von dieser Möglichkeit hat Deutschland noch keinen Gebrauch gemacht. Aufgrund des ausdrücklich eingeräumten Entscheidungsspielraums können sich Steuerpflichtige darauf auch nicht berufen.[716]

c) Wettbewerbsneutralität

Die gemeinnützigkeitsbezogenen Befreiungen von unionsrechtlich nicht vorgeprägten Steuern knüpfen – insoweit „organisationsbezogen" – an die Körperschaft an und setzen voraus, dass diese die Voraussetzungen von §§ 51 ff. AO erfüllt. Das hat auch zur Folge, dass die Befreiungen tätigkeitsbezogene Ausnahmen für wettbewerbssensible Bereiche (wirtschaftliche Geschäftsbetriebe) vorsehen müssen. Dagegen sind die Umsatzsteuerbefreiungen, denen ein leistungsbezogenes Förderkonzept zugrunde liegt, im Ausgangspunkt weniger geeignet, den Wettbewerb überhaupt zu beeinträchtigen. Denn solange alle im Wettbewerb stehenden Leistungen gleicher Art befreit sind, entsteht auch keine Beeinträchtigung. Aus diesem Grund betont der EuGH auch, dass die Auslegung der Befreiungen mit dem Neutralitätsgrundsatz (im Sinne der Wettbewerbsneutralität) in Einklang stehen muss.[717]

Im Konflikt mit dem Postulat einer wettbewerbsneutralen Besteuerung steht aber die fehlende Möglichkeit des Vorsteuerabzugs. Nur die eigene Wertschöpfung des Unternehmers bleibt unbesteuert. Diese ist aber oft zufällig. Dadurch entsteht die Gefahr, dass verschiedene Körperschaften, die die dieselben Leistungen erbringen, je nach dem Umfang der eigenen Wertschöpfung in unterschiedlicher Höhe von der Umsatzsteuer befreit werden. Es kommt so zu einer Wettbewerbsverzerrung zwischen den Unternehmern.[718] Dem kann – da unionsrechtlich zwingend vorgegeben – nicht durch Auslegung von Art. 132 MwStSystRL oder § 4 UStG begegnet werden. Die gemeinnützigkeitsbezogenen Umsatzsteuerbefreiungen sind damit im Ergebnis nicht geeignet, eine wettbewerbsneutrale Besteuerung zu gewährleisten.[719]

---

[715] Ein Nullsteuersatz hat dieselbe Wirkung wie eine echte Steuerbefreiung, vgl. *Jacobs*, Umsatzsteuer und Gemeinnützigkeit, 2009, S. 50f.

[716] Zur fehlenden unmittelbaren Anwendbarkeit bei mitgliedstaatlichem Umsetzungsspielraum stv. EuGH, Urt. v. 1.7.2010, C-194/08 (*Gassmayr*), Slg. 2010, I-6281, Rn. 45; v. 10.12.2020, C-488/18 (*Golfclub Schloss Igling*), ECLI:EU:C:2020:1013, Rn. 26f.

[717] EuGH, Urt. v. 15.11.2012, C-174/11 (*Zimmermann*), ECLI:EU:C:2012:716, Rn. 23.

[718] *Ruppe*, FS Tipke, 1995, S. 457, 462; *Achatz*, DStJG 26 (2003), 279, 305.

[719] Gleiche Ansicht *Hüttemann*, in: Weitemeyer/Hüttemann/Schauhoff, Umsatzsteuerrecht für den Nonprofitsektor, 2. Aufl. 2024, Rn. 2.39.

6. Umsatzsteuerliche Befreiungen als Beihilfen i. S. v. Art. 107 AEUV

Die Befreiungen nach § 4 UStG müssen sich ebenso wie die Befreiungen in anderen Steuergesetzen am europäischen Primärrecht messen lassen. Da sie nicht an den Sitz des Unternehmers anknüpfen, verstoßen sie nicht gegen die Grundfreiheiten.[720] Weniger eindeutig ist die Frage zu beantworten, ob unionsrechtswidrige Beihilfen nach Art. 107 Abs. 1 AEUV vorliegen.

a) Zurechnung der Maßnahme

Art. 107 Abs. 1 AEUV setzt eine „staatliche" Beihilfe voraus. Das kann nur eine dem Mitgliedstaat zuzurechnende Maßnahme sein. Maßnahmen der EU (sog. Unionsbeihilfen) können den Beihilfentatbestand nicht erfüllen. Hieraus folgt, dass nationales Recht, welches auf einem Rechtsakt der EU beruht und ohne Umsetzungsspielraum umgesetzt wurde, keine Beihilfe sein kann.[721] Bleibt eine Steuerbefreiung hinter der MwStSystRL zurück, liegt ebenfalls keine staatliche Maßnahme vor. Das betrifft alle Fälle, in denen Art. 132 MwStSystRL unmittelbar Anwendung findet. Nationale Steuerbefreiungen, die über die MwStSystRL hinausgehen, sind dagegen staatliche Maßnahmen i. S. v. Art. 107 Abs. 1 AEUV.[722]

Strittig ist allein, ob das Beihilferecht auch gilt, wenn ein Mitgliedstaat einen Umsetzungsspielraum der MwStSystRL nutzt. Bedeutsam ist das bei allen Befreiungen, bei denen die Mitgliedstaaten besondere Anforderungen an Einrichtung oder Leistung vorsehen dürfen, etwa bei § 4 Nr. 15b UStG. Hierzu wird vertreten, dass die Umsetzung einer Befreiung unter Ausnutzung eines eingeräumten Umsetzungsspielraums keine Beihilfe sein könne, weil sie vom Richtliniengeber in Kauf genommen worden sei.[723] Nach anderer Ansicht sei die Ausübung eines Umsetzungsermessens eine dem Mitgliedstaat zurechenbare Maßnahme, da das Sekundärrecht das Primärrecht nicht verdränge und der Mitgliedstaat sich auch anders hätte entscheiden können.[724] Der EuGH hat die Zurechnungsfrage noch nicht abschließend entschieden, sich jedoch dahingehend geäußert, die Verlängerung von Ausnahmen vom Beihilfenverbot durch den Rat könne nicht dazu führen, dass eine

---

[720] Dazu vertieft oben Teil 2: A. II. 2. a) aa).

[721] EuGH, Urt. v. 23. 4. 2009, C-460/07 (*Puffer*), Slg. 2009, I-3251, Rn. 67 ff.

[722] *Berg/Szymczak*, UR 2018, 853, 856; vgl. auch EuGH, Urt. v. 3. 3. 2005, C-172/03 (*Heiser*), Slg. 2005, I-1627, Rn. 58 f., wo es im Unterschied zu der Entscheidung in der Rechtssache *Puffer* um eine nicht von der MwStSystRL gedeckte Regelung ging.

[723] *Jatzke*, EWS 2000, 491, 498; *Hummel*, UR 2023, 345, 348 f.; *ders.*, in: Weitemeyer/Hüttemann/Schauhoff, Umsatzsteuerrecht für den Nonprofitsektor, 2. Aufl. 2024, Rn. 3.89.

[724] *Gundel*, EWS 2016, 301, 303 f.; *Brandau/Neckenich/Reich/Reimer*, BB 2017, 1175, 1176; *Dobratz*, in: Musil/Weber-Grellet, Europäisches Steuerrecht, 2. Aufl. 2022, Art. 107 AEUV Rn. 34, der aber auch reine Unionsbeihilfen an Art. 107 AEUV messen will.

reine Unionsbeihilfe vorliege. Grund war aber, dass der Rat nicht die grundsätzliche Zuständigkeit der Kommission zur Beihilfenkontrolle außer Kraft setzen kann.[725]

Mitgliedstaatliche Umsetzungsakte, die auf einem unionsrechtlich eingeräumten Ermessensspielraum beruhen, sind nach hier vertretener Ansicht ausschließlich der EU zuzurechnen und damit nicht am Maßstab von Art. 107 AEUV zu messen. Dagegen spricht nicht, dass sich das Sekundärrecht nicht über das Primärrecht hinwegsetzen kann.[726] Diese Aussage ist zwar zutreffend. Bei der Frage nach dem Vorliegen einer mitgliedstaatlichen Maßnahme geht es aber gerade nicht um die Normenhierarchie, sondern die Auslegung des Primärrechts, die auch Sinn und Zweck des Beihilferechts berücksichtigen muss. Art. 107 AEUV dient dem Schutz der durch die Grundfreiheiten geöffneten Märkte und soll unverfälschten Wettbewerb durch die Kontrolle solcher Maßnahmen ermöglichen, mit denen Mitgliedstaaten ihre eigenen Ziele verfolgen.[727] Wenn aber das Sekundärrecht einen Umsetzungsspielraum vorsieht, bedarf es dieser Kontrolle nicht mehr. Sie ist bereits bei Erlass des Sekundärrechtsakts erfolgt. Das Umsetzungsermessen begrenzt die Verfolgung eigener Interessen durch die Mitgliedstaaten von vornherein.

Im Ergebnis sind daher nur solche umsatzsteuerlichen Befreiungen staatliche Maßnahmen i. S. v. Art. 107 Abs. 1 AEUV, die entweder auf keiner unionsrechtlichen Grundlage beruhen oder die über eine Bestimmung der MwStSystRL hinausgehen. Da die Befreiungen in § 4 UStG meist unionsrechtskonform ausgelegt werden können oder die MwStSystRL nur unzureichend umsetzen, ist das nur vereinzelt feststellbar. Nur die Steuerbefreiungen von Verpflegungs- und Beherbergungsdienstleistungen nach § 4 Nr. 23 lit. c UStG, von forstwirtschaftlichen Betrieben nach § 4 Nr. 27 lit. b Var. 1 UStG und die Befreiung der Blinden nach § 4 Nr. 19 UStG sind mitgliedstaatliche Maßnahmen.

b) Umsatzsteuerbefreiungen als Verbraucherbeihilfen

Eine Besonderheit der Steuerbefreiungen nach § 4 UStG besteht darin, dass sie primär der Steuerentlastung der Verbraucher dienen. Der Unternehmer wird zwar mit einer geringeren Umsatzsteuer belastet, gibt diesen Vorteil aber regelmäßig durch Preisreduktion an den Verbraucher weiter. Daher wird angezweifelt, ob der Unternehmer überhaupt begünstigt sein kann.[728] Demzufolge wären in den Umsatzsteuerbefreiungen lediglich Verbraucherbeihilfen zu sehen, die nicht von

---

[725] EuGH, Urt. v. 10. 12. 2013, C-272/12 P (*Kommission/Irland*), ECLI:EU:C:2013:812, Rn. 49.

[726] So aber *Brandau/Neckenich/Reich/Reimer*, BB 2017, 1175, 1176.

[727] EuGH, Urt. v. 27. 3. 1980, C-61/79 (*Denkavit italiana*), Slg. 1980, I-1205, Rn. 31; *Kokott*, Das Steuerrecht der Europäischen Union, 2018, § 3 Rn. 137.

[728] Für die Parallelproblematik beim ermäßigten Steuersatz nach § 12 Abs. 2 Nr. 8 lit. a UStG *Hummel*, NPLY 2019, 154 f.; *ders.*, UR 2023, 345, 349 f.; ähnlich *Englisch*, in: Schaumburg/Englisch/Dobratz, Europäisches Steuerrecht, 3. Aufl. 2025, Rn. 9.34, der eine Vermutung für eine reine Verbraucherbeihilfe befürwortet.

Art. 107 Abs. 1 AEUV erfasst sind.[729] Dafür spricht v. a., dass die Umsatzsteuer auf eine Belastung des Endverbrauchs ausgelegt ist und Befreiungen daher den Verbraucher begünstigen sollen.

Jedoch hat der EuGH in der Rechtssache *Aer Lingus and Ryanair* entschieden, dass es gerade nicht auf die intendierte, sondern die rechtliche Begünstigungswirkung ankomme. Überwälzungsvorgänge seien beihilferechtlich unbeachtlich. Der Vorteil trete stets bei demjenigen ein, dessen Steuerschuld sich ermäßige.[730] Hierfür lässt sich immerhin anführen, dass die Weitergabe des Steuervorteils der Entscheidung des Unternehmers obliegt. Vor diesem Hintergrund scheint es wenig aussichtsreich, den Beihilfecharakter umsatzsteuerlicher Befreiungen an der Personenverschiedenheit von rechtlichem und intendiertem Befreiungsadressaten scheitern zu lassen.

c) Vorteil der gemeinnützigen Körperschaft

Die umsatzsteuerlichen Befreiungen müssten – um den Beihilfetatbestand i. S. v. Art. 107 Abs. 1 AEUV erfüllen zu können – einen beihilferechtlich relevanten Vorteil vermitteln. War bei solchen Befreiungen, die tatbestandlich an §§ 51 ff. AO anknüpfen, bereits aufgrund der damit verbunden Nachteile die Begünstigungswirkung zu verneinen,[731] kann das nicht ohne weiteres für die Befreiungen nach § 4 UStG gelten, die nicht von den Voraussetzungen des Gemeinnützigkeitsstatus abhängig sind. Gleichwohl könnte der Staat anstelle der Gewährung von Umsatzsteuerbefreiungen ebenso die Steuersätze erhöhen und die Leistungen selbst (verbilligt) erbringen. Die Art und Weise der Wahrnehmung von Staatsaufgaben kann für das Vorliegen einer Beihilfe aber nicht entscheidend sein. Im Ergebnis sind daher auch die gemeinnützigkeitsbezogenen Umsatzsteuerbefreiungen kein Vorteil i. S. v. Art. 107 Abs. 1 AEUV.

d) Zwischenergebnis: Umsatzsteuerliche Befreiungen in der Beihilfenkontrolle

Gemeinwohlbezogene Umsatzsteuerbefreiungen sind keine Beihilfen i. S. v. Art. 107 AEUV. Zumeist handelt es sich schon nicht um staatliche Maßnahmen, weil sie auf der MwStSystRL beruhen. Im Übrigen erfüllen sie den Beihilfetatbestand nicht, weil sie bei aufgrund ihrer staatsentlastenden Funktion keine selektive Begünstigung bewirken.

---

[729] Vgl. *Dobratz*, in: Musil/Weber-Grellet, Europäisches Steuerrecht, 2. Aufl. 2022, Art. 107 AEUV Rn. 45.

[730] EuGH, Urt. v. 21.12.2016, C-164–165/15 P (*Aer Lingus and Ryanair*), ECLI:EU:C:2016:990, Rn. 98 ff.

[731] Vgl. Teil 2: A. II. 2. a) bb) (2).

7. Zwischenergebnis: Gemeinwohlförderung durch Umsatzsteuerbefreiungen

Gemeinnützige Körperschaften sind von der Umsatzsteuer nicht generell, sondern nur punktuell mit einzelnen Leistungen befreit. Die Befreiungen sind im Grundsatz zur Verbilligung des Leistungsangebots geeignet. Sie fördern das Gemeinwohl aber aufgrund der Versagung des Vorsteuerabzugs nicht zielgenau. Die fehlende Möglichkeit des Vorsteuerabzugs ist darüber hinaus geeignet, den Wettbewerb zu beeinträchtigen und steht damit in zweifacher Hinsicht den Zielsetzungen des Gemeinnützigkeitsrechts entgegen. Abhilfe kann nur der Richtliniengeber schaffen. Die Änderung von Art. 98 Abs. 2 i. V. m. Anh. III MwStSystRL ist vor diesem Hintergrund unzureichend.

Die Umsatzsteuerbefreiungen decken sich – bedingt durch die abschließende Aufzählung zulässiger Befreiungstatbestände in Art. 132 Abs. 1 MwStSystRL – nicht vollständig mit dem Zweckkatalog in §§ 52–54 AO, sondern bleiben dahinter zurück.

Die Befreiungen in § 4 Nr. 15b–18, Nr. 19–27, Nr. 29 UStG sind Teil des Gemeinnützigkeitsrechts. Sie setzten die MwStSystRL nicht vollständig um. Steuerpflichtige können sich dann unmittelbar auf die Richtlinie berufen, wenn die entsprechende Bestimmung hinreichend eindeutig ist. An dieser Eindeutigkeit fehlt es nur, wenn das Unionsrecht ein leistungsbezogenes Anerkennungsermessen vorsieht, der Mitgliedstaat also über die zu befreiende Leistung selbst befinden kann. So ist etwa eine Berufung auf Art. 132 Abs. 1 lit. m, lit. n MwStSystRL nicht möglich. Soweit § 4 UStG über die unionsrechtlich vorgesehene Privilegierung hinausgeht, können sich Steuerpflichtige weiterhin auf die richtlinienwidrige Bestimmung berufen.

Die Umsatzsteuerbefreiungen sind weder Beeinträchtigungen der Grundfreiheiten noch verbotene Beihilfen i. S. v. Art. 107 Abs. 1 AEUV.

III. Die Steuervergütung nach § 4a UStG

§ 4a UStG enthält eine Steuervergütung für Leistungsbezüge zur Verwendung zu humanitären, karitativen oder erzieherischen Zwecken im Drittlandsgebiet. Danach können gemeinnützige Organisationen i. S. v. §§ 51–68 AO bei grenzüberschreitender Hilfstätigkeit eine Steuervergütung beantragen, damit sie nicht endgültig mit der auf den Hilfsgütern lastenden Umsatzsteuer belastet werden. Hiervon ausgenommen sind Ein- und Ausfuhr im Rahmen eines wirtschaftlichen Geschäftsbetriebs.[732] Vergütet wird der Steuerbetrag, der auf die Lieferung an die gemeinnützige Körperschaft (Eingangsumsatz) entfällt.[733] Anders als die Befreiun-

[732] Vgl. § 4a Abs. 1 Satz 1 Nr. 6 UStG.
[733] *Achatz*, DStJG 26 (2003), 279, 296.

gen nach § 4 UStG ist die Steuervergütung auf natürliche Personen und sonstige Zusammenschlüsse nicht anwendbar.[734]

Durch die Vergütung wird für gemeinnützige Körperschaften eine Alternative zur steuerfreien Ausfuhrlieferung, d. h. der Versendung von Hilfsgütern über einen Unternehmer ins Drittland, geschaffen.[735] Steuersystematisch handelt es sich um eine Steuervergünstigung, da sie eine Abweichung von der Regelbesteuerung zugunsten des Steuerpflichtigen vorsieht.[736] Diese tritt allerdings nicht auf der Ebene des Steuertatbestands sein, sondern erst auf der nachgelagerten Ebene der Steuererstattung.

Unionsrechtliche Grundlage ist Art. 146 Abs. 1 lit. c, Abs. 2 MwStSystRL. Danach befreien die Mitgliedstaaten die Lieferungen von Gegenständen an zugelassene Körperschaften, die diese im Rahmen ihrer Tätigkeit auf humanitärem, karitativem oder erzieherischem Gebiet nach Orten außerhalb der EU ausführen. Die Befreiung darf auch im Wege einer Erstattung erfolgen.

1. Humanitäre, karitative oder erzieherische Zwecke

Die Terminologie hinsichtlich der im Ausland zu verfolgenden Zwecke (humanitäre, karitative oder erzieherische Zwecke) unterscheidet sich von denen der §§ 52–54 AO. Die Finanzverwaltung geht dennoch davon aus, dass sich die steuerbegünstigten Zwecke i. S. d. AO und die nach § 4a Abs. 1 Satz 1 Nr. 5 UStG entsprechen.[737] Das führt in der Praxis zu Erleichterungen,[738] ist in dieser Pauschalität aber nicht richtig.[739] Maßgeblich für die Auslegung der Zwecke ist nicht die AO, sondern Art. 146 Abs. 1 lit. c MwStSystRL.[740] Eine Definition von humanitär, karitativ oder erzieherisch findet sich indes weder im EU-Recht noch in nationalen Vorschriften. Als gesichert kann aber angesichts des Wortlauts von Art. 146 Abs. 1 lit. c, Abs. 2 MwStSystRL gelten, dass die Begriffe weit auszulegen sind.[741] Danach sind humanitäre Zwecke solche, die der Verbesserung der Lebenssituation dienen. Erfasst ist auch die allgemeine Förderung sozialer oder wirtschaftlicher Strukturen oder der Umwelt.[742] Karitativ ist jede Hilfe, die anderen selbstlos gewährt wird.[743] Die Erziehung umfasst sämtliche Formen der Aus- und Weiterbildung einschließ-

---

[734] *Mann*, in: Weitemeyer/Hüttemann/Schauhoff, Umsatzsteuerrecht für den Nonprofitsektor, 2. Aufl. 2024, Rn. 28.163.

[735] *Achatz*, DStJG 26 (2003), 279, 296; *Wenzel*, in: Rau/Dürrwächter, UStG, 9/2025, § 4a Rn. 4.

[736] Zur Definition *Lang*, Systematisierung der Steuervergünstigungen, 1974, S. 74 f., 160.

[737] Abschn. 4a.2. Abs. 6 Satz 4 UStAE.

[738] Vgl. *Hüttemann*, Gemeinnützigkeitsrecht und Spendenrecht, 6. Aufl. 2025, Rn. 7.331.

[739] Ebenso *Martini*, in: Wäger, UStG, 3. Aufl. 2024, § 4a Rn. 11.

[740] *Stadie*, in: Rau/Dürrwächter, UStG, 9/2025, Vorbem. zu §§ 4–9 Rn. 17.

[741] *Martini*, in: Wäger, UStG, 3. Aufl. 2024, § 4a Rn. 11.

[742] *Kister*, in: Offerhaus/Söhn/Lange, Umsatzsteuer, 11/2025, § 4a Rn. 27; Abschn. 124, Abs. 6 Satz 1 UStR.

[743] Abschn. 124, Abs. 6 Satz 2 UStR.

lich der politischen, weltanschaulichen, künstlerischen und wissenschaftlichen Bildung.[744] Im Ergebnis sind damit die überwiegende Mehrzahl der gemeinnützigen Zwecke nach der AO erfasst,[745] nicht aber solche, die nur der Freizeitgestaltung dienen (z. B. Kleingärtnerei oder Modellflug, vgl. § 52 Abs. 2 Satz 1 Nr. 23 AO).

2. Das Verwendungserfordernis

§ 4a Abs. 1 Satz 1 Nr. 5 UStG verlangt, dass der Gegenstand zu humanitären, karitativen oder erzieherischen Zwecken verwendet werden muss. Dagegen genügt es nach Art. 146 Abs. 1 lit. c MwStSystRL, dass die betreffenden Körperschaften die Gegenstände im Rahmen ihrer Tätigkeit ausführen. Ein Verwendungserfordernis ist gerade nicht vorgesehen. Insoweit ist § 4a Abs. 1 Satz 1 Nr. 5 UStG zu eng und damit richtlinienwidrig. Da die MwStSystRL in Bezug auf das fehlende Verwendungserfordernis eindeutig ist, scheidet eine richtlinienkonforme Auslegung aus. Steuerpflichtige können sich unmittelbar auf Art. 146 Abs. 1 lit. c MwStSystRL berufen.[746]

3. Vergütungsberechtigte

Nur Körperschaften i. S. d. KStG sind vergütungsberechtigt.[747] Diese Einschränkung ergibt sich aus dem Verweis in § 4a Abs. 1 Satz 1 UStG auf § 51 Abs. 1 Satz 2 AO. Die MwStSystRL enthält diese Einschränkung nicht und stellt allgemein auf „zugelassene Körperschaften" ab. Daher steht den Mitgliedstaaten ein weiter Spielraum dahingehend zu, welche Körperschaften vergütungsberechtigt sein sollen.[748] Die Einschränkung ist deshalb unionsrechtlich unbedenklich.[749]

4. Die Primärrechtskonformität von § 4a UStG

§ 4a UStG knüpft nicht an den Sitz der vergütungsberechtigten Körperschaft an und verstößt daher nicht gegen die Grundfreiheiten. Da die Norm auf der MwStSystRL beruht und nicht über die vorgesehene Begünstigungswirkung hin-

---

744 Abschn. 124, Abs. 6 Satz 3 UStR.

745 Ebenso *Treiber*, in: Sölch/Ringleb, UStG, 6/2025, § 4a Rn. 25; *Kister*, in: Offerhaus/Söhn/Lange, Umsatzsteuer, 11/2025, § 4a Rn. 26.

746 *Jacobs*, Umsatzsteuer und Gemeinnützigkeit, 2009, S. 166.

747 Abschn. 123, Nr. 1 UStR; *Mann*, in: Weitemeyer/Hüttemann/Schauhoff, Umsatzsteuerrecht für den Nonprofitsektor, 2. Aufl. 2024, Rn. 28.162; *Vellen*, in: Reiß/Kraeusel/Langer, UStG, 9/2025, § 4a Rn. 5.

748 *Mann*, in: Weitemeyer/Hüttemann/Schauhoff, Umsatzsteuerrecht für den Nonprofitsektor, 2. Aufl. 2024, Rn. 28.158.

749 *Vellen*, in: Reiß/Kraeusel/Langer, UStG, 9/2025, § 4a UStG Rn. 7.3.

ausgeht, handelt es sich nicht um eine staatliche Maßnahme i. S. v. Art. 107 Abs. 1 AEUV,[750] sodass auch keine Beihilfe vorliegt.

5. Zwischenfazit: § 4a UStG im System Gemeinnützigkeitsrecht

§ 4a UStG privilegiert die Lieferung von Gegenständen zu Gemeinwohlzwecken ins Ausland und ist zur Gemeinwohlförderung geeignet, weil durch die Erstattung die Umsatzsteuervorbelastung der entsprechenden Hilfsgüter neutralisiert wird. Wettbewerbsbeeinträchtigungen sind nicht zu befürchten. § 4a UStG gilt für den unternehmerischen Bereich nicht und bewirkt nur einen Ausgleich dafür, dass der Erwerb von Gegenständen für den nichtunternehmerischen Bereich ein die Besteuerung auslösender Letztverbrauch ist.[751]

IV. Die Steuersatzermäßigung nach § 12 Abs. 2 Nr. 8 UStG

§ 12 Abs. 2 Nr. 8 lit. a UStG ermäßigt den Steuersatz für Ausgangsumsätze gemeinnütziger Körperschaften i. S. v. §§ 51–68 AO auf 7 %. Hiervon ausgenommen sind Leistungen, die im Rahmen eines wirtschaftlichen Geschäftsbetriebs erbracht werden. Die Steuersatzermäßigung ist insbesondere deshalb bedeutsam, weil der Vorsteuerabzug erhalten bleibt.[752]

Voraussetzung ist, dass steuerpflichtige Umsätze vorliegen.[753] Steuerbefreite Umsätze können nicht noch ermäßigt besteuert werden. Das gilt auch dann, wenn die Befreiung wegen des Verlusts des Vorsteuerabzugs wirtschaftlich nachteilig ist; ein Wahlrecht existiert nicht.[754]

§ 12 Abs. 2 Nr. 8 lit. a UStG beruht auf Art. 98, Anh. III Nr. 15 MwStSystRL. Danach können die Mitgliedstaaten seit 2022 ermäßigte Steuersätze auf steuerpflichtige Umsätze durch gemeinnützige Organisationen, die sich für wohltätige Zwecke und[755] im Bereich der sozialen Sicherheit wie von den Mitgliedstaaten definiert einsetzen und vom Mitgliedstaat als Einrichtungen mit sozialem Charakter

---

[750] Vgl. Teil 2: F. II. 6. a).

[751] Vgl. *Hüttemann*, Gemeinnützigkeitsrecht und Spendenrecht, 6. Aufl. 2025, Rn. 7.330.

[752] *Erdbrügger*, in: Schauhoff/Kirchhain, Hdb. d. Gemeinnützigkeit, 4. Aufl. 2023, § 13 Rn. 273.

[753] Vgl. den Wortlaut von § 12 Abs. 1 UStG: „Die Steuer beträgt für jeden steuerpflichtigen Umsatz (…)“.

[754] *Heidner*, in: Bunjes, UStG, 24. Aufl. 2025, § 12 Rn. 164; *Hummel*, in: Rau/Dürrwächter, UStG, 9/2025, § 12 Abs. 2 Nr. 8 Rn. 337.

[755] Das „und“ ist lediglich eine erweiternde Aufzählung. Die Begriffe „wohltätige Zwecke“ und „soziale Sicherheit“ müssen nicht kumulativ vorliegen, stv. *Hummel*, in: Rau/Dürrwächter, UStG, 9/2025, § 12 Abs. 2 Nr. 8 Rn. 40.

anerkannt sind, anwenden.[756] Nach der alten Fassung durften ermäßigte Steuersätze auf Leistungen durch vom Mitgliedstaat anerkannte gemeinnützige Einrichtungen für wohltätige Zwecke und im Bereich der sozialen Sicherheit angewendet werden.

1. Begünstigte Körperschaften

§ 12 Abs. 2 Nr. 8 lit. a UStG ist nur auf gemeinnützige Körperschaften anwendbar. Durch den Verweis auf §§ 51–68 AO wird tatbestandlich an das Steuersubjekt (Unternehmer), statt wie sonst an das Steuerobjekt (Leistung), angeknüpft. Das ist im Umsatzsteuerrecht eine Ausnahme.[757] Nach dem Wortlaut der Richtlinie dürfen die Leistungen solcher gemeinnütziger Organisationen ermäßigt besteuert werden, die vom Mitgliedstaat als Einrichtungen mit sozialem Charakter anerkannt sind. Dahingehend kann an die Auslegung des bisherigen Merkmals „anerkannte gemeinnützige Einrichtungen“ angeknüpft werden.[758] Dieses ist weit genug, um auch Einrichtungen mit Gewinnerzielungsabsicht zu erfassen.[759] Gemeinnützige Körperschaften fallen daher grundsätzlich in den Anwendungsbereich von Art. 98, Anh. III Nr. 15 MwStSystRL. Insoweit ist auch die Beschränkung auf gemeinnützige Körperschaften durch § 12 Abs. 2 Nr. 8 lit. a UStG richtlinienkonform. Den Mitgliedstaaten steht ein Anerkennungsermessen zu[760] und sie dürfen die Richtlinie selektiv umsetzen.[761] Das gilt für die alte wie die neue Fassung gleichermaßen.

2. Gemeinwohlzwecke

a) Zweckförderung und Auslegungsdirektiven

Die MwStSystRL gestattet die Anwendung des ermäßigten Steuersatzes auf Leistungen gemeinnütziger Körperschaften nur, wenn diese sich für „wohltätige Zwecke und im Bereich der sozialen Sicherheit wie von den Mitgliedstaaten definiert“ einsetzen. Zunächst ist festzuhalten, dass die Entscheidung darüber, welche Zwecke konkret begünstigt werden, bei den Mitgliedstaaten liegt.[762] Diese Entscheidungskompetenz ist aber nicht schrankenlos, sondern auf eine Begriffs-

---

[756] Die Regelung entspricht der Neufassung durch Art. 1 Nr. 6 der RL (EU) 2022/542 v. 5.4.2022 (ABl.EU 2022 Nr. L 107, 1) mit Wirkung v. 6.4.2022. Die Richtlinie ist bis zum 31.12.2024 umzusetzen.

[757] *Erdbrügger*, in: Schauhoff/Kirchhain, Hdb. d. Gemeinnützigkeit, 4. Aufl. 2023, § 13 Rn. 281.

[758] *Heuermann*, in: Sölch/Ringleb, UStG, 6/2025, § 12 Rn. 607.

[759] EuGH, Urt. v. 26.5.2005, C-498/03 (*Kingscrest Associates Ltd.*), Slg. 2005, I-4427, Rn. 35, 47; v. 17.6.2010, C-492/08 (*Kommission/Frankreich*), Slg. 2010, I-5471, Rn. 36.

[760] *Hüttemann*, Gemeinnützigkeitsrecht und Spendenrecht, 6. Aufl. 2025, Rn. 7.343.

[761] EuGH, Urt. v. 27.2.2014, C-454–455/12 (*Pro Med und Oertel*), ECLI:EU:C:2014:111, Rn. 43.

[762] *Martini*, in: Wäger, UStG, 3. Aufl. 2024, § 12 Abs. 2 Nr. 8 Rn. 4.

konkretisierung beschränkt, weil sonst jede beliebige Leistung als „wohltätiger Zweck" definiert und ermäßigt besteuern werden könnte, solange die sie erbringende Organisation nach Maßgabe des nationalen Rechts nur als gemeinnützig anerkannt ist. Das Merkmal liefe damit leer. Auch nach der Änderung der MwStSystRL muss die begünstigte Tätigkeit daher unter die Begriffe „wohltätig" oder „soziale Sicherheit" subsumierbar sein.[763]

Diese Begriffe sind nicht legaldefiniert und ihre Bedeutung noch nicht abschließend geklärt. Der EuGH pflegt sich auf Rechtsanwendung im Einzelfall zu beschränken, versucht sich aber nicht an allgemeingültigen Definitionen.[764] Der BFH hat sich dazu vereinzelt geäußert und einen restriktiven Ansatz vertreten. Zahlreiche nationale Gemeinwohlzwecke seien nicht wohltätig und hätten mit der sozialen Sicherheit nichts zu tun. Dies gelte beispielhaft für Tier- oder Denkmalschutz (§ 52 Abs. 2 Satz 1 Nr. 6, Nr. 14 AO).[765] Hierbei hat das Gericht jedoch die Termini soziale Sicherheit und wohltätige Zwecke nicht voneinander abgegrenzt und auch keine weiteren Definitionsversuche unternommen.

Bei der Auslegung der Begriffe ist jedoch die nunmehr ausdrücklich festgeschriebene Definitionskompetenz der Mitgliedstaaten zu berücksichtigen („wie von den Mitgliedstaaten definiert"). Der mitgliedstaatliche Entscheidungsspielraum ist weit zu verstehen. Denn die Mitgliedstaaten haben höchst unterschiedliche Gemeinnützigkeitsrechtsordnungen.[766]

Der Begriff der „sozialen Sicherheit" betrifft zumindest zwei Aspekte. Einerseits geht es um die Schutzbedürftigkeit einzelner Mitglieder der Gesellschaft. Angesprochen sind z. B. Kinder-, Jugend- und Krankenhilfe. Andererseits erfasst das Soziale auch kollektiven Altruismus zur Bedürfnisbefriedigung aller.[767] Zu denken ist insoweit etwa an Trinkwasser- und Lebensmittelversorgung oder Religion. In jedem Fall setzt soziale Sicherheit einen unmittelbaren zwischenmenschlichen Bezug voraus. Daher kann „soziale Sicherheit" nach hier vertretener Ansicht definiert werden als jede Tätigkeit, die der zwischenmenschlichen Unterstützung zum Schutze Einzelner oder der Befriedigung grundsätzlicher Bedürfnisse aller Mitglieder der Gesellschaft dient. Hierbei geht es nicht allein um materielle Bedürfnisse, sondern auch um soziale Teilhabe und sozialen Frieden. Anderenfalls wäre das Merkmal und damit der mitgliedstaatliche Entscheidungsspielraum zu sehr eingeengt.

---

763 *Hummel*, UR 2023, 345, 347; BFH, Urt. v. 5.4.2023, V R 14/22, BFHE 280, 348, Rn. 16: „unverändert für wohltätige Zwecke und im Bereich der sozialen Sicherheit".

764 Beispielhaft zum Begriff der sozialen Sicherheit im Rahmen von Art. 132 Abs. 1 lit. g MwStSystRL EuGH, Urt. v. 10.9.2002, C-141/00 (*Kügler*), Slg. 2002, I-6833, Rn. 44.

765 BFH, Urt. v. 8.3.2012, V R 14/11, BStBl. II 2012, 630, Rn. 19.

766 Für ein weites Verständnis von Anh. III Nr. 15 MwStSystRL aus diesem Grund auch *Hüttemann*, MwStR 2014, 115, 123.

767 Schlussanträge v. GA *Jääskinen* v. 11.2.2010, C-492/08 (*Kommission/Frankreich*), Slg. 2010, I-5471, Rn. 69.

Der Begriff der „wohltätigen Zwecke“ ist unbestimmt. Es werden im Wesentlichen zwei Ansichten zur Auslegung vertreten. Einerseits ist denkbar, den Begriff auf Tätigkeiten mit einem sozialen Gehalt zu beschränken.[768] Andererseits könnten „wohltätig“ und „gemeinnützig“ synonym verstanden werden.[769] Dieser zweiten Auffassung ist zuzustimmen. Zwar ist es nicht fernliegend, dem Begriff der Wohltätigkeit eine engere Bedeutung beizumessen und nur soziale (zwischenmenschliche) Aktivitäten hierunter zu fassen. Denn anderenfalls hätte der Richtliniengeber auch die Gemeinnützigkeit in den Wortlaut aufnehmen können.[770] Jedoch wäre das Merkmal dann überflüssig, weil soziale Tätigkeiten schon ausdrücklich von der sozialen Sicherheit erfasst sind. Darüber hinaus werden Wohltätigkeit und Gemeinnützigkeit im allgemeinen Sprachgebrauch häufig synonym verwendet.[771] Für ein einheitliches Verständnis der Begriffe spricht auch die mitgliedstaatliche Definitionskompetenz, die nunmehr sogar ausdrücklich normiert ist („wie von den Mitgliedstaaten definiert“). Diese würde durch ein zu enges Wortlautverständnis ausgehöhlt. Stattdessen dürfen die Mitgliedstaaten richtlinienkonform den Wortlaut bis zu seiner weitesten Grenze verstehen und somit auch gemeinnützige Zwecke als wohltätige Zwecke definieren.

Hierbei ist jedoch eine wichtige Einschränkung zu beachten. Wohltätigkeit setzt – ebenso wie Gemeinnützigkeit im wörtlichen Sinne – eine Förderung der Allgemeinheit und Selbstlosigkeit voraus. Umsätze zur Förderung von Partikularinteressen können daher nicht richtlinienkonform ermäßigt besteuert werden. Zusammenfassend kann Wohltätigkeit i. S. v. Anh. III Nr. 15 MwStSystRL als jede Tätigkeit verstanden werden, mit der selbstlos die Allgemeinheit gefördert wird.

Die Erweiterung fakultativ begünstigter Leistungen durch Anh. III Nr. 1–6 und Nr. 10c MwStSystRL (Lieferung von Wasser, Arzneimitteln, medizinischen Geräten oder Büchern u. a.) bewirkt keine weitergehende Begünstigungsmöglichkeit. Denn soweit sie in nationales Recht nicht umgesetzt wurden, können sich die Körperschaften nicht unmittelbar darauf berufen, weil die Gewährung der Steuersatzermäßigung im Ermessen der Mitgliedstaaten liegt.[772]

[768] So Schlussanträge v. GA *Jääskinen* v. 11.2.2010, C-492/08 (*Kommission/Frankreich*), Slg. 2010, I-5471, Rn. 69, der die Begriffe „soziale Sicherheit“ und „wohltätige Zwecke“ dahingehend einheitlich versteht.

[769] *Jacobs*, Umsatzsteuer und Gemeinnützigkeit, 2009, S. 184 f.; *Hüttemann*, MwStR 2014, 115, 123; *Erdbrügger*, WPg 2022, 605, 610; *Hummel*, UR 2023, 345 in Fn. 1.

[770] Ähnlich ist es in der englischen Sprachfassung. Dort ist von „*welfare*“ die Rede, nicht von „*public benefit*“.

[771] *Jacobs*, Umsatzsteuer und Gemeinnützigkeit, 2009, S. 184.

[772] Vgl. *Hüttemann*, Gemeinnützigkeitsrecht und Spendenrecht, 6. Aufl. 2025, Rn. 7.340. Zur fehlenden unmittelbaren Anwendbarkeit bei mitgliedstaatlichem Umsetzungsermessen EuGH, Urt. v. 1.7.2010, C-194/08 (*Gassmayr*), Slg. 2010, I-6281, Rn. 45; v. 10.12.2020, C-488/18 (*Golfclub Schloss Igling*), ECLI:EU:C:2020:1013, Rn. 26 f.

b) Richtlinienkonformität einzelner nationaler Gemeinwohlzwecke

Die deutschen Gemeinwohlzwecke sind überwiegend unter die Begriffe „wohltätig" oder „soziale Sicherheit" subsumierbar.

aa) Soziale Sicherheit

Zur sozialen Sicherheit gehören zunächst diejenigen Tätigkeiten, die unmittelbar der Unterstützung hilfsbedürftiger Menschen dienen. Das betrifft die mildtätigen Zwecke (§ 53 AO), die Förderung der öffentlichen Gesundheitspflege (§ 52 Abs. 2 Satz 1 Nr. 3 AO) einschließlich der dem Schutze der menschlichen Gesundheit dienenden Verhinderung von Tierseuchen,[773] der Jugend- und Altenhilfe (§ 52 Abs. 2 Satz 1 Nr. 4 AO), der Wohlfahrtspflege (§ 52 Abs. 2 Satz 1 Nr. 9 AO) und der Fürsorge von Strafgefangenen (§ 52 Abs. 2 Satz 1 Nr. 17 AO). Gleiches gilt für die in § 52 Abs. 2 Satz 1 Nr. 10 AO aufgeführte Förderung der Hilfe für Verfolgte, Vertriebene, Flüchtlinge, Aussiedler, Spätaussiedler, Kriegsopfer, Zivilbeschädigte, Behinderte, Opfer von Straftaten und von Diskriminierung aufgrund geschlechtlicher Identität. Soldaten- und Reservistenbetreuung (§ 52 Abs. 2 Satz 1 Nr. 23 AO) dient ebenfalls der sozialen Sicherheit, solange es sich um materielle, geistige oder sittliche Betreuung handelt, etwa Traumabewältigung oder Unterstützung beim Übergang ins Zivilleben.[774] Gleiches gilt für die ab dem 1. 1. 2025 begünstigte Förderung wohngemeinnütziger Zwecke an bedürftige Personen i. S. v. § 53 AO (§ 52 Abs. 2 Satz 1 Nr. 27 AO).[775]

Da das Merkmal „sozial" nicht der Abgrenzung zu physischer Hilfe dient, sondern die Tätigkeiten lediglich auf zwischenmenschliche Unterstützung beschränkt, sind auch der Küsten- und Hochwasserschutz (§ 52 Abs. 2 Satz 1 Nr. 8 AO), der Vermisstensuchdienst (§ 52 Abs. 2 Satz 1 Nr. 10 AO), die Rettung aus Lebensgefahr (§ 52 Abs. 2 Satz 1 Nr. 11 AO), der Feuer-, Arbeits-, Katastrophen- und Zivilschutz sowie die Unfallverhütung (§ 52 Abs. 2 Satz 1 Nr. 12 AO) und die Kriminalprävention (§ 52 Abs. 2 Satz 1 Nr. 20 AO) nach hier vertretener Auffassung vom Begriff der sozialen Sicherheit erfasst.

Die soziale Sicherheit schließt darüber hinaus Tätigkeiten ein, die der grundsätzlichen Bedürfnisbefriedigung einschließlich der sozialen Teilhabe und des sozialen Friedens dienen. Hierzu gehören die Förderung der Religion (§ 52 Abs. 2 Satz 1 Nr. 2 AO) und kirchlicher Zwecke (§ 54 AO), der Erziehung, Volks- und Berufsbildung einschließlich der Studentenhilfe (§ 52 Abs. 2 Satz 1 Nr. 7 AO), der Gleich-

---

[773] Vgl. *Gersch*, in: Klein, AO, 18. Aufl. 2024, § 52 Rn. 35.

[774] Vgl. zur Soldatenbetreuung *Seer*, in: Tipke/Kruse, AO/FGO, 9/2025, § 52 AO Rn. 62.

[775] Eingefügt mit JStG 2024 v. 2. 12. 2024, BGBl. I 2024, Nr. 387; dazu vertieft *Feldgen*, DStZ 2024, 635, 636; *Schiffers*, DStZ 2024, 655, 662 f.

berechtigung von Frauen und Männern (§ 52 Abs. 2 Satz 1 Nr. 18 AO) sowie des Schutzes von Ehe und Familie (§ 52 Abs. 2 Satz 1 Nr. 19 AO).

bb) Wohltätigkeit und Grenzbereiche

Wohltätig, d. h. selbstlos die Allgemeinheit fördernd, sind die Förderung von Wissenschaft und Forschung (§ 52 Abs. 2 Satz 1 Nr. 1 AO), des Natur-, Umwelt- und Klimaschutzes (§ 52 Abs. 2 Satz 1 Nr. 8 AO), des Andenkens an Verfolgte, Kriegs- und Katastrophenopfer (§ 52 Abs. 2 Satz 1 Nr. 10 AO), der internationalen Gesinnung und der Toleranz auf allen Gebieten der Kultur und des Völkerverständigungsgedankens (§ 52 Abs. 2 Satz 1 Nr. 13 AO), des Tierschutzes (§ 52 Abs. 2 Satz 1 Nr. 14 AO), der Entwicklungszusammenarbeit (§ 52 Abs. 2 Satz 1 Nr. 15 AO), der Verbraucherberatung und des Verbraucherschutzes (§ 52 Abs. 2 Satz 1 Nr. 16 AO) sowie die allgemeine Förderung des demokratischen Staatswesens (§ 52 Abs. 2 Satz 1 Nr. 24 AO), der Förderung des bürgerschaftlichen Engagements zugunsten gemeinnütziger, mildtätiger oder kirchlicher Zwecke (§ 52 Abs. 2 Satz 1 Nr. 25 AO) und der Unterhaltung von Friedhöfen und Gedenkstätten (§ 52 Abs. 2 Satz 1 Nr. 26 AO).

Das Merkmal der Wohltätigkeit erfasst nur die selbstlose Allgemeinförderung. Die Förderung von Partikularinteressen berechtigt den Mitgliedstaat nicht, ermäßigte Steuersetze zu erheben. Daran ändert sich nichts, wenn das Individualinteresse gemeinsam mit anderen ausgeübt wird. Vor diesem Hintergrund befinden sich einige Gemeinwohlzwecke in § 52 AO zumindest im Grenzbereich des unionsrechtlich Erlaubten.

(1) Sport und Schach

Dem ersten Anschein nach ist die Förderung des Sports problematisch (§ 52 Abs. 2 Satz 1 Nr. 21 AO), weil dieser in engem Zusammenhang mit der Freizeitbetätigung der Sportler steht.[776] Gleichwohl dient der Sport dem Gemeinwohl, weil er ein Feld schafft, welches soziale Unterschiede überwindet und der Gesundheit der Bevölkerung dient.[777] Die Allgemeinwohlbezogenheit des Sports ist auch unionsrechtlich verankert. Nach Art. 165 Abs. 1 UAbs. 2 AEUV berücksichtigt die Union bei der Sportförderung die auf freiwilligem Engagement basierenden Strukturen des Sports und dessen soziale und pädagogische Funktion. Daher kann dem Sport auch für Zwecke des Unionsrechts nicht pauschal der Gemeinwohlbezug abgesprochen werden. Sportförderung durch gemeinnützige Körperschaften ist somit wohltätig i. S. v. Anh. III Nr. 15 MwStSystRL.

---

[776] *Seer*, in: Tipke/Kruse, AO/FGO, 9/2025, § 52 AO Rn. 48.

[777] *Jachmann*, in: Igl, Rechtliche Rahmenbedingungen bürgerschaftlichen Engagements, 2002, S. 213.

Das gilt auch für Schach, welches mangels körperlicher Anstrengung zwar kein Sport ist, jedoch als solcher fingiert wird.[778] Die weite Definitionskompetenz in Anh. III Nr. 15 MwStSystRL gestattet es den Mitgliedstaaten, selbständig die Entscheidung über die Förderungswürdigkeit von Aktivitäten zu treffen, durch die das Gemeinwohl gefördert wird. Das kann auf Schach ebenso zutreffen, wie auf den Sport, weil diesem eine soziale und pädagogische Funktion zukommt. Schach hat eine lange internationale Tradition mit prestigeträchtigen Turnieren und Auszeichnungen („Großmeister") und erfüllt insoweit eine sozio-kulturelle Funktion.[779] Daneben dient es aufgrund der mit dem Schachspiel verbundenen besonderen Fähigkeiten auch der Pädagogik.

(2) Kultur und Brauchtum

Nach deutschem Recht handelt es sich bei der Förderung der Kunst und Kultur (§ 52 Abs. 2 Satz 1 Nr. 5 AO), des Denkmalschutzes und der Denkmalpflege (§ 52 Abs. 2 Satz 1 Nr. 6 AO), von Heimatpflege, Heimatkunde und Ortsverschönerung (§ 52 Abs. 2 Satz 1 Nr. 22 AO) sowie des traditionellen Brauchtums, einschließlich des Karnevals, der Fastnacht und des Faschings (§ 52 Abs. 2 Satz 1 Nr. 23 AO) um Gemeinwohlzwecke. Diese Zwecke überschneiden sich teilweise und haben einen engen Bezug zu Freizeitaktivitäten. Daher ist besonders auf die Selbstlosigkeit zu achten.[780]

Mitgliedstaaten dürfen nach hier vertretener Auffassung künstlerisch und kulturell tätige Körperschaften grundsätzlich als „wohltätig" i. S. v. Anh. III Nr. 15 MwStSystRL ansehen und deren Leistungen ermäßigt besteuern. Durch Kultur (zu der auch die Kunst gehört)[781] wird das Allgemeinwohl gefördert. Ihr Gemeinwohlbezug wird auf unionaler Ebene durch Art. 3 Abs. 3 UAbs. 6 EUV und Art. 167 AEUV anerkannt. Danach wahrt die Union den Reichtum ihrer kulturellen Vielfalt und sorgt für den Schutz und die Entwicklung des kulturellen Erbes in Europa und leistet einen Beitrag zur Entfaltung der Kulturen der Mitgliedstaaten unter Wahrung ihrer nationalen und regionalen Vielfalt.

Eine Definition des Kulturbegriffs ist jedoch mit erheblichen Schwierigkeiten verbunden.[782] Im nationalen Gemeinnützigkeitsrecht wird als Kultur alles verstanden, was der Mensch ohne Zutun der Natur geschaffen hat.[783] Diese weite Definition

---

[778] Zum fehlenden Sportcharakter des Schachs stv. *Seer*, in: Tipke/Kruse, AO/FGO, 9/2025, § 52 AO Rn. 47.

[779] Vgl. die besondere Tradition hervorhebend auch *Musil*, in: Hübschmann/Hepp/Spitaler, AO/FGO, 9/2025, § 52 AO Rn. 190 und *Fischer*, FR 2022, 321, 322: „uralte Kulturfertigkeit".

[780] Vgl. AEAO zu § 52 Nr. 12 zu Junggesellen- und Burschenvereinen.

[781] Vgl. *Hüttemann*, Gemeinnützigkeitsrecht und Spendenrecht, 6. Aufl. 2025, Rn. 3.117.

[782] Siehe nur *Blanke*, in: Calliess/Ruffert, EUV/AEUV, 6. Aufl. 2022, Art. 167 AEUV Rn. 3: „Quadratur des Kreises".

[783] Stv. *Hüttemann*, Gemeinnützigkeitsrecht und Spendenrecht, 6. Aufl. 2025, Rn. 3.117.

wird eingeschränkt, um nicht jede beliebige Tätigkeit zu erfassen. Die Maßstäbe hierfür sind jedoch unklar.[784] Die Finanzverwaltung geht kasuistisch vor und zählt einige Betätigungen beispielhaft auf.[785] Im unionsrechtlichen Schrifttum wird darauf abgestellt, ob die Tätigkeiten üblicherweise Gegenstand nationaler Kulturpolitik sind.[786] Handhabbarer ist der Vorschlag, die Kultur als Gesamtheit aller Attribute zu verstehen, die die Mitglieder einer Gruppe einigen und sie von anderen Gruppen unterscheiden, ihr Weltbild beeinflussen und ihr individuelles und kollektives Leben strukturieren.[787] Für Zwecke der Richtlinienkonformität ermäßigter Umsatzbesteuerung ist jedenfalls maßgeblich auf die Allgemeinwohldienlichkeit abzustellen. Daher kommt es entscheidend auf die Handhabe der Kulturzwecke im nationalen Recht an.

Nach diesen Maßstäben gehören sämtliche in § 52 Abs. 2 Satz 1 Nr. 5, Nr. 6, Nr. 22 AO aufgezählten Aktivitäten zum Kulturbegriff und werden aufgrund ihrer Anwendung im nationalen Recht richtlinienkonform ermäßigt besteuert. Kunst- und Kulturförderung ist nach nationalem Recht nur gemeinnützig, wenn das Ziel im öffentlichen Wirken besteht.[788] Das gilt auch für Denkmalschutz und Denkmalpflege, die zur Kultur gehören und damit lediglich deklaratorisch in § 52 Abs. 2 Satz 1 Nr. 6 AO gesondert erwähnt werden.[789]

Der durch § 52 Abs. 2 Satz 1 Nr. 22 AO privilegierte Heimatgedanke in seinen Ausprägungen der Heimatpflege und der Heimatkunde erfasst die Pflege der Verbundenheit mit der Heimat als sozialem Zugehörigkeitsraum.[790] Förderungsfähig sind die historische Landesforschung, Landes- und Volkskunde, die Unterhaltung von Heimatmusseen sowie die regionale Brauchtumspflege, etwa im Hinblick auf Sprache, Musik oder Kleidung.[791] Nicht erfasst sind dagegen rein destruktive Aktivitäten und Ziele, etwa die Ideologisierung des Heimatgedankens, borniert-regionale Beschränktheit und Fremdenfeindlichkeit.[792] Ausgeschlossen sind auch Freizeitbetätigungen, weshalb insbesondere die Geselligkeit nicht im Vordergrund stehen darf.[793] Diese restriktive Auslegung nationalen Rechts gewährleistet eine Beschränkung des Heimatgedankens auf seinen gemeinwohldienlichen Kerngehalt. So verstanden sind Heimatpflege und Heimatkunde „wohltätig" i. S. v. Anh. III Nr. 15 MwStSystRL.

---

[784] *Musil*, in: Hübschmann/Hepp/Spitaler, AO/FGO, 9/2025, § 52 AO Rn. 143; *Jachmann*, in: Gosch, AO/FGO, 8/2025, § 52 AO Rn. 64.

[785] Vgl. AEAO zu § 52 Nr. 2.2: Musik, Literatur usw.

[786] Stv. *Niedobitek*, in: Streinz, EUV/AEUV, 3. Aufl. 2018, Art. 167 AEUV Rn. 26.

[787] *Blanke*, in: Calliess/Ruffert, EUV/AEUV, 6. Aufl. 2022, Art. 167 AEUV Rn. 3.

[788] *Kraus*, in: Schauhoff/Kirchhain, Hdb. d. Gemeinnützigkeit, 4. Aufl. 2023, § 6 Rn. 57.

[789] *Jachmann*, in: Gosch, AO/FGO, 8/2025, § 52 AO Rn. 66.

[790] Gutachten der Unabhängigen Sachverständigenkommission zur Prüfung des Gemeinnützigkeits- und Spendenrechts, BMF-Schriftenreihe, Heft 40, 1988, S. 115.

[791] Stv. *Hüttemann*, Gemeinnützigkeitsrecht und Spendenrecht, 6. Aufl. 2025, Rn. 3.149.

[792] *Seer*, in: Tipke/Kruse, AO/FGO, 9/2025, § 52 AO Rn. 52.

[793] AEAO zu § 52 Nr. 13.

Das gilt auch für die Ortsverschönerung. Damit sind Maßnahmen für die Verbesserung der Lebensqualität im Ort gemeint,[794] etwa Müllsammelaktionen oder Projekte zur Verbesserung mitmenschlichen Umgangs.[795] Wirtschafts- und Tourismusförderung fällt nicht darunter.[796] Ortsverschönerung, wie sie nach nationalem Recht ausgelegt wird, dient daher der Allgemeinheit.

Traditionelles Brauchtum, einschließlich des Karnevals, der Fastnacht und des Faschings (§ 52 Abs. 2 Satz 1 Nr. 23 AO) sind als historische oder regionale Kulturtraditionen ebenfalls vom Kulturbegriff erfasst und können daher der Allgemeinheit dienen.[797] Das nationale Gemeinnützigkeitsrecht schränkt jedoch die Gemeinnützigkeitsfähigkeit der entsprechenden Körperschaften stark ein. Ähnlich wie bei der Förderung des Heimatgedankens dürfen Gewerblichkeit und Geselligkeit nicht im Vordergrund stehen. Der Hauptzweck darf sich deshalb z. B. nicht auf die Ausrichtung örtlicher Feste beschränken.[798] Körperschaften zur Förderung des traditionellen Brauchtums fördern nur dann die Allgemeinheit, wenn sie die Überlieferung und Pflege von überlieferten Bräuchen betreiben.[799] So verstandene traditionelle Brauchtumspflege ist mithin „wohltätig" und die entsprechenden Leistungen können vom Mitgliedstaat richtlinienkonform ermäßigt besteuert werden.

(3) Reine Freizeitaktivitäten

Das nationale Gemeinnützigkeitsrecht enthält in § 52 Abs. 2 Satz 1 Nr. 23 AO einige Zwecke, mit denen lediglich die kollektive Verfolgung von Einzelinteressen gefördert wird. Angesprochen sind die Freizeitaktivitäten, bei denen nicht erkennbar ist, wie die Allgemeinheit gefördert werden soll.[800] Die ermäßigte Umsatzbesteuerung von Leistungen zu derartigen Zwecken ist deshalb richtlinienwidrig.

Zu dieser Kategorie gehören zunächst die Tier- und die Pflanzenzucht. Tierzucht ist die planmäßige Paarung zur Erzeugung von Nachkommen mit bestimmten Merkmalen oder Eigenschaften.[801] Pflanzenzucht bezieht sich auf alle Arten angewandter Genetik.[802] Durch diese Aktivitäten wird die Allgemeinheit nur dann gefördert, wenn sie dem Naturschutz, der Arterhaltung oder der Wissenschaft dienen. Dann liegen jedoch bereits die Gemeinwohlzwecke der Wissenschaft (§ 52 Abs. 2

---

[794] BT-Drs. 19/25160, S. 201.
[795] *Koenig*, in: Koenig, AO, 5. Aufl. 2024, § 52 Rn. 56.
[796] AEAO zu § 52 Nr. 2.6.
[797] Vgl. *Kraus*, in: Schauhoff/Kirchhain, Hdb. d. Gemeinnützigkeit, 4. Aufl. 2023, § 6 Rn. 57c; zur unionsrechtlichen Dimension regionaler Kulturtraditionen *Blanke*, in: Calliess/Ruffert, EUV/AEUV, 6. Aufl. 2022, Art. 167 AEUV Rn. 2.
[798] AEAO zu § 52 Nr. 12, Nr. 13.
[799] *Kraus*, in: Schauhoff/Kirchhain, Hdb. d. Gemeinnützigkeit, 4. Aufl. 2023, § 6 Rn. 57c.
[800] Vgl. *Koenig*, in: Koenig, AO, 5. Aufl. 2024, § 52 Rn. 53.
[801] *Musil*, in: Hübschmann/Hepp/Spitaler, AO/FGO, 9/2025, § 52 AO Rn. 229.
[802] *Musil*, in: Hübschmann/Hepp/Spitaler, AO/FGO, 9/2025, § 52 AO Rn. 231.

Satz 1 Nr. 1 AO) oder des Natur- oder Tierschutzes (§ 52 Abs. 2 Satz 1 Nr. 8, Nr. 14 AO) vor.[803] Die Züchtung modischer Hunde oder ästhetisch ansprechender Pflanzen dient jedenfalls nicht der Allgemeinheit, sondern Individualinteressen.[804] Die von der Finanzverwaltung praktizierte Anerkennung von Gartenbauvereinen, Bonsaikunst und Aquarienkunde als gemeinnützig[805] ist daher unionsrechtlich für Zwecke des ermäßigten Steuersatzes nach § 12 Abs. 2 Nr. 8 lit. a UStG nicht haltbar.

Gleiches gilt für die Kleingärtnerei. Diese soll der Förderung der Volksgesundheit und der Erziehung zur Naturverbundenheit dienen.[806] Soweit es um letzteres geht, ist bereits der Gemeinwohlzweck der Erziehung nach § 52 Abs. 2 Satz 1 Nr. 7 AO einschlägig. Im Übrigen ist die Annahme, dass durch Kleingärtnerei die Volksgesundheit selbstlos gefördert werden würde, nicht überzeugend. Regelmäßig geht es lediglich um die Verbringung der eigenen Freizeit.[807] Kleingärtnerei fördert die Allgemeinheit daher ebenso wenig wie etwa der Balkonbau.

Der Modellflug dient ebenfalls nur der eigenen Freizeit. Die Allgemeinheit wird hierdurch nicht gefördert. Der BFH stand 1994 dagegen noch auf dem Standpunkt, durch den Modellflug würden technische Kenntnisse vermittelt, was auch der wirtschaftlichen Entwicklung des Landes diene.[808] Dagegen spricht jedoch schon, dass die Gemeinwohlwirksamkeit eines Hobbys mit nur irgendwie denkbaren positiven Auswirkungen noch nicht hinreichend belegt ist. Die Annahme, dass die durch den Modellflug erworbenen Kenntnisse die wirtschaftliche Entwicklung fördern würden, ist realitätsfern und hätte allenfalls dann ein gewisses Gewicht, wenn diese Kenntnisse am Arbeitsmarkt wirksam eingesetzt werden könnten. Hierfür fehlt jedoch jeder Beleg. Gleichzeitig wäre in diesem Fall von einer überwiegend eigennützigen Motivation auszugehen, weil der Modellflug dann der eigenen Berufsausübung dienen würde.

Durch den Hundesport wird das gemeine Wohl nicht gefördert.[809] Dabei steht nicht die körperliche Betätigung des Menschen, sondern die Abrichtung und Beschäftigung des Hundes im Vordergrund. Aus diesem Grund fehlte es vor der ausdrücklichen Aufnahme des Hundesports in § 52 Abs. 2 Satz 1 Nr. 23 AO an dessen Gemeinnützigkeitsfähigkeit.[810] Sofern es um die dem Gemeinwohl dienende Aus-

---

[803] A. A. die Finanzverwaltung, die den Artenerhalt unter die Tierzucht subsumiert (AEAO zu § 52 Nr. 2.5). In diesem Fall läge insoweit eine richtlinienkonforme Förderung der Allgemeinheit vor.

[804] Vgl. *Seer*, in: Tipke/Kruse, AO/FGO, 9/2025, § 52 AO Rn. 59. Aus diesem Grund war z. B. Kleintierzucht aus ästhetischen Gründen vor der Einführung von § 52 Abs. 2 Satz 1 Nr. 23 AO auch nicht gemeinnützigkeitsfähig, siehe BFH, Urt. v. 28. 11. 1990, I R 38/86, BFH/NV 1992, 90.

[805] AEAO zu § 52 Nr. 11.

[806] Vgl. mit kritischer Würdigung *Halaczinsky*, in: Wallenhorst/Halaczinsky, Die Besteuerung gemeinnütziger und öffentlich-rechtlicher Körperschaften, 7. Aufl. 2017, D Rn. 144.

[807] Ebenso *Seer*, in: Tipke/Kruse, AO/FGO, 9/2025, § 52 AO Rn. 60; vgl. auch *Jachmann*, in: Gosch, AO/FGO, 8/2025, § 52 AO Rn. 114: „Vieles spricht hier für eigennütziges Verhalten".

[808] BFH, Urt. v. 14. 9. 1994, I R 153/93, BStBl. II 1995, 499.

[809] Ebenso *Koenig*, in: Koenig, AO, 5. Aufl. 2024, § 52 Rn. 64.

[810] BFH, Urt. v. 13. 12. 1978, I R 2/77, BStBl. II 1979, 495.

bildung von Blinden- oder Rettungshunden geht, sind schon die Zwecke nach § 52 Abs. 2 Satz 1 Nr. 10, Nr. 11, Nr. 12 AO einschlägig.[811]

Der Amateurfunk dient ebenfalls nicht der Förderung der Allgemeinheit. Hierbei handelt es sich wiederum um ein bloßes Hobby.[812] Funk zur Prävention von Unfällen oder zur Rettung von Menschen gehört zu § 52 Abs. 2 Satz 1 Nr. 11, Nr. 12 AO. Darüberhinausgehender Funk zum Zeitvertreib und zur gegenseitigen Unterhaltung ist nach deutschem Recht zwar begünstigungsfähig.[813] Jedoch fehlt insoweit erkennbar jeder Gemeinwohlbezug.

Anders ist es beim Freifunk. Dieser dient dem Gemeinwohl und ist – insoweit systemwidrig[814] – ebenfalls in § 52 Abs. 2 Satz 1 Nr. 23 AO aufgeführt. Freifunk erfasst die nichtkommerzielle Förderung der Einrichtung und Unterhaltung von Kommunikationsnetzwerken, die der Allgemeinheit offenstehen.[815] Insoweit wird die Allgemeinheit auch gefördert und der Freifunk ist „wohltätig" i. S. v. Anh. III Nr. 15 MwStSystRL. Leistungen von Körperschaften zur Förderung des Freifunks können somit richtlinienkonform ermäßigt besteuert werden.

c) Rückwirkung der RL (EU) 2022/542 und alte Rechtslage

Im Zuge der Änderung der MwStSystRL durch die RL (EU) 2022/542 wurde z. T. vertreten, dass der erweiterte gesetzgeberische Spielraum insoweit „rückwirken" könne, als dieser Rückschlüsse auf die Intention des historischen Richtliniengebers zulasse.[816] Gestützt wird diese Ansicht auf Erwägungsgrund Nr. 19 wonach die Änderungen in Anh. III Nr. 15 MwStSystRL einer Präzisierung dienten. Dies sei bei der Auslegung nationalen Rechts dergestalt zu berücksichtigen, dass entgegen der früheren Rechtsprechung des BFH gerade nicht von einer weitgehenden Unionsrechtswidrigkeit von § 12 Abs. 2 Nr. 8 lit. a UStG ausgegangen werden könne. Relevant ist das für Umsätze, die vor dem 6. 4. 2022 (Inkrafttreten von RL (EU) 2022/542) ausgeführt wurden. Geht man mit dieser Ansicht davon aus, dass der geänderte Richtlinienwortlaut Rückschlüsse auf die alte Rechtslage zulässt, wären die überwiegende Mehrzahl der nach deutschem Recht privilegierten Zwecke bereits vor Inkrafttreten der RL (EU) 2022/542 richtlinienkonform privilegiert. Insoweit gälten die oben erörterten Grundsätze entsprechend für die alte Rechtslage.

---

[811] *Jachmann*, in: Gosch, AO/FGO, 8/2025, § 52 AO Rn. 117.
[812] Gleiche Ansicht *Koenig*, in: Koenig, AO, 5. Aufl. 2024, § 52 Rn. 62.
[813] *Gersch*, in: Klein, AO, 18. Aufl. 2024, § 52 Rn. 110.
[814] *Hüttemann*, Gemeinnützigkeitsrecht und Spendenrecht, 6. Aufl. 2025, Rn. 3.163.
[815] AEAO zu § 52 Nr. 2.7.
[816] *Hummel*, MwStR 2023, 259, 265; *ders.*, UR 2023, 678, 683; *Alvermann/Esteves Gomes*, DStR 2023, 1711, 1716.

Dem hat sich der BFH entgegengestellt.[817] Die Änderungsrichtlinie könne nur Rückwirkung entfalten, wenn mit ihr keine Änderung der Rechtslage verbunden sei, sie also lediglich klarstellenden Charakter habe. Das sei aber schon deshalb nicht anzunehmen, weil sie ihre zeitliche Anwendbarkeit regele. Daher gelte die Änderung lediglich für Umsätze ab dem Inkrafttreten der Änderungsrichtlinie (6.4.2022).

Diese beiden Ansichten widersprechen sich nicht zwangsläufig, sondern gehen teilweise aneinander vorbei. Bei der Lösung des Problemkreises ist zu unterscheiden: Vorrangig ist zu klären, ob die RL (EU) 2022/542 die Rechtslage rückwirkend geändert hat. Bejahendenfalls gelten die obigen Ausführungen uneingeschränkt auch für Umsätze vor dem 6.4.2022. Nur wenn sich keine Rückwirkung feststellen lässt, stellt sich die Folgefrage, ob die Änderungsrichtlinie für die Auslegung des alten Rechts herangezogen werden kann.

aa) Rückwirkende Änderung der Rechtslage

Ein EU-Rechtsakt wirkt nur dann in die Vergangenheit zurück, wenn er besondere Vorschriften über seine zeitliche Geltung enthält, aus denen sich die Rückwirkung ergibt.[818] Auf RL (EU) 2022/542 trifft das jedoch nicht zu. Nach Art. 5 der Änderungsrichtlinie tritt diese am Tag nach ihrer Veröffentlichung – mithin am 6.4.2022 – in Kraft. Abgesehen davon müssen Richtlinien ohnehin erst umgesetzt werden, sodass eine Rückwirkung ein seltener Ausnahmefall bleiben dürfte.[819] Insoweit ist dem BFH darin zuzustimmen, dass die Richtlinie keine rückwirkende Veränderung der Rechtslage bewirken kann.[820]

Die Aussage, dass die RL (EU) 2022/542 auf Umsätze vor dem 6.4.2022 deshalb keine Auswirkungen haben könne, weil es sich nicht um eine reine Klarstellung handele,[821] bedarf jedoch der Präzisierung. Rein deklaratorische Normen bewirken überhaupt keine Rechtsänderung, weder für die Zukunft noch für die Vergangenheit. Daher dürfte der BFH dahingehend zu verstehen sein, dass er der Änderungsrichtlinie generell keinerlei Bedeutung für den Zeitraum vor ihrem Inkrafttreten beimessen will. Das Gericht hat also nicht nur die Rückwirkung im Sinne einer Rechtsänderung verneint, sondern der Richtlinie zugleich jede Auswirkung auf die Auslegung nationalen Rechts vor dem 6.4.2022 abgesprochen.

---

[817] BFH, Urt. v. 5.4.2023, V R 14/22, BFHE 280, 348, Rn. 17.

[818] Stv. EuGH, Urt. v. 15.1.2019, C-258/17 (*E. B.*), ECLI:EU:C:2019:17, Rn. 50.

[819] *Hummel*, UR 2023, 678, 683.

[820] BFH, Urt. v. 5.4.2023, V R 14/22, BFHE 280, 348, Rn. 17; zustimmend *Heuermann*, in: Sölch/Ringleb, UStG, 6/2025, § 12 Rn. 606; *Martini*, in: Wäger, UStG, 3. Aufl. 2024, § 12 Abs. 2 Nr. 8 Rn. 3.

[821] BFH, Urt. v. 5.4.2023, V R 14/22, BFHE 280, 348, Rn. 17 mit Verweis auf BFH, Urt. v. 16.3.2023, V R 17/21, BFH/NV 2023, 965, Rn. 30.

bb) „Rückwirkende Auslegung" des alten Rechts

Für Umsätze vor dem 6. 4. 2022 könnte RL (EU) 2022/542 bedeutsam sein, obwohl sie die Rechtslage nicht rückwirkend geändert hat. Methodisch geht es um die Auslegung nationalen Rechts im Hinblick auf die MwStSystRL, im Kern also um dessen Richtlinienkonformität vor der Änderungsrichtlinie.

Der BFH hält es zwar grundsätzlich für möglich, dass rein klarstellende Unionsrechtsakte für die Zeit vor deren Inkrafttreten berücksichtigungsfähig sind,[822] nicht jedoch im Falle der RL (EU) 2022/542.[823] Zur Begründung hat das Gericht jedoch allein auf die fehlende rechtliche Rückwirkung abgestellt. Überzeugender wäre es gewesen, nach der zutreffenden Ablehnung der Rückwirkung die Auslegung von § 12 Abs. 2 Nr. 8 lit. a UStG in den Blick zu nehmen, weil Rückwirkung und Auslegung voneinander zu trennen sind.[824] Die eigentliche Frage ist, ob die Änderungsrichtlinie Rückschlüsse auf die vorher bestehende Rechtslage zulässt.

Das kann nach hier vertretener Auffassung nicht von vornherein mit der Begründung abgetan werden, dass die Richtlinie ihre zeitliche Anwendbarkeit regelt.[825] Denn sie enthält eine Vielzahl von Bestimmungen, die offenkundig nicht alle rein deklaratorisch sind. Den deklaratorischen Charakter einzelner Änderungen davon abhängig zu machen, ob die zeitliche Anwendbarkeit dieser Änderungen explizit nicht geregelt ist, wäre jedoch nicht überzeugend. Ein solches Vorgehen durch den Richtliniengeber wäre realitätsfern und unpraktikabel.

Jedoch ist aus der Richtlinie heraus nicht ohne weiteres ersichtlich, ob die Änderung von Anh. III Nr. 15 MwStSystRL deklaratorisch ist. Die Erwägungsgründe der RL (EU) 2022/542 führen nicht weiter. Nach Nr. 19 soll die Änderung einer Präzisierung dienen, um mehr Rechtssicherheit zu erreichen. Mit „Präzisierung" könnte zwar eine Klarstellung gemeint sein. Es ist aber genauso denkbar, dass damit eine Änderung bezweckt ist, durch die die Rechtslage vereinfacht werden soll. Daher kommt es für die Richtlinienkonformität und die Auslegung nationalen Rechts vor Änderung der MwStSystRL durch RL (EU) 2022/542 schlicht auf den alten Richtlinienwortlaut an.

Vor der RL (EU) 2022/542 gestattete Anh. III Nr. 15 MwStSystRL die Anwendung des ermäßigten Steuersatzes auf Umsätze von gemeinnützigen Einrichtungen für wohltätige Zwecke und im Bereich der sozialen Sicherheit. Der maßgebliche Unterschied zur Neufassung liegt darin, dass die mitgliedstaatliche Definitionskompetenz („wie von den Mitgliedstaaten definiert") noch nicht explizit enthalten war. Das bedeutet aber nicht, dass die deutsche Rechtslage aus diesem Grund richtlinienwidrig gewesen wäre. Im Gegenteil hatten die Mitgliedstaaten schon vorher

---

[822] BFH, Urt. v. 16. 3. 2023, V R 17/21, BFH/NV 2023, 965, Rn. 30.
[823] Vgl. BFH, Urt. v. 5. 4. 2023, V R 14/22, BFHE 280, 348, Rn. 17.
[824] Zutreffend *Hummel*, UR 2023, 678, 683.
[825] So BFH, Urt. v. 5. 4. 2023, V R 14/22, BFHE 280, 348, Rn. 17.

ein Ermessen bei der Frage, welchen Einrichtungen sie sozialen Charakter zuerkennen.[826] Die Zwecke mussten lediglich unter die Termini „wohltätige Zwecke" oder „im Bereich der sozialen Sicherheit" subsumierbar sein. „Wohltätig" konnte schon nach alter Rechtslage synonym mit „gemeinnützig" verstanden werden.[827]

Im Ergebnis ist festzuhalten, dass die RL (EU) 2022/542 keine für das deutsche Recht maßgebliche Änderung bewirkt hat und auch nicht für die Auslegung des alten Rechts herangezogen werden kann. Für die neue und die alte Rechtslage gilt gleichermaßen, dass Mitgliedstaaten ermäßigte Steuersätze auf Umsätze von gemeinnützigen Körperschaften anwenden dürfen, wenn die Gemeinwohlzwecke unter den Wortlaut der Begriffe „wohltätig" oder „soziale Sicherheit" subsumierbar sind.

d) Zwischenergebnis: Gemeinwohlzwecke und ermäßigter Steuersatz

Mitgliedstaaten dürfen den ermäßigten Steuersatz auf Leistungen gemeinnütziger Körperschaften anwenden, die „wohltätig" sind oder der „sozialen Sicherheit" dienen. Die Entscheidung darüber, welche Zwecke konkret begünstigt werden, liegt bei den Mitgliedstaaten („wie von den Mitgliedstaaten definiert"). Die begünstigten Zwecke müssen unter den Wortlaut der Begriffe „wohltätig" oder „soziale Sicherheit" subsumierbar sein. Der sozialen Sicherheit dient jede zwischenmenschliche Tätigkeit zum Schutze Einzelner oder zur Befriedigung grundsätzlicher Bedürfnisse aller Mitglieder der Gesellschaft. Eine Tätigkeit ist wohltätig, wenn durch sie selbstlos die Allgemeinheit gefördert wird.

Vor diesem Hintergrund ist die überwiegende Mehrzahl der nach deutschem Gemeinnützigkeitsrecht privilegierten Zwecke mit Anh. III Nr. 15 MwStSystRL vereinbar. Das gilt jedoch nicht für die in § 52 Abs. 2 Satz 1 Nr. 23 AO aufgeführte Tier- und Pflanzenzucht, die Kleingärtnerei, den Modellflug, den Hundesport und den Amateurfunk. Denn in diesen Bereichen werden lediglich Einzelinteressen und nicht das Gemeinwohl gefördert. Im Übrigen gewährleistet das nationale Recht die Gemeinwohldienlichkeit durch einschränkende Auslegung der Zwecke und Anwendung des Selbstlosigkeitsgebots.

Das galt auch schon vor der Änderung von Anh. III Nr. 15 MwStSystRL durch RL (EU) 2022/542. Die Änderungsrichtlinie kann die Rechtslage nicht mit Wirkung für die Vergangenheit geändert haben, weil sie nur für Umsätze ab dem 6. 4. 2022 gilt. Für die Auslegung der vorherigen Rechtslage gibt die Richtlinie nichts her. Dies ist auch nicht erforderlich, weil bereits nach altem Recht „wohltätig" und „gemeinnützig" synonym verstanden werden konnten.

[826] EuGH, Urt. v. 17. 6. 2010, C-492/08 (*Kommission/Frankreich*), Slg. 2010, I-5471, Rn. 41; *Hüttemann*, Gemeinnützigkeitsrecht und Spendenrecht, 6. Aufl. 2025, Rn. 7.343.

[827] *Jacobs*, Umsatzsteuer und Gemeinnützigkeit, 2009, S. 184; *Hüttemann*, MwStR 2014, 115, 123.

Soweit das deutsche Recht die reinen Freizeitzwecke richtlinienwidrig privilegiert, ist § 12 Abs. 2 Nr. 8 lit. a UStG zugunsten des Steuerpflichtigen gleichwohl weiterhin anwendbar.[828]

3. Wirtschaftlicher Geschäftsbetrieb und Vermögensverwaltung

a) Ausgangslage – keine Steuersatzermäßigung

§ 12 Abs. 2 Nr. 8 lit. a Satz 2 UStG schließt die Steuersatzermäßigung für Leistungen im Rahmen eines wirtschaftlichen Geschäftsbetriebs aus. Nach nationalrechtlichem Begriffsverständnis umfasst das nicht die private Vermögensverwaltung, wie § 14 Satz 1 AO klarstellt. Davon geht auch die Finanzverwaltung aus und wendet den ermäßigten Steuersatz insoweit an.[829] Das gilt freilich nur, wenn die Leistung überhaupt umsatzsteuerbar ist, also insbesondere nicht bei Kapitalanlagen.[830]

Der BFH hat davon abweichend den Begriff „wirtschaftlicher Geschäftsbetrieb“ in § 12 Abs. 2 Nr. 8 lit. a Satz 2 UStG i. V. m. §§ 14 Satz 1, 64 Abs. 1 AO weiter ausgelegt, sodass steuerbare Leistungen im Rahmen privater Vermögensverwaltung mit dem vollen Steuersatz zu besteuern sind. Vermögensverwaltung im Umsatzsteuerrecht setze eine nichtunternehmerische Tätigkeit voraus.[831] Das geht zulasten des Steuerpflichtigen, weil der Anwendungsbereich der Steuersatzermäßigung verringert wird. Ausgangspunkt war die Rechtsprechung des EuGH zu Anh. III Nr. 15 MwStSystRL a. F., wonach Mitgliedstaaten die Steuersatzermäßigung nicht auf alle Leistungen einer gemeinnützigen Körperschaft anwenden dürfen, sondern nur auf solche, die für wohltätige Zwecke oder im Bereich der sozialen Sicherheit erbracht werden.[832]

Eine Umsatzsteuerermäßigung von Vermögensverwaltung verstößt danach gegen Anh. III Nr. 15 MwStSystRL. Insoweit wird der Judikatur des BFH auch zugestimmt.[833] Kritisiert wird jedoch, dass eine richtlinienkonforme Auslegung nicht möglich sei, weil das gegen den Wortlaut von § 14 Satz 1 und 3 AO verstoße.[834] Dieser Kritik ist nicht zu folgen. „Wirtschaftlicher Geschäftsbetrieb“ und

[828] *Hummel*, in: Rau/Dürrwächter, UStG, 9/2025, § 12 Abs. 2 Nr. 8 Rn. 45.

[829] Abschn. 12.9, Abs. 3 Satz 6 UStAE.

[830] Zur Umsatzsteuerbarkeit der Vermögensverwaltung oben Teil 2: F. I. 1.

[831] BFH, Urt. v. 20. 3. 2014, V R 4/13, BFHE 245, 397, Rn. 26; v. 10. 12. 2020, V R 5/20, BFHE 271, 288, Rn. 14, 18.

[832] EuGH, Urt. v. 17. 6. 2010, C-492/08 (*Kommission/Frankreich*), Slg. 2010, I-5471, Rn. 43 f.

[833] *Erdbrügger*, in: Schauhoff/Kirchhain, Hdb. d. Gemeinnützigkeit, 4. Aufl. 2023, § 13 Rn. 294; *Hummel*, in: Weitemeyer/Hüttemann/Schauhoff, Umsatzsteuerrecht für den Nonprofitsektor, 2. Aufl. 2024, Rn. 26.57.

[834] *Hüttemann*, Gemeinnützigkeitsrecht und Spendenrecht, 6. Aufl. 2025, Rn. 7.348; *Erdbrügger*, in: Schauhoff/Kirchhain, Hdb. d. Gemeinnützigkeit, 4. Aufl. 2023, § 13 Rn. 294.

„Vermögensverwaltung“ sind merkmalsoffene Typusbegriffe, bei denen im Einzelfall auch Merkmale fehlen können.[835] Es ist möglich, diese Begriffe im Rahmen von § 12 Abs. 2 Nr. 8 lit. a UStG so auszulegen wie der BFH.[836] Denn dass sich das typische Bild der Vermögensverwaltung im Umsatzsteuerrecht von dem im Ertragsteuerrecht unterscheidet, ist bereits durch die verschiedenen Belastungsgründe und – daraus folgend – die unterschiedliche Ausgestaltung der Grundtatbestände vorgegeben.[837] Überdies dient § 14 AO der Wettbewerbsneutralität, weshalb der Begriff der Vermögensverwaltung in diesem Zusammenhang z. T. abweichend von ertragsteuerlichen Grundsätzen ausgelegt wird.[838] Das zeigt, dass der Begriff auslegungsfähig ist. Die regelbeispielhafte Aufzählung der Vermietung und Verpachtung in § 14 Satz 3 AO steht einer anderweitigen unionsrechtskonformen Auslegung daher nicht entgegen.

b) Änderung durch RL (EU) 2022/542?

An der umsatzsteuerlichen Behandlung der Vermögensverwaltung gemeinnütziger Körperschaften dürfte sich durch die neue Fassung von Anh. III Nr. 15 MwStSystRL nichts ändern. Der Wortlaut scheint zwar nahezulegen, dass sämtliche umsatzsteuerbare Leistungen ermäßigt besteuert werden können, wenn nur der sie erbringende Unternehmer als gemeinnützig anerkannt und – losgelöst von der konkreten Leistung – allgemein für wohltätige Zwecke oder im Bereich der sozialen Sicherheit tätig ist.[839] Das hieße freilich, dass Mitgliedstaaten den ermäßigten Steuersatz auf alle Leistungen einer gemeinnützigen Körperschaft anwenden dürften, die mit der gemeinnützigen Zweckverwirklichung nichts zu tun haben. Das beträfe nicht nur die Vermögensverwaltung, sondern auch wirtschaftliche Geschäftsbetriebe. Auf den ersten Blick scheint diese Sichtweise durch Erwägungsgrund Nr. 19 der Änderungsrichtlinie gestützt, wonach „die allgemeine Tätigkeit und die Ziele der Einrichtung als Ganzes“ entscheidend sein sollen.

Jedoch dient nach dem Erwägungsgrund Nr. 19 die Änderung von Anh. III Nr. 15 MwStSystRL nur einer Präzisierung dahingehend, dass es für die Begünstigungsfähigkeit einer Leistung gerade nicht auf deren Abnehmer ankommen soll. Damit ist nicht zwingend eine reine Klarstellung gemeint. Dass aber der Anwendungsbereich der Steuersatzermäßigung grundlegend, d. h. jenseits der Gemeinwohldienlichkeit,

---

[835] Stv. *Seer*, in: Tipke/Kruse, AO/FGO, 9/2025, § 14 AO Rn. 4; *Bodden*, in: Korn/Carlé/Stahl/Strahl, EStG, 8/2025, § 2 Rn. 40 Fn. 502.

[836] Von der Möglichkeit einer richtlinienkonformen Auslegung ausgehend auch *Hummel*, in: Weitemeyer/Hüttemann/Schauhoff, Umsatzsteuerrecht für den Nonprofitsektor, 2. Aufl. 2024, Rn. 26.63.

[837] Vgl. Teil 2: F. I.

[838] *Hüttemann*, Gemeinnützigkeitsrecht und Spendenrecht, 6. Aufl. 2025, Rn. 6.124.

[839] In diese Richtung *Erdbrügger*, WPg 2022, 605, 611.

erweitert werden sollte, ist fernliegend.[840] Hinzukommt, dass die Anerkennung des Unternehmers als Einrichtung mit sozialem Charakter für sich genommen nicht ausreicht, sondern diese sich für wohltätige Zwecke oder im Bereich der sozialen Sicherheit einsetzen muss. Der zweiten Voraussetzung kann nicht allein der Sinn zugrunde liegen, den mitgliedstaatlichen Entscheidungsspielraum begünstigungsfähiger Zwecke auf „wohltätige" oder „soziale" zu beschränken, weil Anh. III Nr. 15 MwStSystRL gerade fordert, dass sich die Einrichtung dafür „einsetzt", also tätig wird. Dieses Verständnis entspricht auch dem Ziel der Steuersatzermäßigung, den Verbraucher durch eine Verbilligung der Leistung zu fördern.[841] Eine unterschiedslose Privilegierung von Leistungen des wirtschaftlichen Geschäftsbetriebs oder der Vermögensverwaltung ist damit nicht vereinbar, weil die Verbilligung nur für bestimmte Leistungen gelten soll und kann. Anderenfalls wäre der Neutralitätsgrundsatz im Anwendungsbereich von § 12 Abs. 2 Nr. 8 lit. a UStG praktisch abgeschafft. Die Anknüpfung an eine Körperschaft i. S. v. §§ 51 ff. AO ist eine zusätzliche Voraussetzung für die Anwendung des ermäßigten Steuersatzes und keine hinreichende Bedingung.

Anh. III Nr. 15 MwStSystRL muss daher so ausgelegt werden, dass Leistungen nur ermäßigt besteuert werden können, soweit sich die Einrichtung für wohltätige oder soziale Zwecke einsetzt.[842] Soweit die Vermögensverwaltung keinem gemeinnützigen Zweck dient, wie es regelmäßig der Fall sein dürfte, kann sie weiterhin nicht ermäßigt besteuert werden. Nur ausnahmsweise können Leistungen der Vermögensverwaltung gemeinnützigen Zwecken dienen. Zu denken ist etwa an die Vermietung von Räumlichkeiten an andere gemeinnützige Körperschaften.

c) Zwischenergebnis: Wirtschaftliche Geschäftsbetriebe und Vermögensverwaltung

Im Ergebnis gilt – vor wie nach der Änderung der MwStSystRL durch RL (EU) 2022/542 – der ermäßigte Umsatzsteuersatz für umsatzsteuerbare Tätigkeiten des wirtschaftlichen Geschäftsbetriebs nicht, weil damit kein gemeinnütziger Zweck verfolgt wird (zur Ausnahme der Zweckbetriebe sogleich). Bei der privaten Vermögensverwaltung ist der ermäßigte Steuersatz ebenfalls in den meisten Fällen nicht anwendbar. Anders kann es sein, wenn diese ausnahmsweise einem gemeinnützigen Zweck dient.

---

840 Ebenso *Hummel*, UR 2023, 345, 347.
841 Vgl. *Seer*, DStJG 26 (2003), 11, 38.
842 Ähnlich *Hummel*, in: Rau/Dürrwächter, UStG, 9/2025, § 12 Abs. 2 Nr. 8 Rn. 226 ff.

4. Zweckbetriebe

Der ermäßigte Umsatzsteuersatz gilt auch für Zweckbetriebe. § 12 Abs. 2 Nr. 8 lit. a Sätze 3 und 4 UStG, die im Zuge des sog. Wachstumschancengesetzes im Jahre 2024 geändert wurden,[843] sehen hierfür zusätzliche Voraussetzungen vor. Leistungen von Katalogzweckbetrieben (§§ 66–68 AO) werden danach nur ermäßigt besteuert, wenn sie nicht in erster Linie der Erzielung zusätzlicher Einnahmen durch Leistungen dienen, die in unmittelbarem Wettbewerb zu mit dem allgemeinen Steuersatz unterliegenden Leistungen anderer Unternehmer ausgeführt werden (Var. 1). Der ermäßigte Steuersatz gilt auch, wenn die Körperschaft mit Leistungen im Rahmen eines Zweckbetriebs nach §§ 66–68 AO ihre steuerbegünstigten satzungsmäßigen Zwecke selbst verwirklicht (Var. 2). Nach § 12 Abs. 2 Nr. 8 lit. a Satz 4 UStG verwirklichen Körperschaften mit ihren Zweckbetrieben nach §§ 66–68 AO ihre satzungsgemäßen Zwecke selbst, wenn die Leistungsempfänger oder an der Leistungserbringung beteiligte Personen vom steuerbegünstigten Zweck der Einrichtung erfasst werden. Bis 2023 war § 12 Abs. 2 Nr. 8 lit. a Satz 3 Var. 1 UStG noch nicht ausdrücklich auf Katalogzweckbetriebe beschränkt.

a) Umsatzsteuer und Zweckbetriebe in der Rechtsprechung

aa) Höchstrichterliche Fundamentalkritik und Wettbewerbsprüfung

Ähnlich wie bei der Vermögensverwaltung legte der BFH den Begriff des Zweckbetriebs bisher umsatzsteuerlich aus, ließ es also nicht genügen, wenn die Voraussetzungen von §§ 65–68 AO eingehalten wurden. § 12 Abs. 2 Nr. 8 lit. a UStG sei insoweit richtlinienwidrig, als danach alle Leistungen einer gemeinnützigen Körperschaft ermäßigt besteuert würden, unabhängig davon, ob sie wohltätigen oder sozialen Zwecken dienten. Zahlreiche Zwecke nach §§ 52–54 AO könnten aber nicht als wohltätig oder sozial verstanden werden. Aus diesem Grund sei eine weite Auslegung der Ausnahmen vom ermäßigten Steuersatz angezeigt.[844]

Diese weite Auslegung der Ausnahmen hatte bis 2023 zunächst zur Folge, dass die strengen Voraussetzungen von § 12 Abs. 2 Nr. 8 lit. a Satz 3 Var. 1 UStG a. F. nach ständiger Rechtsprechung des BFH auch für Zweckbetriebe nach § 65 AO galten.[845] Damit kam es nicht zu einer „doppelten Wettbewerbsprüfung“ nach den Maßstäben von § 12 Abs. 2 Nr. 8 lit. a Satz 3 Var. 1 UStG a. F. und § 65 Nr. 3 AO. Ob der Wettbewerb vermeidbar war, war unmaßgeblich. Die umsatzsteuerlichen

---

[843] Wachstumschancengesetz v. 27. 3. 2024, BGBl. I 2024, Nr. 108. Die Änderung gilt ab dem 28. 3. 2024.

[844] Stv. BFH, Urt. v. 8. 3. 2012, V R 14/11, BStBl. II 2012, 630, Rn. 19; v. 23. 7. 2019, XI R 2/17, BFHE 266, 91, Rn. 17.

[845] Stv. BFH, Urt. v. 26. 8. 2021, V R 5/19, BFHE 274, 284, Rn. 44 f.; v. 17. 11. 2022, V R 33/21, BFHE 279, 253, Rn. 22 ff.; v. 18. 10. 2023, XI R 4/20, BFHE 282, 161, Rn. 29.

Anforderungen traten an die Stelle der Abwägung nach § 65 Nr. 3 AO.[846] Diese restriktive Linie ist nicht ohne Kritik geblieben.[847] Ihre praktischen Auswirkungen waren immens, da Zweckbetriebe den (potentiellen) Hauptanwendungsfall der Steuersatzermäßigung darstellen und praktisch kaum je die strengen Anforderungen erfüllen konnten.

Mit der 2024 geänderten Rechtslage ist diese Rechtsprechung insoweit obsolet, als die zusätzlichen Voraussetzungen in § 12 Abs. 2 Nr. 8 lit. a Sätze 3 und 4 UStG nunmehr ausdrücklich ausschließlich für Katalogzweckbetriebe gelten. Leistungen von Zweckbetrieben die nicht unter §§ 66–68 AO fallen, sind künftig ermäßigt zu besteuern, wenn die allgemeinen Voraussetzungen nach § 65 AO vorliegen.

bb) Katalogzweckbetriebe

Für Katalogzweckbetriebe ist weiterhin Voraussetzung, dass diese nicht in erster Linie der Erzielung zusätzlicher Einnahmen dienen. Das ist nach dem BFH bereits dann der Fall, wenn es sich um den einzigen Tätigkeitsgegenstand des Zweckbetriebs handelt.[848] Anderenfalls lägen zusätzliche Einnahmen vor, wenn die im Zweckbetrieb erbrachten Leistungen für die gemeinnützige Zweckverwirklichung nicht unerlässlich seien. Insoweit gälten dieselben Maßstäbe, wie bei den Umsatzsteuerbefreiungen, die auf Art. 132 Abs. 1 lit. g, Art. 134 lit. a MwStSystRL beruhen.[849] In diesem Zusammenhang sei auch zu berücksichtigen, ob die Leistungen überwiegend bedürftigen Leistungsempfängern zugutekämen.[850]

cc) Originär gemeinnützige Leistungen

Zu § 12 Abs. 2 Nr. 8 lit. a Satz 3 Var. 2 UStG a. F. hat der BFH entschieden, dass auch die Wendungen „mit diesen Leistungen“ und „selbst verwirklicht“ unionsrechtskonform eng auszulegen seien. Es genüge nicht, dass die Leistungen der Verwirklichung satzungsmäßiger Zwecke dienten. Vielmehr müssten originär gemeinnützige Leistungen i. S. v. Art. 98, Anh. III Nr. 15 MwStSystRL vorliegen. Daher seien etwa Umsätze aus Gastronomieleistungen und dem Zurverfügungstellen einer öffentlichen Toilette eines Vereins zur Förderung des Wohlfahrtswesens auch

---

[846] BFH, Urt. v. 26. 8. 2021, V R 5/19, BFHE 274, 284, Rn. 48; v. 17. 11. 2022, V R 33/21, BFHE 279, 253, Rn. 28.
[847] Vgl. nur *Hummel*, in: Rau/Dürrwächter, UStG, 9/2025, § 12 Abs. 2 Nr. 8 Rn. 301 ff.; *Erdbrügger*, WPg 2022, 605, 609 f.; *Hüttemann*, MwStR 2022, 197, 205; *Alvermann/Esteves Gomes*, DStR 2023, 1711, 1715 ff.
[848] BFH, Urt. v. 26. 8. 2021, V R 5/19, BFHE 274, 284, Rn. 51.
[849] BFH, Urt. v. 8. 3. 2012, V R 14/11, BStBl. II 2012, 630, Rn. 29.
[850] BFH, Urt. v. 26. 8. 2021, V R 5/19, BFHE 274, 284, Rn. 59 f.

dann nicht ermäßigt zu besteuern, wenn sie der Verwirklichung satzungsmäßiger Zwecke dienen.[851]

Auch diese Rechtsprechung ist seit 2024 obsolet.[852] Nach § 12 Abs. 2 Nr. 8 lit. a Satz 4 UStG verwirklichen Körperschaften mit ihren Zweckbetrieben nach §§ 66–68 AO ihre satzungsgemäßen Zwecke selbst, wenn die Leistungsempfänger oder an der Leistungserbringung beteiligte Personen vom steuerbegünstigten Zweck der Einrichtung erfasst werden. Damit genügt nunmehr jeder satzungsmäßige Zweck i. S. v. §§ 52–54 AO unabhängig davon, ob dieser unter Art. 98, Anh. III Nr. 15 MwStSystRL subsumierbar ist. Voraussetzung ist lediglich, dass der Leistungsempfänger oder an der Leistungserbringung beteiligte Personen von diesem Zweck erfasst werden.

Jedoch wird teilweise vertreten, dass § 12 Abs. 2 Nr. 8 lit. a Satz 4 UStG nicht ausdrücklich anordne, dass die Körperschaft mit den Leistungen ihrer Zweckbetriebe ihre steuerbegünstigten Zwecke selbst verwirkliche. Stattdessen lege der Wortlaut nur die Klarstellung nahe, dass Körperschaften mit ihren Katalogzweckbetrieben ihre steuerbegünstigten Zwecke verwirklichen. Dies sei lediglich eine Umschreibung der Selbstverständlichkeit, dass Zweckbetriebe der Zweckverwirklichung dienen, was sich bereits aus § 65 AO Nr. 1 AO ergebe. Aus diesem Grund habe sich die Rechtslage durch die Einführung von § 12 Abs. 2 Nr. 8 lit. a Satz 4 UStG möglicherweise nicht wesentlich geändert.[853] Hierfür spricht in der Tat, dass die Norm sich nach ihrem Wortlaut auf die Zweckverwirklichung durch Unterhaltung eines Zweckbetriebs und nicht auf die Zweckverwirklichung durch Leistungen des Zweckbetriebes zu beziehen scheint.

Gleichwohl ist dieser Ansicht nicht zuzustimmen. § 12 Abs. 2 Nr. 8 lit. a Satz 4 UStG ist dahingehend zu verstehen, dass begünstigte Leistungen von Katalogzweckbetrieben vorliegen, wenn die von dem jeweiligen Zweck erfassten Personen entweder Leistungsempfänger sind oder bei der Leistungserbringung mitwirken. Das folgt bereits aus dem Normwortlaut. § 12 Abs. 2 Nr. 8 lit. a Satz 4 UStG enthält Tatbestand und Rechtsfolge, die sich von dem allgemeinen Gebot, dass Zweckbetriebe der Verwirklichung steuerbegünstigter Zwecke zu dienen haben (§ 65 Nr. 1 AO), deutlich unterscheiden. Die Rechtsfolge von Satz 4 besteht darin, dass die Körperschaft unter bestimmten Voraussetzungen ihre Leistungen selbst verwirklicht. Damit knüpft Satz 4 unmittelbar an Satz 3 Var. 2 an,[854] bei dem die Selbstverwirklichung Tatbestandsmerkmal ist. Sollte sich der Regelungsinhalt von § 12 Abs. 2 Nr. 8 lit. a Satz 4 UStG tatsächlich darin erschöpfen, dass Körperschaften mit ihren Katalogzweckbetrieben ihre steuerbegünstigten Zwecke verwirk-

---

[851] BFH, Urt. v. 23. 7. 2019, XI R 2/17, BFHE 266, 91, Rn. 21 f.

[852] Ebenso *Heuermann*, in: Sölch/Ringleb, UStG, 6/2025, § 12 Rn. 644.

[853] *Wäger*, in: Birkenfeld/Wäger, Umsatzsteuer-Handbuch, 8/2025, Aktuell – Berichtszeitraum I. Quartal 2024, Rn. 4.

[854] Ebenso *Sterzinger*, UR 2024, 117, 118.

lichen,[855] wäre das Merkmal „selbst“ überflüssig. Gleiches gilt für den Tatbestand von Satz 4. In dessen zweiten Halbsatz wird auf Leistungsempfänger und an der Leistungserbringung beteiligte Personen abgestellt und damit eine Leistung eines Katalogzweckbetriebs bereits vorausgesetzt. Das spricht deutlich gegen eine reine Wiederholung von § 65 Nr. 1 AO im UStG.

Daher kann dem Wortlaut von § 12 Abs. 2 Nr. 8 lit. a Satz 4 UStG ohne weiteres die Bedeutung beigemessen werden, die sich aus den Gesetzesmaterialien ergibt. Danach soll es gerade nicht allein auf die Leistungsempfänger, sondern auch auf die allgemeine Tätigkeit und die Ziele der Einrichtung als Ganzes ankommen und den gegenteiligen Aussagen des BFH[856] der Boden entzogen werden.[857] Die Einführung von § 12 Abs. 2 Nr. 8 lit. a Satz 4 UStG wird damit auf Erwägungsgrund Nr. 19 der Änderungsrichtlinie (EU) 2022/542 gestützt, wonach es für die Anwendung der Steuersatzermäßigung nicht auf die Leistungsempfänger ankommt.

b) Richtlinienkonformität der Zweckbetriebsregelung

Die vielkritisierte Rechtsprechung des BFH zur alten Rechtslage ist zwar seit 2024 teilweise überholt. Es verbleibt jedoch die höchstrichterliche Fundamentalkritik an § 12 Abs. 2 Nr. 8 lit. a UStG, wonach nicht alle Zwecke gemäß §§ 52–54 AO als wohltätig oder sozial verstanden werden könnten, weshalb die Steuersatzermäßigung insoweit richtlinienwidrig sei.[858]

Die Steuersatzermäßigung darf jedoch für den Zeitraum nach dem 6.4.2022 sämtliche Tätigkeiten erfassen, durch die die Allgemeinheit selbstlos gefördert wird. Es ist bereits im Einzelnen dargelegt worden, dass Begriff „wohltätig“ gleichbedeutend mit „gemeinnützig“ ausgelegt werden kann und die Mitgliedstaaten einen weiten Entscheidungsspielraum haben.[859] Soweit der BFH die Richtlinienwidrigkeit von § 12 Abs. 2 Nr. 8 lit. a UStG damit begründet, dass nicht alle Gemeinwohlzwecke „wohltätig“ seien, ist dem also nur in Bezug auf die reinen Freizeitzwecke beizupflichten (Tier- und Pflanzenzucht, Kleingärtnerei, Modellflug, Amateurfunk, Hundesport). Aufgrund des weiten mitgliedstaatlichen Umsetzungsspielraums kann sich eine Auseinandersetzung mit dem Inhalt des Begriffs „wohltätige Zwecke“ daher nicht (mehr) auf eine bloße Negativfeststellung beschränken. Die Auslegung des Begriffs muss durch den EuGH erfolgen, der sich dazu noch nicht geäußert hat.[860]

---

[855] In diese Richtung *Wäger*, in: Birkenfeld/Wäger, Umsatzsteuer-Handbuch, 8/2025, Aktuell – Berichtszeitraum I. Quartal 2024, Rn. 4.

[856] Siehe BFH, Urt. v. 23.7.2019, XI R 2/17, BFHE 266, 91, Rn. 21 f.

[857] BR-Drs. 433/23, S. 231.

[858] Stv. BFH, Urt. v. 8.3.2012, V R 14/11, BStBl. II 2012, 630, Rn. 19; v. 23.7.2019, XI R 2/17, BFHE 266, 91, Rn. 17.

[859] Im Einzelnen Teil 2: F. IV. 2. b).

[860] Gleiche Ansicht *Erdbrügger*, WPg 2022, 605, 609 f.

aa) Zweckbetriebe als wohltätige Tätigkeiten

Die eigentliche Frage ist, ob die Leistungen von Zweckbetrieben überhaupt ermäßigt besteuert werden dürfen. Der Zweckbetrieb ist keine unionsrechtliche Kategorie. Deshalb ist danach zu fragen, ob sich gemeinnützige Körperschaften mit ihren Zweckbetrieben „für wohltätige Zwecke und im Bereich der sozialen Sicherheit einsetzen", wie es in Anh. III Nr. 15 MwStSystRL heißt. Insoweit gelten dieselben Maßstäbe wie für die einzelnen Gemeinwohlzwecke.[861]

Anders als die Vermögensverwaltung dienen Zweckbetriebe in den meisten Fällen der Gemeinwohlverwirklichung (vgl. § 65 Nr. 1 AO) und dürfen aus diesem Grund richtlinienkonform begünstigt werden.[862] Dem Allgemeinwohl dienen etwa Einrichtungen der Wohlfahrtspflege (§ 66 AO), Krankenhäuser (§ 67 AO), Altenwohnheime, Kindergärten, Flüchtlingseinrichtungen und vergleichbare Zweckbetriebe (§ 68 Nr. 1 AO), Arbeitseinrichtungen für Bedürftige (§ 68 Nr. 3 AO), Fürsorgeeinrichtungen für Blinde (§ 68 Nr. 4 AO), betreute Wohnformen (§ 68 Nr. 5 AO), kulturelle Einrichtungen (§ 68 Nr. 7 AO), Bildungseinrichtungen (§ 68 Nr. 8 AO) und wissenschaftliche Einrichtungen (§ 68 Nr. 9 Satz 1 AO).

Sportliche Veranstaltungen sind ebenfalls Zweckbetriebe, wenn die Einnahmen einschließlich Umsatzsteuer 45.000 Euro pro Jahr nicht übersteigen (§ 67a Abs. 1 AO).[863] Lebensmittelverkauf und Werbung sind jedoch nicht erfasst. Es ist bereits dargelegt worden, dass Sport „wohltätig" i. S. v. Anh. III Nr. 15 MwStSystRL ist.[864] Vor diesem Hintergrund ist die Norm insoweit unbedenklich, als die sportlichen Veranstaltungen dem Allgemeinwohl dienen. Darüber hinaus sind Sportveranstaltungen bereits von der Umsatzsteuer befreit, soweit das Entgelt in Teilnehmergebühren besteht (§ 4 Nr. 22 lit. b UStG).[865] Der Anwendungsbereich des ermäßigten Steuersatzes auf Zweckbetriebe nach § 67a AO ist daher begrenzt.[866] Das gälte umso mehr, sollte de lege ferenda Art. 132 Abs. 1 lit. m MwStSystRL vollständig umgesetzt werden, wonach in engem Zusammenhang mit dem Sport stehende Dienstleistungen an Sport treibende Personen von der Umsatzsteuer zu befreien sind.[867]

Gleichwohl verbleibt ein Anwendungsbereich für die ermäßigte Besteuerung von Umsätzen im Zusammenhang mit sportlichen Veranstaltungen. § 67a AO erfasst etwa auch Reisen zum Wettkampfsport oder Sportkurse und Sportlehrgänge[868]

---

[861] Dazu Teil 2: F. IV. 2.

[862] Ebenso *Erdbrügger*, WPg 2022, 605, 610; *Hummel*, UR 2023, 345, 346.

[863] § 67a AO erfasst nur Körperschaften, die im Kern den Breiten- oder Amateursport fördern, stv. *Unger*, in: Gosch, AO/FGO, 8/2025, § 67a AO Rn. 2.

[864] Dazu Teil 2: F. IV. 2. b) bb) (1).

[865] Siehe Teil 2: F. II. 2. c) bb).

[866] *Wäger*, DStR 2014, 1517, 1523, Fn. 82.

[867] Vgl. Teil 2: F. II. 2. c) bb). Die Norm ist nicht unmittelbar anwendbar, siehe EuGH, Urt. v. 15. 2. 2017, C-592/15 (*British Film Institute*), ECLI:EU:C:2017:117, Rn. 24; BFH, Urt. v. 21. 4. 2022, V R 48/20, BFHE 276, 394, Rn. 17 f.

[868] AEAO zu § 67a Nr. 4, Nr. 5.

sowie Organisationsleistungen von Dachverbänden (§ 67a Abs. 4 AO). Der Gemeinwohlbezug ist insoweit darin zu erblicken, dass derartige Betätigungen soziale Felder schaffen und der Gesundheit der Bevölkerung dienen. Problematisch ist jedoch, dass „wohltätige Zwecke" i. S. v. Anh. III Nr. 15 MwStSystRL auch Selbstlosigkeit voraussetzen.[869] Das ist bei den übrigen Katalogzweckbetrieben regelmäßig nicht weiter problematisch, weil diese zur Zweckerfüllung erforderlich sind.[870] Bei sportlichen Veranstaltungen ist das jedoch nicht immer der Fall. Insbesondere können entgeltliche Angebote an Freizeitsportler (z. B. Fitnessstudios) nicht als „wohltätig" angesehen werden.[871] Soweit § 67a Abs. 1 Satz 1 AO eine Umsatzgrenze i. H. v. 45.000 Euro enthält, scheint die Privilegierung noch hinnehmbar. Innerhalb dieser Grenze ist es der gemeinnützigen Körperschaft typischerweise nicht möglich, in Wettbewerb mit anderen Anbietern zu treten, sodass insoweit kein Anreiz für eigennützige Tätigkeiten besteht. § 67a Abs. 3 AO geht darüber jedoch deutlich hinaus. Danach gilt die Umsatzgrenze nicht, wenn die Körperschaft auf die Anwendung von § 67a Abs. 1 Satz 1 AO verzichtet und an der Veranstaltung keine bezahlten Sportler teilnehmen. Damit besteht durchaus die Möglichkeit erheblicher Wettbewerbsverzerrungen, was der Selbstlosigkeit und damit auch der Einordnung entsprechender Tätigkeiten als „wohltätig" i. S. v. Anh. III Nr. 15 MwStSystRL entgegensteht.[872]

Bei einigen Katalogzweckbetrieben in § 68 AO ist die ermäßigte Umsatzbesteuerung ebenfalls richtlinienwidrig. So ist schon nach nationalem Recht zweifelhaft, ob Selbstversorgungsbetriebe (§ 68 Nr. 2 AO) oder Lotterien (§ 68 Nr. 6 AO) systemkonform privilegiert werden können.[873] Unionsrechtlich ist die Privilegierung derartiger Mittelbeschaffungsaktivitäten nicht haltbar. Sie sind für die Zweckverwirklichung nicht erforderlich. Gleiches gilt für die Privilegierung der Auftragsforschung für gewerbliche Auftraggeber (§ 68 Nr. 9 Satz 2 AO).[874]

Leistungen von Zweckbetrieben gemeinnütziger Körperschaften dürfen daher grundsätzlich ermäßigt besteuert werden. Ausnahmen sind bei der Förderung von Freizeitaktivitäten und bei solchen Zweckbetrieben zu machen, die zur Zweckerreichung nicht erforderlich sind.

---

[869] Siehe Teil 2: F. IV. 2. a).

[870] Daher ist § 68 AO z. T. deklaratorisch, vgl. *Hüttemann*, Gemeinnützigkeitsrecht und Spendenrecht, 6. Aufl. 2025, Rn. 6.236.

[871] Beispiel von *Seer*, in: Tipke/Kruse, AO/FGO, 9/2025, § 67a AO Rn. 1.

[872] Zur Wettbewerbsperspektive bei § 67a Abs. 1, 3 AO *Seer*, in: Tipke/Kruse, AO/FGO, 9/2025, § 67a AO Rn. 1.

[873] Vgl. Teil 2: A. II. 1. c).

[874] *Stadie*, in: Stadie, UStG, 3. Aufl. 2015, § 12 Rn. 82; *Hummel*, UR 2023, 345, 346.

bb) Weitere Auswirkungen von RL (EU) 2022/542 auf künftige Judikate

Bei der Wettbewerbsprüfung kann ab dem 6. 4. 2022 (Inkrafttreten von RL (EU) 2022/542) nicht mehr darauf abgestellt werden, ob die Leistungen überwiegend bedürftigen Leistungsempfängern zugutekommen.[875] Nach Erwägungsgrund Nr. 19 der Änderungsrichtlinie kommt es nämlich für die Bewertung der Anforderungen an die Anwendung des ermäßigten Steuersatzes gerade nicht auf die Leistungsempfänger an.[876]

Nicht aufrechtzuerhalten ist ferner die Ansicht des BFH, dass zusätzliche Einnahmen bereits dann vorlägen, wenn die Leistungen des Zweckbetriebs für die Zweckerreichung nicht „unerlässlich" seien.[877] Diese Auffassung fußt auf einer Parallele zu § 4 Nr. 22 lit. a UStG, der auf Art. 132 Abs. 1 lit. g MwStSystRL beruht und für den das Unerlässlichkeitserfordernis aus Art. 134 lit. a MwStSystRL folgt. Dafür spricht zunächst die Rechtsprechung des EuGH, wonach der Begriff der „Einrichtung mit sozialem Charakter" in Art. 132 Abs. 1 lit. g MwStSystRL ebenso auszulegen sei wie der der „Einrichtungen im Bereich der sozialen Sicherheit" in Anh. III Nr. 15 MwStSystRL a. F.[878] Unionsrechtlich ist ein dahingehendes enges Verständnis aber nicht erforderlich, weil die Mitgliedstaaten nunmehr ausdrücklich zur Konkretisierung der Begriffe „soziale Sicherheit" und „Wohltätigkeit" befugt sind und sich die Äußerungen des EuGH nur auf den Einrichtungsbegriff bezogen. Deshalb ist § 12 Abs. 2 Nr. 8 lit. a Satz 3 UStG insoweit nicht richtlinienkonform auszulegen. Aus dem Wortlaut ergibt sich diese Einschränkung auch nicht.

Zusammenfassend lässt sich festhalten, dass der BFH in künftigen Entscheidungen weder das Postulat einer weitgehenden Unionsrechtswidrigkeit noch einer darauf beruhenden erforderlichen richtlinienkonformen (oder „engen") Auslegung von § 12 Abs. 2 Nr. 8 lit. a UStG aufrechterhalten können wird. In seiner neueren Entscheidung zu Blut- und Gewebetransporten hat sich das Gericht nicht weiter inhaltlich zur Änderung der MwStSystRL geäußert, aber darauf hingewiesen, dass gemeinnützige Organisationen „unverändert für wohltätige Zwecke und im Bereich der sozialen Sicherheit" tätig sein müssen.[879] Die Aussage ist richtig. Sein Verständnis vom Bedeutungsgehalt dieser Begriffe sollte das Gericht aber überdenken.[880]

---

[875] So noch BFH, Urt. v. 26. 8. 2021, V R 5/19, BFHE 274, 284, Rn. 59 f.

[876] Ebenso *Hüttemann*, UR 2023, 195, 201.

[877] BFH, Urt. v. 8. 3. 2012, V R 14/11, BStBl. II 2012, 630, Rn. 29; v. 26. 8. 2021, V R 5/19, BFHE 274, 284, Rn. 51.

[878] EuGH, Urt. v. 17. 6. 2010, C-492/08 (*Kommission/Frankreich*), Slg. 2010, I-5471, Rn. 38.

[879] BFH, Urt. v. 5. 4. 2023, V R 14/22, BFHE 280, 348, Rn. 16.

[880] Vgl. Teil 2: F. IV. 2.

c) *Umsatzsteuerliche Wettbewerbsklausel für Katalogzweckbetriebe*

Neben dem Befund der weitgehenden Unionsrechtskonformität von § 12 Abs. 2 Nr. 8 lit. a Sätze 3 und 4 UStG stellt sich noch die Frage nach der systematischen Berechtigung einer umsatzsteuerlichen Wettbewerbsklausel für Katalogzweckbetriebe. Diese ist nicht zwingend durch das Unionsrecht vorgegeben. Die gemeinnützige Körperschaft muss sich mit ihrem Zweckbetrieb lediglich für wohltätige Zwecke und im Bereich der sozialen Sicherheit einsetzen (Anh. III Nr. 15 MwStSystRL). Kann ein Katalogzweckbetrieb darunter nicht subsumiert werden, beseitigt auch eine zusätzliche Wettbewerbsprüfung den Unionsrechtsverstoß nicht.

Der Sinn der umsatzsteuerlichen strengeren Wettbewerbsprüfung ist die Verhinderung von Gestaltungsmodellen zur ungerechtfertigten Erlangung von Steuervorteilen, die dadurch möglich seien, dass § 65 Nr. 3 AO auf Katalogzweckbetriebe keine Anwendung finde.[881] Das ist jedoch deshalb nicht überzeugend, weil das Gemeinnützigkeitsrecht Missbräuche bereits dadurch verhindert, dass etwa das Ausschließlichkeitsgebot (§ 56 AO) verletzt wird, wenn die Steuersatzermäßigung durch eine Vertragsgestaltung für nicht gemeinnützige Körperschaften nutzbar gemacht werden soll.[882] Eine umsatzsteuerliche Wettbewerbsklausel für Katalogzweckbetriebe ist somit nicht nur unionsrechtlich sondern auch aus nationalrechtlicher Perspektive überflüssig.

d) *Zwischenergebnis zur Steuersatzermäßigung von Zweckbetrieben*

Das Unionsrecht erlaubt die Anwendung der Steuersatzermäßigung auf Zweckbetriebe weitgehend. Hiervon ausgenommen sind nur solche Zweckbetriebe, die zur Zweckerreichung nicht erforderlich sind und daher nicht dem Allgemeinwohl dienen. Die für gemeinnützige Körperschaften äußerst wichtige Steuersatzermäßigung Umsätze von Zweckbetrieben wurde durch die zusätzlichen Restriktionen in § 12 Abs. 2 Nr. 8 lit. a Satz 3 UStG a. F. fast vollständig verhindert. Dessen Änderung verspricht insoweit Abhilfe, als die strenge Wettbewerbsklausel auf Zweckbetriebe nach § 65 AO keine Anwendung mehr finden soll. Sie gilt jedoch ohne überzeugenden Grund weiterhin für Katalogzweckbetriebe.

§ 12 Abs. 2 Nr. 8 lit. a Sätze 3 und 4 UStG wären de lege ferenda vollständig aufzuheben, was nicht im Widerspruch zu Anh. III Nr. 15 MwStSystRL stünde. Der BFH kann keine Abhilfe schaffen, sondern muss § 12 Abs. 2 Nr. 8 lit. a Sätze 3 und 4

---

[881] BT-Drs. 16/2712, S. 75.

[882] BFH, Urt. v. 23. 2. 2012, V R 59/09, BStBl. II 2012, 544, Rn. 26 ff.; zustimmend *Hüttemann*, Gemeinnützigkeitsrecht und Spendenrecht, 6. Aufl. 2025, Rn. 7.347; *Hummel*, in: Rau/Dürrwächter, UStG, 9/2025, § 12 Abs. 2 Nr. 8 Rn. 297.

UStG in seiner jeweils geltenden Fassung weiter anwenden. Die unionsrechtlichen Bedenken sind durch die Änderung der MwStSystRL aber weitgehend beseitigt.

5. Zusammenschlüsse steuerbegünstigter Einrichtungen

Leistungen von nichtrechtsfähigen Personenvereinigungen und Gemeinschaften gemeinnütziger Körperschaften werden nach § 12 Abs. 2 Nr. 8 lit. b UStG ermäßigt besteuert, wenn diese bei Selbstausführung durch die Körperschaft ermäßigt besteuert würden. Hierdurch werden gemeinnützige Kooperationen – anders als im Gewerbesteuerrecht[883] – begünstigt.[884] Die Vorschrift ist auf Zusammenschlüsse anwendbar, die nicht der Körperschaftsteuer unterliegen[885] und erweitert damit die Möglichkeiten der Art gemeinnütziger Zweckverwirklichung. Eine derartige Sondernorm ist zur Ermöglichung von Kooperationen notwendig, weil auch nichtrechtsfähige Personenvereinigungen Umsatzsteuerschuldner sein können.[886]

6. Zielsetzungen des Gemeinnützigkeitsrechts

Die Steuersatzermäßigung kommt dem Endverbraucher zugute und soll dadurch die private selbstlose Förderung des Gemeinwohls stimulieren; Ziel ist eine Verbilligung der Leistung.[887] Gemeinnützige Organisationen werden durch die Steuersatzermäßigung allenfalls mittelbar begünstigt, da sie ihre Leistungen preiswerter anbieten können.[888]

Verglichen mit den unechten Steuerbefreiungen wirkt die Steuersatzermäßigung zielgenauer, da der Vorsteuerabzug erhalten bleibt.[889] Allerdings hängt die Wirkung davon ab, ob der Unternehmer den Preisvorteil weitergibt.[890] Deshalb, und weil dem System einer allgemeinen Verbrauchsteuer die Privilegierung einzelner Leistungen fremd ist, wird z. T. die Abschaffung der Steuersatzermäßigung befürwortet.[891]

---

[883] Vgl. oben Teil 2: C. III.

[884] *Waza*, in: Offerhaus/Söhn/Lange, Umsatzsteuer, 11/2025, § 12 Abs. 2 Nr. 8 Rn. 120.

[885] *Martini*, in: Wäger, UStG, 3. Aufl. 2024, § 12 Abs. 2 Nr. 8 Rn. 40.

[886] *Hüttemann*, Gemeinnützigkeitsrecht und Spendenrecht, 6. Aufl. 2025, Rn. 2.108; *Zaumseil*, in: Winheller/Geibel/Jachmann-Michel, Gesamtes Gemeinnützigkeitsrecht, 3. Aufl. 2023, § 12 UStG Rn. 61.

[887] BT-Drs. 17/1252, S. 1; *Seer*, DStJG 26 (2003), 11, 38; *Isensee*, DStJG 26 (2003), 93, 100; *Hey*, in: Tipke/Lang, Steuerrecht, 25. Aufl. 2024, Rn. 20.1.

[888] Stv. *Lang*, StuW 1987, 221, 230.

[889] *Hummel*, in: Rau/Dürrwächter, UStG, 9/2025, § 12 Abs. 2 Nr. 8 Rn. 51, 54; *Achatz*, DStJG 26 (2003), 279, 305.

[890] *Jacobs*, Umsatzsteuer und Gemeinnützigkeit, 2006, S. 56.

[891] Gutachten der Unabhängigen Sachverständigenkommission zur Prüfung des Gemeinnützigkeits- und Spendenrechts, BMF-Schriftenreihe, Heft 40, 1988, S. 195 ff.; *Jachmann*, in: Igl, Rechtliche Rahmenbedingungen bürgerschaftlichen Engagements, 2002, S. 239; *Ismer/Kaul/Reiß/Rath*, DStR 2010, 1970, 1974.

Nach hier vertretener Ansicht ist die Steuersatzermäßigung – abgesehen von den zusätzlichen Voraussetzungen für Zweckbetriebe – zwar mit den Zielsetzungen des Gemeinnützigkeitsrechts weitgehend zu vereinbaren. Sie führt in den meisten Fällen zu einer Verbilligung der Leistungen, weil die begünstigten Unternehmer den Preisvorteil regelmäßig weitergeben.

Im System einer auf die Belastung privaten Endverbrauchs ausgerichteten Umsatzsteuer ist aber ein organisationsbezogenes Förderkonzept,[892] d. h. die Anknüpfung an Merkmale des Unternehmers durch den Verweis auf §§ 51 ff. AO, ein Fremdkörper.[893] Die leistungsbezogenen Rückausnahmen wirtschaftlicher Geschäftsbetriebe und z. T. der Zweckbetriebe sowie die mit dem Gemeinnützigkeitsstatus einhergehenden Nachteile ändern hieran nichts. Aus Sicht des Verbrauchers ist es unerheblich, ob dieselbe Leistung von einer gemeinnützigen Organisation erbracht wird oder nicht. Hinzukommt, dass die Begriffe, mit denen ertragsteuerliche Sphären beschrieben werden, wie Vermögensverwaltung, wirtschaftlicher Geschäftsbetrieb und Zweckbetrieb, in das Umsatzsteuerrecht ohnehin nicht sinnvoll integriert werden können. Darüber hinaus entstehen Wettbewerbsungleichheiten, wenn vergleichbare Leistungen mit verschiedenen Steuersätzen belastet werden.

Dieses Problem kann auf drei Weisen gelöst werden. Entweder wird die Steuersatzermäßigung nach § 12 Abs. 2 Nr. 8 UStG ersatzlos gestrichen.[894] Möglich ist auch die Ersetzung durch ein leistungsbezogenes Förderkonzept, wobei die privilegierten Leistungen am Zweckkatalog nach §§ 52–54 AO ausgerichtet werden könnten. Drittens könnte an eine „formale Anerkennung" der gemeinnützigen Körperschaft angeknüpft werden.[895] Gegen letzteren Vorschlag spricht aber schon, dass es dann bei einem systemfremden organisationsbezogenen Förderkonzept verbliebe.

Die vollständige Streichung ist zu bevorzugen. Die Schaffung eines leistungsbezogenen Förderkonzepts am Vorbild des gemeinnützigen Zweckkatalogs wäre dann zu befürworten, wenn zugleich die unechten Steuerbefreiungen nach § 4 UStG abgeschafft würden. Anderenfalls verbliebe es beim derzeitigen zweigleisigen Fördersystem in der Umsatzsteuer und der fehlenden Zielgenauigkeit der Fördertatbestände. Das ist dem nationalen Gesetzgeber jedoch nicht möglich.

---

[892] *Hummel*, in: Weitemeyer/Hüttemann/Schauhoff, Umsatzsteuerrecht für den Nonprofitsektor, 2. Aufl. 2024, Rn. 26.40 hält die Steuersatzermäßigung für primär leistungsbezogen. Dagegen spricht aber, dass eine Körperschaft alle Anforderungen der §§ 51 ff. AO erfüllen muss. Nur die Ausnahmen von der Ermäßigung sind leistungsbezogen.

[893] *Achatz*, DStJG 26 (2003), 279, 305.

[894] So Gutachten der Unabhängigen Sachverständigenkommission zur Prüfung des Gemeinnützigkeits- und Spendenrechts, BMF-Schriftenreihe, Heft 40, 1988, S. 195 ff.; *Jachmann*, in: Igl, Rechtliche Rahmenbedingungen bürgerschaftlichen Engagements, 2002, S. 239; *Ismer/Kaul/Reiß/Rath*, DStR 2010, 1970, 1974.

[895] Dies hält *Hummel* für möglich (in: Weitemeyer/Hüttemann/Schauhoff, Umsatzsteuerrecht für den Nonprofitsektor, 2. Aufl. 2024, Rn. 26.93).

7. Die Primärrechtskonformität der Steuersatzermäßigung

Die Steuersatzermäßigung nach § 12 Abs. 2 Nr. 8 lit. a UStG verstößt nicht gegen die Grundfreiheiten, weil sie keine Körperschaften allein aufgrund ihres Sitzes ausschließt.[896] Jede gemeinnützige Organisation, die die Anforderungen von §§ 51 ff. AO erfüllt, wird gleichbehandelt.[897]

Die Ermäßigung ist auch keine Beihilfe i. S. v. Art. 107 Abs. 1 AEUV.[898] Soweit Art. 98, Anh. III Nr. 15 MwStSystRL umgesetzt wird, handelt es sich schon nicht um eine staatliche Maßnahme.[899] Das trifft überwiegend, d. h. soweit selbstlos Gemeinwohlzwecke gefördert werden, zu.[900] Im Übrigen stellt die Steuersatzermäßigung nach der Judikatur des EuGH in der Rechtssache *Aer Lingus and Ryanair* zwar keine tatbestandslose Verbraucherbeihilfe dar,[901] es fehlt aber aufgrund der mit dem Gemeinnützigkeitsstatus einhergehenden Nachteile an einer Vorteilsgewährung.[902]

8. Zwischenfazit: Die Steuersatzermäßigung im Gemeinnützigkeitsrecht

Die Steuersatzermäßigung nach § 12 Abs. 2 Nr. 8 UStG ist zwar zur Gemeinwohlförderung durch Verbilligung der privilegierten Leistungen prinzipiell geeignet, jedoch im Hinblick auf den Belastungsgrund der Umsatzsteuer systemwidrig, weil sie organisationsbezogen ausgestaltet ist.

Unionsrechtlich ist sie unbedenklich, soweit die Körperschaft selbstlos das Allgemeinwohl fördert, wie es bei (fast) allen gemeinnützigen Körperschaften der Fall ist. Hiervon ausgenommen sind nur solche, die reine Freizeitzwecke fördern. Die Regelung zu Zweckbetrieben ist ebenfalls weitgehend richtlinienkonform. Das gilt nur nicht für Zweckbetriebe, die zur Zweckerreichung nicht erforderlich sind, wie es etwa bei Mittelbeschaffungsbetrieben oder der Auftragsforschung für gewerbliche Auftraggeber der Fall ist.

Die Wettbewerbsklausel für Katalogzweckbetriebe steht teilweise einer effektiven Wirkung der Ermäßigung entgegen. Zweckbetriebe sind der Hauptanwendungs-

---

[896] Zur unionsrechtlichen Unzulässigkeit von sitzbezogenen Ungleichbehandlungen Teil 2: A. II. 2. a) aa) (2).

[897] *Martini*, in: Wäger, UStG, 3. Aufl. 2024, § 12 Abs. 2 Nr. 8 Rn. 7.

[898] *Hummel*, UR 2023, 345, 347 ff.

[899] Vgl. *Hummel*, in: Weitemeyer/Hüttemann/Schauhoff, Umsatzsteuerrecht für den Nonprofitsektor, 2. Aufl. 2024, Rn. 3.89. Vertieft zur Unionsbeihilfe oben Teil 2: F. II. 6. a).

[900] Zu den Ausnahmen von reinen Freizeitzwecken und bestimmten Zweckbetrieben siehe Teil 2: F. IV. 2. b) und Teil 2: F. IV. 4. b) aa).

[901] Vgl. EuGH, Urt. v. 21. 12. 2016, C-164–165/15 P (*Aer Lingus and Ryanair*), ECLI:EU:C:2016:990, Rn. 98 ff. Dazu eingehend oben Teil 2: F. II. 6. b).

[902] Dazu vertieft Teil 2: A. II. 2. a) bb) (2).

bereich des ermäßigten Steuersatzes auf gemeinnützige Körperschaften. Denn wirtschaftliche Geschäftsbetriebe und Vermögensverwaltung sind überwiegend nicht erfasst und Idealtätigkeiten schon nicht umsatzsteuerbar.

De lege ferenda wäre eine Streichung von § 12 Abs. 2 Nr. 8 UStG zu befürworten. Anderenfalls sollte zumindest die Einschränkung für Zweckbetriebe aufgehoben werden.

V. Die Vorsteuerpauschalierung gemäß § 23a UStG

§ 23a UStG gestattet die Berechnung der abziehbaren Vorsteuerbeträge nach einem Durchschnittssatz in Höhe von 7 %. Dieser gilt nur für gemeinnützige Körperschaften i. S. v. § 5 Abs. 1 Nr. 9 KStG, die nicht verpflichtet sind, Bücher zu führen. Die Norm betrifft damit v. a. Vereine.[903] Ein weiterer Vorsteuerabzug ist ausgeschlossen. Der steuerpflichtige Umsatz im vergangenen Kalenderjahr darf 45.000 Euro nicht überstiegen haben (§ 23a Abs. 2 UStG). Die Pauschalierung dient Vereinfachungszwecken.[904] Betroffene Körperschaften benötigen keine Belege für Zwecke des Vorsteuerabzugs und das Erfordernis der Zuordnung der Vorsteuern zum unternehmerischen Bereich wird obsolet.[905] Aufgrund der Höhe des Durchschnittssatzes, die dem ermäßigten Steuersatz entspricht, ist davon auszugehen, dass bei den betreffenden Unternehmern eine Umsatzsteuerlast gar nicht erst entstehen soll.[906] Insoweit ist § 23a UStG keine Steuervergünstigung, weil dasselbe steuerliche Ergebnis nur auf einfacherem Wege erreicht wird. Die Vorsteuerpauschalierung hat beim Unternehmer aber dann die Wirkung einer Steuerermäßigung, wenn dieser nach § 12 Abs. 2 Nr. 8 lit. a UStG ermäßigte Umsätze gegenüber vorsteuerabzugsberechtigten Abnehmern erbringt. Soweit auf Ebene des Unternehmers keine Vorsteuern angefallen sind, wälzt er eine Steuer ab, mit der er tatsächlich nicht belastet ist.[907]

§ 23a UStG gilt für die Körperschaft insgesamt; wirtschaftliche Geschäftsbetriebe sind nicht ausgenommen. Insoweit und in Bezug auf die Umsatzgrenze gleicht die Vorsteuerpauschalierung der ertragsteuerlichen Freigrenze nach § 64 Abs. 3 AO. Im Unterschied dazu tritt eine Vergünstigungswirkung aber nicht in Bezug auf die Steuerschuld, sondern nur in Bezug auf den Verwaltungsaufwand ein. Soweit § 23a UStG in Fällen der Leistung an vorsteuerabzugsberechtigte Abnehmer darüber hinaus die Steuerschuld ermäßigt, steht die Vorsteuerpauschalierung im Konflikt mit der MwStSystRL. Unionsrechtliche Grundlage ist Art. 281

---

[903] *Pflaum*, in: Wäger, UStG, 3. Aufl. 2024, § 23a Rn. 7.
[904] BT-Drs. 11/4176, S. 13.
[905] *Achatz*, DStJG 26 (2003), 279, 297; *Stadie*, in: Rau/Dürrwächter, UStG, 9/2025, § 23a Rn. 2.
[906] *Pflaum*, in: Wäger, UStG, 3. Aufl. 2024, § 23a Rn. 8.
[907] *Stadie*, in: Rau/Dürrwächter, UStG, 9/2025, § 23a Rn. 3; *Püschner*, in: Reiß/Kraeusel/Langer, UStG, 9/2025, § 23a Rn. 10.

MwStSystRL. Danach dürfen Mitgliedstaaten, in denen die normale Besteuerung von Kleinunternehmern auf Schwierigkeiten stoßen würde, vereinfachte Modalitäten anwenden. Das erforderliche Konsultationsverfahren wurde zwar durchgeführt. Pauschalregelungen dürfen aber nicht zu einer Steuerermäßigung führen. Soweit § 23a UStG eine derartige Wirkung hat, ist die Norm richtlinienwidrig.[908]

Im Umfang der Ermäßigungswirkung liegt darüber hinaus eine staatliche Maßnahme nach Art. 107 Abs. 1 AEUV vor, weil das nationale Recht insoweit über die MwStSystRL hinausgeht.[909] Gleichwohl liegt darin keine unionsrechtswidrige Beihilfe. Die Vorsteuerpauschalierung gilt nur für Körperschaften i. S. d. § 5 Abs. 1 Nr. 9 KStG. Diese müssen alle Voraussetzungen von §§ 51 ff. AO erfüllen. Der damit verbundene Nachteil schließt die Annahme eines beihilferelevanten Vorteils aus.[910]

Aufgrund des Verweises auf § 5 Abs. 1 Nr. 9 KStG verstößt § 23a UStG aber insoweit gegen die Kapitalverkehrsfreiheit, als Körperschaften mit Sitz in einem Drittstaat vom Anwendungsbereich ausgenommen sind.[911]

VI. Zwischenergebnis: Gemeinnützigkeit im Umsatzsteuersystem

Die Idealtätigkeiten gemeinnütziger Körperschaften sind nicht umsatzsteuerbar. Diese werden aber als Unternehmer i. S. v. § 2 Abs. 1 UStG tätig, wenn sie entgeltliche Leistungen erbringen. Zahlreiche Leistungen, namentlich solche der wirtschaftlichen Geschäftsbetriebe, der Zweckbetriebe und z. T. auch der Vermögensverwaltung, unterliegen grundsätzlich der Umsatzsteuer.

Ausgehend vom Belastungsgrund der Umsatzsteuer – die Einkommens- oder Vermögensverwendung durch den Endverbraucher – kann steuerliche Gemeinwohlförderung nicht ausschließlich beim Unternehmer als Steuerschuldner ansetzen. Sie muss stets auf eine Begünstigung der Leistung abzielen, damit der Verbraucher entlastet wird.

Die zwei wesentlichen steuerlichen Instrumente zur Gemeinwohlförderung im Umsatzsteuerrecht sind die Steuerbefreiungen (§ 4 UStG) und die Steuersatzermäßigung (§ 12 Abs. 2 Nr. 8 UStG). Bei beiden Förderinstrumenten sind erhebliche Schwächen festzustellen: Den Steuerbefreiungen liegt ein leistungsbezogenes Förderkonzept zugrunde. Mit Blick auf den Belastungsgrund der Umsatzsteuer sind sie so im Ausgangspunkt systemkonform. Jedoch führt der fehlende Vorsteuerabzug dazu, dass die Zielsetzungen des Gemeinnützigkeitsrechts nicht zielgenau

---

[908] *Achatz*, DStJG 26 (2003), 279, 297; *Stadie*, in: Rau/Dürrwächter, UStG, 9/2025, § 23a Rn. 6; *Püschner*, in: Reiß/Kraeusel/Langer, UStG, 9/2025, § 23a Rn. 13.

[909] Dazu Teil 2: F. II. 6. a).

[910] Dazu und zu weiteren Gründen Teil 2: A. II. 2. a) bb) (2).

[911] Dazu Teil 2: A. II. 2. b).

umgesetzt werden können. Dagegen ist die Steuersatzermäßigung prinzipiell zu einer zielgenaueren Gemeinwohlförderung geeignet. Sie fügt sich indes in das Umsatzsteuerrecht nicht systemkonform ein. Denn ihr Anknüpfungspunkt ist die gemeinnützige Körperschaft, nicht die jeweilige Leistung. Hinzukommt, dass der Anwendungsbereich der Ermäßigung durch den weitgehenden Ausschluss von Zweckbetrieben erheblich geschrumpft ist.

Diese systematischen Erwägungen werden ergänzt durch die weitgehende unionsrechtliche Harmonisierung der Umsatzsteuer. Leistungsbezogene Umsatzsteuerbefreiungen und der damit einhergehende Verlust des Vorsteuerabzugs sind zwingend vorgegeben. Bei der Steuersatzermäßigung besteht dagegen größere Freiheit. So überrascht es nicht, dass bei den Steuerbefreiungen zahlreiche Unionsrechtsverstöße festzustellen waren, bei der Steuersatzermäßigung dagegen nicht.

Im Ergebnis ist festzuhalten, dass das derzeitige Konzept der Gemeinwohlförderung im Umsatzsteuerrecht weder zielgenau noch systematisch stringent ist. Dabei kann das Umsatzsteuerrecht durchaus der Gemeinwohlförderung dienlich sein. Sinnvoll umzusetzen ist das aber nur, wenn ein zielgenaues leistungsbezogenes Förderkonzept geschaffen würde. Denkbar sind sowohl echte Steuerbefreiungen als auch eine leistungsbezogene Steuersatzermäßigung. Beide Förderinstrumente zugleich – wie es derzeit der Fall ist – bieten keinen Vorteil und führen nur zu Friktionen. Eine grundlegende Änderung müsste auf Ebene der EU stattfinden. Der nationale Gesetzgeber kann nur begrenzt handeln, indem er das Unionsrecht umsetzt und die Steuersatzermäßigung abschafft.

G. Sonstige Befreiungen

I. § 28 Nr. 2 RennwLottG

Belastungsgrund der Lotteriesteuer als indirekter Verbrauchsteuer ist die typische Konsumleistungsfähigkeit der Wetter und Spieler.[912] Steuergegenstand sind inländische Lotterien und Ausspielungen (§ 26 Abs. 1 RennwLottG).

§ 28 Nr. 2 RennwLottG befreit erlaubte öffentliche Lotterien und Ausspielungen von der Lotteriesteuer, bei denen der Gesamtbetrag der geleisteten Teilnehmerentgelte zu ausschließlich gemeinnützigen, mildtätigen oder kirchlichen Zwecken den Wert von 40.000 Euro nicht übersteigt (Freigrenze) und der Reinertrag für diese Zwecke verwendet wird. Es handelt sich um eine direkte und konstitutive Befreiung, deren Adressat der die Lotterie ausrichtende Veranstalter als Steuerschuldner ist.[913] Die Befreiung hängt von Merkmalen der Veranstaltung, nicht von Merkmalen des Veranstalters, ab[914] und ist damit auch auf Veranstalter anwendbar,

[912] *Seer*, ZfZ 2013, 146, 148.
[913] Steuerschuldner ist der Veranstalter, vgl. § 30 Abs. 1 Satz 1 RennwLottG.
[914] BFH, Urt. v. 30. 1. 1951, II 123/50 S, BStBl. III 1951, 40.

die keine gemeinnützigen Organisationen sind, solange die Veranstaltung als solche ausschließlich gemeinnützigen, mildtätigen oder kirchlichen Zwecken dient.[915]

Lotterien und Ausspielungen sind grundsätzlich wirtschaftliche Geschäftsbetriebe.[916] Wird der Reinertrag einer genehmigten Lotterie oder Ausspielung ausschließlich zur Förderung gemeinnütziger Zwecke verwendet, liegt dagegen ein Zweckbetrieb vor (§ 68 Nr. 6 AO). Die Freistellung eines wirtschaftlichen Geschäftsbetriebs ist ein Alleinstellungsmerkmal der Befreiung von der Lotteriesteuer.[917] Insoweit ist die Steuervergünstigung zwar prinzipiell geeignet, den Wettbewerb zu beeinträchtigen. Aufgrund der Reduktion der potentiell wettbewerbsverzerrenden Wirkung durch die Freigrenze und dem damit einhergehenden Vereinfachungseffekt ist § 28 Nr. 2 RennwLottG indes nicht zu beanstanden. Das unterscheidet die Freigrenze von der weitergehenden Privilegierung, die durch die Aufnahme von Lotterien in den Zweckbetriebskatalog nach § 68 Nr. 6 AO bewirkt wird.[918]

II. § 3 Nr. 4, Nr. 5, Nr. 5a KraftStG

Steuergegenstand der Kraftfahrzeugsteuer ist das Halten von Fahrzeugen zum Verkehr auf öffentlichen Straßen (§ 1 Abs. 1 KraftStG). Belastungsgrund ist die pauschale Abgeltung der von Kraftfahrzeugen verursachten Beanspruchung öffentlicher Straßen (Wegekosten).[919]

1. Befreiungen von der Kraftfahrzeugsteuer

Von der Kraftfahrzeugsteuer ausgenommen ist das Halten von Fahrzeugen von gemeinnützigen Organisationen (§ 3 Nr. 5a KraftStG). Das gilt allerdings nur sachlich und zeitlich begrenzt für deren Einsatz für humanitäre Hilfstransporte ins Ausland oder damit zusammenhängende Vorbereitungsfahrten. Hintergrund ist, dass der Auslandseinsatz nach alter Rechtslage zu einem zeitweiligen Entfall der Steuerbefreiung nach § 3 Nr. 5 KraftStG führte.[920] Befreit ist auch das Halten von Fahrzeugen, die zur Straßenreinigung (§ 3 Nr. 4 KraftStG) oder im Feuerwehrdienst, Katastrophenschutz oder Rettungsdienst (§ 3 Nr. 5 KraftStG) verwen-

---

915 *Hawlitschek*, in: Winheller/Geibel/Jachmann-Michel, Gesamtes Gemeinnützigkeitsrecht, 3. Aufl. 2023, § 28 RennwLottG Rn. 10.

916 *Franz*, Grundlagen der Besteuerung gemeinnütziger Körperschaften bei wirtschaftlicher Betätigung, 1991, S. 258.

917 *Isensee/Knobbe-Keuk*, Sondervotum zum Gutachten der Unabhängigen Sachverständigenkommission zur Prüfung des Gemeinnützigkeits- und Spendenrechts, BMF-Schriftenreihe, Heft 40, 1988, S. 467.

918 Dazu Teil 2: A. II. 1. c).

919 *Zens*, in: Lippross/Seibel, Basiskommentar Steuerrecht, 10/2025, Vorbem. zu § 1 KraftStG Rn. 1; *Englisch*, in: Tipke/Lang, Steuerrecht, 25. Aufl. 2024, Rn. 18.85.

920 BT-Drs. 13/901, S. 166.

det werden. Handelt es sich bei dem Halter derartiger Fahrzeuge um eine private Körperschaft, muss das Fahrzeug nach Bauart und Einrichtung der Verwendung angepasst sein. Trotz der unklaren amtlichen Überschrift von § 3 KraftStG (Ausnahmen von der Besteuerung), handelt es sich um sachliche Steuerbefreiungen, da grundsätzlich steuerbare Vorgänge von der Besteuerung ausgenommen werden.

Die zusätzlichen Voraussetzungen in § 3 Nr. 4, Nr. 5 und Nr. 5a KraftStG stellen sicher, dass nur solche Fahrzeuge befreit sind, bei denen die Gemeinwohlverwirklichung unmittelbar mit der Nutzung des Fahrzeugs verbunden ist. Durch die begünstigte Kraftfahrzeugnutzung werden weitaus weniger Wegekosten verursacht, als wenn jede gemeinnützige Organisation mit den ideellen Tätigkeiten oder dem Zweckbetrieb dienenden Fahrzeugen befreit wäre. Die Befreiung gemeinnütziger Körperschaften von der Kraftfahrzeugsteuer ist damit besonders eng auf den Belastungsgrund der Kraftfahrzeugsteuer bezogen. Das ist konsequent. Auch Fahrzeuge im Gebrauch der öffentlichen Hand sind nur in bestimmten Ausnahmefällen befreit (z. B. Polizeifahrzeuge nach § 3 Nr. 2 KraftStG).

2. Verfassungs- und unionsrechtliche Einordnung

Die gemeinnützigkeitsbezogenen Befreiungen von der Kraftfahrzeugsteuer verstoßen nicht gegen den allgemeinen Gleichheitssatz (Art. 3 Abs. 1 GG). Belastungsgrund der Kraftfahrzeugsteuer ist die durch Kraftfahrzeuge verursachte Abnutzung der Straßen (Wegekosten).[921] Konsequent sind die Befreiungen mit Gemeinnützigkeitsbezug auf Fälle beschränkt, in denen das Gemeinwohl durch die Nutzung der Straßen selbst verwirklicht wird. So dient die Straßenreinigung (§ 3 Nr. 4 KraftStG) der nachhaltigen Nutzbarkeit der Straßen. Aber auch Katastrophenhilfe im weiteren Sinne (§ 3 Nr. 5 KraftStG) kann ohne Straßennutzung nicht geleistet werden. Gleiches gilt für Hilfsgütertransporte ins Ausland (§ 3 Nr. 5a KraftStG). Die zusätzlichen Voraussetzungen an die Bauart der Fahrzeuge (§ 3 Nr. 5 KraftStG) oder die zeitliche Beschränkung (§ 3 Nr. 5a KraftStG) stellen sicher, dass die Befreiungen nur für solche Nutzungen gewährt werden, die unmittelbar mit der gemeinwohlbezogenen Straßennutzung zu tun haben.

Insgesamt stellen sich damit die punktuellen Befreiungen von der Kraftfahrzeugsteuer als zulässige Typisierungen dar, die eine Ungleichbehandlung mit nicht befreiter Kraftfahrzeugnutzung rechtfertigen. Der Gesetzgeber ist aus diesem Grund nicht dazu verpflichtet, alle Fahrzeuge gemeinnütziger Organisationen, etwa im Dienste der Wissenschaft (§ 52 Abs. 2 Nr. 1 AO) oder des Tierschutzes (§ 52 Abs. 2 Nr. 14 AO), von der Kraftfahrzeugsteuer zu befreien. Nur soweit eine Gemeinwohlaufgabe typischerweise mit der Straßennutzung unmittelbar zusammenhängt, greift eine Befreiung von der Kraftfahrzeugsteuer nach geltender Rechtslage ein.

---

[921] *Zens*, in: Lippross/Seibel, Basiskommentar Steuerrecht, 10/2025, Vorbem. zu § 1 KraftStG Rn. 1; *Englisch*, in: Tipke/Lang, Steuerrecht, 25. Aufl. 2024, Rn. 18.85.

Die Befreiungen von der Kraftfahrzeugsteuer verstoßen darüber hinaus nicht gegen die unionalen Grundfreiheiten. Denn sie gelten unterschiedslos auch für Fahrzeuge ausländischer Halter, sofern diese überhaupt der Kraftfahrzeugsteuer unterliegen, was insbesondere bei nur vorübergehenden Inlandsaufenthalten unter einem Jahr nicht der Fall ist (§§ 1 Abs. 1 Nr. 2, 3 Nr. 13 KraftStG).[922]

Die Kraftfahrzeugsteuerbefreiungen sind außerdem keine unionsrechtswidrigen Beihilfen gemäß Art. 107 Abs. 1 AEUV. Zwar genügt die Ausnahme nach Art. 107 Abs. 2 lit. b AEUV für Beihilfen zur Beseitigung von Schäden aufgrund von Naturkatastrophen nicht, die Befreiungen des KraftStG von vornherein dem Anwendungsbereich des Beihilferegimes zu entziehen, da diese nicht auf Naturkatastrophen beschränkt sind. Jedoch ist bereits dargelegt worden, dass steuerliche Vergünstigungen, die aufgrund staatsentlastender Tätigkeit gewährt werden, keine Beihilfen sind. Denn der Staat könnte anstelle der steuerlichen Begünstigung ebenso die Steuersätze erhöhen und die Aufgaben selbst erledigen. Die Art und Weise der Wahrnehmung von Staatsaufgaben kann aber für das Vorliegen einer Beihilfe nicht entscheidend sein.[923]

---

[922] Zu den Maßstäben der grundfreiheitlichen Prüfung gemeinnützigkeitsbezogener Steuervergünstigungen siehe oben Teil 2: A. II. 2. a) aa).

[923] Siehe im Detail oben Teil 2: A. II. 2. a) bb) (2); vgl. auch *Hummel*, NPLY 2019, 145, 156.

Teil 3

Systematische Bewertung der indirekten Vergünstigungen

A. Der Spendenabzug

Das Spendenrecht ist der Kern der gemeinnützigkeitsbezogenen indirekten Vergünstigungen und ergänzt die direkten gemeinnützigkeitsbezogenen Steuervergünstigungen (Komplementärfunktion).[1] Steuerpflichtigen soll ein Anreiz für die Unterstützung von gemeinnützigen Organisationen geboten werden.[2] Hierzu sieht das Ertragsteuerrecht Fördertatbestände im EStG, im KStG und im GewStG vor.[3] Die steuerliche Privilegierung von Spenden wird durch einen höhenmäßig begrenzten Abzug von der Bemessungsgrundlage erreicht. Im Einkommensteuerrecht werden Spenden und Mitgliedsbeiträge zum Sonderausgabenabzug zugelassen; entweder in Höhe von bis zu 20 Prozent des Gesamtbetrags der Einkünfte oder bis zu vier Promille der gesamten Umsätze und im Kalenderjahr aufgewendeten Löhne und Gehälter (§ 10b Abs. 1 Satz 1 Nr. 1, Nr. 2 EStG).[4] Diese Höchstgrenzen gelten auch für die Körperschaftsteuer (§ 9 Abs. 1 Satz 1 Nr. 2 Satz 1 KStG) und die Gewerbesteuer (§ 9 Nr. 5 Satz 1 GewStG), wobei der Abzug insoweit aber als besonderer Abzugstatbestand (Körperschaftsteuer) und Kürzungstatbestand (Gewerbesteuer) erfolgt.[5] Der steuerliche Vorteil bleibt damit hinter dem Wert der Spende zurück.[6] Die höhenmäßige Begrenzung dient der Sicherung der Staatsfinanzierung. Die Spende ist der Steuerzahlung quantitativ nicht vollständig gleichwertig. Stattdessen wird nur ein „Anteil der Einkommensteuerlast des Steuerpflichtigen quotal zur Substitution freigegeben".[7]

Spenden sind Geld- oder Sachausgaben, die der Steuerpflichtige unentgeltlich und freiwillig vornimmt und die bei ihm zu einer endgültigen wirtschaftlichen Be-

---

[1] Vgl. *R. Wallenhorst*, in: Wallenhorst/Halaczinsky, Die Besteuerung gemeinnütziger und öffentlich-rechtlicher Körperschaften, 7. Aufl. 2017, E Vorbem.; *Hüttemann*, Gemeinnützigkeitsrecht und Spendenrecht, 6. Aufl. 2025, Rn. 8.1.

[2] BFH, Urt. v. 22.9.1993, X R 107/91, BStBl. II 1993, 874; *Hüttemann*, Gemeinnützigkeitsrecht und Spendenrecht, 6. Aufl. 2025, Rn. 8.1.

[3] § 10b Abs. 1 Satz 1 EStG, § 9 Abs. 1 Satz 1 Nr. 2 KStG, § 9 Nr. 5 Satz 1 GewStG.

[4] Zum zusätzlichen Höchstbetrag für Vermögensstockspenden an Stiftungen siehe sogleich Teil 3: A. VI.

[5] *Hüttemann*, Gemeinnützigkeitsrecht und Spendenrecht, 6. Aufl. 2025, Rn. 8.182, 8.231, 8.235.

[6] *Kühnen*, in: Bordewin/Brandt/Bode, EStG, 11/2025, § 10b Rn. 8.

[7] *Seer*, DStJG 26 (2003), 11, 44.

lastung führen.[8] Daneben sind Mitgliedsbeiträge abziehbar. Diese unterscheiden sich von der Spende dadurch, dass der Zuwendende rechtlich zur Leistung verpflichtet ist.[9] Die Unterscheidung hat Bedeutung dafür, welche Zwecke gefördert werden können.[10] Das Gesetz fasst Spenden und Mitgliedsbeiträge unter dem Oberbegriff „Zuwendungen“ zusammen.[11]

I. Systematische Einordnung und Rechtfertigung des Spendenrechts

Da der Spendenabzug direkt nur Steuerschuldnern zugutekommt, die nicht selbst substituierbare Staatsaufgaben wahrnehmen, kann die Staatssubstitutionsthese nicht unmittelbar zu dessen Rechtfertigung und systematischer Einordnung herangezogen werden. Vertreten werden im Wesentlichen zwei Ansätze. Nach einer Auffassung handelt es sich beim Spendenabzug um eine Lenkungs- oder Sozialzwecknorm, d. h. eine Vergünstigung, die die Steuerlast gezielt verändert und dadurch zu nichtsteuerlichen Zwecken lenkend in die Wirtschaft eingreift.[12] Der Bürger solle zu freiwilligen Zuwendungen an gemeinnützige Organisationen angeregt werden.[13] Andere verstehen den Spendenabzug als Lastenausteilungsnorm. Spenden seien ein Steuersurrogat. Was im Gemeinwohlinteresse gespendet worden sei, könne zum Steuerzahlen nicht mehr verwendet werden, weil der privatnützige Erfolg der freiwilligen Einkommensverwendung ausbleibe. Die Spende mindere die Leistungsfähigkeit und sei aus diesem Grund steuerlich zu berücksichtigen.[14]

Erkennt man den maßgeblichen Unterschied zwischen Spende und sonstiger privater Einkommensverwendung darin, dass die Spende nie zu einem privaten Vorteil führen kann, sondern stets der Allgemeinheit zugutekommt[15] und anerkennt zu-

---

[8] Stv. BFH, Urt. v. 19. 12. 1990, X R 40/86, BStBl. II 1991, 234; v. 15. 1. 2019, X R 6/17, BStBl. II 2019, 318, Rn. 48.

[9] *Hüttemann*, Gemeinnützigkeitsrecht und Spendenrecht, 6. Aufl. 2025, Rn. 8.37.

[10] Siehe sogleich unter Teil 3: A. III.

[11] Vgl. § 10b Abs. 1 Satz 1 EStG, § 9 Abs. 1 Satz 1 Nr. 2 KStG, § 9 Nr. 5 Satz 1 GewStG.

[12] Zur Definition der Lenkungsnorm *Vogel*, StuW 1977, 97; zur Sozialzwecknorm vgl. *Tipke*, Die Steuerrechtsordnung, Bd. 1, 2. Aufl. 2000, S. 77 ff.

[13] *Lang*, StuW 1987, 221, 230; *Droege*, Gemeinnützigkeit im offenen Steuerstaat, 2010, S. 359; *Hüttemann*, Gemeinnützigkeitsrecht und Spendenrecht, 6. Aufl. 2025, Rn. 1.70; *Kulosa*, in: Herrmann/Heuer/Raupach, EStG/KStG, 8/2025, § 10b EStG Rn. 7.

[14] *Vogel*, StuW 1977, 97, 108 f.; Gutachten der Unabhängigen Sachverständigenkommission zur Prüfung des Gemeinnützigkeits- und Spendenrechts, BMF-Schriftenreihe, Heft 40, 1988, S. 228 f.; *Geserich*, Privater und gemeinwohlwirksamer Aufwand im System der deutschen Einkommensteuer und des europäischen Rechts, 1999, S. 22, 44 f.; *ders.*, DStJG 26 (2003), 245 ff.; *Kirchhof*, DStJG 26 (2003), 1, 5; *Jachmann*, in: Igl, Rechtliche Rahmenbedingungen bürgerschaftlichen Engagements, 2002, S. 80 f.

[15] So v. a. *Geserich*, Privater und gemeinwohlwirksamer Aufwand im System der deutschen Einkommensteuer und des europäischen Rechts, 1999, S. 22; *ders.*, in: Kirchhof/Kube/Mellinghoff, EStG, 8/2025, § 10b Rn. A 31 ff.

gleich die Staatssubstitution als die maßgebliche Rechtfertigung für die Gewährung gemeinnützigkeitsbezogener Steuervergünstigungen,[16] folgt daraus konsequent, dass Spenden Steuersurrogate sind. Gewährt der Staat den Steuerpflichtigen eine Steuervergünstigung für Spenden, belohnt er damit deren Förderung substituierter Staatsaufgaben und trägt ihrer geminderten Leistungsfähigkeit Rechnung. Dafür spricht auch der Regressionseffekt des Spendenabzugs. Da der Spendenabzug die Bemessungsgrundlage der Steuer verringert, wirkt er sich – wie auch sonstige Minderungen der Leistungsfähigkeit – je nach den Einkommensverhältnissen des Spenders unterschiedlich aus.[17] Aus der geminderten Leistungsfähigkeit des Spenders folgt auch, dass die alternativ vorgeschlagenen Lösungen über eine Spendengutschrift auf Ebene der Steuerschuld[18] oder einen staatlichen Zuschuss zur Spende an die Empfängerkörperschaft[19] systematisch nicht konsequent wären.

II. Die Empfängerkörperschaft

Spenden und Mitgliedsbeiträge müssen an eine Körperschaft, Personenvereinigung oder Vermögensmasse i. S. d. § 5 Abs. 1 Nr. 9 KStG geleistet werden.[20]

Als Reaktion auf das EuGH-Urteil in der Rechtssache *Persche*, wonach grenzüberschreitende Spenden ebenso steuerlich abzugsfähig sein müssen wie Inlandsspenden, soweit die ausländische Empfängerkörperschaft die Voraussetzungen für den Gemeinnützigkeitsstatus nach nationalem Recht erfüllt,[21] wurde der Kreis möglicher Spendenempfänger erweitert. Nunmehr sind Direktspenden an Körperschaften mit Sitz in der EU/dem EWR unter den Voraussetzungen von § 5 Abs. 2 Nr. 2 KStG abzugsfähig.[22] In Deutschland nicht steuerpflichtige Körperschaften mit Sitz in der EU/dem EWR sind empfangsberechtigt, wenn sie die Anforderungen des deutschen Gemeinnützigkeitsrechts i. S. d. AO erfüllen.[23] Zuwendungen an Drittstaatengesellschaften sind nicht privilegiert.[24]

---

[16] Dazu Teil 1: B. III.

[17] *Seer*, DStJG 26 (2003), 11, 42 f.

[18] Vgl. *Seer*, DStJG 26 (2003), 11, 43 ff.; *Hüttemann*, Gemeinnützigkeitsrecht und Spendenrecht, 6. Aufl. 2025, Rn. 1.72.

[19] *Kirchhof*, Bundessteuergesetzbuch – Ein Reformentwurf zur Erneuerung des Steuerrechts, 2011, § 32.

[20] § 10b Abs. 1 Satz 2 Nr. 2 EStG, § 9 Abs. 1 Satz 2 lit. b KStG, § 9 Nr. 5 Satz 2 lit. b GewStG.

[21] EuGH, Urt. v. 27. 1. 2009, C-318/07 (*Persche*), Slg. 2009, I-359.

[22] § 10b Abs. 1 Satz 2 Nr. 2 EStG, § 9 Abs. 1 Satz 2 lit. b KStG, § 9 Nr. 5 Satz 2 lit. b GewStG; *Kirchhain*, in: Schauhoff/Kirchhain, Hdb. d. Gemeinnützigkeit, 4. Aufl. 2023, § 12 Rn. 33.

[23] § 10b Abs. 1 Satz 8 EStG, § 9 Abs. 1 Satz 8 KStG, § 9 Nr. 5 Satz 12 GewStG; *Kulosa*, in: Herrmann/Heuer/Raupach, EStG/KStG, 8/2025, § 10b EStG Rn. 53.

[24] *Meyn*, in: Winheller/Geibel/Jachmann-Michel, Gesamtes Gemeinnützigkeitsrecht, 3. Aufl. 2023, § 10b EStG Rn. 48.

III. Die Zweckförderung bei Spenden und Mitgliedsbeiträgen

Die Abziehbarkeit von Spenden setzt voraus, dass steuerbegünstigte Zwecke im Sinne der §§ 52–54 AO gefördert werden. Für Mitgliedsbeiträge wird das teilweise eingeschränkt, indem Körperschaften, die bestimmte Zwecke fördern, ausgenommen werden. So sind Mitgliedsbeiträge an Körperschaften, die den Sport, kulturelle Betätigungen zur Freizeitgestaltung, Heimatpflege und Heimatkunde oder sonstige Freizeitzwecke nach § 52 Abs. 2 Satz 1 Nr. 23 AO fördern oder deren Zweck nach § 52 Abs. 2 Satz 2 AO behördlich für gemeinnützig erklärt worden ist, nicht abziehbar (§ 10b Abs. 1 Satz 8 EStG). Sinn und Zweck der Unterscheidung ist, die Abziehbarkeit von solchen Mitgliedsbeiträgen auszuschließen, die nicht altruistisch motiviert sind, sondern der Förderung von Freizeitaktivitäten dienen.[25]

Damit ist die Förderung des Gemeinwohls durch den steuerlichen Abzug von Mitgliedsbeiträgen stärker am Staatsentlastungsgedanken angelehnt, wenngleich die Einschränkung weit geht und auch Zwecke erfasst, die staatssubstituierenden Charakter haben. Das betrifft den Ausschluss des Sports,[26] der Heimatpflege und -kunde, sowie die Anerkennung nicht explizit erwähnter Zwecke, soweit diese sich nicht auf Freizeitgestaltungen beziehen, lässt sich aber mit einer typisierenden Unterscheidung zwischen Fremd- und Eigennutz erklären.[27] Verfolgt eine Körperschaft mehrere Zwecke, von denen nur einer der Freizeitgestaltung dient, sind Mitgliedsbeiträge generell nicht abziehbar. Nach dem Wortlaut von § 10b Abs. 1 Satz 8 EStG und in Konsequenz der typisierenden Abgrenzung zwischen Fremd- und Eigennutz führt jede Verfolgung der dort genannten Zwecke zum vollständigen Ausschluss des Abzugs.[28]

Die Differenzierung zwischen schädlichem Eigennutz und förderungswürdigem Altruismus innerhalb des Spendenrechts ist systematisch nicht stringent. Ebenso wie bei der Erbschaftsteuerbefreiung von nachträglichen Zuwendungen an Stiftungen nach § 29 Abs. 1 Nr. 4 ErbStG,[29] müsste sie sachgerecht auf der vorgelagerten Ebene der grundsätzlichen Förderungswürdigkeit von Gemeinwohlverwirklichung durch das Steuerrecht – mithin im Rahmen der AO – verortet sein. Warum gerade die Unterscheidung zwischen Spende und Mitgliedsbeitrag geeignet sein soll, ein stimmiges Förderkonzept gemeinnützigkeitsbezogener Zuwendungen zu schaffen, erschließt sich nicht.[30]

Verfassungsrechtlich ist die Beschränkung der Abziehbarkeit von Mitgliedsbeiträgen jedoch nicht zu beanstanden. Soweit Freizeitzwecke ausgenommen sind,

---

[25] BR-Drs. 418/99, S. 15.

[26] Dazu *Marx*, Gemeinnützigkeit des Sports, 2021, S. 83 f. Vgl. auch Teil 1: B. III.

[27] Vgl. BR-Drs. 418/99, S. 11, 15; *Urban*, DStZ 2018, 22, 27.

[28] BFH, Urt. v. 28. 9. 2022, X R 7/21, BStBl. II 2023, 178, Rn. 43 ff.

[29] Dazu Teil 2: E. IV. 1.

[30] Ebenso *Geserich*, in: Kirchhof/Kube/Mellinghoff, EStG, 8/2025, § 10b Rn. A 273; *Hüttemann*, Gemeinnützigkeitsrecht und Spendenrecht, 6. Aufl. 2025, Rn. 8.99.

stellt § 10b Abs. 1 Satz 8 EStG – ebenso wie § 29 Abs. 1 Nr. 4 ErbStG[31] – eine Differenzierung zwischen gleichheitsimmanenter Förderung aufgrund der Übernahme von Staatsaufgaben und rechtfertigungsbedürftiger Steuersubvention dar.[32] Soweit § 10b Abs. 1 Satz 8 EStG teilweise darüber hinausgeht und etwa auch den Abzug von Mitgliedsbeiträgen an Sport- oder Heimatkundevereine ausschließt, hat der Gesetzgeber seine Typisierungsbefugnis nicht überschritten. In diesen Bereichen ist die Annahmen, dass Mitglieder bei aktiver Mitwirkung im Verein ihr eigenes Hobby mitfinanzieren, nicht evident sachwidrig.[33]

Die Verfassungskonformität der Differenzierung zwischen Spenden und Mitgliedsbeiträgen bedeutet aber nicht, dass an dieser auch weiterhin festgehalten werden sollte. Es bestehen grundsätzliche Bedenken an einer derartigen Unterscheidung. Ob ein Vereinsmitglied „selber singt" oder „singen lässt"[34] macht in Bezug auf die Förderungswürdigkeit der Tätigkeit der Körperschaft keinen Unterschied, weil auch Mitgliedsbeiträge dem gemeinnützigen Satzungszweck dienen.[35] Würde der Zweckkatalog in § 52 Abs. 2 Satz 1 AO um reine Freizeitzwecke konsequent bereinigt, bedürfte es der Unterscheidung erst recht nicht mehr, weil dann der Gemeinnützigkeitsstatus nur noch bei staatssubstituierenden Tätigkeiten zu haben wäre.

IV. Zuwendungsvoraussetzungen

1. Zuwendender und Vermögensopfer

Eine Zuwendung setzt eine endgültige wirtschaftliche Belastung sowie freiwilliges und unentgeltliches Handeln voraus.[36] Der Spendenabzug nach § 10b EStG ist zunächst auf natürliche Personen anwendbar. Bei Personengesellschaften steht dieser den Gesellschaftern anteilig zu.[37] Körperschaften sind nach Maßgabe von § 9 Abs. 1 Satz 1 Nr. 2 KStG abzugsberechtigt.[38]

Unentgeltlich ist eine Zuwendung, wenn sie ohne Erwartung eines besonderen Vorteils gegeben wird.[39] Der Spendenabzug scheidet also aus, wenn die Zuwen-

---

[31] Dazu oben Teil 2: E. IV. 1.

[32] Dazu oben Teil 1: B. IV.

[33] BFH, Urt. v. 28. 9. 2022, X R 7/21, BStBl. II 2023, 178, Rn. 73 ff.

[34] *Hüttemann*, DB 2007, 2053, 2058.

[35] Vgl. Gutachten der Unabhängigen Sachverständigenkommission zur Prüfung des Gemeinnützigkeits- und Spendenrechts, BMF-Schriftenreihe, Heft 40, 1988, S. 282; *Jachmann*, in: Igl, Rechtliche Rahmenbedingungen bürgerschaftlichen Engagements, 2002, S. 258 f.

[36] Stv. BFH, Urt. v. 15. 1. 2019, X R 6/17, BStBl. II 2019, 318, Rn. 34 ff.

[37] *Meyn*, in: Winheller/Geibel/Jachmann-Michel, Gesamtes Gemeinnützigkeitsrecht, 3. Aufl. 2023, § 10b EStG Rn. 12.

[38] Dazu sogleich unter Teil 3: A. VII.

[39] Stv. BFH, Urt. v. 2. 8. 2006, XI R 6/03, BStBl. II 2007, 8.

dung in unmittelbarem Zusammenhang mit einer Gegenleistung geleistet wird.[40] Eine derartige Gegenleistung kann etwa darin liegen, dass dem Zuwendenden im Anschluss an die „Spende" ein unter Fremdvergleichsgrundsätzen unangemessen niedriger Grundstückkaufpreis gewährt wird.[41] Auf der anderen Seite ist es zulässig, dass der Zuwendende die Mittel im Rahmen eines Darlehens zu fremdüblichen Konditionen vorübergehend zurückerhält. Denn dann ist er durch die Zuwendung endgültig belastet und erhält keinen besonderen Vorteil, den er nicht auch von dritter Seite hätte erlangen können.[42] Gleiches gilt für die Spende eines Alleingesellschafters an eine gGmbH, die er als fremdübliche Mietzahlungen für ein Grundstück zurückerhält.[43] Schädlich sind darüber hinaus nur solche „Vorteile", die nach Umfang und Wert eine überwiegende altruistische Motivation ausschließen.[44] Danksagungen oder Namensgravuren stehen daher der Unentgeltlichkeit nicht entgegen.[45]

Körperschaftsinterne Vermögensverschiebungen sind mangels endgültiger wirtschaftlicher Belastung auch dann keine abzugsfähigen Spenden, wenn Mittel vom wirtschaftlichen Geschäftsbetrieb in die Idealsphäre überführt werden.[46] Hierfür spricht insbesondere, dass es in diesen Fällen an einem Vermögensopfer fehlt und die Körperschaft ohnehin ausschließlich gemeinnützige Zwecke verfolgen darf, mit dem Mitteltransfer an die Idealsphäre also ihre gesetzlichen Pflichten erfüllt.[47]

Da aber der Spendenabzug aufgrund geminderter Leistungsfähigkeit gewährt wird und die Allgemeinheit durch einen Mitteltransfer an die Idealsphäre ebenso gefördert wird, wie durch die Spende eines Dritten, wäre de lege ferenda ein körperschaftsinterner Spendenabzug erwägenswert.[48] Dafür spricht insbesondere, dass es im Hinblick auf die Vergünstigungswürdigkeit keinen Unterschied macht, ob die Gemeinwohlzwecke, die mit der Zuwendung gefördert werden sollen, von derselben Körperschaft verwirklicht werden oder von einer anderen.[49]

---

[40] Stv. *Meyn*, in: Winheller/Geibel/Jachmann-Michel, Gesamtes Gemeinnützigkeitsrecht, 3. Aufl. 2023, § 10b EStG Rn. 32.

[41] BFH, Urt. v. 9. 12. 2014, X R 4/11, BFH/NV 2015, 853, Rn. 49 ff.

[42] BFH, Urt. v. 26. 4. 2023, X R 4/22, BStBl. II 2023, 1037, Rn. 16 ff.

[43] FG Münster, Urt. v. 2. 9. 2025, 1 K 102/23 E, Rn. 34 ff. nrkr.

[44] *Hüttemann*, Gemeinnützigkeitsrecht und Spendenrecht, 6. Aufl. 2025, Rn. 8.59.

[45] BFH, Urt. v. 22. 3. 2018, X R 5/16, BStBl. II 2018, 651, Rn. 35.

[46] BFH, Urt. v. 27. 3. 2001, I R 78/99, BStBl. II 2001, 449; *Meyn*, in: Winheller/Geibel/Jachmann-Michel, Gesamtes Gemeinnützigkeitsrecht, 3. Aufl. 2023, § 10b EStG Rn. 11.

[47] *Hüttemann*, Gemeinnützigkeitsrecht und Spendenrecht, 6. Aufl. 2025, Rn. 8.50.

[48] *Jachmann*, in: Igl, Rechtliche Rahmenbedingungen bürgerschaftlichen Engagements, 2002, S. 225 ff.

[49] Gutachten der Unabhängigen Sachverständigenkommission zur Prüfung des Gemeinnützigkeits- und Spendenrechts, BMF-Schriftenreihe, Heft 40, 1988, S. 170 (Fn. mit abweichender Ansicht v. *Tipke*).

2. Spendenmotivation

Nach dem Gesetzeswortlaut („zur Förderung“) muss eine Zuwendung um des zu fördernden Zwecks Willen geleistet werden. Maßgeblich sind aber nicht die inneren Motive, sondern die sich aus den äußeren Umständen ergebende Motivation des Steuerpflichtigen.[50] Diese Motivation wird bei Zuwendungen an gemeinnützige Körperschaften vermutet, weil das zugewendete Vermögen ohnehin dauerhaft steuerbegünstigten Zwecken verhaftet bleibt (§§ 55 Abs. 1 Nr. 4, 61 Abs. 1 AO).[51] Trifft der Zuwendende dagegen eine Verwendungsbestimmung, die den steuerlichen Anforderungen nicht genügt, ist die Vermutung widerlegt.[52]

Die Spendenmotivation kann insgesamt nur ganz oder gar nicht vorliegen. Daher kann eine Zuwendung nicht in einen abziehbaren und einen nicht abziehbaren Teil aufgeteilt werden.[53] Relevant ist dies etwa für Fälle, in denen ein schädliches Entgelt für die Zuwendung gezahlt wird, welches nur teilweise angemessen ist.[54]

3. Zuwendungen an den wirtschaftlichen Geschäftsbetrieb

Der Spendenabzug steht unter der auflösenden Bedingung, dass die Zuwendung zurückgewährt oder für nicht gemeinnützige Zwecke verwendet wird; die Spende muss tatsächlich einer spendenbegünstigten Verwendung zugeführt werden.[55] Parallel zu der gleichen Frage im Rahmen von § 13 Abs. 1 Nr. 16 lit. b ErbStG ist strittig, wann eine derartige schädliche Fehlverwendung vorliegt. Nach wohl überwiegender Auffassung scheidet der Abzug einer Spende in einen wirtschaftlichen Geschäftsbetrieb aus.[56] Hiergegen bestehen dieselben Bedenken, die schon im Zusammenhang mit der Befreiung von der Erbschaft- und Schenkungsteuer dargelegt wurden.[57] Eine Anknüpfung an die Zuwendung als solche ist – abgesehen von den Fällen schädlicher Verwendungsbestimmungen – nicht geeignet, über die

---

[50] BFH, Urt. v. 25. 11. 1987, I R 126/85, BStBl. II 1988, 220; v. 9. 8. 1989, I R 4/84, BStBl. II 1990, 237; v. 22. 9. 1993, X R 107/91, BStBl. II 1993, 874; *Brandl*, in: Brandis/Heuermann, Ertragsteuerrecht, 8/2025, § 10b EStG Rn. 16f.

[51] BFH, Urt. v. 19. 3. 1976, VI R 72/73, BStBl. II 1976, 338; *Kirchhain*, FR 2011, 640, 646.

[52] Vgl. BFH, Urt. v. 16. 3. 2021, X R 37/19, BStBl. II 2021, 810, Rn. 24; *Hüttemann*, Gemeinnützigkeitsrecht und Spendenrecht, 6. Aufl. 2025, Rn. 8.105.

[53] Stv. BFH, Urt. v. 9. 12. 2014, X R 4/11, BFH/NV 2015, 853, Rn. 54.

[54] Vgl. *Meyn*, in: Winheller/Geibel/Jachmann-Michel, Gesamtes Gemeinnützigkeitsrecht, 3. Aufl. 2023, § 10b EStG Rn. 36.

[55] BFH, Urt. v. 19. 3. 1976, VI R 72/73, BStBl. II 1976, 338; *Kirchhain*, in: Schauhoff/Kirchhain, Hdb. d. Gemeinnützigkeit, 4. Aufl. 2023, § 12 Rn. 57.

[56] *Kulosa*, in: Herrmann/Heuer/Raupach, EStG/KStG, 8/2025, § 10b EStG Rn. 51, 121; *Meyn*, in: Winheller/Geibel/Jachmann-Michel, Gesamtes Gemeinnützigkeitsrecht, 3. Aufl. 2023, § 10b EStG Rn. 38.

[57] Vgl. Teil 2: E. II. 1. a) bb).

Unzulässigkeit einer späteren Verwendung zu befinden. Zum einen erhöhen Geldzuwendungen lediglich den allgemeinen Finanzbestand einer Körperschaft, zum anderen enthält das Spendenrecht keine von der AO abweichenden Regeln über die zulässige Mittelverwendung.[58] Deshalb entfällt der Spendenabzug nur, wenn die Empfangskörperschaft die Mittel nach deren Erhalt fehlverwendet. Dasselbe gilt für Spenden, die dem Bereich privater Vermögensverwaltung zugutekommen.[59]

Für Sachzuwendungen gilt nichts anderes. Diese müssen nicht in natura verwendet werden. Die Verwertung ist zulässig, wenn die Erträge anschließend für steuerbegünstigte Zwecke verwendet werden.[60] Die anderslautende Auffassung[61] verkennt, dass das Spendenrecht vom allgemeinen Grundsatz der satzungsmäßigen Mittelverwendung nicht abweicht,[62] und deshalb kein normativer Anknüpfungspunkt für eine Schlechterstellung von Sachspenden existiert. Es macht auch keinen Unterschied, ob ein Steuerpflichtiger eine Sache erst veräußert und dann den Erlös spendet oder die Sache zur Verwertung für steuerbegünstigte Zwecke einer gemeinnützigen Organisation zuwendet. Der Zweck des Spendenabzugs wird in beiden Fällen erreicht.[63]

V. Das Buchwertprivileg

Zur Ergänzung des Spendenabzugs und Förderung der Spendenbereitschaft[64] erlaubt § 6 Abs. 1 Nr. 4 Satz 4 EStG Steuerpflichtigen den Buchwertansatz von Wirtschaftsgütern, die sie aus ihrem Betriebsvermögen entnehmen und einer gemeinnützigen Körperschaft zuwenden. Das verhindert die Besteuerung der stillen Reserven, die nach allgemeinen Grundsätzen bei einer derartigen Entnahme für betriebsfremde Zwecke stattfände.[65] Das Wirtschaftsgut muss unmittelbar nach dessen Entnahme unentgeltlich und zur Verwendung für steuerbegünstigte Zwecke i. S. d. § 10b Abs. 1 Satz 1 EStG überlassen werden. Ebenso wie der Spendenabzug nach § 10b EStG betrifft das Buchwertprivileg den Berechnungstatbestand der Steuer.

---

[58] *Hüttemann*, Gemeinnützigkeitsrecht und Spendenrecht, 6. Aufl. 2025, Rn. 8.111; *Kirchhain*, in: Schauhoff/Kirchhain, Hdb. d. Gemeinnützigkeit, 4. Aufl. 2023, § 12 Rn. 60.

[59] *Kirchhain*, in: Schauhoff/Kirchhain, Hdb. d. Gemeinnützigkeit, 4. Aufl. 2023, § 12 Rn. 59.

[60] *Kirchhain*, in: Schauhoff/Kirchhain, Hdb. d. Gemeinnützigkeit, 4. Aufl. 2023, § 12 Rn. 61; *Seer*, GmbHR 2008, 785, 789.

[61] FG Düsseldorf, Urt. v. 5. 2. 1997, 13 K 2126/93 E, EFG 1997, 473 (rkr.).

[62] Vgl. § 10b Abs. 3 EStG, § 9 Abs. 2 KStG, § 9 Nr. 5 Satz 13 GewStG, die lediglich die Sachspende für zulässig erklären und deren Bewertung regeln.

[63] *Seer*, GmbHR 2008, 785, 789; *Brandl*, in: Brandis/Heuermann, Ertragsteuerrecht, 8/2025, § 10b EStG Rn. 120.

[64] BT-Drs. V/3890, S. 20; *Seer*, GmbHR 2008, 785, 788.

[65] Vgl. § 6 Abs. 1 Nr. 4 Satz 1, Abs. 1 Satz 3 EStG; siehe auch *Werndl*, in: Kirchhof/Kube/Mellinghoff, EStG, 8/2025, § 6 Rn. E 45.

1. Unmittelbare Überlassung

Eine Überlassung setzt einen Rechtsträgerwechsel voraus, sodass Vermögensverschiebungen zwischen steuerlichen Sphären innerhalb einer gemeinnützigen Körperschaft nicht privilegiert sind.[66] Solange der körperschaftsinterne Spendenabzug ausgeschlossen ist, ist das konsequent, da eine Besserstellung betrieblicher Zuwendungen aufgrund der Ergänzungsfunktion des Buchwertprivilegs nicht zu erklären wäre.

Das Unmittelbarkeitskriterium soll sicherstellen, dass eine Entnahme nur bei von Anfang an bestehender altruistischer Motivation begünstigt wird.[67] Entnimmt der Steuerpflichtige das Wirtschaftsgut zunächst aus privaten Gründen und entscheidet sich erst danach dazu, dieses zu spenden, ist das Buchwertprivileg nicht mehr anwendbar. Eine § 29 Abs. 1 Nr. 4 ErbStG vergleichbare nachträgliche Steuervergünstigung ist nicht vorgesehen.[68] Das wäre de lege ferenda zu ändern, da die Förderung der Spendenbereitschaft auch nach der Entnahme zu privaten Zwecken sinnvoll möglich ist.

2. Verwendungsbezug

Das Wirtschaftsgut muss „zur Verwendung" überlassen werden. Die Terminologie weicht insoweit von der des § 10b Abs. 1 Satz 1 EStG ab, wo lediglich eine beabsichtigte „Förderung" gefordert ist. Dennoch werden die Tatbestandsmerkmale zutreffend einheitlich ausgelegt, sodass die Empfängerkörperschaft das Wirtschaftsgut auch veräußern darf und den Erlös nach allgemeinen Grundsätzen für ihre satzungsmäßigen steuerbegünstigten Zwecke verwenden kann.[69]

Diese Auslegung folgt zunächst aus der Ergänzungsfunktion des Buchwertprivilegs. Wäre eine Verwendung im Sinne einer „Nutzung" erforderlich, wäre der Spendenabzug nur unzureichend ergänzt, weil die Zuwendung eines Wirtschaftsguts aus dem Betriebsvermögen dann ohne ersichtlichen Sinn schlechter gestellt wäre als eine private Zuwendung. Es ist davon auszugehen, dass bei Einführung des Buchwertprivilegs die unzutreffende gesetzgeberische Vorstellung einer reinen Privilegierung von Sachspenden[70] zu der abweichenden Begriffsverwendung geführt hat.[71]

---

[66] *Märtens*, in: Gosch, KStG, 4. Aufl. 2020, § 5 Rn. 81; *Hüttemann*, Gemeinnützigkeitsrecht und Spendenrecht, 6. Aufl. 2025, Rn. 8.243.

[67] *Hüttemann*, DB 2008, 1590, 1591.

[68] Krit. dazu *Hüttemann*, DB 2008, 1590, 1591.

[69] R 6.12 Abs. 3 EStR; *Hüttemann*, DB 2008, 1590, 1592 f.; *Seer*, GmbHR 2008, 785, 786 ff.; *Jansen*, in: Winheller/Geibel/Jachmann-Michel, Gesamtes Gemeinnützigkeitsrecht, 3. Aufl. 2023, § 6 EStG Rn. 22.

[70] Vgl. BT-Drs. V/3890, S. 20, wo nur von „Sachzuwendungen" die Rede ist. § 6 Abs. 1 Nr. 4 Satz 4 EStG erfasst aber sämtliche Wirtschaftsgüter; vgl. *Hüttemann*, Gemeinnützigkeitsrecht und Spendenrecht, 6. Aufl. 2025, Rn. 8.244.

[71] Zur Gesetzgebungshistorie detailliert *Seer*, GmbHR 2008, 785, 786 ff.

Aus dem teleologischen Gleichlauf zwischen Spendenabzug und Buchwertprivileg folgt auch, dass eine Entnahme zwecks Zuwendung an einen wirtschaftlichen Geschäftsbetrieb privilegiert ist.[72] Es gelten dieselben Grundsätze wie bei § 10b Abs. 1 Satz 1 EStG.[73]

3. Ausländische Empfängerkörperschaften

Da § 6 Abs. 1 Nr. 4 Satz 4 EStG nur auf § 10b Abs. 1 Satz 1 EStG, nicht aber auf dessen Satz 2 verweist, soll das Buchwertprivileg nach verbreiteter Ansicht auf ausländische Empfängerkörperschaften nicht anwendbar sein.[74] Das ergibt sich aus dem Verweis aber gerade nicht. Das Buchwertprivileg erfasst alle Körperschaften nach § 5 Abs. 1 Nr. 9 KStG unter der Voraussetzung, dass die Überlassung zur Verwendung für steuerbegünstigte Zwecke i. S. v. § 10b Abs. 1 Satz 1 EStG (der wiederum auf §§ 52–54 AO verweist) erfolgt. Der Verweis in § 6 Abs. 1 Nr. 4 Satz 4 EStG bezieht sich also nur auf die Zwecke, nicht den Sitz der Körperschaft, sodass auch ausländische, in EU/EWR-Staaten ansässige Körperschaften erfasst sind.[75] De lege ferenda wäre freilich eine Klarstellung empfehlenswert, um unionsrechtlichen Bedenken zu begegnen.[76]

VI. Vermögensstockspenden

1. Die Vermögensstockspende im Einkommensteuerrecht

Zusätzlich zu den grundsätzlich geltenden Höchstbeträgen sieht § 10b Abs. 1a Satz 1 EStG vor, dass Spenden an den Vermögensstock einer gemeinnützigen Stiftung bis zu einem Gesamtbetrag von 1 Million Euro für insgesamt zehn Jahre abziehbar sind. Hierdurch sollen Anreize für eine „Stiftungskultur" geschaffen werden, auf die Staat und Gesellschaft angewiesen seien.[77] Stiftungen seien aufgrund ihres strukturell höheren Finanzbedarfs in besonderer Weise auf die Hilfe Dritter angewiesen, da sie keine Mitglieder haben und sich deshalb nicht über Beiträge finanzieren könnten.[78]

---

[72] Ebenso *Hüttemann*, Gemeinnützigkeitsrecht und Spendenrecht, 6. Aufl. 2025, Rn. 8.252.

[73] Siehe dazu Teil 3: A. IV. 3.

[74] *Jansen*, in: Winheller/Geibel/Jachmann-Michel, Gesamtes Gemeinnützigkeitsrecht, 3. Aufl. 2023, § 6 EStG Rn. 21; *Hüttemann*, Gemeinnützigkeitsrecht und Spendenrecht, 6. Aufl. 2025, Rn. 1.163.

[75] *Korn/Strahl*, in: Korn/Carlé/Stahl/Strahl, EStG, 8/2025, § 6 Rn. 409.

[76] Zur Unionsrechtskonformität des Spendenabzugs Teil 3: A. X.

[77] BT-Drs. 14/3010, S. 1 f.; BT-Drs. 14/2340, S. 1, 5.

[78] BFH, Urt. v. 15. 9. 2010, X R 11/08, BFH/NV 2011, 769, Rn. 24; *Kirchhain*, in: Schauhoff/Kirchhain, Hdb. d. Gemeinnützigkeit, 4. Aufl. 2023, § 12 Rn. 143.

Eine ähnliche rechtsformbezogene Privilegierung findet sich bei der rückwirkenden Erbschaftsteuerbefreiung nach § 29 Abs. 1 Nr. 4 ErbStG.[79] Dort war festzustellen, dass eine steuerliche Privilegierung von Stiftungen verfassungsrechtlich nicht zu beanstanden ist. Dieses Ergebnis trifft aus denselben Gründen auch auf die Vermögensstockspende zu. Die Mitgliederlosigkeit der Stiftung führt dazu, dass sie ihren laufenden Finanzbedarf zu einem großen Teil aus dem eigenen Vermögen bestreiten muss, weshalb der Vermögensaufbau steuerlich bevorzugt behandelt werden darf.[80] Hinzukommt, dass die Möglichkeit einer zusätzlichen Vermögensstockspende nicht einfach auf Empfängerkörperschaften anderer Rechtsformen erweitert werden kann, weil nur die Stiftung einen Vermögensstock hat (§ 83b Abs. 1 Satz 2 BGB). Das rechtsformbezogene Stiftungsprivileg der Vermögensstockspende ist vor dem Hintergrund denkbarer rechtsformbedingter Finanzierungsnachteile daher möglich, wenngleich nicht zwingend.

2. Die Vermögensstockspende im Körperschaft- und Gewerbesteuerrecht

Eine Privilegierung von Vermögensstockspenden findet sich auch in § 9 Nr. 5 Satz 9 GewStG, die allerdings nur für Einzelunternehmen und Personengesellschaften gilt. Im KStG gibt es kein Stiftungsprivileg. Körperschaften können den günstigeren Höchstbetrag daher nicht in Anspruch nehmen.[81] Im Gesetzgebungsverfahren hatten sich die Ausschüsse des Bundesrates noch für eine Öffnung der Vermögensstockspende für Körperschaften ausgesprochen.[82] Diese Vorschläge wurden ohne Begründung nicht übernommen.[83]

Ein sachlicher Grund für den Ausschluss von Körperschaften von der Vermögensstockspende ist nicht ersichtlich.[84] Körperschaften sind grundsätzlich spendenabzugsberechtigt (§ 9 Abs. 1 Satz 1 Nr. 2 KStG, § 9 Nr. 5 GewStG). Rechtsformbedingten Finanzierungsnachteilen von Stiftungen würde durch eine Vermögensstockspende von Körperschaften ebenso begegnet, zumal Stiftungen gerade von Zuwendungen privater Wirtschaftsunternehmen profitieren.[85] Die Rechtsform des Spenders (Körperschaft) wirkt sich nicht auf die Gemeinwohlför-

---

[79] Dazu oben Teil 2: E. IV. 2.

[80] *Kirchhain*, in: Schauhoff/Kirchhain, Hdb. d. Gemeinnützigkeit, 4. Aufl. 2023, § 12 Rn. 5; BFH, Urt. v. 15. 9. 2010, X R 11/08, BFH/NV 2011, 769 zu § 10b Abs. 1 Satz 3 EStG a. F.

[81] *R. Wallenhorst*, in: Wallenhorst/Halaczinsky, Die Besteuerung gemeinnütziger und öffentlich-rechtlicher Körperschaften, 7. Aufl. 2017, E Rn. 75.

[82] BR-Drs. 117/1/07, S. 15 f.; ebenso der insoweit gescheiterte Entwurf des Landes Baden-Württemberg v. 12. 11. 1999, der nach dem Errichtungsjahr der Stiftung und den darauffolgenden Jahren differenzierte, BR-Drs. 629/99, S. 4 f.

[83] Vgl. BT-Drs. 16/5200, S. 7, 9.

[84] Ebenso *Tiedtke/Möllmann*, DStR 2007, 509, 513.

[85] *Tiedtke/Möllmann*, DStR 2007, 509, 513.

derung aus, wie es für eine verfassungsrechtliche Rechtfertigung der rechtsformbezogenen Ungleichbehandlung erforderlich wäre.[86] Denn der maßgebliche Grund für den erhöhten Abzug für Vermögensstockspenden hat mit dem Spender und dessen Rechtsform nichts zu tun.[87] Es geht allein um die Beseitigung rechtsformbedingter Finanzierungsnachteile der Empfängerkörperschaft.[88]

Soweit teilweise gemutmaßt wird, der Ausschluss von Körperschaften diene der Missbrauchsverhinderung, weil anderenfalls einzelne natürliche Personen durch Gründung mehrerer Körperschaften den erhöhten Abzugsbetrag mehrfach in Anspruch nehmen könnten,[89] ist dem entgegenzuhalten, dass der Steuerabzug nur den Körperschaften selbst, nicht dem dahinterstehenden Gesellschafter zugutekäme, sodass sich diese Gestaltung als „Missbrauch" zur Umgehung des Höchstabzugsbetrages schon nicht eignet. Außerdem müssten mit dieser Begründung Körperschaften generell vom Spendenabzug ausgeschlossen werden, nicht nur von der Vermögensstockspende. Warum gerade Vermögensstockspenden missbrauchsanfälliger sein sollen als reguläre Spenden, ist nicht ersichtlich.

Die durch den Ausschluss von Körperschaften von der Vermögensstockspende verursachte Ungleichbehandlung verschiedener Rechtsformen verstößt im Ergebnis mangels besonderer sachlicher Gründe gegen Art. 3 Abs. 1 GG.[90] Die Benachteiligung von spendenden Körperschaften sollte aufgegeben werden, indem eine mit § 10b Abs. 1a EStG vergleichbare Regelung in § 9 Abs. 1 Satz 1 Nr. 2 KStG aufgenommen und die Beschränkung auf Einzelunternehmen und Personengesellschaften in § 9 Nr. 5 Satz 9 GewStG aufgehoben wird. Der im Jahre 2007 von den Ausschüssen des Bundesrates unterbreitete Vorschlag könnte insoweit übernommen werden.[91]

VII. Der Spendenabzug in der Körperschaftsteuer

Körperschaften steht nach Maßgabe von § 9 Abs. 1 Satz 1 Nr. 2 Satz 1 KStG ein Spendenabzug von der Körperschaftsteuer zu. Systematisch erweitert die Norm den Betriebsausgabenbegriff, indem nicht betrieblich veranlasste Vermögensabgänge

[86] Hierzu *Hüttemann*, Gemeinnützigkeitsrecht und Spendenrecht, 6. Aufl. 2025, Rn. 1.98.
[87] *Jochum*, IStR 2012, 325, 328.
[88] Vgl. BFH, Urt. v. 15.9.2010, X R 11/08, BFH/NV 2011, 769, Rn. 24; *Kirchhain*, in: Schauhoff/Kirchhain, Hdb. d. Gemeinnützigkeit, 4. Aufl. 2023, § 12 Rn. 143.
[89] In diese Richtung *Hörmann*, Die Förderung gemeinnütziger Organisationen durch Unternehmen und ihre steuerliche Bewertung, 2018, S. 72.
[90] Zum Erfordernis besonderer Sachgründe bei rechtsformbezogenen Ungleichbehandlungen stv. BVerfG, Beschl. v. 10. 11. 1999, 2 BvR 2861/93, BVerfGE 101, 151.
[91] BR-Drs. 117/1/07, S. 15 f.; ebenso der insoweit gescheiterte Entwurf des Landes Baden-Württemberg v. 12. 11. 1999, der nach dem Errichtungsjahr der Stiftung und den darauffolgenden Jahren differenzierte, BR-Drs. 629/99, S. 4 f.

als Betriebsausgabe definiert werden.[92] Vorrangig ist jedoch zu prüfen, ob eine Zuwendung eine voll abziehbare Betriebsausgabe darstellt, was insbesondere beim Sponsoring relevant ist und voraussetzt, dass die Zuwendung ein Entgelt für eine Werbeleistung darstellt.[93]

Der körperschaftsteuerliche Spendenabzug hängt im Wesentlichen von denselben Voraussetzungen ab, wie der Spendenabzug nach § 10b EStG.[94] Abgesehen von der fehlenden Möglichkeit einer zusätzlich abziehbaren Vermögensstockspende besteht nur ein erheblicher Unterschied. Der Spendenabzug von der Körperschaftsteuer steht nach § 9 Abs. 1 Satz 1 Nr. 2 Satz 1 KStG unter dem Vorbehalt von § 8 Abs. 3 KStG. Danach sind verdeckte Gewinnausschüttungen und verdeckte Einlagen ohne Auswirkungen auf das Einkommen. Ist eine Zuwendung als solche zu qualifizieren, ist der Spendenabzug nicht möglich.

1. Der VGA-Vorbehalt in der Rechtsprechung

Der Vorbehalt in § 9 Abs. 1 Satz 1 Nr. 2 Satz 1 KStG, wonach ein Spendenabzug bei Vorliegen einer verdeckten Gewinnausschüttung oder verdeckten Einlage ausscheidet, führt zu erheblichen Rechtsunsicherheiten bei Unternehmensspenden im Konzern, weil es an klaren Abgrenzungskriterien fehlt.[95]

Der BFH stellt seit 2022 bei der Prüfung, ob eine verdeckte Gewinnausschüttung oder Einlage i. S. v. § 9 Abs. 1 Satz 1 Nr. 2 Satz 1 KStG vorliegt, allein auf allgemeine Fremdvergleichsgrundsätze ab.[96] Danach liegt eine Veranlassung durch das Gesellschaftsverhältnis vor, wenn und soweit ein Nichtgesellschafter bei Anwendung der Sorgfalt eines ordentlichen und gewissenhaften Kaufmanns der Gesellschaft den Vermögensvorteil nicht eingeräumt hätte. Dies ist eine Frage des Einzelfalls.[97] Die Rechtsprechung zieht verschiedene Indizien heran, etwa die Verwendung der zugewendeten Mittel im Idealbereich der Körperschaft,[98] die stetige Zuwendung auch in Verlustjahren,[99] ob Gesellschafter der zuwendenden Körperschaft in der Geschäftsführung der Empfängerkörperschaft aktiv sind oder die Empfängerkörperschaft den Namen des zuwendenden Gesellschafters trägt[100]

---

[92] Anders ist es, wenn man mit der neueren Rechtsprechung des BFH die Ansicht vertritt, dass Kapitalgesellschaften keine außerbetriebliche Vermögenssphäre hätten (dazu oben Teil 2: A. I. 2. b)). In diesem Fall handelte es sich beim Spendenabzug im KStG um ein partielles Abzugsverbot (*Hüttemann*, Gemeinnützigkeitsrecht und Spendenrecht, 6. Aufl. 2025, Rn. 8.231).

[93] Dazu oben Teil 2: A. I. 2. c) cc).

[94] *Hüttemann*, Gemeinnützigkeitsrecht und Spendenrecht, 6. Aufl. 2025, Rn. 8.230.

[95] Stv. *Tommaso/Leidel/Gurr*, RFamU 2023, 262 ff.

[96] BFH, Urt. v. 13. 7. 2022, I R 52/20, BStBl. II 2023, 501, Rn. 27, 29 ff.

[97] Stv. BFH, Urt. v. 13. 7. 2022, I R 52/20, BStBl. II 2023, 501, Rn. 23 ff.

[98] BFH, Urt. v. 13. 7. 2022, I R 52/20, BStBl. II 2023, 501, Rn. 28.

[99] BFH, Beschl. v. 19. 12. 2007, I R 83/06, BFH/NV 2008, 988.

[100] FG Hamburg, Urt. v. 12. 12. 2007, 6 K 131/06, EFG 2008, 634, Rn. 39.

oder ob die Gesellschafter der zuwendenden Körperschaft die Empfängerkörperschaft gegründet haben.[101]

Bis 2022 stand die Rechtsprechung außerdem noch auf dem Standpunkt, die Abgrenzung richte sich maßgeblich danach, ob vergleichbare Spenden auch an fremde Unternehmen geleistet wurden (sog. Fremdspendenvergleich). War dies der Fall, fehlte es an dem für eine verdeckte Gewinnausschüttung oder verdeckte Einlage erforderlichen besonderen Näheverhältnis.[102] Das hatte zur Folge, dass ein Spendenabzug bei Zuwendungen an unternehmensverbundene gemeinnützige Körperschaften nur möglich war, wenn parallel nach dem „Gießkannenprinzip“ an Fremdkörperschaften gespendet wurde. Aus diesem Grund wurde die Rechtsprechung zum Fremdspendenvergleich auch verschiedentlich kritisiert.[103] Der Fremdspendenvergleich wurde vom BFH jedoch nicht gänzlich aufgegeben. Das Gericht lässt es weiterhin zu, dass dieser als einer von mehreren Indizien herangezogen werden kann. Dem Fremdspendenvergleich kommt jedoch kein besonderes Gewicht (mehr) zu.[104]

Die Besonderheit des Gemeinnützigkeitsstatus der Empfängerkörperschaft hat zu einem weiteren Problem geführt. Nach allgemeinen Grundsätzen setzt eine verdeckte Gewinnausschüttung voraus, dass die Vermögenszuwendung geeignet ist, zu einem Bezug beim Gesellschafter zu führen (Vorteilsgeneigtheit).[105] Hieran fehlt es jedoch bei Spenden regelmäßig, weil die Empfängerkörperschaft ausschließlich die Allgemeinheit zu fördern hat und ihr privatnützige Vermögenszuwendungen verboten sind.[106] Die überwiegende Auffassung hält aus diesem Grund eine verdeckte Gewinnausschüttung nur für möglich, wenn sich der Gesellschafter eigene Aufwendungen erspart, was lediglich in den seltenen Fällen einer rechtlichen Verpflichtung zur Spende vorkomme, oder wenn die Körperschaft die Spende nur tätigt, weil es ihrem Gesellschafter nicht möglich wäre.[107] Gleichwohl hat der BFH die Einordnung einer Unternehmensspende als verdeckte Gewinnausschüttung

---

[101] BFH, Beschl. v. 13.7.2021, I R 16/18, BStBl. II 2022, 119, Rn. 28.

[102] BFH, Urt. v. 21.1.1970, I R 23/68, BStBl. II 1970, 468; Beschl. v. 19.12.2007, I R 83/06, BFH/NV 2008, 988; v. 13.7.2021, I R 16/18, BStBl. II 2022, 119, Rn. 30.

[103] *Kirchhain*, in: Rödder/Herlinghaus/Neumann, KStG, 2. Aufl. 2023, § 9 Rn. 262f.; *Weitemeyer*, npoR 2022, 150, 152; *Janssen*, DStZ 2010, 170, 173f.

[104] Siehe BFH, Urt. v. 13.7.2022, I R 52/20, BStBl. II 2023, 501, Rn. 29: „(…) musste im Rahmen der Gesamtabwägung nicht zur Annahme der verdeckten Einlage führen.“ Ebenso *Tommaso/Leidel/Gurr*, RFamU 2023, 262, 266f.

[105] Stv. BFH, Urt. v. 7.8.2002, I R 2/02, BStBl. II 2004, 131.

[106] *Hörmann*, Die Förderung gemeinnütziger Organisationen durch Unternehmen und ihre steuerliche Bewertung, 2018, S. 136f.; *Kirchhain*, in: Rödder/Herlinghaus/Neumann, KStG, 2. Aufl. 2023, § 9 Rn. 262.

[107] *Kirchhain*, in: Rödder/Herlinghaus/Neumann, KStG, 2. Aufl. 2023, § 9 Rn. 263; *Hüttemann*, Gemeinnützigkeitsrecht und Spendenrecht, 6. Aufl. 2025, Rn. 8.92; *Hörmann*, Die Förderung gemeinnütziger Organisationen durch Unternehmen und ihre steuerliche Bewertung, 2018, S. 139, 142f.

nicht am Merkmal der Vorteilsgeneigtheit scheitern lassen, da es ausreiche, wenn der Vorteil bei der Empfängerkörperschaft als nahestehender Person eintrete.[108] Mit dieser Begründung dürfte in nahezu allen Fällen einer Veranlassung durch das Gesellschafterverhältnis eine Vorteilseignung und damit eine verdeckte Gewinnausschüttung vorliegen. Die ursprüngliche Funktion der Vorteilsgeneigtheit, nämlich den Anwendungsbereich der verdeckten Gewinnausschüttung auf Vermögensverlagerungen mit Ausschüttungscharakter zu reduzieren,[109] wird damit faktisch aufgegeben. Denn wenn die zugewendeten Mittel auf Ebene der Empfängerkörperschaft der Gemeinwohlbindung unterliegen, kann die Zuwendung nicht zugleich Ausschüttungscharakter haben. Das Merkmal der Vorteilsgeneigtheit verkommt so zu „purer Fiktion".[110]

2. Systematik und Förderungswürdigkeit

Der systematische Unterschied zwischen Spende und verdeckter Gewinnausschüttung liegt in der Veranlassung, konkreter im Unterschied zwischen Fremd- und Eigennutz.[111] Deshalb setzt die Abzugsfähigkeit als Spende stets die sich aus äußeren Umständen ergebende Motivation zur Förderung steuerbegünstigter Zwecke voraus.[112] Verdeckte Gewinnausschüttungen oder verdeckte Einlagen sind dagegen durch das Gesellschafterverhältnis veranlasst.

Der systematische Hintergrund des Vorbehalts in § 9 Abs. 1 Satz 1 Nr. 2 Satz 1 KStG könnte daher in der erforderlichen Abgrenzung zwischen fremdnützigen Zuwendungen einerseits und nicht abziehbaren eigennützigen Ausgaben andererseits gesehen werden. Jedoch ist der Vorbehalt hierfür nicht erforderlich. Denn die Spende setzt begriffsnotwendig schon altruistische Motivation voraus. Soweit eine Zuwendung alle Merkmale des Spendenbegriffs erfüllt, steht damit zugleich fest, dass eine eigennützige Motivation nicht im Vordergrund stehen kann.

Der Vorbehalt von § 8 Abs. 3 KStG ist außerdem zur Missbrauchsverhinderung[113] nicht erforderlich. Die Empfängerkörperschaft darf die erhaltenen Mittel ohnehin nur für gemeinnützige Zwecke verwenden und der Spendenabzug entfällt bei Mittelfehlverwendung rückwirkend.[114] Gleichzeitig war der Vorbehalt Anlass einer komplexen einzelfallbezogenen Rechtsprechung, die im Bestreben, den An-

---

[108] BFH, Beschl. v. 13.7.2021, I R 16/18, BStBl. II 2022, 119, Rn. 34.

[109] Dazu *Hamacher*, in: Bott/Walter, KStG, 10/2025, § 8 Rn. 661.

[110] Vgl. noch *Hüttemann*, Gemeinnützigkeitsrecht und Spendenrecht, 5. Aufl. 2021, Rn. 8.92.

[111] *Hüttemann*, Gemeinnützigkeitsrecht und Spendenrecht, 6. Aufl. 2025, Rn. 8.90.

[112] Stv. *Brandl*, in: Brandis/Heuermann, Ertragsteuerrecht, 8/2025, § 9 KStG Rn. 70.

[113] Vgl. BT-Drs. 7/5310, S. 11, wonach klargestellt werden sollte, dass verdeckte Gewinnausschüttungen auch dann nicht abziehbar sein sollten, wenn sie in Form einer Spende geleistet werden.

[114] *Kirchhain*, in: Schauhoff/Kirchhain, Hdb. d. Gemeinnützigkeit, 4. Aufl. 2023, § 12 Rn. 57.

wendungsbereich des Vorbehalts nicht leerlaufen zu lassen,[115] den Gemeinnützigkeitsstatus der Empfängerkörperschaft und die damit einhergehende Mittelbindung an das Gemeinwohl weitgehend ignoriert. Hierdurch wird die Spendenbereitschaft und damit die Finanzierung gemeinnütziger Körperschaften im Konzern massiv eingeschränkt. Jedoch fördern auch konzernangehörige gemeinnützige Körperschaften das Allgemeinwohl. Der Vorbehalt sollte daher abgeschafft werden.[116]

VIII. Der Spendenabzug in der Gewerbesteuer

Der gewerbesteuerliche Spendenabzug (§ 9 Nr. 5 GewStG) ist – ebenso wie der körperschaftsteuerliche nach § 9 Abs. 1 Satz 1 Nr. 2 KStG – dem einkommensteuerlichen Spendenabzug im Wesentlichen nachgebildet.[117] Teilweise wurde dessen Rechtfertigung in Zweifel gezogen, da der Abzug privat veranlasster Aufwendungen einen Fremdkörper im System der Gewerbesteuer darstelle.[118] Dem ist nicht zu folgen. Der Spendenabzug beruht auf geminderter Leistungsfähigkeit. Grund ist gerade nicht die ausnahmsweise Berücksichtigung von Privataufwand. Dieser Rechtsfertigungsansatz trifft auf die Gewerbesteuer ebenso zu.[119]

IX. Spenden in der Umsatzsteuer

Sachspenden, die ein Unternehmer aus seinem Betriebsvermögen entnimmt, sind nach § 3 Abs. 1b UStG einer Lieferung gegen Entgelt gleichgestellt und damit umsatzsteuerbar.[120] Das ist unionsrechtlich vorgegeben (Art. 16 MwStSystRL). Das Buchwertprivileg gilt im Rahmen der Umsatzsteuer nicht. Nach § 10 Abs. 4 Nr. 1 UStG setzt sich die Bemessungsgrundlage aus Einkaufspreis und Nebenkosten zusammen.[121]

Eine Steuerbefreiung hierfür existiert nicht[122] und dürfte auch nicht eingeführt werden, weil die MwStSystRL das nicht vorsieht. Nach § 10b Abs. 3 Satz 2 EStG erhöht die angefallene Umsatzsteuer aber die Höhe der Zuwendung, was die Steuer-

[115] Vgl. nur BFH, Beschl. v. 19.12.2007, I R 83/06, BFH/NV 2008, 988, wonach der praktische Anwendungsbereich des Vorbehalts nicht allzu sehr eingeschränkt werden dürfe.

[116] Ebenso *Hüttemann*, Gemeinnützigkeitsrecht und Spendenrecht, 6. Aufl. 2025, Rn. 8.92; *Kirchhain*, in: Rödder/Herlinghaus/Neumann, KStG, 2. Aufl. 2023, § 9 Rn. 253, 263.

[117] *Hüttemann*, Gemeinnützigkeitsrecht und Spendenrecht, 6. Aufl. 2025, Rn. 8.232, 8.236.

[118] Gutachten der Unabhängigen Sachverständigenkommission zur Prüfung des Gemeinnützigkeits- und Spendenrechts, BMF-Schriftenreihe, Heft 40, 1988, S. 263 f.

[119] *Jachmann*, in: Igl, Rechtliche Rahmenbedingungen bürgerschaftlichen Engagements, 2002, S. 262 f.

[120] Dazu Teil 2: F. I. 2. a).

[121] *Hüttemann*, Gemeinnützigkeitsrecht und Spendenrecht, 6. Aufl. 2025, Rn. 8.238.

[122] *von Holt/Hörmann*, in: Winheller/Geibel/Jachmann-Michel, Gesamtes Gemeinnützigkeitsrecht, 3. Aufl. 2023, § 3 UStG Rn. 43.

belastung in den Grenzen der Abzugsbeträge abmildert. Hierbei handelt es sich um eine bloße Klarstellung,[123] sodass die angefallene Umsatzsteuer auch im Rahmen der Körperschaft- und Gewerbesteuer zu berücksichtigen ist.

X. Unionsrechtskonformität des Spendenabzugs

1. Kapitalverkehrsfreiheit

Grenzüberschreitende Sach- und Geldspenden fallen in den Schutzbereich der Kapitalverkehrsfreiheit i. S. v. Art. 63 Abs. 1 AEUV.[124] Für die Beurteilung der Zulässigkeit der Einschränkungen – namentlich der Erfordernisse, dass die ausländische Empfängerkörperschaft die Voraussetzungen von §§ 51 ff. AO erfüllen und ein Amtshilfe- und Beitreibungsabkommen bestehen muss sowie des sitzbezogenen generellen Ausschlusses von Drittstaatenkörperschaften – gelten dieselben Maßstäbe wie bei § 5 Abs. 2 Nr. 2 KStG.[125] Das heißt:

Materielle Inlandsbezüge sind mangels Gemeinnützigkeitsmandat der EU zulässig. Das deutsche Spendenrecht muss ausländische Gemeinnützigkeitsstatus nicht anerkennen, sondern kann die Einhaltung der Voraussetzungen von §§ 51 ff. AO fordern. Zur Sicherung des Steuersubstrats kann der Spendenabzug in grenzüberschreitenden Fällen auch von Amtshilfe- und Beitreibungsabkommen abhängig gemacht werden.[126]

Unzulässig ist dagegen der unterschiedslose Ausschluss von grenzüberschreitenden Spenden ins Drittland, weil rein sitzbezogene Ungleichbehandlungen diskriminierend wirken und nicht zu rechtfertigen sind.[127] Die Möglichkeit, inländische Spendensammelkörperschaften gemäß § 58 Nr. 1 AO zu gründen, die die Spende unter erleichterten Voraussetzungen ins Ausland weiterleiten können, ändert an diesem Ergebnis nichts. Danach wird eine Steuervergünstigung nicht dadurch ausgeschlossen, dass eine gemeinnützige Körperschaft einer anderen gemeinnützigen Körperschaft Mittel für die Verwirklichung steuerbegünstigter Zwecke zuwendet. Das ermöglicht die Spendenweiterleitung auch an solche Empfängerkörperschaften, die nicht nach §§ 51 ff. AO begünstigt sind,[128] vermag aber den Verstoß gegen Art. 63 Abs. 1 AEUV nicht zu beseitigen, da dieses Vorgehen im Vergleich zur Direktspende zusätzlichen Aufwand erfordert.

---

[123] BR-Drs. 663/12, S. 21.
[124] EuGH, Urt. v. 27. 1. 2009, C-318/07 (*Persche*), Slg. 2009, I-359, Rn. 27.
[125] Dazu Teil 2: A. II. 2. a) aa) und b).
[126] Ebenso *Schmidt*, Europäische Gemeinnützigkeit, 2020, S. 368 f.; vgl. auch Teil 2: E. II. 1. c).
[127] EuGH, Urt. v. 27. 1. 2009, C-318/07 (*Persche*), Slg. 2009, I-359, Rn. 44; *Kirchhain*, in: Schauhoff/Kirchhain, Hdb. d. Gemeinnützigkeit, 4. Aufl. 2023, § 12 Rn. 40.
[128] Stv. *Kirchhain*, in: Schauhoff/Kirchhain, Hdb. d. Gemeinnützigkeit, 4. Aufl. 2023, § 12 Rn. 39.

§ 10b Abs. 1 Satz 2 Nr. 2, Nr. 3 EStG, § 9 Abs. 1 Satz 1 Nr. 2 Satz 2 lit. b, lit. c KStG, § 9 Nr. 5 Satz 2 lit. b, lit. c GewStG sind damit – bis auf den generellen Ausschluss der Abzugsfähigkeit von Spenden an Drittstaatenkörperschaften – mit der Kapitalverkehrsfreiheit vereinbar.

2. Beihilferecht

Der Spendenabzug ist keine unionsrechtswidrige Beihilfe nach Art. 107 Abs. 1 AEUV.

a) Der Spendenabzug als Beihilfe des Spenders

Der Spendenabzug wirkt sich unmittelbar auf die Steuerlast des Spenders aus. Beihilferechtliche Relevanz kommt dem nur zu, wenn dieser Unternehmer ist (Art. 107 Abs. 1 AEUV). Das setzt eine wirtschaftliche Tätigkeit voraus,[129] ist bei Unternehmensspenden also durchaus denkbar.

Jedoch fehlt es nach hier vertretener Auffassung an der Vorteilsgewährung.[130] Die Spende ist Steuersurrogat, der Spendenabzug Ausdruck geminderter Leistungsfähigkeit und damit systemimmanenter Bestandteil des deutschen Steuerrechts.[131] Der Spendenabzug ist ebenso wenig ein Vorteil, wie etwa der Betriebsausgabenabzug. Aus diesem Grund kann auch nicht der Wettbewerb verfälscht werden. Wenn geminderte Leistungsfähigkeit steuerlich abgebildet wird, wird die Stellung des spendenden Unternehmens gegenüber Konkurrenzunternehmen nicht gestärkt.[132] Im Gegenteil wird die durch die Spende des Unternehmers eingetretene wirtschaftliche Belastung aufgrund der höhenmäßigen Begrenzung des Spendenabzugs nicht einmal vollständig ausgeglichen.

b) Die Spendenempfangsberechtigung als Beihilfe des Empfängers

Soweit der Beihilfencharakter des Spendenabzugs bereits an der fehlenden Unternehmereigenschaft des Spenders scheitert, wird diskutiert, ob die Spendenempfangsberechtigung der Empfängerkörperschaft eine Beihilfe darstellen kann.[133] Denn der Steuerabzug des Spenders kommt aufgrund seiner Anreizwirkung auch der Empfängerkörperschaft zugute.[134]

---

[129] EuGH, Urt. v. 3. 3. 2005, C-172/03 (*Heiser*), Slg. 2005, I-1627, Rn. 26.
[130] Dazu vertieft Teil 2: A. II. 2. a) bb) (2).
[131] Teil 3: A. I.
[132] Zu diesem Prüfungsmaßstab EuGH, Urt. v. 20. 11. 2003, C-126/01 (*GEMO*), Slg. 2003, I-13769, Rn. 41.
[133] Vgl. *Hüttemann*, DB 2006, 914, 917.
[134] *Helios*, Steuerliche Gemeinnützigkeit und EG-Beihilfenrecht, 2004, S. 141 ff., 172 f.

Zwar liegt eine staatliche Maßnahme vor. Dass der Vorteil von der Entscheidung eines Privaten abhängt, steht dem nicht entgegen.[135] Jedoch ist der Beihilfencharakter aus denselben Gründen zu verneinen, die bereits im Rahmen der direkten Steuervergünstigungen dargelegt wurden.[136] Die Empfängerkörperschaft muss die Spende zweckdienlich verwenden. Die mit der Spendenempfangsberechtigung einhergehenden Nachteile sind so gravierend, dass kein beihilferechtlich relevanter Vorteil vorliegt.[137] Es fehlt auch an der Selektivität der Maßnahme, da gemeinnützigkeitsbezogene Steuervergünstigungen zur Förderung staatsentlastender Zwecke auf einer rationalen Grundlage beruhen und damit aufgrund ihrer Systemimmanenz kein Missbrauch zur Umgehung des Beihilferegimes sind. Auf diesen Prüfungsmaßstab ist die Beihilfeprüfung bei allgemeinen Steuergesetzen zu reduzieren.[138]

XI. Zwischenergebnis: Eignung und System des Spendenabzugs

Dem Spendenrecht kommt eine zentrale Funktion für die steuerliche Gemeinwohlförderung zu. Steuerpflichtige haben die Möglichkeit, sich innerhalb gewisser Grenzen zu entscheiden, ob sie das Gemeinwohl abstrakt durch Steuerzahlung oder konkret durch die finanzielle Unterstützung einer gemeinnützigen Körperschaft fördern. In beiden Fällen wird die steuerliche Leistungsfähigkeit gemindert. Die Spende fungiert somit als Steuersurrogat.

Der Spendenabzug ist zur indirekten Gemeinwohlförderung geeignet. Effektiver wäre noch die Zulassung der körperschaftsinternen Spende, die ebenso förderungswürdig ist. Im Konflikt mit den Zielsetzungen des Gemeinnützigkeitsrechts stehen z. T. die Bestimmungen zu Unternehmensspenden. Insbesondere der Vorbehalt des § 8 Abs. 3 KStG in § 9 Abs. 1 Satz 1 Nr. 2 KStG erschwert die Spende im Unternehmensverbund. Inkonsequent und verfassungswidrig ist der Ausschluss von Körperschaften von der Möglichkeit, Vermögensstockspenden an Stiftungen zu leisten. Hingegen ist das rechtsformbezogene Privileg von Stiftungen, Vermögensstockspenden zu empfangen, gleichheitsrechtlich und systematisch unbedenklich, wenn auch nicht zwingend.

Das Spendenrecht gewährleistet eine wettbewerbsneutrale Besteuerung. Hierzu ist es jedoch nicht erforderlich, Spenden, die wirtschaftlichen Geschäftsbetrieben zugutekommen, vollständig auszuklammern. Die allgemeinen Grundsätze der Mittelverwendung genügen.

---

[135] EuGH, Urt. v. 19.9.2000, C-156/98 (*Deutschland/Kommission*), Slg. 2000, I-6857, Rn. 27.

[136] Vgl. Teil 2: A. II. 2. a) bb).

[137] Ebenso *Kube*, IStR 2005, 469, 475.

[138] Schlussanträge v. GA *Kokott* v. 13.6.2019, C-75/18 (*Vodafone Magyarország*), ECLI:EU:C:2019:492, Rn. 170; v. 4.7.2019, C-323/18 (*Tesco*), ECLI:EU:C:2019:567, Rn. 147 ff.; *Hummel*, NPLY 2019, 145, 164 f.

Der Spendenabzug ist unionsrechtlich weitgehend unbedenklich. Allein der pauschale Ausschluss von Spenden an Drittstaatenkörperschaften verstößt gegen die Kapitalverkehrsfreiheit.

B. Vergünstigungen von sonstigen gemeinwohlfördernden Tätigkeiten

Private können gemeinnützige Organisationen außer durch Geld- oder Sachspenden auch durch Tätigkeiten unterstützen. Erhält der Steuerpflichtige für seine ehrenamtliche Tätigkeit Entgelte, sollen diese in einem bestimmten Rahmen nicht steuerlich belastet werden. Daher sind gezahlte Entgelte teilweise von der Einkommensteuer (§ 3 EStG) oder Umsatzsteuer (§ 4 Nr. 26 UStG) freigestellt. Ebenso wie der Spendenabzug ergänzen die Vergünstigungen der ehrenamtlichen Tätigkeiten die direkten Steuervergünstigungen.

I. Nebenberufliche und ehrenamtliche Tätigkeiten

1. Einkommensteuerliche Befreiungen

Von der Einkommensteuer sind Einnahmen aus nebenberuflichen Tätigkeiten im Dienst oder im Auftrag einer gemeinnützigen Organisation i. S. v. § 5 Abs. 1 Nr. 9 KStG bis zur Höhe von 840 Euro im Jahr befreit (§ 3 Nr. 26a EStG). Ein Freibetrag in Höhe von 3.000 Euro wird nach § 3 Nr. 26 EStG gewährt, wenn die Tätigkeit als Übungsleiter, Ausbilder, Erzieher oder Betreuer ausgeübt wird, es sich um eine künstlerische Tätigkeit handelt oder der Pflege alter, kranker oder behinderter Menschen dient (sog. Übungsleiter- oder Ehrenamtsfreibetrag).[139] Derartige nebenberufliche Tätigkeiten sind regelmäßig nach §§ 18, 19 oder 22 Nr. 3 EStG einkommensteuerbar.[140] Anders ist es bei Liebhabereitätigkeiten, etwa wenn die Einnahmen lediglich dazu dienen, Selbstkosten zu decken.[141]

a) Steuerliche Sphären

Die Tätigkeiten müssen „zur Förderung" steuerbegünstigter Zwecke ausgeübt werden. Nach Auffassung der Finanzverwaltung sind Tätigkeiten in einem wirtschaftlichen Geschäftsbetrieb und bei der Vermögensverwaltung ausgeschlossen.[142]

---

[139] Die Pauschbeträge sollen mit StÄndG 2025 auf 3.300 Euro (§ 3 Nr. 26 EStG) und 960 Euro (§ 3 Nr. 26a EStG) im Jahr angehoben werden, BT-Drs. 21/1974, S. 2.
[140] Stv. *Hamacher*, in: Herrmann/Heuer/Raupach, EStG/KStG, 8/2025, § 3 Nr. 26 EStG Rn. 3.
[141] Vgl. BFH, Urt. v. 20.12.2017, III R 23/15, BStBl. II 2019, 469, Rn. 10.
[142] BMF-Schreiben v. 21.11.2014, BStBl. I 2014, 1581.

§ 3 Nr. 26, Nr. 26a EStG enthalten eine derartige Einschränkung nicht.[143] Anders als bei der Steuerbefreiung von Zuwendungen ist es gleichwohl zutreffend, Tätigkeiten in einem wirtschaftlichen Geschäftsbetrieb auszuschließen, weil eine Tätigkeit – anders als eine Zuwendung[144] – nicht allgemein den Finanzbestand der Körperschaft erhöht. Vielmehr steht von Anfang an fest, in welcher Sphäre sie erbracht wird. Außerdem wirkt das Gebot der satzungsgemäßen Mittelverwendung (§ 55 Abs. 1 Nr. 1 AO) nicht als notwendiges Korrektiv. Eine erbrachte Leistung kann nicht noch „verwendet" werden. Stattdessen muss das gezahlte Entgelt den Anforderungen von § 55 Abs. 1 Nr. 1, Nr. 3 AO genügen, also erstens zweckgebunden und zweitens nicht unverhältnismäßig hoch sein. Tätigkeiten bei der Vermögensverwaltung sind unter diesen Voraussetzungen dagegen möglich,[145] da es genügt, dass die Tätigkeit mittelbar der Allgemeinheit zugutekommt[146] und private Vermögensverwaltung aufgrund nur marginaler Wettbewerbsrelevanz grundsätzlich unschädlich ist.[147]

b) Nebenberuflichkeit

Bei der Befreiung von Einnahmen von für die Körperschaft tätig werdenden Dritten stellt sich im System einer auf die Erfassung von Markteinkommen ausgerichteten Einkommensteuer[148] das Grundsatzproblem der Abgrenzung zwischen beruflicher und ehrenamtlicher Tätigkeit. Eine vollständige Freistellung jeder Tätigkeit für eine gemeinnützige Körperschaft ließe sich nicht rechtfertigen, da der Steuerpflichtige bei der Erzielung von Einnahmen regelmäßig eigennützig handelt. Umgekehrt macht das Gesetz die Fremdnützigkeit nicht vom Vorliegen von Liebhaberei abhängig. § 3 Nr. 26, Nr. 26a EStG wären dann auch überflüssig. Die Freibeträge sind vielmehr Ausdruck einer Entscheidung für einen förderungswürdigen Bereich grundsätzlich marktrelevanter Tätigkeiten mit Einkünfteerzielungsabsicht. Diese Tätigkeiten stellen sich trotz Gewinnerzielungsabsicht und Entgeltlichkeit ihrem sozialen Sinn nach als Teilnahme an der Gemeinwohlverwirklichung dar.[149]

Das maßgebliche Kriterium zur Abgrenzung dieses Bereichs ist die Nebenberuflichkeit, welche von der Rechtsprechung und Finanzverwaltung konkretisiert worden ist. Danach darf eine begünstigte Nebentätigkeit nicht mehr als ein Drittel der

---

143 *Hüttemann*, Gemeinnützigkeitsrecht und Spendenrecht, 6. Aufl. 2025, Rn. 9.41.

144 Siehe dazu oben Teil 2: E. II. 1. a) bb).

145 Ebenso *Hüttemann*, Gemeinnützigkeitsrecht und Spendenrecht, 6. Aufl. 2025, Rn. 9.42.

146 So BFH, Urt. v. 26. 3. 1992, IV R 34/91, BStBl. II 1993, 20.

147 Vgl. *Hüttemann*, Wirtschaftliche Betätigung und steuerliche Gemeinnützigkeit, 1991, S. 148 ff.

148 Belastungsgrund der Einkommensteuer ist das durch eine Erwerbstätigkeit erwirtschaftete Einkommen (Erwerbseinkommen) als Indikator der wirtschaftlichen Leistungsfähigkeit (*Hey*, FS Herzig 2010, S. 7, 16).

149 *Jachmann*, in: Igl, Rechtliche Rahmenbedingungen bürgerschaftlichen Engagements, 2002, S. 249.

Arbeitszeit eines vergleichbaren Vollzeiterwerbs in Anspruch nehmen, eine hauptberufliche Tätigkeit muss daneben aber nicht ausgeübt werden.[150] Diese Auslegung ist zwar nicht zwingend, aber sachgerecht. Der Begriff der Nebenberuflichkeit ist durch die erörterte Grundentscheidung für einen steuerbegünstigten Tätigkeitsbereich vorgeprägt. Wendet ein Steuerpflichtiger nicht mehr als ein Drittel seiner potentiellen Vollzeitarbeitskraft für eine gemeinnützige Organisation auf und erhält er dafür keine aus Sicht der Körperschaft unverhältnismäßig hohe Vergütung (vgl. § 55 Abs. 1 Nr. 3 AO), überwiegt typischerweise der Aspekt der Teilnahme an Gemeinwohlverwirklichung gegenüber der eigennützigen Ertragserzielung am Markt.

c) Ungleichbehandlung der Nebentätigkeiten

Bis 2007 gab es nur den Übungsleiterfreibetrag. Andere als die in § 3 Nr. 26 EStG aufgeführten Tätigkeiten waren nicht begünstigt.[151] Das wurde von Anfang an kritisiert.[152] Nach wie vor werden ehrenamtliche Tätigkeiten durch die unterschiedliche Höhe der Freibeträge unterschiedlich behandelt. Vor dem Hintergrund, dass den Befreiungen der Nebentätigkeiten die Funktion zukommt, einen oben beschriebenen begünstigten Tätigkeitsbereich festzulegen, ist die Ungleichbehandlung verschiedener Tätigkeiten innerhalb dieses Bereichs nicht vollständig überzeugend und sollte de lege ferenda beseitigt werden, etwa indem ein einheitlicher Freibetrag für Ehrenamtliche geschaffen wird.[153]

Verfassungsrechtlich sind § 3 Nr. 26, Nr. 26a EStG jedoch unbedenklich. Dies gilt einerseits im Hinblick darauf, dass nur die entgeltliche ehrenamtliche Tätigkeit erfasst wird. Es entspricht den Sachgesetzlichkeiten des Einkommensteuerrechts, dass nur durch eine Einkunftsart veranlasste Einnahmen freigestellt sein können.[154]

Andererseits ist auch die unterschiedliche Höhe der Freibeträge gleichheitsrechtlich nicht zu beanstanden. Die durch den höheren Freibetrag nach § 3 Nr. 26 EStG bewirkte Besserstellung von ehrenamtlich Tätigen die pädagogische, künstlerische oder pflegende Leistungen erbringen, ist mit der typisierenden Überlegung zu rechtfertigen, dass derartige Tätigkeiten meist einen höheren persönlichen Einsatz als andere ehrenamtliche Leistungen erfordern. In Bezug auf die Tätigkeiten

---

[150] BFH, Urt. v. 30. 3. 1990, VI R 188/87, BStBl. II 1990, 854; BMF-Schreiben v. 21. 11. 2014, BStBl. I 2014, 1581.

[151] Zur Historie eingehend *Hüttemann*, Gemeinnützigkeitsrecht und Spendenrecht, 6. Aufl. 2025, Rn. 9.26 ff.

[152] Gutachten der Unabhängigen Sachverständigenkommission zur Prüfung des Gemeinnützigkeits- und Spendenrechts, BMF-Schriftenreihe, Heft 40, 1988, S. 220; *Scholtz*, DStZ 1980, 403.

[153] Dies wurde bereits im Verfahren zum „Gesetz zur weiteren Stärkung bürgerschaftlichen Engagements“ in den Ausschüssen diskutiert, jedoch für „nicht finanzierbar“ befunden und daher wieder verworfen, siehe Bericht des Finanzausschusses v. 5. 7. 2007, BT-Drs. 16/5985, S. 8.

[154] Zu § 3 Nr. 26a EStG BFH, Beschl. v. 25. 4. 2012, VIII B 202/11, BFH/NV 2012, 1330, Rn. 4.

von Übungsleitern, Ausbildern, Erziehern und Betreuern hat das BVerfG auf das Erfordernis einer persönlichen Vermittlung von Wissen abgestellt und § 3 Nr. 26 EStG a. F. insoweit nicht beanstandet.[155] Diese Überlegung lässt sich auch auf die persönliche Erbringung von künstlerischen Tätigkeiten und Pflegeleistungen übertragen. Künstler fallen nur unter § 3 Nr. 26 EStG, wenn sie die künstlerische Leistung selbst erbringen,[156] sodass ein persönlicher Einsatz Voraussetzung für die Privilegierung ist. Pflegeleistungen gehen darüber hinaus typischerweise mit erheblicher körperlicher Belastung einher.

d) Unionsrechtliche Implikationen

§ 3 Nr. 26, Nr. 26a EStG sind unionsrechtskonform. Die Inanspruchnahme der Freibeträge setzt voraus, dass die Tätigkeit für Körperschaften gemäß § 5 Abs. 1 Nr. 9 KStG erbracht werden. Daher ist das Tätigwerden für gemeinnützige Organisationen innerhalb der EU und des EWR, die die Anforderungen des deutschen Gemeinnützigkeitsrechts erfüllen, erfasst.[157] Das ist unionsrechtlich zulässig. Ehrenamtliche Tätigkeit ist von der Dienstleistungsfreiheit gemäß Art. 56 Abs. 1 AEUV geschützt.[158] Mangels Gemeinnützigkeitsmandat der EU darf das nationale Recht aber die Gewährung von gemeinnützigkeitsbezogenen Steuervergünstigungen auch in grenzüberschreitenden Fällen von den nationalen materiellen Anforderungen abhängig machen.[159] In der Rechtssache *Jundt*, wo § 3 Nr. 26 EStG Gegenstand war, hat der EuGH die alte Fassung insoweit beanstandet, als sie eine sitzbezogene Diskriminierung enthielt.[160] Nach geltendem Recht ist nur die ehrenamtliche Tätigkeit für Körperschaften mit Sitz in Drittstaaten von der Vergünstigung ausgeschlossen. Da die Dienstleistungsfreiheit im Verhältnis zu Drittstaaten nicht gilt und die Kapitalverkehrsfreiheit auf ehrenamtliche Tätigkeit nicht anwendbar ist,[161] ist das unbedenklich.

Die Befreiungen von Einnahmen aus nebenberuflichen Tätigkeiten sind auch keine Beihilfen nach Art. 107 Abs. 1 AEUV. Die ehrenamtlich Tätigen sind schon keine Unternehmer. Die gemeinnützigen Körperschaften, für die die Tätigkeiten erbracht werden, haben keinen beihilferelevanten Vorteil, da sie den strengen Vorgaben über die gemeinnützige Mittelverwendung unterliegen.[162]

---

[155] BVerfG, Beschl. v. 29. 11. 1989, 1 BvR 1402/87 u. a., BVerfGE 81, 108.

[156] *Jachmann-Michel*, in: Winheller/Geibel/Jachmann-Michel, Gesamtes Gemeinnützigkeitsrecht, 3. Aufl. 2023, § 3 Nr. 26 EStG Rn. 26.

[157] *Nacke*, DB 2008, 1396, 1401 f.

[158] EuGH, Urt. v. 18. 12. 2007, C-281/06 (*Jundt*), Slg. 2007, I-12231, Rn. 39.

[159] Vgl. Teil 2: A. II. 2. a) aa) (3).

[160] EuGH, Urt. v. 18. 12. 2007, C-281/06 (*Jundt*), Slg. 2007, I-12231, Rn. 66 ff.

[161] Von der Kapitalverkehrsfreiheit nach Art. 63 AEUV sind nur grenzüberschreitende Geld- und Sachübertragungen erfasst, die nicht im Zusammenhang mit einer Dienstleistung stehen (Schlussanträge v. GA *Kokott* v. 14. 7. 2005, C-265/04 (*Bouanich*), Slg. 2005, I-923, Rn. 26).

[162] Zum beihilferechtlichen Vorteilsbegriff näher oben Teil 2: A. II. 2. a) bb) (2).

2. Umsatzsteuerliche Befreiung

Ehrenamtliche Tätigkeit ist von der Umsatzsteuer befreit, wenn das Entgelt nur in Auslagenersatz und einer angemessenen Entschädigung für Zeitversäumnis besteht (§ 4 Nr. 26 lit. b UStG).

Eine Tätigkeit ist ehrenamtlich, wenn sie in einem anderen Gesetz als ehrenamtlich klassifiziert wird, im allgemeinen Sprachgebrauch herkömmlicherweise als ehrenamtlich bezeichnet wird oder vom materiellen Begriff der Ehrenamtlichkeit erfasst ist. Dieser materielle Ehrenamtsbegriff erfordert das Fehlen eines eigennützigen Erwerbsstrebens, fehlende Hauptberuflichkeit und den Einsatz für eine bestimmte fremdnützige Einrichtung.[163] Ein Vergleich des so verstandenen umsatzsteuerlichen Ehrenamtsbegriffs mit den Befreiungen nach § 3 Nr. 26, Nr. 26a EStG zeigt damit einen maßgeblichen Unterschied. Umsatzsteuerlich ist eigennütziges Erwerbsstreben stets schädlich, einkommensteuerlich ist Einkünfteerzielungsabsicht sogar Voraussetzung für eine Anwendung der Befreiung.

Daher ließe sich der Definition des Ehrenamts prima facie entgegenhalten, dass sie im Widerspruch zu der im Einkommensteuerrecht getroffenen Grundentscheidung für einen förderungswürdigen Bereich gemeinwohlfördernder Tätigkeit mit Gewinnerzielungsabsicht – einer eigennützigen Komponente – steht. Das griffe aber zu kurz. Denn zum einen enthalten § 3 Nr. 26, Nr. 26a EStG Freibeträge – also höhenmäßig begrenzte Befreiungen. Die Begrenzung dient der typisierenden Bestimmung einer Grenze von Nichtsteuerbarkeit wegen überwiegender Gemeinwohlverwirklichung.[164] § 4 Nr. 26 lit. b UStG sieht eine absolute höhenmäßige Begrenzung dagegen nicht vor, sondern begnügt sich mit einer relativistischen Formulierung („angemessene Entschädigung") und enthält daher auch keine Typisierung einer höhenmäßigen Entgeltbegrenzung. Dies rechtfertigt das zusätzliche Erfordernis des Fehlens von eigennützigem Gewinnstreben, sodass der umsatzsteuerliche Ehrenamtsbegriff notwendigerweise enger ist. Zum anderen lässt sich das Erfordernis fehlenden Gewinnstrebens auch den einschränkenden Merkmalen „Auslagenersatz" und „angemessene Entschädigung für Zeitversäumnis" entnehmen, welche eine reine Kompensationswirkung nahelegen.

§ 4 Nr. 26 lit. b UStG beruht auf keiner Grundlage in der MwStSystRL und ist damit richtlinienwidrig.[165] Die Protokollerklärung in der Tagung v. 17.5.1977 zu Art. 4 der 6. RL, wonach es Mitgliedstaaten freistehe, ehrenamtliche Tätigkeit nicht

[163] BFH, Urt. v. 14.5.2008, XI R 70/07, BStBl. II 2008, 912; v. 19.4.2012, V R 31/11, BFH/NV 2012, 1831, Rn. 20; v. 17.12.2015, V R 45/14, BStBl. II 2017, 658, Rn. 11; *Hüttemann*, Gemeinnützigkeitsrecht und Spendenrecht, 6. Aufl. 2025, Rn. 7.318f.

[164] *Jachmann*, in: Igl, Rechtliche Rahmenbedingungen bürgerschaftlichen Engagements, 2002, S. 249.

[165] *Schüler-Täsch*, in: Sölch/Ringleb, UStG, 6/2025, § 4 Nr. 26 Rn. 8; *Heinrichshofen*, in: Rau/Dürrwächter, UStG, 9/2025, § 4 Nr. 26 Rn. 33; offengelassen von BFH, Urt. v. 20.8.2009, V R 32/08, BStBl. II 2010, 88.

mit der Umsatzsteuer zu belasten, ist lediglich eine Interpretationshilfe, hat aber keine rechtliche Bedeutung, da sie im Richtlinientext keinen Niederschlag gefunden hat.[166] Steuerpflichtige können sich gleichwohl auf § 4 Nr. 26 lit. b UStG berufen.[167]

II. Stipendien

§ 3 Nr. 44 Satz 2 EStG befreit Stipendien, die zu wissenschaftlichen oder künstlerischen Zwecken von einer gemeinnützigen Organisation i. S. d. § 5 Abs. 1 Nr. 9 KStG gewährt werden, von der Einkommensteuer. Die Befreiung ist weitgehend deklaratorisch, weil Stipendien nur in Ausnahmefällen einer Einkunftsart angehören.[168]

III. Zwischenergebnis: Indirekte Gemeinwohlförderung durch Tätigkeitsprivilegierung

Bürgerschaftliches Engagement erschöpft sich nicht in der Zuwendung von materiellen Vermögensvorteilen in der Form von Spenden. Auch die ehrenamtliche Tätigkeit wird Gemeinnützigkeitsrecht berücksichtigt. Hierzu gewähren § 3 Nr. 26, Nr. 26a EStG Freibeträge, wodurch die Einkommensteuerlast der ehrenamtlich Tätigen verringert wird. Diese sind systematisch weitgehend stringent. Eine vollständige Befreiung aller Tätigkeiten für gemeinnützige Körperschaften ließe sich nicht rechtfertigen, weil der Steuerpflichtige bei der Erzielung von Einnahmen regelmäßig eigennützig handelt. Daher sind die Freibeträge Ausdruck einer Entscheidung für einen förderungswürdigen Bereich grundsätzlich marktrelevanter Tätigkeiten, die sich ihrem sozialen Sinn nach als Teilnahme an der Gemeinwohlverwirklichung darstellen. Insoweit setzten § 3 Nr. 26, Nr. 26a EStG die Zielsetzungen des allgemeinen Gemeinnützigkeitsrechts um. Insbesondere sind keine Wettbewerbsverzerrungen denkbar, da die Tätigkeiten nicht in wirtschaftlichen Geschäftsbetrieben ausgeübt werden können. Lediglich die unterschiedliche Höhe der Freibeträge, je nach dem, ob es sich um Übungsleiter im weitesten Sinne handelt oder nicht, ist nicht systematisch stringent, jedoch verfassungsrechtlich unbedenklich.

Die umsatzsteuerliche Privilegierung ehrenamtlicher Tätigkeit gemäß § 4 Nr. 26 lit. b UStG verfolgt dieselbe Zielsetzung und ist aufgrund seiner Beschränkung auf

---

[166] Vgl. EuGH, Urt. v. 10. 2. 2022, C-9/20 (*Grundstücksgemeinschaft Kollaustraße 136*), ECLI:EU:C:2022:88, Rn. 38.

[167] BFH, Urt. v. 20. 8. 2009, V R 32/08, BStBl. II 2010, 88.

[168] Stipendien sind nur einkommensteuerpflichtig, wenn sie durch ein Dienstverhältnis oder freiberufliche Tätigkeit veranlasst sind, BFH, Urt. v. 8. 7. 2020, X R 6/19, BStBl. II 2021, 557, Rn. 12 ff.; *Hey*, in: Tipke/Lang, Steuerrecht, 25. Aufl. 2024, Rn. 8.124; *Hamacher*, in: Kirchhof/Seer, EStG, 24. Aufl. 2025, § 3 Rn. 125.

nicht gewinnorientierte Leistungen aus Wettbewerbsperspektive unbedenklich. Jedoch ist die Befreiung unionsrechtswidrig.

C. Kapitalertragsteuerabzug und Kapitalertragsteuererstattung

Das Verfahrensrecht begünstigt abzugspflichtige Stellen im Rahmen der Kapitalertragsteuererhebung insoweit, als nach § 44a Abs. 4 Satz 1, Abs. 7 Satz 1 EStG der Kapitalertragsteuerabzug ausgeschlossen ist, wenn es sich um inländische Gläubiger handelt, die von der Körperschaftsteuer befreit oder gemeinnützig sind. Nach § 44a Abs. 7 Satz 3, Abs. 4 Satz 5 EStG gilt das nicht für Erträge, die in einem wirtschaftlichen Geschäftsbetrieb anfallen. Die Norm bewirkt, dass die Kapitalertragsteuer nicht erhoben wird, wenn sie wieder erstattet werden müsste.[169] Die auszahlende Stelle wird nicht unmittelbar steuerlich entlastet, sondern aufwandtechnisch. Das Verfahrensrecht wird so dem materiellen Steuerrecht angepasst, indem materiell-rechtliche Entlastungstatbestände bereits im Abzugsverfahren berücksichtigt werden.[170]

Die Abstandnahme vom Kapitalertragsteuerabzug ist auf inländische Gläubiger beschränkt, was unionsrechtlich grundsätzlich nicht zu rechtfertigen ist.[171] Der Ausschluss verstößt nach der Rechtsprechung des EuGH zu rein sitzbezogenen Ausschlüssen von Steuervergünstigungen gegen die Kapitalverkehrsfreiheit.[172] Seit 2024 wird beschränkt steuerpflichtigen gemeinnützigen Organisationen mit Sitz im Ausland auf Antrag die einbehaltene Kapitalertragsteuer jedoch erstattet (§ 32 Abs. 6 Satz 1 Nr. 1 lit. b, lit. c KStG). Die Erstattung setzt voraus, dass die betreffende Körperschaft nach deutschem Recht gemeinnützig ist, also alle Anforderungen von §§ 51 ff. AO erfüllt.[173] Bemerkenswert ist, dass auch Körperschaften außerhalb der EU oder des EWR mit Sitz in einem Drittstaat erfasst sind, wenn der Sitzstaat der Körperschaft aufgrund völkerrechtlicher Vereinbarungen tatsächlich Amts- und Beitreibungshilfe leistet. Damit wird der bisher bestehende Verstoß von § 44a Abs. 4 Satz 1, Abs. 7 Satz 1 EStG gegen die Kapitalverkehrsfreiheit beseitigt.[174]

---

[169] BT-Drs. 7/1470, S. 308; *Bleschick*, in: Kirchhof/Seer, EStG, 24. Aufl. 2025, § 44a Rn. 1.

[170] Vgl. *Jachmann-Michel*, in: Brandis/Heuermann, Ertragsteuerrecht, 8/2025, § 44a EStG Rn. 1.

[171] Ebenso *Hüttemann*, Gemeinnützigkeitsrecht und Spendenrecht, 6. Aufl. 2025, Rn. 1.163; *Hawlitschek*, in: Winheller/Geibel/Jachmann-Michel, Gesamtes Gemeinnützigkeitsrecht, 3. Aufl. 2023, § 44a EStG Rn. 8, 18.

[172] Dazu eingehend Teil 2: A. II. 2. a) aa); vgl. insbesondere EuGH, Urt. v. 14. 9. 2006, C-386/04 (*Stauffer*), Slg. 2006, I-8203; v. 27. 1. 2009, C-318/07 (*Persche*), Slg. 2009, I-359.

[173] Wachstumschancengesetz v. 27. 3. 2024, BGBl. I 2024, Nr. 108.

[174] BT-Drs. 20/8628, S. 192 f.; siehe eingehend zu den Anforderungen der Kapitalverkehrsfreiheit an den Ausschluss von Drittstaatenorganisationen oben Teil 2: A. II. 2. b).

Dass der Gesetzgeber die Unionsrechtswidrigkeit des unterschiedslosen Ausschlusses von Körperschaften mit Sitz in einem Drittstaat von den gemeinnützigkeitsbezogenen Steuerbefreiungen erkannt hat, sollte Anlass für eine dahingehende Öffnung des Gemeinnützigkeitsrechts sein. De lege lata beseitigt § 32 Abs. 6 Nr. 1 KStG zwar den zuvor bestehenden Verstoß von § 44a Abs. 4 Satz 1, Abs. 7 Satz 1 EStG gegen die Kapitalverkehrsfreiheit. Jedoch lässt sich nicht systematisch überzeugend erklären, warum das Gemeinnützigkeitsrecht nun für Zwecke der Kapitalertragsteuererstattung auslandsoffener ist als für Zwecke der übrigen Steuervergünstigungen, die weiterhin nur für EU/EWR-Körperschaften gelten.

D. Investmentsteuerliche Vergünstigung – § 8 InvStG

Beteiligt sich eine gemeinnützige Körperschaft an einem Investmentfonds, befreit § 8 Abs. 1 Nr. 1 InvStG (i. V. m. § 44a Abs. 7 Satz 1 EStG, § 5 Abs. 1 Nr. 9 KStG) dessen Einkünfte auf Antrag partiell von der den Investmentfonds normalerweise treffenden Körperschaftsteuer.[175] Die Höhe der Steuerbefreiung bestimmt sich nach dem Anteil am Gesamtbestand der Investmentanteile, der auf die gemeinnützige Körperschaft als Anleger entfällt.[176] Formeller Normadressat ist der Investmentfonds, nicht die gemeinnützige Körperschaft. Daher ist § 8 Abs. 1 Nr. 1 InvStG eine indirekte Befreiung. Die Norm zielt aber materiell auf eine Begünstigung der anlegenden gemeinnützigen Körperschaft ab, da anderenfalls das Investment in den Fonds gegenüber einer Direktanlage steuerlich nachteilig wäre.[177]

§ 8 Abs. 1 Nr. 1 InvStG ist unionsrechtskonform. Denn es sind auch solche Einkünfte befreit, die auf vergleichbare ausländische Gläubiger mit Sitz in einem Amts- und Beitreibungshilfe leistenden Staat entfallen.

---

[175] Inländische Investmentfonds sind unbeschränkt körperschaftsteuerpflichtig, § 6 Abs. 1 Satz 1 InvStG.

[176] § 8 Abs. 3 Satz 1 InvStG; BT-Drs. 18/8045, S. 77.

[177] *Klein*, in: Herrmann/Heuer/Raupach, EStG/KStG, 8/2025, Anh. zu § 20 EStG, § 8 InvStG Rn. 1.

Teil 4

Einzelsteuerübergreifende Strukturen

Die Verschiedenheit der gemeinnützigkeitsbezogenen Steuervergünstigungen in Bezug auf ihren Inhalt und ihre Systematik wirft die Frage nach einzelsteuerübergreifenden einheitlichen Strukturen, d.h. nach einzelsteuerübergreifenden Umsetzungsmechanismen der gemeinnützigkeitsrechtlichen Zielsetzungen, auf. Basis hierfür muss die systematische Bewertung der strukturellen Gemeinsamkeiten und Unterschiede sein.

A. Zweckkongruenz und Staatssubstitution

Die Untersuchung der Kongruenz geförderter Zwecke dient als erstes Grobraster zur Identifikation einzelsteuerübergreifender Strukturen. Innerhalb des Systems des Gemeinnützigkeitsrechts, d.h. aller staatsentlastenden Steuervergünstigungen,[1] bestehen Unterschiede bei den geförderten Zwecken in den Einzelsteuergesetzen, die es zu analysieren gilt.

Die überwiegende Mehrzahl der gemeinnützigkeitsbezogenen Steuervergünstigungen knüpft hinsichtlich der geförderten Zwecke an den Katalog in §§ 52–54 AO an. Entweder verweisen die Normen ausdrücklich auf das allgemeine Gemeinnützigkeitsrecht nach §§ 51–68 AO,[2] nur auf den Zweckkatalog,[3] auf § 5 Abs. 1 Nr. 9 KStG als Scharniernorm[4] oder sie enthalten ohne Normverweis das Tatbestandsmerkmal der Gemeinnützigkeit.[5] Diese Unterschiede sind insoweit rein rechtstechnischer Natur, als die geförderten Zwecke jeweils dieselben sind.[6] Denn nach § 51 Abs. 1 Satz 1 AO gelten die „folgenden Vorschriften" – also insbesondere auch der Zweckkatalog[7] – immer dann, wenn eine Steuervergünstigung gewährt wird, weil eine Körperschaft gemeinnützige Zwecke verfolgt. Expliziter Verweise bedarf es daher nicht.

---

[1] Siehe hierzu oben Teil 1: B. III.

[2] § 5 Abs. 1 Nr. 9 KStG, § 3 Nr. 6 GewStG, §§ 4a Abs. 1, 12 Abs. 2 Nr. 8 lit. a UStG.

[3] §§ 13 Abs. 1 Nr. 16 lit. b, 29 Abs. 1 Nr. 4 ErbStG und §§ 10b Abs. 1 Satz 1, 3 Nr. 26 EStG.

[4] §§ 6 Abs. 1 Nr. 4 Satz 4, 3 Nr. 26, Nr. 26a, 44, 10b Abs. 1 Satz 2 Nr. 2 EStG, § 9 Abs. 2 Satz 2 lit. b KStG, § 9 Nr. 5 GewStG, § 23a UStG.

[5] § 13 Abs. 1 Nr. 17 ErbStG, § 3 Abs. 1 Satz 1 Nr. 3 lit. b GrStG, § 28 Nr. 2 RennwLottG, § 3 Nr. 5a KraftStG.

[6] Vgl. *Musil*, in: Hübschmann/Hepp/Spitaler, AO/FGO, 9/2025, § 51 AO Rn. 16.

[7] Zur Reichweite des Verweises *Unger*, in: Gosch, AO/FGO, 8/2025, § 51 AO Rn. 8.

Diese weitgehende Übereinstimmung geförderter Zwecke überrascht nicht, liegt doch gerade der Sinn des Zweckkatalogs in der Festlegung dessen, was als gemeinnützig anerkannt ist.[8] Gleichwohl gibt es Ausnahmen von der Zweckkongruenz.

I. Inkongruenzen bei Zuwendungen

Die nachträgliche Befreiung von Zuwendungen von der Erbschaft- und Schenkungsteuer (§ 29 Abs. 1 Nr. 4 Satz 1 ErbStG) sowie die Abziehbarkeit von Mitgliedsbeiträgen (§ 10b Abs. 1 Satz 8 EStG, § 9 Abs. 1 Satz 8 KStG, § 9 Nr. 5 Satz 12 GewStG) ist zwar grundsätzlich davon abhängig, dass Zwecke i. S. v. §§ 52–54 AO gefördert werden. Allerdings enthalten beide Vergünstigungen Ausnahmen. § 29 Abs. 1 Nr. 4 Satz 1 ErbStG ist auf Zuwendungen zugunsten von Körperschaften, die Zwecke nach § 52 Abs. 2 Satz 1 Nr. 23 AO (Freizeitzwecke) verfolgen, nicht anwendbar.[9] Mitgliedsbeiträge sind darüber hinaus nicht abziehbar, wenn die sie empfangende Körperschaft den Sport (§ 52 Abs. 2 Satz 1 Nr. 21 AO), kulturelle Betätigungen, die in erster Linie der Freizeitgestaltung dienen, Heimatpflege und -kunde (§ 52 Abs. 2 Satz 1 Nr. 22 AO) sowie von der Finanzverwaltung nach § 52 Abs. 2 Satz 2 AO anerkannte Zwecke fördert.

Diese Einschränkungen sind nicht durch die Belastungsgründe der Erbschaft- und Schenkungsteuer, respektive Einkommensteuer, bedingt. § 29 Abs. 1 Nr. 4 Satz 1 ErbStG war ursprünglich auf wissenschaftliche und kulturelle Zwecke beschränkt[10] und wurde später erweitert, um Anreize zu einer Vermögensverbringung in gemeinnützige Körperschaften zu schaffen. Zwecke nach § 52 Abs. 2 Satz 1 Nr. 23 AO (damals Nr. 4) wurden explizit ausgeklammert, jedoch ohne Begründung.[11] Die Einschränkung bei der Abziehbarkeit von Mitgliedsbeiträgen nach § 10b Abs. 1 Satz 8 EStG soll der typisierenden Unterscheidung zwischen Fremd- und Eigennutz dienen und aus diesem Grund Freizeitaktivitäten nicht erfassen.[12]

Der Gesetzgeber geht offenbar von einer Abstufung der Förderungswürdigkeit verschiedener Gemeinwohlzwecke aus und bringt dies durch die Ausklammerung einzelner Gemeinwohlzwecke im Rahmen einzelner Steuervergünstigungen zum Ausdruck. Hierbei ist ein konsequentes Vorgehen jedoch nur in Ansätzen erkennbar. Zwar besteht die Gemeinsamkeit von § 29 Abs. 1 Nr. 4 Satz 1 ErbStG und § 10b Abs. 1 Satz 8 EStG darin, dass sie jeweils Zuwendungen Dritter losgelöst von der eigenen Tätigkeit der gemeinnützigen Körperschaft privilegieren, mithin

---

[8] Stv. *Kraus*, in: Schauhoff/Kirchhain, Hdb. d. Gemeinnützigkeit, 4. Aufl. 2023, § 6 Rn. 51.

[9] Näher oben Teil 2: E. IV. 1.

[10] Kultur- und Stiftungsförderungsgesetz v. 13. 12. 1990, BGBl. I 1990, 2775; BT-Drs. 11/7833, S. 10.

[11] Vgl. BT-Drs. 14/2340, S. 5 f.

[12] BR-Drs. 418/99, S. 11, 15.

ihre Finanzierungsseite betreffen.[13] Die Finanzierungsseite betreffen aber auch andere Steuervergünstigungen, insbesondere § 13 Abs. 1 Nr. 16, Nr. 17 ErbStG sowie der Spendenabzug nach § 10b Abs. 1 Satz 1 EStG. Wäre ein zweigleisiges Fördersystem durch Abstufung von Gemeinwohlzwecken gewollt, wären daher entsprechende Einschränkungen bei allen Steuervergünstigungen von Zuwendungen zu normieren. Dann wäre jedoch die Frage zu beantworten, warum Dritte durch ihre Zuwendungen weniger Zwecke fördern können sollen als die gemeinnützigen Körperschaften selbst. Alternativ könnte allein die Abziehbarkeit von Mitgliedsbeiträgen eingeschränkt werden, weil typisierend von einer besonderen Gefahr des Eigennutzes bei Mitgliedern ausgegangen wird.[14] Der dagegen geäußerten grundsätzlichen Kritik an einer derartigen Unterscheidung zwischen Spenden und Mitgliedsbeiträgen ist aber beizupflichten. Der Unterschied zwischen „selber singen“ und „singen lassen“[15] ist keine konsequente Differenzierung in Bezug auf die Förderungswürdigkeit.[16] Die derzeitige „Gemeinnützigkeit zweiter Klasse“[17] ist somit systematisch nicht stringent.[18]

Verfassungsrechtlich ist die Abweichung vom Zweckkatalog in den Einzelsteuergesetzen jedoch nicht zu beanstanden. Sie stellt eine Differenzierung zwischen systemimmanenten und damit gleichheitskonformen Fördertatbeständen mit staatssubstituierendem Charakter und der rechtfertigungsbedürftigen steuerlichen Subventionierung einiger Selbstverwirklichungsaktivitäten dar.[19] Würde die Privilegierung der Freizeitaktivitäten aus dem gemeinnützigen Zweckkatalog entfernt, würde sich eine Unterdifferenzierung in den Einzelsteuergesetzen allerdings erübrigen. Dieser Weg wäre de lege ferenda vorzugswürdig.

II. Inkongruenzen bei der Umsatzsteuer

Die Umsatzsteuerbefreiungen nach § 4 Nr. 15b–29 UStG knüpfen durchweg nicht an den Zweckkatalog nach § 52 Abs. 2 AO an, sondern bleiben dahinter zurück.[20] Aus dem Belastungsgrund und der Systematik der Umsatzsteuer folgt eine von der AO abweichende Differenzierung nach förderungswürdigen Zwecken nicht. Auch wenn die Umsatzsteuer die Einkommens- oder Vermögensverwendung durch den

[13] Zur Unterscheidung zwischen Finanzierungs- und Tätigkeitsseite *Droege*, Gemeinnützigkeit im offenen Steuerstaat, 2010, S. 82 ff. sowie oben Teil 1: F. I. 2.

[14] Vgl. *Urban*, DStZ 2018, 22, 27.

[15] *Hüttemann*, DB 2007, 2053, 2058.

[16] Vgl. Gutachten der Unabhängigen Sachverständigenkommission zur Prüfung des Gemeinnützigkeits- und Spendenrechts, BMF-Schriftenreihe, Heft 40, 1988, S. 282; *Jachmann*, in: Igl, Rechtliche Rahmenbedingungen bürgerschaftlichen Engagements, 2002, S. 258 f.

[17] *Urban*, DStZ 2018, 22, 32.

[18] Ebenso *Hüttemann*, Gemeinnützigkeitsrecht und Spendenrecht, 6. Aufl. 2025, Rn. 8.99; *ders.*, DB 2007, 2053, 2058.

[19] Siehe Teil 1: B. IV.

[20] Siehe oben Teil 2: F. II.

Endverbraucher belastet,[21] ließen sich die Umsatzsteuerbefreiungen rechtstechnisch dem Zweckkatalog ohne weiteres nachbilden. Der Grund für die Inkongruenz liegt im Unionsrecht, welches den Mitgliedstaaten nur die Befreiung bestimmter Leistungen von der Umsatzsteuer gestattet (Art. 132–134 MwStSystRL). Dasselbe gilt für die Steuervergütung für Leistungsbezüge zur Verwendung zu humanitären, karitativen oder erzieherischen Zwecken nach § 4a UStG. Hier sind die geförderten Zwecke durch Art. 146 Abs. 1 lit. c, Abs. 2 MwStSystRL vorgegeben.

III. Inkongruenzen bei punktueller Förderung

§ 4 Nr. 2, Nr. 5 GrStG, § 3 Nr. 4, Nr. 5, Nr. 5a KraftStG sind ähnlich den Umsatzsteuerbefreiungen von vornherein auf einen engen Bereich förderungswürdiger Zwecke begrenzt. § 4 Nr. 2, Nr. 5 GrStG eröffnen zusätzliche Möglichkeiten der Gemeinwohlförderung neben § 3 Abs. 1 Satz 1 Nr. 3 lit. b GrStG.[22] Die Befreiungen im KraftStG sind dagegen bereits durch den besonders engen Bezug auf den Belastungsgrund der Kraftfahrzeugsteuer begrenzt.[23]

IV. Zwischenergebnis: Zweckkongruenz in den Einzelsteuergesetzen

Die meisten gemeinnützigkeitsbezogenen Steuervergünstigungen sind hinsichtlich der geförderten Zwecke strukturell identisch. Bei den Vergünstigungen von Zuwendungen (§ 29 Abs. 1 Nr. 4 Satz 1 ErbStG, § 10b Abs. 1 Satz 8 EStG) sind die Zweckinkongruenzen durch Wertungsinkonsistenzen bedingt. Dies ist jedoch nicht verfassungswidrig. Bei den Umsatzsteuerbefreiungen (§ 4 Nr. 15b–29 UStG) und der Vergütung nach § 4a UStG ist die Zweckinkongruenz unionsrechtlich vorgegeben. Soweit einige Vergünstigungen von vornherein nur auf einen eng definierten förderungswürdigen Bereich zugeschnitten sind, folgt die Zweckinkongruenz bereits aus dieser Grundentscheidung.

B. Wettbewerbsneutralität und partielle Steuerpflicht

Eine Gemeinsamkeit zahlreicher gemeinnützigkeitsbezogenen Steuervergünstigungen ist, dass sie zum Zwecke der Wettbewerbsneutralität Einschränkungen bezüglich der wirtschaftlichen Betätigung der Körperschaft enthalten.[24]

---

[21] *Seer*, ZfZ 2013, 146, 147.

[22] § 3 GrStG ist lex specialis, vgl. BT-Drs. VI/3418, S. 80; *Spak*, in: Winheller/Geibel/Jachmann-Michel, Gesamtes Gemeinnützigkeitsrecht, 3. Aufl. 2023, § 4 GrStG Rn. 1.

[23] Teil 2: G. II.

[24] *Hüttemann*, GS Walz, 2008, S. 269, 270; *Walz*, NPLY 2001, 197, 204.

Zumeist ist diese als Rückausnahme von der Steuerbefreiung ausgestaltet, indem der wirtschaftliche Geschäftsbetrieb wieder der Besteuerung unterworfen wird (partielle Steuerpflicht).[25] Bei der Grundsteuer erfolgt dies in der Weise, dass die Befreiung nach § 3 Abs. 1 Satz 1 Nr. 3 lit. b GrStG eine unmittelbare Benutzung für gemeinnützige oder mildtätige Zwecke voraussetzt (§ 7 GrStG), die nicht vorliegt, wenn das Grundstück durch einen wirtschaftlichen Geschäftsbetrieb genutzt wird.[26]

Ein alternatives Modell besteht darin, dass von vornherein nur die begünstigten Bereiche befreit werden (§ 4 Nr. 15b–29 UStG, § 3 Nr. 4, Nr. 5 und Nr. 5a KraftStG).[27] Einige Vergünstigungen erfassen jedoch auch wirtschaftliche Geschäftsbetriebe und sehen dahingehend gar keine tatbestandlichen Rückausnahmen vor.[28]

I. Alternative Regelungskonzepte

Die regelungstechnische Alternativität zwischen Rückausnahme von der Steuerbefreiung (partielle Steuerpflicht) und der Beschränkung auf förderungswürdige Bereiche wirft die Frage nach ihrem systematischen Hintergrund auf. Zunächst ist festzuhalten, dass sich das Modell der Rückausnahme v. a. im Ertragsteuerrecht findet, die Beschränkung auf einzelne förderungswürdige Bereiche dagegen zuvörderst bei den Umsatzsteuerbefreiungen auftaucht.[29]

1. Partielle Steuerpflicht bei den Ertragsteuern

Nach gegenwärtiger Rechtslage folgen die ertragsteuerlichen Vergünstigungen zwar dem Modell der grundsätzlichen Befreiung mit Rückausnahme für wirtschaftliche Geschäftsbetriebe (§ 5 Abs. 1 Nr. 9 KStG, § 3 Nr. 6 GewStG). Freilich wäre auch ein anderes Modell denkbar. So könnten gemeinnützige Körperschaften von vornherein nur im Idealbereich, der Vermögensverwaltung und mit ihren Zweckbetrieben steuerbefreit sein.[30] Die derzeitige Lösung der grundsätzlichen Freistellung mit Rückausnahme für wirtschaftliche Geschäftsbetriebe folgt insoweit jedoch der Regelungssystematik, die § 64 Abs. 1 AO vorsieht. Danach verliert

---

[25] So bei § 5 Abs. 1 Nr. 9 KStG, § 3 Nr. 6 GewStG, § 12 Abs. 2 Nr. 8 lit. a UStG.

[26] Vgl. Abschn. 12, Abs. 6 Nr. 2 GrStR.

[27] *Bott*, in: Schauhoff/Kirchhain, Hdb. d. Gemeinnützigkeit, 4. Aufl. 2023, § 8 Rn. 4.

[28] § 64 Abs. 3 AO, § 23a UStG, § 28 RennwLottG, §§ 13 Abs. 1 Nr. 16 lit. a, Nr. 17, 29 Abs. 1 Nr. 4 ErbStG, §§ 10b, 6 Abs. 1 Nr. 4 Satz 4, 3 Nr. 26, Nr. 26a EStG, § 9 Abs. 1 Satz 1 Nr. 2 KStG, § 9 Nr. 5 GewStG.

[29] *Bott*, in: Schauhoff/Kirchhain, Hdb. d. Gemeinnützigkeit, 4. Aufl. 2023, § 8 Rn. 4 weist darauf hin, tatbestandlich beschränkte Befreiungen fänden sich „im Bereich der Verkehrsteuern".

[30] So etwa bei § 5 Abs. 1 Nr. 20, Nr. 24 KStG, siehe *Kümpel*, in: Rödder/Herlinghaus/Neumann, KStG, 2. Aufl. 2023, § 5 Rn. 6.

eine Körperschaft die Steuervergünstigung für ihren wirtschaftlichen Geschäftsbetrieb, wenn das jeweilige Einzelsteuergesetz dies vorsieht. Diese Befreiungssystematik ist historisch gewachsen und hat sich aus der vorherigen uneingeschränkten Freistellung entwickelt.[31]

2. Selektive Vergünstigung

Die Umsatzsteuersteuerbefreiungen sind aufgrund ihrer unionsrechtlichen Vorprägung von vornherein selektiv auf die förderungswürdigen Bereiche beschränkt. Doch auch in einem rein nationalen Umsatzsteuersystem wäre eine derartige Beschränkung der Befreiungen systematisch konsequent. Denn die Umsatzsteuer belastet die private Einkommens- oder Vermögensverwendung durch den Verbraucher,[32] woraus folgt, dass ein gemeinwohlbezogenes Förderkonzept im Umsatzsteuerrecht leistungsbezogen ausgestaltet sein muss.[33] Dem liefe das Regelungsmodell der partiellen Rückausnahme zuwider, weil es eine grundsätzliche Freistellung der steuerpflichtigen Körperschaft voraussetzt. Dass die Steuersatzermäßigung nach § 12 Abs. 2 Nr. 8 lit. a UStG eine Rückausnahme für wirtschaftliche Geschäftsbetriebe vorsieht, ändert hieran nichts. Es ist bereits dargelegt worden, dass die Ermäßigung insoweit einen systematischen Fremdkörper darstellt.[34]

Eine selektive Vergünstigung enthalten auch § 3 Nr. 4, Nr. 5 und Nr. 5a KraftStG, die die Kraftfahrzeuge gemeinnütziger Körperschaften nicht generell von der Kraftfahrzeugsteuer befreien, sondern nur, wenn diese zu bestimmten Tätigkeiten genutzt werden.[35] Gleiches ist bei den subsidiären Befreiungen nach § 4 Nr. 2, Nr. 5 GrStG festzustellen.[36] Entscheidet sich der Gesetzgeber zu einer derartigen beschränkten Befreiung, ist es zwingend, dass diese nur selektiv gewährt wird und nicht dem Modell der partiellen Steuerpflicht folgt. Denn das Konzept der partiellen Steuerpflicht funktioniert nur, wenn die Steuerbefreiung das Steuerobjekt im Grundsatz von der Besteuerung ausnimmt.

3. Sonderfall Grundsteuer

Die gemeinnützigkeitsbezogene Befreiung von der Grundsteuer nach § 3 Abs. 1 Satz 1 Nr. 3 lit. b GrStG sieht der Sache nach eine partielle Steuerpflicht vor. Diese wird abweichend von der von § 64 Abs. 1 AO vorgesehenen Grundsystematik da-

---

[31] Im Einzelnen *Hüttemann*, Wirtschaftliche Betätigung und steuerliche Gemeinnützigkeit, 1991, S. 113ff.

[32] *Seer*, ZfZ 2013, 146, 147.

[33] Vgl. schon *Schmölders*, Die Umsatzsteuern, 1966, S. 14; oben Teil 2: F. II. 5. a).

[34] Siehe oben Teil 2: F. IV. 6.

[35] Siehe dazu oben Teil 2: G. II.

[36] Siehe dazu oben Teil 2: D. II. 2.

durch umgesetzt, dass die Befreiung eine unmittelbare Benutzung für gemeinnützige oder mildtätige Zwecke voraussetzt (§§ 3 Abs. 1 Satz 1 Nr. 3 lit. b, 7 GrStG), die nicht vorliegt, wenn das Grundstück durch einen wirtschaftlichen Geschäftsbetrieb genutzt wird.[37] Grundstücke im Idealbereich oder in Zweckbetrieben sind dagegen befreit.[38] Der wirtschaftliche Geschäftsbetrieb wird nicht im Wege einer Rückausnahme von der grundsteuerlichen Befreiung ausgenommen. Stattdessen ist die Befreiung von vornherein auf den förderungswürdigen Bereich beschränkt. Dieser Bereich umfasst die Idealsphäre ebenso wie die Vermögensverwaltung[39] und Zweckbetriebe. Damit erzielt § 3 Abs. 1 Satz 1 Nr. 3 lit. b GrStG dasselbe steuerliche Ergebnis, wie wenn die Befreiung eine den ertragsteuerlichen Befreiungen nachempfundene Rückausnahme für wirtschaftliche Geschäftsbetriebe enthielte. Der Begriff des wirtschaftlichen Geschäftsbetriebs dient auch insoweit der Verwirklichung von Wettbewerbsneutralität.[40]

Die in Bezug auf wirtschaftliche Geschäftsbetriebe von den ertragsteuerlichen Befreiungen abweichende Struktur von § 3 Abs. 1 Satz 1 Nr. 3 lit. b GrStG findet sich bereits in der entsprechenden Vorgängerregelung von 1936 (§ 4 GrStG 1936).[41] Schon diese Ursprungsfassung befreite die Grundstücke gemeinnütziger Körperschaften nicht generell, sondern enthielt ein Nutzungserfordernis für mildtätige Zwecke. Grundsteuerliche Besonderheiten vermögen diesen strukturellen Unterschied nicht zu erklären. Es wäre ohne weiteres möglich, die Befreiung von der Grundsteuer weit zu fassen und mit einer Rückausnahme für wirtschaftliche Geschäftsbetriebe zu versehen. Der derzeitige Regelungsmechanismus ist schlicht die Folge dessen, dass es vor der Einführung von § 3 Abs. 1 Satz 1 Nr. 3 lit. b GrStG keine allumfassende Befreiungsnorm gab, die es einzuschränken galt.[42]

Vor dem Hintergrund, dass die Befreiung von der Grundsteuer die Wettbewerbsneutralität ebenso verwirklicht, wie die ertragsteuerlichen Befreiungen, ist eine Angleichung nicht zwingend. Gleichwohl wäre es im Interesse der Rechtssicherheit und -einheit erwägenswert, § 3 Abs. 1 Satz 1 Nr. 3 lit. b GrStG an das Modell der grundsätzlichen Befreiung mit Rückausnahme i. S. v. § 64 Abs. 1 AO anzupassen, weil das GrStG keinen expliziten Verweis auf wirtschaftliche Geschäftsbetriebe enthält. Dieser findet sich lediglich in Abschn. 12, Abs. 6 Nr. 2 GrStR.

---

[37] Vgl. Abschn. 12, Abs. 6 Nr. 2 GrStR.

[38] *Knittel*, in: Stenger/Loose, Bewertungsrecht, 10/2025, § 3 GrStG Rn. 227.

[39] Befreite Vermögensverwaltung ist praktisch jedoch kaum je denkbar, weil diese eine Überlassung an Dritte voraussetzt, was der Befreiung entgegensteht, vgl. *Hüttemann*, Gemeinnützigkeitsrecht und Spendenrecht, 6. Aufl. 2025, Rn. 7.390; ebenso Abschn. 12, Abs. 6 Nr. 5 Satz 1 GrStR.

[40] *Hüttemann*, Gemeinnützigkeitsrecht und Spendenrecht, 6. Aufl. 2025, Rn. 6.93.

[41] RGBl. I 1936, 986 f.

[42] Zur Historie *Knittel*, in: Stenger/Loose, Bewertungsrecht, 10/2025, § 3 GrStG Rn. 1.

4. Zwischenfazit: Systematik der Regelungskonzepte

Unterschiedliche Möglichkeiten zur Gewährleistung von Wettbewerbsneutralität können im Rahmen der gemeinnützigkeitsbezogenen Steuervergünstigungen systematisch stringent sein. § 64 Abs. 1 AO sieht grundsätzlich – historisch gewachsen – das derzeit im Ertragsteuerrecht vorherrschende Modell der partiellen Steuerpflicht vor. Der Sache nach bewirkt auch die Befreiung von der Grundsteuer nach § 3 Abs. 1 Satz 1 Nr. 3 lit. b GrStG eine partielle Steuerpflicht. Hiervon abweichend findet sich das Modell der Beschränkung der Vergünstigung auf förderungswürdige Bereiche entweder da, wo das gemeinnützige Förderkonzept leistungsbezogen ausgestaltet ist (Umsatzsteuer) oder wo nur einzelne Tätigkeitsbereiche befreit werden sollen (Kraftfahrzeugsteuer und z. T. Grundsteuer).

II. Die Steuervergünstigung bei Zuwendungen

Die Steuervergünstigungen der Zuwendungen an gemeinnützige Körperschaften, d. h. die Befreiungen des ErbStG[43] sowie die Regelungen zum Spendenabzug und den Tätigkeiten im Dienste der Körperschaft,[44] betreffen die Finanzierungsseite der Körperschaft. Sie weisen die Gemeinsamkeit auf, dass sie weder eine Rückausnahme für wirtschaftliche Geschäftsbetriebe vorsehen noch von vornherein auf den förderungswürdigen Bereich beschränkt sind. Diese Besonderheit hat zu der Frage geführt, wie Zuwendungen in den wirtschaftlichen Geschäftsbetrieb zu behandeln sind.[45] Insbesondere die Finanzverwaltung ist der Ansicht, dass derartige Zuwendungen nicht an der Steuervergünstigung partizipieren dürften.[46] Diese Auffassung verkennt jedoch, dass Zuwendungen lediglich allgemein den Finanzbestand der Körperschaft erhöhen und damit keiner bestimmten Vermögenssphäre zuzuordnen sind.[47] Im Bereich der Steuervergünstigungen von Zuwendungen wird die Wettbewerbsneutralität bereits durch das Selbstlosigkeitsgebot (§ 55 AO) sichergestellt.[48]

Dieses Verständnis der steuerlichen Behandlung von Zuwendungen in den wirtschaftlichen Geschäftsbetrieb offenbart zugleich den Grund dafür, dass die Steuerbefreiungen von der Erbschaft- und Schenkungsteuer und die Regelungen zum Spendenabzug und der ehrenamtlichen Tätigkeit keine Rückausnahmen für

[43] §§ 13 Abs. 1 Nr. 16 lit. a, Nr. 17, 29 Abs. 1 Nr. 4 ErbStG.

[44] §§ 10b, 6 Abs. 1 Nr. 4 Satz 4, 3 Nr. 26, Nr. 26a EStG, § 9 Abs. 1 Satz 1 Nr. 2 KStG, § 9 Nr. 5 GewStG.

[45] Siehe dazu vertieft oben Teil 2: E. II. 1. a) bb) und Teil 3: A. IV. 3.

[46] R E 13.8 Abs. 2 Satz 4 ErbStR; ebenso *Kulosa*, in: Herrmann/Heuer/Raupach, EStG/KStG, 8/2025, § 10b EStG Rn. 51, 121.

[47] *Hüttemann*, Gemeinnützigkeitsrecht und Spendenrecht, 6. Aufl. 2025, Rn. 8.111; *Kirchhain*, in: Schauhoff/Kirchhain, Hdb. d. Gemeinnützigkeit, 4. Aufl. 2023, § 12 Rn. 60.

[48] *Hüttemann*, Gemeinnützigkeitsrecht und Spendenrecht, 6. Aufl. 2025, Rn. 9.13; *Kirchhain*, in: Schauhoff/Kirchhain, Hdb. d. Gemeinnützigkeit, 4. Aufl. 2023, § 12 Rn. 59.

wirtschaftliche Geschäftsbetriebe enthalten. Derartige Rückausnahmen wären mit der Natur von Zuwendungen nicht zu vereinbaren. Kann eine Zuwendung einer Vermögenssphäre nicht von Anfang an zugeordnet werden, ist eine Rückausnahme von der Steuervergünstigung, die an eine bestimmte Vermögenssphäre (wirtschaftlicher Geschäftsbetrieb) anknüpft, nicht rechtssicher anwendbar. Über die Förderungswürdigkeit der Zuwendung entscheidet erst im Nachhinein der Umgang der gemeinnützigen Körperschaft mit den zugewendeten Mitteln. Die fehlenden Rückausnahmen für wirtschaftliche Geschäftsbetriebe bei der steuerlichen Vergünstigung von Zuwendungen an gemeinnützige Körperschaften sind somit strukturell vorgegeben.

III. Vereinfachungszwecknormen

Einige Steuervergünstigungen unterscheiden nicht nach den Sphären der Gemeinnützigkeit und betreffen damit auch Besteuerungsgrundlagen, die wirtschaftlichen Geschäftsbetrieben zuzuordnen sind. Es handelt sich um die Freigrenzen nach § 64 Abs. 3 AO und § 28 Nr. 2 RennwLottG sowie die Vorsteuerpauschalierung nach § 23a UStG.

Diese Vergünstigungen verfolgen einen Vereinfachungszweck, der die Möglichkeit von Wettbewerbsverzerrungen rechtfertigt. Dieser Vereinfachungszweck besteht bei § 64 Abs. 3 AO darin, kleineren gemeinnützigen Körperschaften die Gewinnermittlung sowie der Finanzverwaltung die Veranlagung zu ersparen.[49] Die Vereinfachungswirkung betrifft zahlreiche Körperschaften.[50] § 23a UStG dient insoweit der Vereinfachung, als betroffene Körperschaften keine Belege für Zwecke des Vorsteuerabzugs benötigen.[51] § 28 Nr. 2 RennwLottG enthält ebenfalls eine vereinfachende Freigrenze, die die potentiell wettbewerbsverzerrende Wirkung reduziert.[52]

Hieraus folgt, dass die Privilegierung von Vermögenszuflüssen in den wirtschaftlichen Geschäftsbetrieb bei den gegenwärtigen gemeinnützigkeitsbezogenen Steuervergünstigungen nur da festzustellen ist, wo erstens die potentiell wettbewerbsverzerrende Wirkung gering ist (Freigrenzen) und zweitens eine Vereinfachung bewirkt wird.

---

[49] Vertieft oben Teil 2: A. III. 1. sowie Gutachten der Unabhängigen Sachverständigenkommission zur Prüfung des Gemeinnützigkeits- und Spendenrechts, BMF-Schriftenreihe, Heft 40, 1988, S. 199–217.

[50] BT-Drs. 11/4176, S. 11.

[51] Siehe im Einzelnen Teil 2: F. V.; BT-Drs. 11/4176, S. 13.

[52] Dazu Teil 2: G. I.

IV. Zweckbetriebe in den Einzelsteuergesetzen

Gemeinnützigkeitsbezogene Steuervergünstigungen enthalten fast durchweg keine von §§ 65–68 AO abweichenden Anforderungen an die Privilegierung von Zweckbetrieben. Die einzige Ausnahme hiervon ist die Umsatzsteuerermäßigung nach § 12 Abs. 2 Nr. 8 lit. a Sätze 3 und 4 UStG. Zusätzliche Voraussetzung ist, dass Leistungen von Katalogzweckbetrieben (§§ 66–68 AO) nicht in erster Linie der Erzielung zusätzlicher Einnahmen durch Leistungen dienen, die in unmittelbarem Wettbewerb zu mit dem allgemeinen Steuersatz unterliegenden Leistungen anderer Unternehmer ausgeführt wurden.[53]

Es ist bereits dargelegt worden, dass diese zusätzlichen Anforderungen weder durch das Unionsrecht vorgegeben,[54] noch durch die Systematik des Umsatzsteuergesetzes veranlasst und auch aus Wettbewerbsperspektive nicht erforderlich sind.[55] Einzelsteuerlicher Sonderregeln zu Zweckbetrieben bedarf es damit insgesamt nicht.

V. Zwischenergebnis: Einzelsteuerübergreifende Wettbewerbsneutralität

Zur Sicherstellung von Wettbewerbsneutralität enthalten die Einzelsteuergesetze zwei Grundtypen von Regelungsmechanismen. Zum einen existiert die von § 64 Abs. 1 AO vorausgesetzte Möglichkeit der Rückausnahme wirtschaftlicher Geschäftsbetriebe von einer Steuervergünstigung (partielle Steuerpflicht). Diesem Modell folgen die Befreiungen des Ertragsteuerrechts sowie der Sache nach die Befreiung gemeinnütziger Körperschaften von der Grundsteuer. Zum anderen können Steuervergünstigungen so ausgestaltet sein, dass sie von vornherein nur bestimmte Bereiche erfassen. Dieses Modell findet sich dort, wo die Einzelsteuer ein leistungsbezogenes Förderkonzept verlangt (Umsatzsteuerbefreiungen) oder wo nur einzelne Tätigkeitsbereiche befreit werden sollen (Kraftfahrzeugsteuerbefreiungen und subsidiäre Grundsteuerbefreiungen).

Die Steuervergünstigungen von Zuwendungen enthalten keinerlei Einschränkungen für wirtschaftliche Geschäftsbetriebe und bedürfen dieser auch nicht. Denn hier wird Wettbewerbsneutralität bereits durch das allgemeine Gemeinnützigkeitsrecht erreicht. Überdies kann eine Rückausnahme da nicht normiert werden, wo eine Zuordnung der Zuwendung zu einer steuerlichen Sphäre nicht möglich ist.

Soweit vereinzelt Vermögenszuflüsse in wirtschaftliche Geschäftsbetriebe privilegiert werden, dient dies stets der Vereinfachung. Die potentielle Wettbewerbsverzerrung wird dabei durch Freigrenzen abgemildert.

---

[53] Im Einzelnen oben Teil 2: F. IV. 4.
[54] Vgl. Teil 2: F. IV. 4. b).
[55] Vgl. Teil 2: F. IV. 4. c).

C. Organisationsgebundenheit

Das Gemeinnützigkeitsrecht ist grundsätzlich ein organisationsbezogenes Förderkonzept.[56] Die meisten direkten gemeinnützigen Steuervergünstigungen sind nur auf Körperschaften im Sinne des KStG anwendbar, die zusätzlich die Anforderungen von §§ 51–68 AO erfüllen müssen. Manche Einzelsteuergesetze verweisen jedoch nicht vollständig auf das allgemeine Gemeinnützigkeitsrecht, sondern nur auf einzelne Merkmale der Steuervergünstigung i. S. v. § 51 Abs. 1 Satz 1 AO, sodass insbesondere der Körperschaftsbegriff nicht gilt.[57] Das betrifft einerseits die Umsatzsteuerbefreiungen nach § 4 Nr. 15b–29 UStG, andererseits einige Steuervergünstigungen in nicht unionsrechtlich harmonisierten Einzelsteuergesetzen, namentlich § 13 Abs. 1 Nr. 17 ErbStG, § 4 Nr. 2, Nr. 5 GrStG, § 3 Nr. 4, Nr. 5, Nr. 5a KraftStG und § 28 Nr. 2 RennwLottG.

I. Das leistungsbezogene Förderkonzept der Umsatzsteuer

Die gemeinnützigkeitsbezogenen Umsatzsteuerbefreiungen können jedem umsatzsteuerlichen Unternehmer zugutekommen. Auf die Rechtsform oder den Gemeinnützigkeitsstatus kommt es auch dann nicht an, wenn die Befreiung nur für Einrichtungen gilt, da der umsatzsteuerliche Neutralitätsgrundsatz eine unterschiedliche Behandlung gleichartiger Umsätze verbietet.[58] Somit ergibt sich die fehlende Anknüpfung an den Körperschaftsbegriff und damit die fehlende Organisationsbezogenheit der Umsatzsteuerbefreiungen bereits aus dem Unionsrecht.[59]

Darüber hinaus wäre eine Anknüpfung an Rechtsform und Organisationsgrad der Körperschaft im Umsatzsteuerrecht auch ohne unionsrechtliche Harmonisierung systematisch verfehlt, da der umsatzsteuerliche Belastungsgrund ein leistungsbezogenes Förderkonzept bedingt.[60]

II. Durchbrechungen des organisationsbezogenen Förderkonzepts

§ 13 Abs. 1 Nr. 17 ErbStG, § 4 Nr. 2, Nr. 5 GrStG, § 3 Nr. 4, Nr. 5, Nr. 5a KraftStG und § 28 Nr. 2 RennwLottG knüpfen abweichend von § 51 Abs. 1 Satz 2 AO nicht an den Körperschaftsbegriff an, was weder durch das Unionsrecht noch durch die

---

[56] *Hüttemann*, DStJG 26 (2003), 49, 51; *ders.*, FR 2016, 969, 970; *Droege*, Gemeinnützigkeit im offenen Steuerstaat, 2010, S. 30f.

[57] *Unger*, in: Gosch, AO/FGO, 8/2025, § 51 AO Rn. 8.

[58] EuGH, Urt. v. 26. 5. 2005, C-498/03 (*Kingscrest Associates Ltd.*), Slg. 2005, I-4427, Rn. 44; v. 15. 11. 2012, C-174/11 (*Zimmermann*), ECLI:EU:C:2012:716.

[59] Stv. *Unger*, in: Gosch, AO/FGO, 8/2025, § 51 AO Rn. 8.

[60] Siehe vertieft Teil 2: F. II. 5. a).

Systematik und den Belastungsgrund des jeweiligen Steuergesetzes veranlasst ist. Gründe für die Abweichung sind im Telos der Organisationsbezogenheit des Gemeinnützigkeitsrechts zu suchen. Nur die institutionelle Selbständigkeit kann grundsätzlich eine ausschließliche und selbstlose Gemeinwohlförderung gewährleisten.[61] Hinzukommt, dass es dem Staat bei Organisationen leichter fällt, die Gemeinwohlbezogenheit ihrer Tätigkeiten zu überwachen.[62]

1. Punktuelle Befreiungen ohne Organisationsbezug

§ 4 Nr. 2, Nr. 5 GrStG, § 3 Nr. 4, Nr. 5, Nr. 5a KraftStG und § 28 Nr. 2 RennwLottG ist gemein, dass sie nicht allgemein gewährt werden, sondern besondere Voraussetzungen vorsehen und ihr Anwendungsbereich damit von vornherein auf einen bestimmten eng abgrenzbaren Tätigkeitsbereich beschränkt ist. Bei den subsidiären Grundsteuerbefreiungen und den Befreiungen von der Kraftfahrzeugsteuer ergibt sich das schon aus dem Normwortlaut. Die Lotteriesteuer belastet generell nur Lotterien (§ 26 RennwLottG), sodass eine Befreiung hiervon naturgemäß einen engen Anwendungsbereich hat.

Die punktuelle Befreiung einzelner Tätigkeitsbereiche begründet nicht in gleicher Weise das Bedürfnis nach staatlicher Aufsicht wie die grundsätzliche Befreiung sämtlicher Vermögenszuflüsse einer gemeinnützigen Körperschaft. Durch die zusätzlichen Voraussetzungen wird die Kontrolle der Gemeinwohlverwirklichung nicht im Rahmen des allgemeinen Gemeinnützigkeitsrechts, sondern im Rahmen der jeweiligen Einzelsteuergesetze sichergestellt. Aus diesem Grund kann auf das grundsätzliche Erfordernis der institutionellen Selbständigkeit des Befreiungsadressaten verzichtet werden. Die fehlende Organisationsbezogenheit wird durch den engen Zuschnitt der Befreiungsnormen kompensiert.

2. Verwendungsgebundene Befreiung ohne Organisationsbezug

Als einzige nicht organisationsbezogene gemeinnützigkeitsbezogene Steuervergünstigung enthält § 13 Abs. 1 Nr. 17 ErbStG eine umfassende Befreiung. Zusätzliche Voraussetzung ist jedoch, dass die befreite Zuwendung ausschließlich gemeinnützigen, kirchlichen oder mildtätigen Zwecken gewidmet und die Verwendung hierzu gesichert sein muss.[63] Insoweit hat der Gesetzgeber die erforderliche

---

[61] *Hüttemann*, Gemeinnützigkeitsrecht und Spendenrecht, 6. Aufl. 2025, Rn. 2.3; *Buchna/Leichinger/Seeger/Brox*, Gemeinnützigkeit im Steuerrecht, 12. Aufl. 2023, A Rn. 1.

[62] *Schauhoff*, in: Schauhoff/Kirchhain, Hdb. d. Gemeinnützigkeit, 4. Aufl. 2023, Grundlegung Rn. 4.

[63] Siehe im Einzelnen oben Teil 2: E. II. 2.

Kontrolle über die Gemeinwohlverwirklichung von der Organisationsbezogenheit abgekoppelt und durch das Widmungs- und Verwendungserfordernis ersetzt.

Damit ist aber noch nicht die Frage nach dem Sinn einer zusätzlichen Befreiung von der Erbschaft- und Schenkungsteuer neben der organisationsbezogenen Befreiung nach § 13 Abs. 1 Nr. 16 lit. b und lit. c ErbStG beantwortet. § 13 Abs. 1 Nr. 17 ErbStG ergänzt § 13 Abs. 1 Nr. 16 lit. b und lit. c ErbStG und dient v. a. als Auffangtatbestand, etwa für Zuwendungen ins Drittland, wenn die bedachte Organisation die Zuwendung für andere als die satzungsmäßigen Zwecke erhält oder später ihren Gemeinnützigkeitsstatus verliert, das Zugewandte aber noch zweckgerecht verwendet.[64]

Die Möglichkeit, steuerbefreite Zuwendungen ins Drittland zu leisten wäre freilich schon geschaffen, wenn der entsprechende Verstoß gegen die Kapitalverkehrsfreiheit in § 13 Abs. 1 Nr. 16 lit. c ErbStG beseitigt würde.[65] Im Übrigen ist eine zusätzliche verwendungsbezogene gemeinnützigkeitsbezogene Steuerbefreiung neben einer bestehenden organisationsbezogenen Befreiung einzigartig und kommt in anderen Steuergesetzen nicht vor. Der historische Gesetzgeber hat sich mit dieser Besonderheit nicht auseinandergesetzt und § 13 Abs. 1 Nr. 17 ErbStG auch nicht näher begründet.[66] Die Befreiung nach § 13 Abs. 1 Nr. 16 ErbStG war zum Zeitpunkt der Einführung von § 13 Abs. 1 Nr. 17 ErbStG noch nicht primärrechtswidrig, weil die Kapitalverkehrsfreiheit nach dem Vertrag von Maastricht erst seit dem 1. 1. 1994 primärrechtlich verankert ist.[67] Die Berechtigung der Befreiung kann darin erblickt werden, dass Zuwendungen – anders als am Markt erwirtschaftete Vermögensmehrungen – häufig für einen ganz bestimmten Zweck geleistet werden. Das Gesetz steht der steuerlichen Privilegierung derartiger Zuwendungen nicht im Wege, sondern sieht eine zusätzliche Befreiung für die Fälle vor, in denen zwar die gemeinwohldienliche Verwendung gesichert ist, aber eine organisationsbezogene Steuerbefreiung an den strengen Voraussetzungen des allgemeinen Gemeinnützigkeitsrechts scheiterte. So wird etwa verhindert, dass Zuwendender und Empfänger (§ 20 Abs. 1 Satz 1 ErbStG) nur deshalb mit der Erbschaft- und Schenkungsteuer belastet werden, weil der Zuwendende z. B. keine nähere Kenntnis vom Satzungsinhalt hat.

---

[64] BFH, Urt. v. 16. 1. 2002, II R 82/99, BStBl. II 2002, 303; *Jülicher*, in: Troll/Gebel/Jülicher/Gottschalk, ErbStG, 6/2025, § 13 Rn. 222.

[65] Dazu oben Teil 2: E. II. 1. c).

[66] Vgl. Gesetzesentwurf v. 4. 5. 1972, BT-Drs. VI/3418, S. 68. Danach sollte schlicht die Vorgängerregelung übernommen werden. Eine ähnliche Steuervergünstigung findet sich schon in § 12 Abs. 1 Nr. 3 Reichserbschaftsteuergesetz von 1906, damals noch als Steuersatzermäßigung (RGBl. I 1906, 659).

[67] *Korte*, in: Calliess/Ruffert, EUV/AEUV, 6. Aufl. 2022, Art. 63 AEUV Rn. 4.

III. Zwischenergebnis: Einzelsteuerliche Organisationsbezogenheit

Die einzelnen Steuervergünstigungen folgen grundsätzlich einer organisationsbezogenen Förderstruktur. Anders ist es nur da, wo dies entweder durch das Unionsrecht und den Belastungsgrund der Einzelsteuer vorgegeben ist (Umsatzsteuer) oder wo der Sinn und Zweck der Organisationsbezogenheit anderweitig verwirklicht wird. Dieser besteht in der Gewährleistung von ausschließlicher und selbstloser Gemeinwohlförderung und der Möglichkeit staatlicher Kontrolle. Die Organisationsbezogenheit ist nur ein Weg, diese Ziele zu erreichen. Andere Möglichkeiten sind die Beschränkung der Befreiung auf bestimmte Tätigkeitsbereiche (Subsidiäre Grundsteuerbefreiungen, Befreiungen von der Lotterie- und Kraftfahrzeugsteuer) oder die Normierung zusätzlicher Voraussetzungen, unter denen die Befreiung gewährt wird (Verwendungserfordernis bei § 13 Abs. 1 Nr. 17 ErbStG).

D. Stiftungsprivilegien und Rechtsformneutralität

Das deutsche Gemeinnützigkeitsrecht ist nicht gänzlich rechtsformneutral. Personengesellschaften sind systemkonform vom Gemeinnützigkeitsstatus ausgeschlossen.[68] Einige Steuervergünstigungen gehen noch darüber hinaus und sind nur auf Stiftungen anwendbar. Das betrifft die zusätzliche Abziehbarkeit von Vermögensstockspenden (§ 10b Abs. 1a EStG, § 9 Nr. 5 Satz 9 GewStG) sowie die nachträgliche Befreiung von der Erbschaft- und Schenkungsteuer (§ 29 Abs. 1 Nr. 4 ErbStG). Diese besonderen Stiftungsprivilegien sind jeweils mit rechtsformbedingten Finanzierungsnachteilen von Stiftungen zu rechtfertigen.[69] Gegen das Gebot der rechtsformneutralen Besteuerung verstößt das Gesetz allerdings insoweit, als Körperschaften keine Vermögensstockspenden leisten können.[70]

E. Auslandsöffnung

Die einzelnen gemeinnützigkeitsbezogenen Steuervergünstigungen sind nur teilweise auf ausländische Körperschaften anwendbar. Einige gelten für Körperschaften innerhalb der EU/des EWR.[71] Zum Teil sind ausländische Körper-

---

[68] Vgl. § 51 Abs. 1 Satz 2 AO; eingehend *Wedemann*, NZG 2016, 645. Zur systematischen Bewertung des Ausschlusses von Personengesellschaften oben Teil 2: B.

[69] BT-Drs. 14/3010, S. 1 f.; BT-Drs. 14/2340, S. 1, 5; BFH, Urt. v. 15.9.2010, X R 11/08, BFH/NV 2011, 769, Rn. 21; *Kirchhain*, in: Schauhoff/Kirchhain, Hdb. d. Gemeinnützigkeit, 4. Aufl. 2023, § 12 Rn. 143; siehe auch Teil 2: E. IV. 2.; Teil 3: A. VI. 1.

[70] Siehe oben Teil 3: A. VI. 2.

[71] §§ 5 Abs. 1 Nr. 9, Abs. 2 Nr. 2, 9 Abs. 1 Satz 1 Nr. 2 Satz 2 lit. c KStG, § 13 Abs. 1 Nr. 16 lit. c ErbStG, §§ 3 Nr. 26, Nr. 26a, 10b Abs. 1 Satz 2 Nr. 3 EStG, § 9 Nr. 5 Satz 2 lit. c GewStG.

schaften gänzlich vom Anwendungsbereich ausgenommen.[72] Ein dritter Typus knüpft schließlich gar nicht an den Sitz der Körperschaft an und gilt damit auch für Körperschaften im Drittland.[73] Als einzige Steuervergünstigung im Gemeinnützigkeitsrecht ist § 32 Abs. 6 Satz 1 Nr. 1 lit. b, lit. c KStG, wonach beschränkt steuerpflichtigen gemeinnützigen Körperschaften mit Sitz im Ausland einbehaltene Kapitalertragsteuer erstattet wird, explizit auf Körperschaften mit Sitz im Drittland anwendbar.[74]

I. Amts- und Beitreibungshilfe als Bedingung für die Auslandsöffnung

Soweit die gemeinnützigkeitsbezogenen Steuervergünstigungen explizit ausländische Körperschaften erfassen, enthalten sie die zusätzliche Voraussetzung, dass mit dem Sitzstaat ein Amtshilfeabkommen besteht. Bei den Vergünstigungen von Zuwendungen (Spendenabzug und erbschaft- und schenkungsteuerliche Befreiung) ist zusätzlich ein Beitreibungsabkommen erforderlich. Die Abkommenserfordernisse sollen den Erhalt notwendiger Informationen zur Sicherstellung des Steueraufkommens gewährleisten.[75] Soweit gemeinnützige Körperschaften von der Körperschaftsteuer oder Erbschaft- und Schenkungsteuer befreit sind, geht es um den Steueranspruch gegen die Körperschaft. Im Spendenrecht ist die Körperschaft Haftungsschuldnerin.[76] Lediglich die Freibeträge nach § 3 Nr. 26, Nr. 26a EStG fordern keinerlei Abkommen zum grenzüberschreitenden Steuervollzug. Innerhalb der EU wirken sich die Unterschiede in den Abkommenserfordernissen aufgrund der EU-Beitreibungsrichtlinie nicht aus.[77] Relevant sind sie jedoch bei Körperschaften mit Sitz im übrigen EWR oder im Drittland.[78]

Das Erfordernis eines bestehenden Amtshilfe- und Beitreibungsabkommens ist unionsrechtlich zulässig, da es zur Sicherung des Steueraufkommens erforderlich ist.[79] Der Gesetzgeber hätte es daher ohne weiteres auch für § 5 Abs. 2 Nr. 2 KStG einführen können.[80] Warum die Befreiung von der Körperschaftsteuer zwar von

---

[72] § 3 Abs. 1 Satz 1 Nr. 3 lit. b GrStG, § 29 Abs. 1 Nr. 4 ErbStG.

[73] So ist es bei sämtlichen Vergünstigungen des Umsatzsteuerrechts (§§ 4 Nr. 15b–29, 4a, 12 Abs. 2 Nr. 8, 23a UStG), bei der Befreiung von der Gewerbesteuer (§ 3 Nr. 6 GewStG), der Befreiung verwendungsgebundener Zuwendungen von der Erbschaft- und Schenkungsteuer (§ 13 Abs. 1 Nr. 17 ErbStG), den Befreiungen von der Kraftfahrzeugsteuer (§ 3 Nr. 4, Nr. 5, Nr. 5a KraftStG) und der Lotteriesteuer (§ 28 Nr. 2 RennwLottG) der Fall.

[74] Zur Kapitalertragsteuererstattung nach § 32 Abs. 6 KStG siehe oben Teil 3: C.

[75] Vgl. BR-Drs. 4/10, S. 30; BT-Drs. 18/6094, S. 88.

[76] § 10b Abs. 4 Sätze 2–5 EStG, § 9 Abs. 3 Sätze 2 und 3 KStG, § 9 Nr. 5 Sätze 13–17 GewStG.

[77] RL 2010/24/EU v. 16. 3. 2010.

[78] *Schmidt*, Europäische Gemeinnützigkeit, 2020, S. 361 f.

[79] Ebenso *Schmidt*, Europäische Gemeinnützigkeit, 2020, S. 367 ff.; näher oben Teil 2: A. II. 2. b) cc); Teil 2: E. II. 1. c); Teil 3: A. X. 1.

[80] *Schmidt*, Europäische Gemeinnützigkeit, 2020, S. 369.

einem Amtshilfeabkommen, nicht jedoch von einem Beitreibungsabkommen abhängt, ist nicht eindeutig. Zur Sicherung des Steueranspruchs wäre das zusätzliche Erfordernis jedenfalls nicht überflüssig. Bei den Freibeträgen nach § 3 Nr. 26, Nr. 26a EStG besteht dagegen kein Bedürfnis nach der Durchsetzung von Steueransprüchen gegen die Körperschaft, da diese allein die in Deutschland steuerpflichtigen ehrenamtlich Tätigen betreffen.

Soweit eine Steuervergünstigung keine expliziten Vorgaben für Auslandskörperschaften enthält (insbesondere § 3 Nr. 6 GewStG und § 13 Abs. 1 Nr. 17 ErbStG), kann sie auch nicht von mit dem Sitzstaat bestehenden Abkommen abhängen. Bei der Umsatzsteuer ist das Fehlen von Abkommenserfordernissen damit zu erklären, dass sie grundsätzlich nur für inländische Unternehmer gilt (§ 1 Abs. 1 Nr. 1 UStG) und die MwStSystRL derartige Einschränkungen nicht vorsieht.

II. Partielle Auslandsöffnung als einzelsteuerübergreifender Befund

1. Der EuGH als Treiber der Auslandsöffnung

Das Nebeneinander verschiedener Voraussetzungen für die Auslandsöffnung in den Einzelsteuergesetzen erschließt sich erst im Zusammenhang mit der dazu ergangenen EuGH-Rechtsprechung. Vor den Entscheidungen in den Rechtssachen *Stauffer*[81] und *Jundt*[82] sowie dem darauf aufbauenden JStG 2009, mit dem § 5 Abs. 2 Nr. 2 KStG und § 3 Nr. 26, Nr. 26a EStG geändert wurden,[83] gab es in den Einzelsteuergesetzen keine besonderen Anforderungen an ausländische Körperschaften. Diese waren vom Gemeinnützigkeitsstatus ausgeschlossen.[84] In einem zweiten Schritt wurde der Abzug von Spenden an ausländische Empfängerkörperschaften ermöglicht.[85] Dies geschah als Reaktion auf das Urteil in der Rechtssache *Persche*, wonach ein sitzbezogener Ausschluss vom Spendenabzug gegen die Kapitalverkehrsfreiheit verstoße.[86] Als Reaktion auf die Entscheidung in der Rechtssache *Heukelbach*[87] und einem daraus resultierenden Vertragsverletzungsverfahren wegen der sitzbezogenen Ungleichbehandlung ausländischer Körperschaften durch § 13 Abs. 1 Nr. 16 lit. b ErbStG,[88] wurde schließlich § 13

---

[81] EuGH, Urt. v. 14.9.2006, C-386/04 (*Stauffer*), Slg. 2006, I-8203.

[82] EuGH, Urt. v. 18.12.2007, C-281/06 (*Jundt*), Slg. 2007, I-12231.

[83] JStG 2009 v. 19.12.2008, BGBl. I 2008, 2794; BR-Drs. 545/08, S. 66 f., 106.

[84] *Helios*, in: Schauhoff/Kirchhain, Hdb. d. Gemeinnützigkeit, 4. Aufl. 2023, § 14 Rn. 1.

[85] Gesetz zur Umsetzung steuerlicher EU-Vorgaben sowie zur Änderung steuerlicher Vorschriften v. 8.4.2010, BGBl. I 2010, 386.

[86] EuGH, Urt. v. 27.1.2009, C-318/07 (*Persche*), Slg. 2009, I-359; BR-Drs. 4/10, S. 29 f.

[87] EuGH, Urt. v. 10.2.2011, C-25/10 (*Missionswerk Werner Heukelbach*), Slg. 2011, I-497.

[88] Vertragsverletzungsverfahren Nr. 2012/2159.

Abs. 1 Nr. 16 lit. c ErbStG eingeführt.[89] Bis dahin beschränkte sich die Auslandsöffnung gemeinnützigkeitsbezogener Steuerbefreiungen auf eine Umsetzung der Vorgaben des EuGH.[90]

2. Erster eigener Impuls des deutschen Gesetzgebers

Im Zuge des Wachstumschancengesetzes wurde 2024 der persönliche Anwendungsbereich der Kapitalertragsteuererstattung nach § 32 Abs. 6 Satz 1 Nr. 1 lit. b, lit. c KStG auf ausländische Körperschaften erweitert, um den mit einer Beschränkung auf nationale Körperschaften verbundenen Verstoß gegen die Kapitalverkehrsfreiheit zu beseitigen.[91] Die Neuregelung ist in zweifacher Hinsicht ein Novum. Zum einen ist erstmals eine gemeinnützigkeitsbezogene Steuervergünstigung ausdrücklich auf Drittstaaten-Körperschaften anwendbar. Zum anderen wurde der Gesetzgeber nicht durch ein EuGH-Judikat oder ein Vertragsverletzungsverfahren „genötigt", sondern hat die Auslandsöffnung aus eigenem Antrieb umgesetzt.

3. Fehlendes Gesamtkonzept von Auslandsöffnung und Administrierbarkeit

Dem derzeitigen Gemeinnützigkeitsrecht fehlt es an einem einzelsteuerübergreifendem Konzept zur Auslandsöffnung der gemeinnützigkeitsbezogenen Steuervergünstigungen. Die aktuelle Rechtslage setzt im Wesentlichen die Vorgaben des EuGH um.[92] Mit § 3 Abs. 1 Satz 1 Nr. 3 lit. b GrStG und § 29 Abs. 1 Nr. 4 ErbStG bestehen noch Befreiungen, die sitzbezogene Diskriminierungen enthalten und aus diesem Grund unionsrechtswidrig sind.[93] Das Gemeinnützigkeitsrecht ist damit insgesamt lediglich partiell auslandsoffen.

Eine weitere Folge des fehlenden Gesamtkonzepts einer einzelsteuerübergreifenden Auslandsöffnung betrifft die grenzüberschreitende Administration. Es geht hierbei nicht nur um differierende Abkommenserfordernisse bei der Körperschaftsteuerbefreiung auf der einen und dem Spendenabzug sowie der Befreiung von der Erbschaft- und Schenkungsteuer auf der anderen Seite.[94] Steuervergünstigungen, die keinerlei Einschränkungen für ausländische Körperschaften vorsehen, enthal-

---

[89] Steueränderungsgesetz 2015 v. 2. 11. 2015, BGBl. I 2015, 1834; BT-Drs. 18/6094, S. 87f.

[90] *Hüttemann*, Gemeinnützigkeitsrecht und Spendenrecht, 6. Aufl. 2025, Rn. 1.163.

[91] Wachstumschancengesetz v. 27. 3. 2024, BGBl. I 2024, Nr. 108; BT-Drs. 20/8628, S. 192f.

[92] *Hüttemann*, Gemeinnützigkeitsrecht und Spendenrecht, 6. Aufl. 2025, Rn. 1.163; ähnlich *Martini*, ISR 2015, 97, 103, der dem Gemeinnützigkeitsrecht eine nur unvollständige Ausweitung auf den EU-Raum attestiert.

[93] *Hüttemann*, Gemeinnützigkeitsrecht und Spendenrecht, 6. Aufl. 2025, Rn. 1.163; vgl. auch oben Teil 2: D. II. 1. b) zur Grundsteuer und Teil 2: E. IV. 3. zur nachträglichen Befreiung von der Erbschaft- und Schenkungsteuer.

[94] Dazu soeben Teil 4: E. I.

ten auch keine Kontrollmechanismen zur Sicherstellung des Steuervollzugs. Das kann bei § 13 Abs. 1 Nr. 17 ErbStG im Hinblick auf das zusätzliche Verwendungserfordernis[95] noch als Ausdruck eines dahingehenden legislatorischen Verzichts angesehen werden, machen Auslandszuwendungen doch einen erheblichen Teil des Anwendungsbereichs aus.[96] Einer grenzüberschreitenden Kontrolle bedarf es auch nicht in den Fällen, in denen ausländische Körperschaften nach § 3 Nr. 4, Nr. 5, Nr. 5a KraftStG oder § 28 Nr. 2 RennwLottG befreit sind, da diese Befreiungen nur punktuell einzelne Tätigkeiten betreffen und an derart enge Voraussetzungen geknüpft sind, dass die Gefahr der fehlenden Durchsetzbarkeit des Steueranspruchs äußerst gering ist.

Wenig nachvollziehbar scheint jedoch der völlige Verzicht auf grenzüberschreitende Kontrollmechanismen bei der Gewerbesteuerbefreiung nach § 3 Nr. 6 GewStG. Zwar wird z. T. vertreten, dass der persönliche Anwendungsbereich der Norm im Einklang mit § 5 Abs. 1 Nr. 9 KStG auszulegen sei, sodass ausländische Körperschaften nur unter den zusätzlichen Voraussetzungen von § 5 Abs. 2 Nr. 2 KStG begünstigt wären.[97] Dagegen spricht aber entscheidend, dass diese Auffassung im Gesetz keine Stütze findet und § 3 Nr. 6 GewStG daher bei zutreffender Auslegung auch für ausländische Körperschaften gilt.[98] Beruft sich eine ausländische Körperschaft auf die Gewerbesteuerbefreiung, sind damit grenzüberschreitende Abkommen zur Sicherung des Steueranspruchs keine Voraussetzung. Ein sachlicher Grund dafür ist nicht ersichtlich. Der Gesetzgeber dürfte die Anwendbarkeit von § 3 Nr. 6 GewStG auf ausländische Körperschaften bisher im Bestreben einer nur punktuellen Umsetzung der EuGH-Rechtsprechung schlicht übersehen haben.

Im Sinne der Systemstringenz und Rechtssicherheit sollte eine Vereinheitlichung im nationalen Recht angestrebt werden, nicht zuletzt, weil die unmittelbare Anwendung meist erst gerichtlich erstritten werden muss.

III. Zwischenfazit: Einzelsteuerliche Auslandsöffnung und Reformoption

Über die Frage, ob ausländische Körperschaften die nationalen gemeinnützigkeitsbezogenen Steuervergünstigungen in Anspruch nehmen können, entscheidet das jeweilige Einzelsteuergesetz. Ein einheitlicher systematischer Ansatz zur Gemeinwohlförderung durch ausländische Körperschaften fehlt.

---

[95] Dazu im Detail oben Teil 2: E. II. 2. und Teil 4: C. II. 2.

[96] Zum Anwendungsbereich in der Praxis *Jülicher*, in: Troll/Gebel/Jülicher/Gottschalk, ErbStG, 6/2025, § 13 Rn. 222, 231.

[97] *Hüttemann*, Gemeinnützigkeitsrecht und Spendenrecht, 6. Aufl. 2025, Rn. 2.120.

[98] Ebenso *Köster*, in: Lenski/Steinberg, GewStG, 9/2025, § 3 Nr. 6 Rn. 10; *Güroff*, in: Glanegger/Güroff, GewStG, 11. Aufl. 2023, § 3 Rn. 21; siehe bereits oben Teil 2: C. II. 2.

Da der erforderliche Mindestgrad an Auslandsöffnung durch das Verbot sitzbezogener Ungleichbehandlungen grundfreiheitlich vorgegeben ist,[99] könnte de lege ferenda über die Frage der Anwendbarkeit der Steuervergünstigungen auf ausländische Körperschaften zentral in der AO entschieden werden, soweit die MwStSystRL nationalen Vorgaben insoweit nicht entgegensteht. Das gleiche gilt für die Voraussetzungen von Spenden an und Tätigkeiten für ausländische Körperschaften. Denkbar wäre etwa ein genereller Vorbehalt, wonach Steuervergünstigungen, die aufgrund der Verfolgung gemeinnütziger, kirchlicher oder mildtätiger Zwecke gewährt werden, auf ausländische Körperschaften nur unter der zusätzlichen Voraussetzung bestehender Amtshilfe- und Beitreibungsabkommen anwendbar sind. Die derzeitige Lösung, nach der über die Voraussetzungen der Anwendbarkeit der Steuervergünstigungen auf ausländische Organisationen innerhalb der einzelnen Vergünstigungsnormen entschieden wird, könnte alternativ beibehalten werden. Dann wäre jedoch eine einzelsteuerübergreifende einheitliche Behandlung vorzugswürdig, indem die Erfordernisse von Amtshilfe- und Beitreibungsabkommen einzelsteuerübergreifend gleich geregelt und rein sitzbezogene Ungleichbehandlungen in allen Einzelsteuergesetzen beseitigt werden.

F. Typologie der Vergünstigungen

Die Einzelsteuergesetze enthalten verschiedene Typen von gemeinnützigkeitsbezogenen Vergünstigungen.[100] Der häufigste Typ ist die sachliche Steuerbefreiung.[101] Daneben gibt es Freigrenzen,[102] Freibeträge,[103] eine verfahrensrechtliche Vergünstigung[104] sowie in der Umsatzsteuer die Steuersatzermäßigung,[105] die Steuervergütung[106] und die Vorsteuerpauschalierung.[107] Das Spendenrecht gewährt einen höhenmäßig begrenzten Abzug von der Bemessungsgrundlage[108] und enthält eine Bewertungsfreiheit.[109]

---

[99] Dazu vertieft oben Teil 2: A. II. 2., vgl. auch *Schmidt*, Europäische Gemeinnützigkeit, 2020, S. 136 ff.

[100] Grundlegend oben Teil 1: F. III.

[101] Hierzu gehören § 5 Abs. 1 Nr. 9 KStG (Teil 2: A. II. 1. a)), § 3 Nr. 6 GewStG (Teil 2: C. II. 1.), §§ 3 Abs. 1 Satz 1 Nr. 3 lit. b, 4 Nr. 2, Nr. 5 GrStG (Teil 2: D. II.), §§ 13 Abs. 1 Nr. 16, Nr. 17, 29 Abs. 1 Nr. 4 ErbStG (Teil 2: E. II. und IV.), § 4 Nr. 15b–29 UStG (Teil 2: F. II.), § 3 Nr. 4, Nr. 5, Nr. 5a KraftStG (Teil 2: G. II.) sowie § 8 Abs. 1 Nr. 1 InvStG (Teil 3: D.).

[102] § 64 Abs. 3 AO, § 28 Nr. 2 RennwLottG (Teil 2: G. I.).

[103] § 3 Nr. 26, Nr. 26a EStG (Teil 3: B. I. 1.).

[104] § 44a Abs. 4 Satz 1, Abs. 7 Satz 1 EStG i. V. m. § 32 Abs. 6 KStG (Teil 3: C.).

[105] § 12 Abs. 2 Nr. 8 lit. a UStG (Teil 2: F. IV.).

[106] § 4a UStG (Teil 2: F. III.).

[107] § 23a UStG (Teil 2: F. V.).

[108] § 10b Abs. 1 Satz 1 EStG, § 9 Abs. 1 Satz 1 Nr. 2 Satz 1 KStG, § 9 Nr. 5 Satz 1 GewStG (Teil 3: A.).

[109] § 6 Abs. 1 Nr. 4 Satz 4 EStG (Teil 3: A. V.).

I. Typen direkter Vergünstigungen

1. Sachliche Steuerbefreiung als Standardinstrument direkter Vergünstigung

Die sachliche Steuerbefreiung ist das Standardinstrument der direkten steuerlichen Entlastung von Körperschaften aufgrund der Übernahme von Gemeinwohlverantwortung. Das liegt an ihrer Funktionsweise. Die steuerliche Förderung staatsentlastend tätiger Körperschaften kann konzeptionell auf zwei Arten erreicht werden. Entweder werden die Grundtatbestände der jeweiligen Einzelsteuern so eng definiert, dass Gemeinwohltätigkeiten von vornherein nicht der Besteuerung unterliegen[110] oder es wird eine Befreiung gewährt. Nichtsteuerbarkeit und Steuerbefreiung sind funktional äquivalent.[111]

Das Gemeinnützigkeitsrecht sieht keine einschränkende Definition der einzelsteuerlichen Grundtatbestände vor, sondern enthält stattdessen Steuerbefreiungen. Diese Struktur ist historisch gewachsen. Gemeinnützigkeitsbezogene Steuerbefreiungen fanden sich bereits im 19. Jahrhundert in den Einzelsteuergesetzen der Länder, die zunächst von den Reichssteuergesetzen übernommen und sodann durch die AO 1977 in die heute bestehende Grundstruktur überführt wurden.[112]

Dass die gemeinnützigkeitsbezogenen Steuerbefreiungen nicht persönlicher, sondern sachlicher Natur sind, liegt daran, dass sie die begünstigte Körperschaft nicht gänzlich von der Steuer ausnehmen.[113] Die Steuerbefreiungen enthalten zur Sicherstellung einer wettbewerbsneutralen Besteuerung jeweils Rückausnahmen für wirtschaftliche Geschäftsbetriebe (partielle Steuerpflicht).[114]

2. Freigrenzen als Vereinfachungsinstrument

Eine Abweichung vom Grundtypus der sachlichen Steuerbefreiung stellen die Freigrenzen in § 64 Abs. 3 AO, § 23a UStG und § 28 Nr. 2 RennwLottG dar. Deren Gemeinsamkeit besteht darin, dass sie sämtliche Tätigkeitsbereiche der gemeinnützigen Körperschaft einschließlich wirtschaftlicher Geschäftsbetriebe betreffen

---

[110] *Droege* spricht von einer „Engführung der Bemessungsgrundlage", vgl. Gemeinnützigkeit im offenen Steuerstaat, 2010, S. 82.

[111] *Droege*, Gemeinnützigkeit im offenen Steuerstaat, 2010, S. 82, siehe bereits oben Teil 1: F. IV.

[112] *Musil*, StuW 2020, 171 ff.; *Hüttemann*, Gemeinnützigkeitsrecht und Spendenrecht, 6. Aufl. 2025, Rn. 1.16.

[113] Näher oben Teil 1: F. III. 1. b).

[114] Grundlegend *Hüttemann*, Gemeinnützigkeitsrecht und Spendenrecht, 6. Aufl. 2025, Rn. 6.74 ff., 6.86 ff.; *Bott*, in: Schauhoff/Kirchhain, Hdb. d. Gemeinnützigkeit, 4. Aufl. 2023, § 8 Rn. 4 f.

und die damit verbundene potentielle Wettbewerbsbeeinträchtigung durch ihre höhenmäßige Begrenzung zu Vereinfachungszwecken kompensieren.[115] Die Freigrenzen dienen dem Gesetzgeber daher als Vereinfachungsinstrument.

3. Umsatzsteuerliche Vergünstigungstypen

Mit der Steuersatzermäßigung (§ 12 Abs. 2 Nr. 8 lit. a UStG), der Steuervergütung (§ 4a UStG) und der Vorsteuerpauschalierung (§ 23a UStG) enthält das Umsatzsteuerrecht eigene Vergünstigungstypen, die sich in anderen Einzelsteuergesetzen nicht finden. Der Grund hierfür liegt im Unionsrecht. Die MwStSystRL gibt den Typus möglicher Vergünstigungen vor.[116]

Gleiches gilt für die Befreiungen nach § 4 Nr. 15b–29 UStG. Hierbei handelt es sich zwar ebenfalls um sachliche Steuerbefreiungen. Sie unterscheiden sich in ihrer Rechtsfolge jedoch insoweit von den übrigen gemeinnützigkeitsbezogenen Befreiungen, als durch den mit ihnen verbundenen Ausschluss des Vorsteuerabzugs (§ 15 Abs. 2 Nr. 1 UStG, Art. 168 MwStSystRL) die Befreiungswirkung erheblich reduziert wird. Nur die eigene – häufig zufällige – Wertschöpfung des Unternehmers bleibt unbesteuert; die Umsatzsteuerbefreiungen haben damit den Charakter von Ermäßigungen.[117]

4. Das Anpassungsinstrument der verfahrensrechtlichen Vergünstigung

Nach § 44a Abs. 4 Satz 1, Abs. 7 Satz 1 EStG ist der Kapitalertragsteuerabzug nicht vorzunehmen, wenn der Gläubiger der Kapitalerträge von der Körperschaftsteuer befreit oder eine gemeinnützige Organisation ist. Die Norm betrifft das Verfahrensrecht und bewirkt, dass die Kapitalertragsteuer gar nicht erst erhoben wird, wenn sie sodann wieder erstattet werden müsste.[118] Diese Vergünstigung dient somit der Anpassung des Verfahrensrechts an das materielle Steuerrecht.

---

[115] Vgl. bereits oben Teil 4: B. III.

[116] Art. 146 Abs. 1 lit. c, Abs. 2 MwStSystRL gestattet die Steuervergütung nach § 4a UStG, Art. 98, Anh. III Nr. 15 MwStSystRL ist die Ermächtigungsgrundlage für den ermäßigten Steuersatz nach § 12 Abs. 2 Nr. 8 UStG und die Vorsteuerpauschalierung nach § 23a UStG beruht auf Art. 281 MwStSystRL.

[117] *Jacobs*, Umsatzsteuer und Gemeinnützigkeit, 2009, S. 52 f.; *Englisch*, in: Tipke/Lang, Steuerrecht, 25. Aufl. 2024, Rn. 17.206; näher oben Teil 2: F. II. 5. b).

[118] *Bleschick*, in: Kirchhof/Seer, EStG, 24. Aufl. 2025, § 44a Rn. 1.

II. Typen indirekter Vergünstigungen

1. Der Spendenabzug als Instrument leistungsfähigkeitsgerechter Besteuerung

Der begrenzte Abzug der Spende von der ertragsteuerlichen Bemessungsgrundlage ist das Grundmodell steuerlicher indirekter Gemeinwohlförderung. Der Spendenabzug trägt so der geminderten Leistungsfähigkeit des Spenders Rechnung und honoriert die Spende als steuerähnliche Leistung.[119] Die quantitative Begrenzung des Spendenabzugs dient der Sicherung der Staatsfinanzierung. Es wird nur ein „Anteil der Einkommensteuerlast des Steuerpflichtigen quotal zur Substitution freigegeben".[120]

2. Bewertungsprivileg

Das Buchwertprivileg nach § 6 Abs. 1 Nr. 4 Satz 4 EStG gestattet es Steuerpflichtigen, die ein Wirtschaftsgut aus ihrem Betriebsvermögen an eine gemeinnützige Körperschaft überführen, dieses mit dem Buchwert anzusetzen. Das verhindert die Besteuerung der stillen Reserven, die anderenfalls bei derartigen Entnahmen für betriebsfremde Zwecke einträte. Diese einzige gemeinnützigkeitsbezogene Steuervergünstigung des Bewertungsrechts ergänzt den (Sach-)Spendenabzug,[121] der aufgrund der Höchstbeträge gerade bei Sachspenden von höherem Wert nicht immer ausreicht, die Belastungswirkung der Entnahmebesteuerung zu kompensieren.[122] Hierzu bedurfte es einer bewertungsrechtlichen Vergünstigung, weil die Entnahme ein Gewinnrealisierungstatbestand ist und eine grundsätzliche Bewertung mit dem Teilwert vorgesehen ist.[123]

3. Die Freibeträge (§ 3 Nr. 26, Nr. 26a EStG)

§ 3 Nr. 26, Nr. 26a EStG sehen Freibeträge für Einkünfte aus nebenberuflichen Tätigkeiten für gemeinnützige Körperschaften vor.[124] Die nebenberufliche Tätigkeit wird (nur) mithilfe von Freibeträgen gefördert, weil sich eine vollständige

---

[119] Zur Rechtfertigung des Spendenabzugs im Einzelnen oben Teil 3: A. I.; vgl. wie hier auch *Vogel*, StuW 1977, 97, 108 f.; Gutachten der Unabhängigen Sachverständigenkommission zur Prüfung des Gemeinnützigkeits- und Spendenrechts, BMF-Schriftenreihe, Heft 40, 1988, S. 228 f.; *Geserich*, Privater und gemeinwohlwirksamer Aufwand im System der deutschen Einkommensteuer und des europäischen Rechts, 1999, S. 22, 44 f.

[120] *Seer*, DStJG 26 (2003), 11, 44.

[121] Vgl. insbesondere BT-Drs. 12/4487, S. 33: „Zusammenhang mit § 10b EStG".

[122] *Seer*, GmbHR 2008, 785.

[123] Vgl. § 6 Abs. 1 Nr. 4 Satz 1, Abs. 1 Satz 3 EStG; *Werndl*, in: Kirchhof/Kube/Mellinghoff, EStG, 8/2025, § 6 Rn. A 5, E 45.

[124] Hierzu näher oben Teil 3: B. I.

Befreiung aller Tätigkeiten für gemeinnützige Körperschaften nicht rechtfertigen ließe. Denn der Steuerpflichtige handelt bei der Erzielung von Einnahmen regelmäßig eigennützig. Die Freibeträge sind damit Ausdruck einer Entscheidung für einen förderungswürdigen Bereich grundsätzlich marktrelevanter Tätigkeiten, die sich trotz Gewinnerzielungsabsicht und Entgeltlichkeit ihrem sozialen Sinn nach als Teilnahme an der Gemeinwohlverwirklichung darstellen.[125]

III. Zwischenergebnis: Vergünstigungstypen und ihr Hintergrund

Sachliche Steuerbefreiungen sind das Standardinstrument direkter steuerlicher Gemeinwohlförderung. So wird das Steuerobjekt auf wettbewerbssensible Bereiche reduziert. Der Spendenabzug ist der Grundtyp indirekter Vergünstigungen. Durch den Abzug von der Bemessungsgrundlage wird die geminderte Leistungsfähigkeit berücksichtigt, wobei die höhenmäßige Begrenzung des Spendenabzugs der Sicherstellung der Staatsfinanzierung dient.

Abweichungen von diesen Vergünstigungstypen sind nicht zufällig gewählt, sondern systematisch begründbar. So dienen die Freigrenzen der Vereinfachung, verfahrensrechtliche Vergünstigungen der Anpassung des Steuerverfahrens an das materielle Steuerrecht, das Buchwertprivileg der Vermeidung der Entnahmebesteuerung und die Freibeträge in § 3 Nr. 26, Nr. 26a EStG der Abgrenzung eines förderungswürdigen Bereichs marktrelevanter Tätigkeiten, die sich ihrem sozialen Sinn nach als Teilnahme an der Gemeinwohlverwirklichung darstellen. Umsatzsteuerliche Besonderheiten sind durch das Unionsrecht vorgegeben.

G. Kategorien der Abweichungen von einzelsteuerübergreifenden Grundstrukturen

I. Die Grundstruktur der gemeinnützigkeitsbezogenen Steuervergünstigungen

Bei den meisten gemeinnützigkeitsbezogenen Steuervergünstigungen konnte die folgende Grundstruktur identifiziert werden:

Auf der Tatbestandsseite wird an den Zweckkatalog nach §§ 52–54 AO angeknüpft. Insoweit besteht eine einzelsteuerübergreifende Zweckkongruenz. Weiter sind regelmäßig Rückausnahmen für wirtschaftliche Geschäftsbetriebe von der Ver-

---

[125] *Jachmann*, in: Igl, Rechtliche Rahmenbedingungen bürgerschaftlichen Engagements, 2002, S. 249.

günstigung vorgesehen. Drittens ist grundsätzlich Voraussetzung, dass die (direkt oder indirekt) begünstigte Organisation eine Körperschaft i. S. v. § 51 Abs. 1 Satz 2 AO ist. Die Steuervergünstigungen sind insoweit organisationsbezogen. Viertens sind die Vergünstigungen grundsätzlich rechtsformneutral, differenzieren also nicht zwischen verschiedenen Körperschaften.

Auf der Rechtsfolgenseite war bei direkten Steuervergünstigungen die (teilweise) Ausnahme des Steuerobjekts (sachliche Steuerbefreiung), bei indirekten Steuervergünstigungen der höhenmäßig begrenzte Abzug von der Bemessungsgrundlage (Spendenabzug) als Grundtyp steuerlicher Gemeinwohlförderung zu identifizieren.

II. Kategorisierung der Abweichungen

Die meisten Abweichungen einzelner Steuervergünstigungen von der Grundstruktur sind systematisch konsequent begründbar und lassen sich einer der folgenden Kategorien zuordnen: Eine Abweichung kann unionsrechtlich bedingt sein, aus dem Belastungsgrund der Einzelsteuer folgen, sich aus der Natur der Steuervergünstigung ergeben oder durch besondere gesetzgeberische Zielsetzungen veranlasst sein. Einige Abweichungen sind jedoch auch schlicht einer fehlenden Gesamtkonzeption geschuldet.

1. Unionsrecht und Belastungsgrund

Die Besonderheiten der umsatzsteuerlichen Vergünstigungen sind unionsrechtlich vorgegeben. Das betrifft im Einzelnen die fehlende Zweckkongruenz der Umsatzsteuerbefreiungen und der Umsatzsteuervergütung mit dem allgemeinen Gemeinnützigkeitsrecht[126] und die vom Grundtypus der sachlichen Steuerbefreiung abweichenden Vergünstigungstypen (Steuersatzermäßigung, Steuervergütung, Vorsteuerpauschalierung).[127] Unionsrechtlich und zugleich durch den Belastungsgrund der Umsatzsteuer vorgegeben sind außerdem die fehlende Rückausnahme für wirtschaftliche Geschäftsbetriebe[128] und die fehlende Organisationsbezogenheit,[129] da das Gemeinwohlförderkonzept im System einer auf die Belastung des privaten Endverbrauchs ausgerichteten Umsatzsteuer leistungsbezogen ausgestaltet sein muss.[130]

---

[126] Teil 4: A. II.
[127] Teil 4: F. I. 3.
[128] Teil 4: B. I. 2.
[129] Teil 4: C. I.
[130] Vgl. bereits *Schmölders*, Die Umsatzsteuern, 1966, S. 14.

2. Abweichungen aufgrund der Natur der Sache

Einzelsteuerübergreifende Strukturen können da nicht verfolgt werden, wo dies mit der Natur der Steuervergünstigung nicht zu vereinbaren wäre. Deshalb war bei den Vergünstigungen der Finanzierungsseite (Zuwendungen an gemeinnützige Körperschaften) festzustellen, dass diese keine Rückausnahmen für wirtschaftliche Geschäftsbetriebe enthalten können. Grund ist die fehlende Zuordenbarkeit einer Zuwendung zu einer Vermögenssphäre der Körperschaft.[131] Dieser Kategorie gehört auch das Buchwertprivileg nach § 6 Abs. 1 Nr. 4 Satz 4 EStG an. Einer bewertungsrechtlichen Vergünstigung bedurfte es, um den Eigenheiten der Entnahmebesteuerung zu begegnen.[132]

3. Besondere gesetzgeberische Zielsetzungen

Die Steuervergünstigungen begnügen sich nicht immer mit einer reinen Umsetzung der von der AO vorgegebenen Grundstrukturen. Einige einzelsteuerliche Besonderheiten beruhen auf besonderen Erwägungen, die darüber hinausgehen, d. h. zusätzliche Möglichkeiten der Gemeinwohlförderung schaffen, oder dahinter zurückbleiben, d. h. die steuerliche Gemeinwohlförderung auf einen engeren Bereich zuschneiden.

Eine über die Vorgaben der AO hinausgehende steuerliche Förderung ermöglichen zum einen die Vereinfachungszwecknormen, die auch wirtschaftliche Geschäftsbetriebe erfassen (§ 64 Abs. 3 AO, § 28 Nr. 2 RennwLottG, § 23a UStG).[133] Zum anderen gewährt § 13 Abs. 1 Nr. 17 ErbStG eine zusätzliche Befreiung, die insbesondere bei Zuwendungen ins Ausland und bei Irrtümern über die satzungsmäßigen Zwecke der Empfängerkörperschaft greift.[134] Des Weiteren besteht mit dem spendenrechtlichen Stiftungsprivileg ein erhöhter Spendenabzug, der rechtsformbedingten Finanzierungsnachteilen begegnen soll.[135]

Hinter den von der AO vorgesehenen Grundstrukturen bleiben dagegen solche Steuervergünstigungen zurück, die lediglich eine punktuelle Gemeinwohlförderung anerkennen. Hierzu gehören § 4 Nr. 2, Nr. 5 GrStG und § 3 Nr. 4, Nr. 5, Nr. 5a KraftStG, die nicht organisationsbezogen sind und nur die Verfolgung bestimmter Zwecke privilegieren.[136] § 4 Nr. 2, Nr. 5 GrStG eröffnen zusätzliche Möglichkeiten

[131] Teil 4: B. II.
[132] Teil 4: F. II. 2.
[133] Teil 4: B. III.
[134] Teil 4: C. II. 2.; zum Anwendungsbereich auch *Jülicher*, in: Troll/Gebel/Jülicher/Gottschalk, ErbStG, 6/2025, § 13 Rn. 222.
[135] Teil 3: A. VI.; Teil 2: E. IV. 2.; Teil 4: D.
[136] Teil 4: A. III.; Teil 4: B. I. 2.; Teil 4: C. II. 1.

der Gemeinwohlförderung neben § 3 Abs. 1 Satz 1 Nr. 3 lit. b GrStG.[137] Die Befreiungen im KraftStG sind bereits durch den besonders engen Bezug auf den Belastungsgrund der Kraftfahrzeugsteuer begrenzt.[138] Die nachträgliche Befreiung von der Erbschaft- und Schenkungsteuer nach § 29 Abs. 1 Nr. 4 ErbStG ist auf Stiftungen beschränkt, was der Behebung von rechtsformbedingten Finanzierungsnachteilen dienen soll.[139]

4. Abweichungen aufgrund fehlender stringenter Gesamtkonzeption

Einige einzelsteuerliche Abweichungen folgen keinem stringenten einzelsteuerübergreifenden Regelungskonzept.

Hierzu gehört zunächst die Zweckinkongruenz bei der nachträglichen Befreiung von der Erbschaft- und Schenkungsteuer (§ 29 Abs. 1 Nr. 4 Satz 1 ErbStG) sowie bei der Abziehbarkeit von Mitgliedsbeiträgen (§ 10b Abs. 1 Satz 8 EStG, § 9 Abs. 1 Satz 8 KStG, § 9 Nr. 5 Satz 12 GewStG).[140] Die Entscheidung über die Förderungswürdigkeit der Zwecke müsste allgemein in der AO und nicht gesondert im Einzelsteuergesetz erfolgen.

Weiter beruht das Regelungskonzept hinsichtlich der verschiedenen Anforderungen, die an ausländische Körperschaften gestellt werden, nicht auf stringenten Erwägungen, sondern besteht im Wesentlichen in einer punktuellen Umsetzung der EuGH-Rechtsprechung.[141]

Die Rechtsformneutralität wird z. T. ebenfalls nicht folgerichtig umgesetzt. Das betrifft den gleichheitswidrigen Ausschluss von Körperschaften von dem zusätzlichen Abzug von Vermögensstockspenden.[142] Soweit Stiftungen besonders privilegiert werden, namentlich durch die Beschränkung der nachträglichen Erbschaft- und Schenkungssteuerbefreiung nach § 29 Abs. 1 Nr. 4 ErbStG auf Zuwendungen an Stiftungen oder die zusätzliche Abziehbarkeit von Vermögensstockspenden nach § 10b Abs. 1a EStG, steht dahinter zwar der gleichheitskonforme Ansatz, rechtsformbedingten Finanzierungsnachteilen zu begegnen. Systematisch zwingend sind diese Abweichungen gleichwohl nicht. Insbesondere bei § 29 Abs. 1 Nr. 4 ErbStG ist der Ausschluss anderer Empfängerkörperschaften der systematischen Stringenz des Gemeinnützigkeitsrechts nicht zuträglich.

Eher regelungstechnischer als inhaltlicher Natur ist schließlich die grundsteuerliche Besonderheit, dass die Wettbewerbsneutralität nicht durch eine Rückausnahme

[137] § 3 GrStG ist lex specialis, vgl. BT-Drs. VI/3418, S. 80; *Spak*, in: Winheller/Geibel/Jachmann-Michel, Gesamtes Gemeinnützigkeitsrecht, 3. Aufl. 2023, § 4 GrStG Rn. 1.
[138] Teil 2: G. II.
[139] Teil 2: E. IV. 2.
[140] Teil 4: A. I.
[141] Teil 4: E. II. 3.
[142] Teil 4: D.; Teil 3: A. VI.

wirtschaftlicher Geschäftsbetriebe von der Steuerbefreiung nach § 3 Abs. 1 Satz 1 Nr. 3 lit. b GrStG gewährleitet wird, sondern durch das zusätzliche Kriterium der unmittelbaren Nutzung zu Gemeinwohlzwecken. Im Sinne einheitlicher Regelungstechnik wäre eine dahingehende Angleichung an das von § 64 Abs. 1 AO vorgesehene Grundkonzept der partiellen Steuerpflicht erwägenswert.[143]

H. Gemeinwohlförderung im Vielsteuersystem

Die gemeinnützigkeitsbezogenen Steuervergünstigungen sind nach gegenwärtiger Rechtslage in den verschiedenen Einzelsteuergesetzen geregelt. Gleichzeitig sind sie Teil des Systems „Gemeinnützigkeitsrecht" und weisen zahlreiche einzelsteuerübergreifende Strukturen auf. Die grundsätzliche Aufteilung zwischen Gemeinnützigkeitstatbestand in einem allgemeinen Gesetz (AO) und Rechtsfolge (Steuervergünstigung im Einzelsteuergesetz) ist nicht zwingend vorgegeben. Denkbar und erwägenswert wäre etwa auch eine eigenes Gemeinnützigkeitsgesetz, in dem das Steuerrecht der gemeinnützigen Organisationen zusammengefasst wäre.[144] Hierzu sollen einige Überlegungen angestellt werden.

I. Grundsätzliche Berechtigung der „Vielsteuerlösung"

Das derzeitige Regelungssystem des steuerlichen Gemeinnützigkeitsrechts folgt dem grundsätzlichen Aufbau des deutschen Vielsteuersystems – d. h. der Aufteilung der Steuerlasten auf verschiedene Steuergüter[145] – in verschiedenen Einzelsteuergesetzen. Dieser Aufbau hat sich bewährt und wird auch nicht weiter kritisiert.[146] Dabei birgt die Aufteilung einer Rechtsmaterie auf verschiedene Gesetze durchaus die Gefahr fehlender Stringenz und Einheitlichkeit.[147]

1. Regelungsstandort als Frage äußerer Systematik

Die Frage des Standortes des Gemeinnützigkeitsrechts betrifft lediglich die formale Stoffanordnung des Rechts und damit die äußere Systematisierung.[148] Die Ausgliederung gemeinwohlbezogener Steuernormen in ein einheitliches steuerliches Gemeinnützigkeitsgesetz hätte für sich genommen noch keinen Einfluss auf

---

[143] Teil 4: B. I. 3.
[144] Vgl. *Hüttemann*, Gutachten G zum 72. DJT, 2018, G 20.
[145] Zum Vielsteuersystem näher *Tipke*, Die Steuerrechtsordnung, Bd. 2, 2. Aufl. 2003, S. 572 f., S. 1213 ff.
[146] *Musil*, in: Hübschmann/Hepp/Spitaler, AO/FGO, 9/2025, Vorbem. zu §§ 51–68 AO Rn. 18.
[147] Siehe Teil 4: G. II. 4. für eine Aufzählung der Unstimmigkeiten.
[148] Vgl. *Hey*, in: Tipke/Lang, Steuerrecht, 25. Aufl. 2024, Rn. 3.5.

die innere Regelungssystematik, weil ein solches Gesetz unweigerlich Vorschriften enthielte, die sachlich Teil der verschiedenen Einzelsteuersysteme (Ertragsteuern, Umsatzsteuer, usw.) wären. Ein steuerliches Gemeinnützigkeitsgesetz müsste mithin die einzelsteuerliche Systematik nachvollziehen. Aus diesem Grund musste auch der Entwurf eines einheitlichen Steuergesetzbuches seinerseits in Abschnitte zu verschiedenen Steuerarten unterteilt werden.[149]

Wenn aber ein einheitliches steuerliches Gemeinnützigkeitsgesetz die einzelsteuerlichen Systeme abbildete, indem es lediglich die derzeitigen gemeinnützigkeitsbezogenen Steuervergünstigungen zusammenfasste, gäbe es keinen Gewinn an Systemstringenz und Einheitlichkeit. Folgerichtige Systematik ist keine Frage eines gesonderten Gesetzes, sondern einer durchdachten Gesamtkonzeption. Wo es daran fehlt, kann auch ein eigenes Gesetz keine Abhilfe schaffen.

2. Gemeinnützigkeit und Belastungsgrund

Ein separates steuerliches Gemeinnützigkeitsgesetz würde dann einen systematischen Mehrwert bieten, wenn die spezifischen Merkmale gemeinnütziger Tätigkeiten von Körperschaften auch für die Belastungsgründe der Einzelsteuern von Bedeutung sind.[150] In diesem Fall könnte eine übergreifende Steuervergünstigung geschaffen werden, die sich in die innere Systematik der Einzelsteuergesetze einfügte.

Die Tätigkeiten gemeinnütziger Körperschaften substituieren grundsätzlich staatliches Handeln.[151] Gleichwohl können diese Tätigkeiten den Grundtatbestand einer Einzelsteuer erfüllen und dem einzelsteuerlichen Belastungsgrund entsprechend besteuert werden. So erhöht sich die wirtschaftliche Leistungsfähigkeit einer gemeinnützigen Körperschaft durchaus, wenn sie etwa Erträge erwirtschaftet oder beschenkt wird.[152] Hieran ändert das Gewinnausschüttungsverbot (§ 55 Abs. 1 Nr. 1 Satz 2 AO) nichts, welches als zentrales Kriterium aller Non-Profit-Organisationen begriffen werden kann.[153] Denn nach der geltenden Regelungskonzeption der Ertragsteuern beeinflusst die Einkommensverwendung die Erhöhung wirtschaftlicher Leistungsfähigkeit, aufgrund derer der Besteuerungszugriff erfolgt, nicht.[154] Staatssubstitution und Gewinnausschüttungsverbot stehen auch einer Belastung der gemeinnützigen Körperschaften mit anderen Steuern nicht im Wege. So ist es

---

[149] *Kirchhof*, Bundessteuergesetzbuch – Ein Reformentwurf zur Erneuerung des Steuerrechts, 2011.

[150] *Hüttemann*, KSzW 2014, 158, 159 spricht vom zentralen Kriterium von NPOs.

[151] Siehe dazu oben Teil 1: B.

[152] Ebenso *Hüttemann*, KSzW 2014, 158, 160 f. Siehe für die Körperschaftsteuer auch oben Teil 2: A. I. 2., für die Erbschaft- und Schenkungsteuer Teil 2: E. I. 2.

[153] *Hüttemann*, KSzW 2014, 158, 159.

[154] Stv. BFH, Urt. v. 12. 10. 2011, I R 102/10, BStBl. II 2014, 484, Rn. 13; *Mychajluk*, in: Bordewin/Brandt/Bode, EStG, 11/2025, § 2 Rn. 46.

etwa für den Grundtatbestand der Grundsteuer unerheblich, zu welchem Zweck ein Grundstück genutzt wird.[155] Die Umsatzsteuer kann schließlich systemkonform überhaupt nicht an Merkmale des Unternehmers anknüpfen, weshalb das Gewinnausschüttungsverbot mit dem umsatzsteuerlichen Belastungsgrund nichts zu tun hat. Gewinnerzielungsabsicht ist noch nicht einmal Voraussetzung für die umsatzsteuerliche Unternehmereigenschaft (§ 2 Abs. 1 Satz 3 UStG).

Hieraus folgt, dass die Tätigkeiten gemeinnütziger Körperschaften keinen unmittelbaren Bezug zu den einzelsteuerlichen Belastungsgründen haben. Ein eigenes Gemeinnützigkeitsgesetz müsste daher die bestehenden Unterschiede der gemeinnützigkeitsbezogenen Steuervergünstigungen weitgehend übernehmen. Eine vollständig einheitliche direkte Befreiung gemeinnütziger Organisationen würde sich auf verschiedene Steuerarten erstrecken und somit Teil verschiedener Steuersysteme sein. Ihre konstitutive Reichweite würde dann vom Grundtatbestand der Einzelsteuern abhängen und sich je nach Steuerart unterscheiden. Für einzelsteuerliche Besonderheiten bliebe außerdem kein Raum. Zu denken ist etwa an den rückwirkenden Entfall der Erbschaft- und Schenkungsteuer nach § 13 Abs. 1 Nr. 16 lit. b Satz 2 ErbStG, der ihrem Charakter als Stichtagsteuer geschuldet ist.[156] Unionsrechtlich wäre eine einheitliche Vergünstigung gemeinnütziger Körperschaften für die Umsatzsteuer zudem untersagt. Wenn aber ein mögliches Gemeinnützigkeitsgesetz systematisch oder unionsrechtlich bedingte Eigenarten der Vergünstigungen der Einzelsteuergesetze ohnehin übernehmen müsste, ist der Sinn eines solchen Vorhabens kaum mehr erkennbar. Auch im abgeschafften Wohnungsgemeinnützigkeitsgesetz,[157] waren keine Steuerbefreiungen vorgesehen. Die steuerliche Vergünstigung der betreffenden Wohnungsunternehmen wurde durch einzelsteuerliche Regelungen erreicht (§ 5 Abs. 1 Nr. 10 KStG a. F., § 3 Nr. 15 GewStG a. F., § 3 Nr. 17 Abs. 1 Satz 3 VStG, § 36 Abs. 2 GrStG a. F.).[158]

Ein Vergleich mit dem REITG,[159] in dem die steuerliche Behandlung von Immobilien-Aktiengesellschaften ausgegliedert und separat geregelt wurde, zeigt ebenfalls, dass ein eigenes steuerliches Gemeinnützigkeitsgesetz keinen systematischen Mehrwert mit sich brächte. Die Immobilien-Aktiengesellschaften sind nur von der Körperschaft- und der Gewerbesteuer befreit, nicht aber von Umsatz-, Verkehr- oder Substanzsteuern (§ 16 Abs. 1 REITG).[160] Das erleichtert eine einheitliche steuerliche Regelung in einem eigenen Gesetz erheblich. Beschränkten sich die gemeinnützigkeitsbezogenen Steuervergünstigungen auf eine Körperschaft- und

[155] Siehe Teil 2: D. I.

[156] Siehe Teil 2: E. II. 1. b).

[157] Steuerreformgesetz 1990 v. 25. 7. 1988, BGBl. I 1988, 1093.

[158] Die Wohngemeinnützigkeit wurde zum 1. 1. 2025 als eigener Gemeinwohlzweck in § 52 Abs. 2 Satz 1 Nr. 27 AO durch das JStG 2024 v. 2. 12. 2024 eingeführt (BGBl. I 2024, Nr. 387), was mit dem alten Wohnungsgemeinnützigkeitsgesetz jedoch nichts zu tun hat, *Hüttemann/Schauhoff*, DB 2024, 1982.

[159] Vgl. zu dieser Idee *Hüttemann*, Gutachten G zum 72. DJT, 2018, G 20.

[160] *Helios*, in: Helios/Wewel/Wiesbrock, REIT-Gesetz, 2008, § 16 Rn. 10, 21.

Gewerbesteuerbefreiung, wäre ein einheitliches Gemeinnützigkeitsgesetz ebenfalls eher vorstellbar, weil sowohl die Körperschaft- als auch die Gewerbesteuer erwirtschaftetes Markteinkommen belasten[161] und § 5 Abs. 1 Nr. 9 KStG mit § 3 Nr. 6 GewStG beinahe deckungsgleich ist.[162]

II. Vereinheitlichungsperspektiven

Im derzeitigen Regelungsgefüge stellt sich die Frage danach, welche Elemente der gemeinnützigkeitsbezogenen Steuerbefreiungen einzelsteuerübergreifend zu regeln sind und welche den Einzelsteuergesetzen vorbehalten bleiben sollten.

1. Übergreifende Aspekte

Die AO ist allgemein der richtige Standort für Regelungen, die die gemeinnützigen Akteure unabhängig von der jeweiligen einzelsteuerlichen Rechtsfolge betreffen. Dazu gehören mindestens die Anforderungen an den Gemeinnützigkeitsstatus als solchen. Das schließt insbesondere den gemeinnützigen Zweckkatalog mit ein. Die Entscheidung über die grundsätzliche Förderungswürdigkeit bestimmter Tätigkeiten sollte zentral in der AO erfolgen, was einzelsteuerliche Unterscheidungen zwischen den Zwecken obsolet machte.[163] Gleiches gilt für die Wettbewerbsneutralität. Das geltende Recht sieht mit §§ 64–68 AO bereits einen einheitlichen Ansatz vor, der nur da durchbrochen wird, wo die Wettbewerbsneutralität anderweitig verwirklicht wird (Reduktion der Vergünstigung auf bestimmte Tätigkeiten, Zuwendungen, Vereinfachung).[164] Auf diese Weise wird das einzelsteuerübergreifende Erfordernis einer wettbewerbsneutralen Besteuerung folgerichtig umgesetzt, sodass eine weitere Vereinheitlichung nicht angezeigt ist.

Anders ist es bei der Frage des Organisationsbezugs und der Rechtsformneutralität des Gemeinnützigkeitsrechts. § 51 Abs. 1 Satz 2 AO definiert bereits diejenigen Rechtsformen, die den Gemeinnützigkeitsstatus erlangen können. Eine weitergehende Unterdifferenzierung mag zwar verfassungsrechtlich z. T. haltbar sein, fördert aber nicht die Systemstringenz des Gemeinnützigkeitsrechts.[165] Insoweit bietet sich eine Vereinheitlichung zumindest in Bezug auf die nachträgliche Befreiung

---

[161] Vgl. *Hey*, FS Herzig 2010, S. 7, 16; *Güroff*, in: Glanegger/Güroff, 11. Aufl. 2023, GewStG, § 1 Rn. 12.

[162] Vgl. oben Teil 2: C. IV.

[163] Das gilt für § 29 Abs. 1 Nr. 4 ErbStG (siehe Teil 2: E. IV. 1.) sowie § 10b Abs. 1 Satz 8 EStG (siehe Teil 3: A. III.).

[164] Siehe Teil 4: B.

[165] Das betrifft insbesondere das Stiftungsprivileg in § 29 Abs. 1 Nr. 4 ErbStG (Teil 2: E. IV. 2.).

von der Erbschaft- und Schenkungsteuer nach § 29 Abs. 1 Nr. 4 ErbStG und die fehlende Möglichkeit von Körperschaften, Vermögensstockspenden zu leisten, an.[166]

Eine weitere Vereinheitlichungsperspektive bietet die Anwendung der gemeinnützigkeitsbezogenen Steuervergünstigungen auf ausländische Körperschaften. Sitzbezogene Diskriminierungen sind unionsrechtlich unzulässig, der nationale Gesetzgeber darf jedoch die Partizipation ausländischer Körperschaften an den gemeinnützigkeitsbezogenen Steuervergünstigungen davon abhängig machen, dass diese die Anforderungen des deutschen Gemeinnützigkeitsrechts erfüllen und geeignete Amtshilfe- und Beitreibungsabkommen bestehen.[167] Das gilt für alle Einzelsteuern gleichermaßen. Daher könnte zentral in der AO über die Anwendbarkeit der Steuervergünstigungen auf ausländische Körperschaften, respektive den Voraussetzungen von Spenden an und Tätigkeiten für ausländische Körperschaften, entschieden werden.

Ein vierter Aspekt betrifft schließlich die einheitliche Entscheidungsfindung über die Gemeinnützigkeit. Nach derzeitiger Rechtslage entscheidet das für die jeweilige Einzelsteuer zuständige Finanzamt über die Steuervergünstigung und damit inzident über den Gemeinnützigkeitsstatus.[168] Eine teilweise verfahrensrechtliche Vereinheitlichung wurde 2013 durch § 60a AO erreicht, wonach die satzungsmäßigen Voraussetzungen (§§ 51, 59, 60, 61 AO) gesondert durch Grundlagenbescheid festgestellt werden.[169] Über die tatsächliche Geschäftsführung einschließlich etwaiger wirtschaftlicher Geschäftsbetriebe und Zweckbetriebe wird jedoch nicht einheitlich entschieden.[170] Diese Entscheidung bleibt weiterhin den jeweiligen Finanzämtern im Veranlagungsverfahren vorbehalten und betrifft spezifisch gemeinnützigkeitsrechtliche Fragen. Wenn allerdings verschiedene Finanzbehörden inhaltlich über dieselbe Sache entscheiden, ist eine konsequente praktische Anwendung der allgemeinen Anforderungen an den Gemeinnützigkeitsstatus nicht vollständig vorhanden. Aus diesem Grund wurde bereits mehrfach gefordert, ein gesondertes Anerkennungsverfahren einzuführen.[171] Dieser Forderung ist beizupflichten. Über die Erfüllung der Gemeinnützigkeitsvoraussetzungen sollte einheitlich mit Bindungswirkung entschieden werden.

---

[166] Siehe bereits oben Teil 2: E. IV. 2. sowie Teil 3: A. VI. 2.

[167] Siehe im Detail oben Teil 2: A. II. 2.

[168] Stv. *Bott*, in: Schauhoff/Kirchhain, Hdb. d. Gemeinnützigkeit, 4. Aufl. 2023, § 10 Rn. 1.

[169] Ehrenamtsstärkungsgesetz v. 21. 3. 2013, BGBl. I 2013, 556.

[170] *Hüttemann*, Gemeinnützigkeitsrecht und Spendenrecht, 6. Aufl. 2025, Rn. 7.19.

[171] Gutachten der Unabhängigen Sachverständigenkommission zur Prüfung des Gemeinnützigkeits- und Spendenrechts, BMF-Schriftenreihe, Heft 40, 1988, S. 266, 317; *Jachmann*, in: Igl, Rechtliche Rahmenbedingungen bürgerschaftlichen Engagements, 2002, S. 232; *Hüttemann*, Gemeinnützigkeitsrecht und Spendenrecht, 6. Aufl. 2025, Rn. 7.4 ff.

2. Einzelsteuerliche Spezifika

Den Einzelsteuergesetzen vorbehalten ist nach der gegenwärtigen und zu befürwortenden grundsätzlichen Regelungsstruktur zunächst die Anordnung der Rechtsfolge der Vergünstigungen. Das schließt die Entscheidung über den Umfang der Vergünstigung sowie über den Vergünstigungstypus mit ein. Damit einher geht außerdem die Integration der Vergünstigungsnorm in die einzelsteuerliche Binnensystematik.

Vor diesem Hintergrund können etwa die Technik des Spendenabzugs oder die Höhe der einzelsteuerlichen Freibeträge und Freigrenzen grundsätzlich nicht allgemein in der AO normiert werden. Ausnahmen hiervon sind jedoch nicht zu beanstanden, wenn eine Vergünstigung mehrere Steuerarten betrifft, wie es bei der Besteuerungsgrenze nach § 64 Abs. 3 AO der Fall ist. Die Einzelsteuergesetze sind darüber hinaus der richtige Regelungsstandort, wenn besondere Zielsetzungen verfolgt werden, die auf eine Steuerart beschränkt sind. Zu denken ist etwa an die Befreiungen nach §§ 13 Abs. 1 Nr. 17, 29 Abs. 1 Nr. 4 ErbStG,[172] durch die die Zuwendungsbereitschaft gefördert werden oder an die Befreiungen des KraftStG, die die steuerliche Gemeinwohlförderung auf unmittelbar mit der Straßennutzung zusammenhängende Aktivitäten beschränken.[173]

In den Einzelsteuergesetzen sind naturgemäß auch solche Aspekte zu verorten, die durch den Belastungsgrund oder erhebungstechnische Besonderheiten der Einzelsteuer bedingt sind. Hierzu gehören beispielsweise die Berücksichtigung der Stichtagsbezogenheit der Erbschaft- und Schenkungsteuer durch den nachträglichen Wegfall der Befreiung,[174] der umsatzsteuerliche leistungsbezogene Befreiungskatalog[175] oder die Steuersatzermäßigung.[176] Gleiches gilt allgemein für unionsrechtliche Vorgaben, die nur eine Steuerart betreffen, wie es bei der Umsatzsteuer durchweg der Fall ist.

III. Zwischenergebnis: Regelungstechnische Integration des Gemeinnützigkeitsrechts in die Steuerrechtsordnung

Solange das deutsche Vielsteuersystem durch verschiedene Einzelsteuergesetze umgesetzt wird, besteht kein Anlass, das gesamte Gemeinnützigkeitsrecht einschließlich aller gemeinnützigkeitsbezogener Steuervergünstigungen in ein einheitliches Gesetz auszugliedern. Dieses Vorgehen beträfe allein die äußere Ordnung des Regelungsstoffes und kann damit fehlende innere Systemstringenz nicht

[172] Siehe Teil 2: E. II. 2. sowie Teil 2: E. IV.
[173] Vgl. Teil 2: G. II. 1.
[174] Siehe Teil 2: E. II. 1. b).
[175] Dazu Teil 2: F. II.
[176] Dazu Teil 2: F. IV.

ersetzen. Eine einheitliche einzelsteuerübergreifende Steuervergünstigung ist aufgrund der unterschiedlichen Belastungsgründe und des Unionsrechts nicht system- und richtlinienkonform umzusetzen.

Vereinheitlichungsperspektiven bieten der Zweckkatalog, die Auslandsöffnung, die Rechtsformneutralität und das Verfahrensrecht, namentlich die Möglichkeit einer einheitlichen Entscheidung über den Gemeinnützigkeitsstatus. Den Einzelsteuergesetzen vorbehalten sind neben der grundsätzlichen Rechtsfolgenanordnung auch der binnensystematische Standort der Vergünstigungsnorm, der Vergünstigungstypus, sowie Besonderheiten, die durch die Belastungsgründe oder das Unionsrecht vorgegeben sind.

I. Zwischenfazit: Gemeinsamkeiten und Unterschiede gemeinnützigkeitsbezogener Steuervergünstigungen

Das allgemeine Gemeinnützigkeitsrecht gibt vor, welches bürgerschaftliche Engagement unter welchen Grundvoraussetzungen steuerlich anerkannt wird. Die Funktion der Vergünstigungen besteht darin, ebendiese steuerliche Anerkennung umzusetzen. Hierbei ist der Belastungsgrund jeder Einzelsteuer für das „Wie" der steuerlichen Gemeinwohlförderung entscheidend. Diese grundsätzliche Regelungsstruktur kann nicht durch eine einheitliche gemeinnützigkeitsbezogene Steuervergünstigung für alle Steuerarten ersetzt werden, weil die Eigenarten der Tätigkeiten der gemeinnützigen Körperschaften im Hinblick auf die Belastungsgründe der Einzelsteuern nicht von Bedeutung sind. Ein eigenes Gemeinnützigkeitsgesetz müsste deshalb die bestehenden einzelsteuerlichen Differenzen übernehmen und hätte damit keinen systematischen Mehrwert. Gleichwohl bestehen Vereinheitlichungsperspektiven, etwa bei der einzelsteuerübergreifenden Behandlung ausländischer Gemeinwohlakteure oder einer verfahrensrechtlichen einheitlichen Entscheidung über den Gemeinnützigkeitsstatus.

Die gemeinnützigkeitsbezogenen Steuervergünstigungen folgen zumeist der folgenden Grundstruktur: Bei direkten Steuervergünstigungen ist die sachliche Steuerbefreiung, bei indirekten Steuervergünstigungen der höhenmäßig begrenzte Abzug von der Bemessungsgrundlage (Spendenabzug) der Grundtyp steuerlicher Gemeinwohlförderung. Im Tatbestand wird auf den Zweckkatalog nach §§ 52–54 AO verwiesen. Die Vergünstigungen enthalten außerdem Rückausnahmen für wirtschaftliche Geschäftsbetriebe, um eine wettbewerbsneutrale Besteuerung zu gewährleisten. Ferner muss es sich bei der begünstigten Organisation um eine Körperschaft i. S. v. § 51 Abs. 1 Satz 2 AO handeln, im Übrigen sind die Vergünstigungen aber grundsätzlich rechtsformneutral.

Von dieser Grundstruktur weichen einzelne Steuervergünstigungen teilweise ab. Diese Abweichungen sind zumeist systematisch folgerichtig. Sie können etwa unionsrechtlich bedingt sein und aus dem Belastungsgrund der Einzelsteuer folgen. Dies trifft insbesondere auf die Vergünstigungen des Umsatzsteuerrechts zu, die dem Grundtyp der gemeinnützigkeitsbezogenen Steuervergünstigung nicht entsprechen. Daher sind etwa auch die Umsatzsteuerbefreiungen nicht mit dem Zweckkatalog in der AO kongruent. Durch den Belastungsgrund der Umsatzsteuer vorgegeben sind außerdem die fehlende Rückausnahme für wirtschaftliche Geschäftsbetriebe und die fehlende Organisationsbezogenheit.

Abweichungen einzelner Steuervergünstigungen vom Grundtypus können sich auch aus der Natur der Steuervergünstigung ergeben. Das ist etwa für die Vergünstigungen von Zuwendungen (§ 10b EStG, §§ 13 Abs. 1 Nr. 16, Nr. 17, 29 Abs. 1 Nr. 4 ErbStG) bedeutsam, die keine Rückausnahmen für wirtschaftliche Geschäftsbetriebe enthalten, weil Zuwendungen einer körperschaftlichen Vermögenssphäre nicht zuordenbar sind.

Schließlich sind einige Besonderheiten durch besondere gesetzgeberische Zielsetzungen veranlasst. Zu denken ist etwa an Vereinfachungszwecknormen (§ 64 Abs. 3 AO, § 28 Nr. 2 RennwLottG, § 23a UStG), die eine Vergünstigung wirtschaftlicher Geschäftsbetriebe bewirken, oder die Vermögensstockspende (§ 10b Abs. 1a EStG), die Finanzierungsnachteilen von Stiftungen begegnen soll.

Manche Abweichungen der Steuervergünstigungen voneinander sind jedoch auch schlicht einer fehlenden Gesamtkonzeption geschuldet. Das wird besonders bei der Behandlung ausländischer Körperschaften deutlich, wo ein durchdachtes Förderkonzept fehlt. Aber auch die besondere Stiftungsförderung jenseits der Vermögensstockspenden ist nicht stringent umgesetzt (§ 29 Abs. 1 Nr. 4 ErbStG). Zudem geraten einzelne Steuervergünstigungen immer da in Konflikt mit der grundsätzlichen Systematik, wo die Zweckförderung von der AO abweicht (§ 10b Abs. 1 Satz 8 EStG, § 29 Abs. 1 Nr. 4 ErbStG). Bei den Freizeitaktivitäten offenbart sich so eine nur halbherzige Förderung.

Teil 5

Zusammenfassende Thesen

Teil 1: Begriff und System

I. Gemeinnützigkeitsbezogene Steuervergünstigungen sind gleichheitsimmanent gerechtfertigt, da sie auf dem Gedanken der Staatssubstitution beruhen, wonach private Akteure Staatsaufgaben übernehmen und so den Staat entlasten. (S. 24 ff., Teil 1: B. I.)

Diese Vergünstigungen gehören sachlich zum Gemeinnützigkeitsrecht, welches ein abgrenzbares Normsystem darstellt. Vergünstigungen, die nicht mit der Staatssubstitutionsthese gerechtfertigt werden können, sind rechtfertigungsbedürftige Subventionen. So ist es etwa bei der Privilegierung reiner Freizeitaktivitäten. (S. 27 ff., Teil 1: B. III.)

Bei steuerlichen Subventionen hat der Gesetzgeber einen weiten Gestaltungsspielraum. Der Ausschluss nicht ausdrücklich normierter Freizeitbetätigungen ist gleichheitsrechtlich aufgrund der Öffnungsklausel in § 52 Abs. 2 Satz 2 AO hinzunehmen. (S. 29 ff., Teil 1: B. IV.)

II. Der Gemeinnützigkeitsstatus ist sowohl organisations- als auch tätigkeitsabhängig. Er steht trotz der grundsätzlichen Rechtsformneutralität des Gemeinnützigkeitsrechts nur bestimmten Rechtsformen offen, die spezifische Tätigkeitsanforderungen erfüllen. (S. 32 f., Teil 1: C.)

III. Wirtschaftliche (wettbewerbsrelevante) Tätigkeiten einer gemeinnützigen Organisation sind im Grundsatz zulässig, im Interesse der Wettbewerbsneutralität jedoch von der Steuervergünstigung ausgenommen (partielle Steuerpflicht). (S. 33, Teil 1: D.)

IV. Das Gemeinnützigkeitsrecht kombiniert Inlandsbezüge und Auslandsöffnung. Dabei ist zwischen akteurs- und tätigkeitsbezogener Inlandsbindung (S. 34, Teil 1: E. I.) und Auslandsöffnung zu unterscheiden. (S. 35, Teil 1: E. II.) Der Grad möglicher Auslandsöffnung bestimmt sich nach der Dezisionskompetenz des Gesetzgebers, eigene Staatsaufgaben festzulegen. (S. 35 f., Teil 1: E. III.)

V. Gemeinnützigkeitsbezogene Steuervergünstigungen lassen sich anhand ihrer Typologie ordnen (äußere Systematisierung) und in Relation zu den Prinzipien und Wertungen der Einzelsteuergesetze sowie zu Zielsetzungen des Gemeinnützigkeitsrechts setzen (innere Systematisierung). (S. 36 ff., Teil 1: F.)

1. Typologisch kann differenziert werden nach dem Vergünstigungsadressaten (S. 37 f., Teil 1: F. I. 1.), nach der Quelle des begünstigten Steuersubstrats (S. 38, Teil 1: F. I. 2.), danach, ob die Vermögens- oder die Kostenstruktur verbessert wird (S. 38 f., Teil 1: F. I. 3.) und nach der Zugehörigkeit der Vergünstigung zum formellen oder zum materiellen Recht. (S. 39, Teil 1: F. II.)

2. Vergünstigungen können an verschiedenen Merkmalen des Steuertatbestands ansetzen. Vergünstigungen des Grundtatbestands sind persönliche Steuerbefreiungen, die den Steuerschuldner betreffen und absoluten Charakter haben sowie sachliche Steuerbefreiungen, die das Steuerobjekt betreffen und diese (teilweise) befreien. (S. 40 ff., Teil 1: F. III. 1.) Vergünstigungen des Berechnungstatbestands sind die Steuersatzermäßigungen, die Bewertungsfreiheiten und die Freigrenzen. (S. 42, Teil 1: F. III. 2.)

3. Vergünstigungen können entweder konstitutiv oder deklaratorisch sein. Ihre Rechtswirkung ergibt sich aus den Belastungsgründen der einzelnen Steuerarten. Nichtsteuerbarkeit und Steuerbefreiung sind funktional äquivalent. Dasselbe steuerliche Ergebnis kann entweder durch eine enge Definition der Bemessungsgrundlage oder durch eine Befreiung erzielt werden. (S. 43 f., Teil 1: F. IV.)

4. Die konkrete Ausgestaltung jeder Vergünstigungsnorm muss sich am Belastungsgrund der Einzelsteuer und an den Zielsetzungen des Gemeinnützigkeitsrechts messen lassen. Die gemeinnützigkeitsbezogenen Steuervergünstigungen sind daher jeweils Teil zweier innerer Steuersysteme – den Systemen der jeweiligen Einzelsteuergesetze und dem System des Gemeinnützigkeitsrechts. (S. 44 f., Teil 1: F. V.)

Teil 2: Systematische Bewertung der direkten Vergünstigungen

A. Körperschaftsteuerliche Befreiungen

I. Ausgehend vom Erwerbseinkommen als Belastungsgrund der Körperschaftsteuer (S. 46, Teil 2: A. I.) erweisen sich die meisten Vermögenszuflüsse gemeinnütziger Körperschaften als nicht körperschaftsteuerbar. (S. 48 ff., Teil 2: A. I. 2.)

1. Die Definition des wirtschaftlichen Geschäftsbetriebs in § 14 Satz 2 AO erweitert die sachliche Steuerpflicht nicht. (S. 48 f., Teil 2: A. I. 2. a))

2. Die Gewerbebetriebsfiktion in § 8 Abs. 2 KStG ist eine Qualifikationsnorm. Die Körperschaftsteuerbarkeit eines Zuflusses hängt stets von der Einkünfteerzielungsabsicht und seiner Zuordenbarkeit zu einer einkommensteuerlichen Einkunftsart ab. (S. 49 ff., Teil 2: A. I. 2. b))

3. Einnahmen im Idealbereich (z. B. Spenden, Zuschüsse, Erbschaften und echte Mitgliedsbeiträge) sind steuerfrei. Einnahmen aus wirtschaftlicher Tätigkeit und privater Vermögensverwaltung sind körperschaftsteuerbar. Bei Zweckbetrieben ist die Feststellung der Einkünfteerzielungsabsicht einzelfallabhängig. (S. 51 ff., Teil 2: A. I. 2. c))

II. Die sachliche Steuerbefreiung nach § 5 Abs. 1 Nr. 9 KStG ist für Vermögenszuflüsse im Idealbereich deklaratorisch, im Übrigen konstitutiv. Die Ausnahme wirtschaftlicher Geschäftsbetriebe dient dem Ausgleich zwischen Wettbewerbsneutralität und Gemeinwohlverwirklichung. Die Befreiung von Zweckbetrieben ist sachgerecht, soweit die Gemeinwohlverwirklichung mögliche Wettbewerbsbeeinträchtigungen überwiegt. (S. 58 ff., Teil 2: A. II. 1.)

III. Das Unionsrecht schreibt kein anderes System körperschaftsteuerlicher Vergünstigungen vor.

1. Grenzüberschreitend wirtschaftlich tätige gemeinnützige Organisationen können sich auf die Kapitalverkehrsfreiheit, die Niederlassungsfreiheit und die Dienstleistungsfreiheit berufen. (S. 64 f., Teil 2: A. II. 2. a) aa) (1))

2. Materielle Inlandsbezüge sind unionsrechtlich zulässig, einschließlich des Inlandsbezugs in § 51 Abs. 2 AO. Mitgliedstaaten dürfen die Gemeinwohlzwecke selbst festlegen. Ausländische Körperschaften, die keinen Zweck nach §§ 52–54 AO verfolgen, sind mit deutschen gemeinnützigen Körperschaften nicht vergleichbar. (S. 65 f., Teil 2: A. II. 2. a) aa) (2) (a))

   Die Vergleichbarkeit fehlt auch, wenn andere gemeinnützigkeitsrechtliche Anforderungen nicht erfüllt werden. Das Unionsrecht zwingt die Mitgliedstaaten nicht zu einer Anerkennung ähnlicher Regelungsregime. (S. 66 ff., Teil 2: A. II. 2. a) aa) (2) (b))

3. § 5 Abs. 1 Nr. 9 KStG ist keine verbotene Beihilfe nach Art. 107 AEUV, da kein relevanter Vorteil vorliegt. Der Staat könnte anstelle der Steuerbefreiung auch die Steuersätze erhöhen und die Aufgaben selbst übernehmen. Die Art und Weise der Wahrnehmung von Staatsaufgaben entscheidet nicht über das Vorliegen einer Beihilfe. (S. 70 ff., Teil 2: A. II. 2. a) bb) (2))

   Darüber hinaus fehlt es an der Selektivität. Insoweit ist ein eingeschränkter Prüfungsmaßstab im Sinne einer Missbrauchskontrolle anzuwenden. Steuervergünstigungen zur Förderung staatsentlastender Zwecke sind nicht missbräuchlich. (S. 73 ff., Teil 2: A. II. 2. a) bb) (3))

4. Der Ausschluss von Drittstaatenorganisationen, unabhängig von Amtshilfe- und Beitreibungsabkommen, verstößt gegen die Kapitalverkehrsfreiheit. (S. 74 ff., Teil 2: A. II. 2. b))

IV. Die Befreiung von Mitgliedsbeiträgen nach § 8 Abs. 5 KStG ist im Gemeinnützigkeitsrecht deklaratorisch, da sie nur körperschaftsteuerfreie echte Mitgliedsbeiträge erfasst. (S. 78 f., Teil 2: A. II. 3.)

V. Die Freigrenze nach § 64 Abs. 3 AO wirkt konstitutiv und vereinfacht die Veranlagung von etwa 90 % der gemeinnützigen Körperschaften. Diese Vereinfachungswirkung rechtfertigt mögliche Wettbewerbsbeeinträchtigungen durch die Freistellung wirtschaftlicher Geschäftsbetriebe. Da § 64 Abs. 3 AO keine Steuervorteile von über 300.000 Euro binnen dreier Steuerjahre zulässt, liegt allenfalls eine unbeachtliche De-Minimis-Beihilfe vor. (S. 79 f., Teil 2: A. III.)

B. Das Fehlen einer Befreiung von Personengesellschaften im EStG

I. Der Ausschluss von Personengesellschaften vom Gemeinnützigkeitsstatus ist steuersystematisch durch das Transparenzprinzip gerechtfertigt. Eine gemeinnützigkeitsbezogene Steuerbefreiung von Personengesellschaften wäre nur systematisch konsequent umsetzbar, wenn die transparente Besteuerung der Mitunternehmerschaften abgeschafft würde. (S. 81 ff., Teil 2: B. I.)

II. Daran ändert die Option nach § 1a KStG nichts. Optierende Personengesellschaften sind – systematisch konsequent – nicht gemeinnützigkeitsfähig, da sie im Erbschaft- und Schenkungsteuerrecht weiterhin transparent besteuert werden und die Option auf die Ertragsbesteuerung beschränkt ist. (S. 83 f., Teil 2: B. II.)

C. Gewerbesteuerliche Befreiungen

I. Belastungsgrund der Gewerbesteuer ist das Innehaben eines objektiv ertragskräftigen Gewerbebetriebs, der das staatliche Leistungsangebot typischerweise stärker beansprucht als der Rest der Bevölkerung. Alle Vermögenszuflüsse von Kapitalgesellschaften unterliegen der Gewerbesteuer (§ 2 Abs. 2 Satz 1 GewStG). Bei anderen Körperschaften gilt dasselbe nach § 2 Abs. 3 GewStG hinsichtlich ihrer wirtschaftlichen Geschäftsbetriebe. (S. 85 ff., Teil 2: C. I.)

II. Im Unterschied zu § 5 Abs. 1 Nr. 9 KStG ist die Gewerbesteuerbefreiung nach § 3 Nr. 6 GewStG auslandsoffener, da sie keine Einschränkung wie § 5 Abs. 2 Nr. 2 KStG enthält. Ferner befreit sie Einkünfte aus Land- und Forstwirtschaft umfassend und hat aufgrund weiterer Fiktionen im GewStG eine größere konstitutive Reichweite. Die Zielsetzungen des Gemeinnützigkeitsrechts werden durch beide Befreiungen gleichermaßen erfüllt. (S. 88 ff., Teil 2: C. II.)

III. Das Gewerbesteuerrecht widerspricht dem Zweck von § 57 Abs. 3 AO, der das Zusammenwirken mehrerer gemeinnütziger Körperschaften erlaubt. Kooperieren zwei gemeinnützige Körperschaften in der Rechtsform einer Personengesellschaft, ist die Steuerbefreiung nicht anwendbar. Personengesellschaften können nicht gemeinnützig sein, da ein entsprechender Verweis in § 51 Abs. 1 Satz 2 AO fehlt. (S. 90 f., Teil 2: C. III.)

D. Grundsteuerliche Befreiungen

I. Die Grundsteuer ist eine auf den Grundbesitz erhobene Realsteuer. Steuerschuldner ist der Eigentümer i. S. v. § 39 AO, einschließlich ausländischer Körperschaften. Belastungsgrund ist das Innehaben von Grundbesitz, der zumindest die Möglichkeit einer ertragsbringenden Nutzung bietet. Die Art der Nutzung ist unerheblich. Selbst Grundbesitz im Idealbereich ist steuerbar. (S. 92 f., Teil 2: D. I.)

II. § 3 Abs. 1 Satz 1 Nr. 3 lit. b GrStG befreit konstitutiv Grundbesitz von inländischen gemeinnützigen Körperschaften i. S. v. §§ 51–68 AO, der für gemeinnützige oder mildtätige Zwecke genutzt wird. Die Nutzungsabhängigkeit ist systematisch konsequent, da der Grundtatbestand der Grundsteuer nicht an die Nutzung anknüpft. Grundbesitz, der im Rahmen der Idealsphäre oder von Zweckbetrieben genutzt wird, ist befreit. § 3 Abs. 1 Satz 1 Nr. 3 lit. b GrStG ist unionsrechtswidrig, weil ausländische Körperschaften vollständig von der Befreiung ausgeschlossen sind. Aufgrund des Anwendungsvorrangs können diese sich jedoch auf die Befreiung berufen. (S. 93 f., Teil 2: D. II. 1.)

III. § 4 GrStG enthält subsidiäre und allgemeinere Befreiungen, die teilweise bürgerschaftliches Engagement fördern sollen (z. B. Grundbesitz für wissenschaftliche oder edukative Zwecke). Diese sind unionsrechtlich unbedenklich, da sie sitzunabhängig gelten. (S. 94 f., Teil 2: D. II. 2.)

E. Erbschaft- und schenkungsteuerliche Befreiungen

I. Belastungsgrund der Erbschaft- und Schenkungsteuer ist die erhöhte Leistungsfähigkeit des Empfängers. Belastet werden außerhalb des Marktes erworbene Vermögenszuflüsse. (S. 95, Teil 2: E. I.)

1. Steuerbare Zuwendungen an gemeinnützige Körperschaften sind der Erwerb durch Erbanfall, Vermächtnis, Schenkung auf den Todesfall, Spenden oder die Ausstattung einer Stiftung. (S. 96 f., Teil 2: E. I. 2. a))

2. Zuwendungen von gemeinnützigen Körperschaften an Dritte sind nur schenkungsteuerbar, wenn sie satzungswidrig sind. (S. 98 f., Teil 2: E. I. 2. b))

II. § 13 Abs. 1 Nr. 16 lit. b ErbStG befreit konstitutiv sämtliche Zuwendungen an inländische gemeinnützige Körperschaften i. S. v. §§ 51–68 AO. (S. 99 ff., Teil 2: E. II. 1.)

1. Das Unterhalten eines wirtschaftlichen Geschäftsbetriebs steht der Befreiung nicht entgegen. (S. 99 f., Teil 2: E. II. 1. a) aa))

   Zuwendungen an einen wirtschaftlichen Geschäftsbetrieb sind steuerbefreit, wenn eine Mittelfehlverwendung nicht von Anfang an feststeht. (S. 100 f., Teil 2: E. II. 1. a) bb))

Das Fehlen einer Rückausnahme für Zuwendungen in einen wirtschaftlichen Geschäftsbetrieb ist systematisch stringent, da Zuwendungen keiner steuerlichen Sphäre zugeordnet werden können. Die satzungsmäßige Mittelverwendung wird durch das allgemeine Gemeinnützigkeitsrecht sichergestellt. (S. 102, Teil 2: E. II. 1. a) cc))

2. Der rückwirkende Entfall der Steuerbefreiung nach Wegfall des Gemeinnützigkeitsstatus innerhalb von zehn Jahren nach der Zuwendung ist aufgrund des Stichtagsprinzips notwendig. (S. 103 f., Teil 2: E. II. 1. b))

3. § 13 Abs. 1 Nr. 16 lit. c ErbStG, wonach Zuwendungen an ausländische gemeinnützige Körperschaften innerhalb der EU/des EWR befreit sind, ist unionsrechtswidrig, da Drittstaatenkörperschaften ausgeschlossen sind. (S. 103, Teil 2: E. II. 1. c))

III. § 13 Abs. 1 Nr. 17 ErbStG befreit Zuwendungen, die ausschließlich Zwecken i. S. v. §§ 52–54 AO gewidmet sind, wenn die zweckgerechte Verwendung gesichert ist. Die Befreiung ist rechtsformunabhängig und auch auf ausländische Steuerschuldner anwendbar. (S. 104 f., Teil 2: E. II. 2.)

IV. Der Freibetrag in Höhe von 300 Euro für Beiträge an Personenvereinigungen, die nicht lediglich ihre Mitglieder fördern (§ 18 Satz 1 ErbStG), hat für gemeinnützige Körperschaften geringe Bedeutung. Praktischer Hauptanwendungsfall sind Zuwendungen an wirtschaftliche Geschäftsbetriebe. (S. 106, Teil 2: E. III.)

V. Die nachträgliche Befreiung nach § 29 Abs. 1 Nr. 4 ErbStG für Zuwendungen an eine gemeinnützige inländische Stiftung binnen 24 Monaten erfasst keine Freizeitzwecke nach § 52 Abs. 2 Satz 1 Nr. 23 AO. Die Entscheidung gegen die Förderungswürdigkeit dieser Zwecke ist im Rahmen einer Einzelsteuerbefreiung verfassungsrechtlich zulässig, jedoch systematisch unstimmig und sollte stattdessen in der AO getroffen werden. (S. 106, Teil 2: E. IV. 1.)

Der verfassungsrechtliche und systematische Grund für die Beschränkung auf Stiftungen liegt in deren besonderen Finanzierungsnachteilen. (S. 107 f., Teil 2: E. IV. 2. a)) Diese Beschränkung ist jedoch nicht zwingend. (S. 110 f., Teil 2: E. IV. 2. c))

Da § 29 Abs. 1 Nr. 4 ErbStG ausschließlich inländische Stiftungen privilegiert, verstößt die Norm gegen die Kapitalverkehrsfreiheit nach Art. 63 Abs. 1 AEUV. (S. 110, Teil 2: E. IV. 3.)

F. Umsatzsteuerliche Vergünstigungen

I. Belastungsgrund der Umsatzsteuer ist die Einkommens- oder Vermögensverwendung durch den Endverbraucher. Gemeinnützige Körperschaften sind umsatzsteuerliche Unternehmer, wenn sie nicht ausschließlich im Idealbereich tätig sind. (S. 112, Teil 2: F. I. 1.)

Entgeltliche Leistungserbringung setzt einen Leistungsaustausch voraus. Die Leistung muss Kosten für privaten Endverbrauch verursachen können. (S. 113, Teil 2: F. I. 2.)

1. Spenden sind mangels Leistungsaustauschs meist nicht umsatzsteuerbar. (S. 114, Teil 2: F. I. 2. a))

   a) Sachspenden sind jedoch umsatzsteuerbar (§ 3 Abs. 1b Satz 1 Nr. 1, Nr. 3, Abs. 9a Nr. 1 UStG) (S. 114 f., Teil 2: F. I. 2. a) aa)), was zu einer erheblichen Minderung der Spendenbereitschaft führt. (S. 115 ff., Teil 2: F. I. 2. a) bb))

   b) Werbewirksame oder geringwertige Sachspenden führen nicht zu privatem Endverbrauch und sind daher keine Zuwendungen. Gleiches gilt für wertlose oder zur Weiterleitung bestimmte Gegenstände (z. B. Lebensmittel). In allen anderen Fällen sind die Wiederbeschaffungskosten anzusetzen (§ 10 Abs. 4 Satz 1 Nr. 1 UStG). Bei verkehrsfähiger Ware ist ein fiktiver Einkaufspreis zu ermitteln, anderenfalls die Bemessungsgrundlage im Umfang der Einschränkung der Verkehrsfähigkeit zu mindern. (S. 117 ff., Teil 2: F. I. 2. a) dd))

2. Unechte Zuschüsse, bei denen dem Zuwendenden ein konkreter verbrauchsfähiger Vorteil zugutekommt, sind umsatzsteuerbar. Echte Zuschüsse, bei denen es an einem individualisierten Leistungsempfänger fehlt, sind dagegen kein Entgelt für eine umsatzsteuerbare Leistung. Zuschüsse können auch von einem Dritten stammen. (S. 120 ff., Teil 2: F. I. 2. b))

3. Mitgliedsbeiträge sind umsatzsteuerbar, wenn sie mit individuellen, verbrauchsfähigen Vorteilen verbunden sind. Bei gemeinnützigen Körperschaften ist das selten, da sie selbstlos die Allgemeinheit fördern. Steuerbare Leistungen gegenüber Mitgliedern kommen v. a. bei gemeinnützigen Sportvereinen vor. (S. 122 ff., Teil 2: F. I. 2. c))

4. Beim Sponsoring hängt die Steuerbarkeit von einem verbrauchsfähigen Vorteil, wie konkreten Werbeleistungen, ab. Steuerfrei ist eine Sponsoringleistung nur, wenn keine Gegenleistung erbracht wird, z. B. bei nicht vereinbarten Danksagungen für Spenden. (S. 124 f., Teil 2: F. I. 2. d))

II. Adressat der Steuerbefreiungen nach § 4 UStG ist der Unternehmer, entlastet wird jedoch der Verbraucher. Der Gemeinnützigkeitsstatus ist dabei nicht entscheidend. (S. 126, Teil 2: F. II. 1.)

III. Einige Steuerbefreiungen beruhen auf einer unionsrechtlichen Grundlage (S. 127 ff., Teil 2: F. II. 2.):

1. Die Befreiungen der Leistungen von Sozial- und Wohlfahrtseinrichtungen nach § 4 Nr. 15b–16 und Nr. 18 UStG beruhen auf Art. 132 Abs. 1 lit. g MwStSystRL und sind vollständig richtlinienkonform. (S. 127 ff., Teil 2: F. II. 2. a))

2. § 4 Nr. 20 lit. a, lit. b UStG beruht auf Art. 132 Abs. 1 lit. n MwStSystRL und befreit bestimmte kulturelle Einrichtungen sowie Theateraufführungen und Konzerte. Die Norm ist richtlinienkonform. Nicht unerlässliche Leistungen, wie z. B. die Abgabe von Lebensmitteln, sind jedoch wegen Art. 134 MwStSystRL von der Befreiung ausgeschlossen. (S. 133 f., Teil 2: F. II. 2. b))

3. § 4 Nr. 22 lit. a UStG beruht auf 132 Abs. 1 lit. i MwStSystRL und befreit Vorträge, Kurse und andere Veranstaltungen wissenschaftlicher oder belehrender Art von Einrichtungen, die gemeinnützigen Zwecken dienen. Der Begriff „Einrichtung" ist rechtsformneutral auszulegen. „Gemeinnützige Zwecke" bedeuten keinen umfassenden Rechtsgrundverweis auf §§ 51–68 AO. Die Befreiung ist richtlinienkonform auf erzieherische und schulische Kenntnisvermittlung im Rahmen (hoch-)schultypischer Bildung zu beschränken. (S. 134 f., Teil 2: F. II. 2. c) aa))

4. § 4 Nr. 22 lit. b UStG befreit kulturelle und sportliche Veranstaltungen, soweit das Entgelt in Teilnehmergebühren besteht. Das gilt – richtlinienwidrig – nur für die in § 4 Nr. 22 lit. a UStG genannten Unternehmer. Die Norm beruht auf Art. 132 Abs. 1 lit. m, lit. n und lit. o MwStSystRL und ist richtlinienkonform rechtsformneutral auszulegen. (S. 135 f., Teil 2: F. II. 2. c) bb))

5. § 4 Nr. 23 UStG befreit Erziehungsleistungen, Betreuungsleistungen und Verpflegungs- und Beherbergungsdienstleistungen an Kindertagesstätten und anerkannten (Hoch-)Schulen. Unionsrechtliche Grundlage ist Art. 132 Abs. 1 lit. i, lit. h MwStSystRL. Die einrichtungsbezogenen Voraussetzungen sowie die Befreiung von Leistungen an das Lehr- oder Erziehungspersonal nach § 4 Nr. 23 Satz 2 UStG sind richtlinienkonform.

   Richtlinienwidrig ist dagegen die vergangenheitsbezogene Betrachtung in § 4 Nr. 23 lit. b Doppellit. bb UStG. Die MwStSystRL ist insoweit unmittelbar anwendbar.

   Verpflegungs- und Beherbergungsdienstleistungen sind nicht unerlässlich, ihre Befreiung daher richtlinienwidrig. § 4 Nr. 23 UStG ist aber weiterhin anwendbar. (S. 136 ff., Teil 2: F. II. 2. d))

6. § 4 Nr. 24 UStG befreit richtlinienkonform den Hauptverband des Jugendherbergswerkes sowie dessen Untergliederungen. Rechtsgrundlage ist

Art. 132 Abs. 1 lit. h MwStSystRL. Der Begriff „Vereinigung“ ist richtlinienkonform als „Einrichtung“ zu verstehen, was natürliche Personen miteinschließt. (S. 139, Teil 2: F. II.2.)

7. § 4 Nr. 25 UStG beruht auf Art. 132 Abs. 1 lit. g, h, i, m und n MwStSystRL und befreit Leistungen im Zusammenhang mit der Jugendhilfe, der Inobhutnahme und der Adoptionsvermittlung. Richtlinienwidrig ist allein die vergangenheitsbezogene Betrachtung der staatlichen Kostenübernahme in § 4 Nr. 25 Satz 2 lit. b Doppellit. bb UStG. Steuerpflichtige können sich insoweit unmittelbar auf Art. 132 Abs. 1 lit. h MwStSystRL berufen. (S. 140 ff., Teil 2: F. II. 2. f))

8. § 4 Nr. 27 lit. a UStG befreit die Personalgestellung durch religiöse und weltanschauliche Einrichtungen für die in § 4 Nr. 14 lit. b, Nr. 16, Nr. 18, Nr. 21, Nr. 22 lit. a, Nr. 23, Nr. 25 UStG genannten Tätigkeiten und für Zwecke geistlichen Beistands. Unionsrechtliche Grundlage ist Art. 132 Abs. 1 lit. k MwStSystRL. Die Befreiung geht darüber hinaus, soweit sie auf § 4 Nr. 21 UStG verweist, ist jedoch weiterhin anwendbar.

   § 4 Nr. 27 lit. b UStG befreit die Gestellung von land- und forstwirtschaftlichen Arbeitskräften für bestimmte Betriebe sowie von Betriebshelfern an Sozialversicherungsträger. Die Norm ist richtlinienwidrig, jedoch weiterhin anwendbar. (S. 142 f., Teil 2: F. II.2.)

9. § 4 Nr. 29 UStG befreit Leistungen eines gemeinwohldienlichen inländischen Zusammenschlusses an seine inländischen Mitglieder. Der Inlandsbezug verstößt gegen Art. 132 Abs. 1 lit. f MwStSystRL, der insoweit unmittelbar anwendbar ist. (S. 143 ff., Teil 2: F. II. 2. h))

IV. § 4 Nr. 19 UStG, der Umsätze der Blinden (lit. a) und der Blindenwerkstätten (lit. b) befreit, ist nicht von der MwStSystRL vorgesehen. Die Befreiungen gab es schon vor 1978. Sie sind nach Art. 371 i. V. m. Anh. X Teil B Nr. 5 MwStSystRL unionsrechtskonform. (S. 145 f., Teil 2: F. II. 3.)

V. Die Befreiungen von Dienstleistungen durch Zahntechniker und von Zahnersatzlieferungen (Art. 132 Abs. 1 lit. e MwStSystRL), von Leistungen, deren Entgelt ein Mitgliedsbeitrag ist (Art. 132 Abs. 1 lit. l MwStSystRL) und von Dienstleistungen und Lieferungen im Zusammenhang mit Mittelbeschaffungsaktivitäten (Art. 132 Abs. 1 lit. o MwStSystRL) sind nicht umgesetzt worden. Diese Normen sind unmittelbar anwendbar. (S. 146 f., Teil 2: F. II. 4.)

VI. Die erörterten Umsatzsteuerbefreiungen sind sachlich Teil des Gemeinnützigkeitsrechts und stellen ein leistungsbezogenes Förderkonzept dar. Das ist mit Blick auf den umsatzsteuerlichen Belastungsgrund systematisch konsequent. (S. 148 f., Teil 2: F. II. 5. a))

Umsatzsteuerbefreiungen fördern das Gemeinwohl durch Verbilligung gewisser Leistungen. Aufgrund des fehlenden Vorsteuerabzugs fehlt es jedoch an Zielgenauigkeit. (S. 149f., Teil 2: F. II. 5. b))

Die Umsatzsteuerbefreiungen sind nicht wettbewerbsneutral. Der fehlende Vorsteuerabzug führt zu zufälligen Entlastungswirkungen. (S. 150f., Teil 2: F. II. 5. c))

VII. Die Umsatzsteuerbefreiungen sind primärrechtskonform. (S. 151 ff., Teil 2: F. II. 6.)

1. Nur Befreiungen, die auf keiner unionsrechtlichen Grundlage beruhen oder darüber hinausgehen, sind staatliche Maßnahmen i. S. d. Beihilferechts. Das trifft nur vereinzelt zu (§ 4 Nr. 19, Nr. 23 lit. c, Nr. 27 lit. b Var. 1 UStG). (S. 151 f., Teil 2: F. II. 6. a))
2. Die Befreiungen sind keine tatbestandslosen Verbraucherbeihilfen (S. 152f., Teil 2: F. II. 6. b))
3. Die Befreiungen vermitteln keinen beihilferelevanten Vorteil, da die Art und Weise der Wahrnehmung von Staatsaufgaben nicht entscheidend ist. (S. 153, Teil 2: F. II. 6. c))

VIII. Die Steuervergütung für Leistungsbezüge zu humanitären, karitativen oder erzieherischen Zwecken im Drittland nach § 4a UStG erfasst keine Freizeitaktivitäten. (S. 155f., Teil 2: F. III. 1.) Soweit die Norm richtlinienwidrig eine zweckgerechte Verwendung verlangt, gilt die unionsrechtliche Grundlage (Art. 146 Abs. 1 lit. c MwStSystRL) unmittelbar. (S. 156, Teil 2: F. III. 2.) Die Beschränkung auf Körperschaften ist unionsrechtlich zulässig. (S. 156, Teil 2: F. III. 3.) § 4a UStG ist mit dem Primärrecht vereinbar (S. 156, Teil 2: F. III. 4.), neutralisiert die Umsatzsteuervorbelastung von Hilfsgütern und ist zur Gemeinwohlförderung geeignet. Wettbewerbsbeeinträchtigungen sind ausgeschlossen, da § 4a UStG nicht für den unternehmerischen Bereich gilt. (S. 157, Teil 2: F. III. 5.)

IX. Die Steuersatzermäßigung nach § 12 Abs. 2 Nr. 8 lit. a UStG beruht auf Art. 98, Anh. III Nr. 15 MwStSystRL. (S. 157, Teil 2: F. IV.)

1. Die Beschränkung auf gemeinnützige Körperschaften ist richtlinienkonform, da den Mitgliedstaaten ein Anerkennungsermessen zusteht. (S. 158, Teil 2: F. IV. 1.)
2. Die begünstigte Tätigkeit muss unter „wohltätig" oder „soziale Sicherheit" subsumierbar sein. „Soziale Sicherheit" umfasst zwischenmenschliche Unterstützung und die Befriedigung grundsätzlicher Bedürfnisse. „Wohltätige Zwecke" und „gemeinnützige Zwecke" können synonym verstanden werden. Selbstlose Förderung der Allgemeinheit ist Mindestvoraussetzung. Die meisten gemeinnützigen Zwecke nach §§ 52–54 AO

werden richtlinienkonform vom ermäßigten Steuersatz erfasst. (S. 158 ff., Teil 2: F. IV. 2. a))

a) Sport fördert die Überwindung sozialer Unterschiede, die Gesundheit der Bevölkerung und das Gemeinwohl. Gleiches gilt für Schach. Die Allgemeinwohlbezogenheit des Sports ist in Art. 165 Abs. 1 UAbs. 2 AEUV verankert. (S. 162, Teil 2: F. IV. 2. b) bb) (1))

b) Kunst und Kultur (§ 52 Abs. 2 Satz 1 Nr. 5 AO), Denkmalschutz und Denkmalpflege (Nr. 6), Heimatpflege, Heimatkunde und Ortsverschönerung (Nr. 22) sowie traditionelles Brauchtum, Karneval, Fastnacht und Fasching (Nr. 23) dürfen trotz ihres engen Bezugs zu Freizeitaktivitäten als „wohltätig" definiert werden. (S. 163 ff., Teil 2: F. IV. 2. b) bb) (2))

c) Tier- und die Pflanzenzucht, Kleingärtnerei, Modellflug, Hundesport und Amateurfunk (§ 52 Abs. 2 Satz 1 Nr. 23 AO) fördern nicht das Allgemeinwohl. Anders ist es beim Freifunk, der der nichtkommerziellen Einrichtung und Unterhaltung von Kommunikationsnetzwerken dient. (S. 165 f., Teil 2: F. IV. 2. b) bb) (3))

3. Die Änderung der MwStSystRL durch RL (EU) 2022/542 wirkt nicht für die Vergangenheit. Sie gilt nur für Umsätze ab dem 6. 4. 2022. (S. 168 f., Teil 2: F. IV. 2. c) aa))

   Der Richtlinienwortlaut gestattete bereits vor der Änderung die Anwendung ermäßigter Steuersätze auf Umsätze zu wohltätigen Zwecken. (S. 169 f., Teil 2: F. IV. 2. c) bb))

4. Die Erweiterung fakultativ begünstigter Leistungen durch Anh. III Nr. 1–6 und Nr. 10c MwStSystRL ändert die Rechtslage nicht. Die Richtlinie wurde insoweit nicht umgesetzt und ist nicht unmittelbar anwendbar. (S. 170 f., Teil 2: F. IV. 2. d))

5. Der ermäßigte Umsatzsteuersatz gilt – vor und nach der Änderung der MwStSystRL durch RL (EU) 2022/542 – nicht für Tätigkeiten des wirtschaftlichen Geschäftsbetriebs. Bei der privaten Vermögensverwaltung ist der ermäßigte Steuersatz nur anwendbar, wenn diese ausnahmsweise einem gemeinnützigen Zweck dient. (S. 171 ff., Teil 2: F. IV. 3.)

6. Die Steuersatzermäßigung gilt für Leistungen von Zweckbetrieben. Das ist grundsätzlich richtlinienkonform, weil alle Tätigkeiten ermäßigt besteuert werden dürfen, die der selbstlosen Förderung der Allgemeinheit dienen. Die Mitgliedstaatenhaben haben einen weiten Entscheidungsspielraum. (S. 174, Teil 2: F. IV. 4.)

a) Zweckbetriebe dienen meist der Gemeinwohlverwirklichung. Das gilt auch für sportliche Veranstaltungen, mit Ausnahme entgeltlicher Angebote an Freizeitsportler. Die Umsatzgrenze i. H. v. 45.000 Euro in

§ 67a Abs. 1 Satz 1 AO ist hinnehmbar, da sie keinen Anreiz für eigennützige Tätigkeiten schafft. Einige Katalogzweckbetriebe sind jedoch nicht „wohltätig“. Die Anwendung des ermäßigten Steuersatzes ist insoweit richtlinienwidrig. Das betrifft Selbstversorgungsbetriebe (§ 68 Nr. 2 AO), Lotterien (Nr. 6) und die Forschung für gewerbliche Auftraggeber (Nr. 9). (S. 178 ff., Teil 2: F. IV. 4. b) aa))

b) Bei der Wettbewerbsprüfung kann wegen Erwägungsgrund Nr. 19 der RL (EU) 2022/542 nicht auf bedürftige Leistungsempfänger abgestellt werden. Schädliche zusätzliche Einnahmen liegen nicht bereits dann vor, wenn die Leistungen für die Zweckerreichung nicht „unerlässlich“ sind. (S. 180 f., Teil 2: F. IV. 4. b) bb))

c) Trotz weitgehender Richtlinienkonformität ist eine umsatzsteuerliche Wettbewerbsklausel für Katalogzweckbetriebe weder unionsrechtlich vorgegeben noch systematisch stringent. Missbräuche werden bereits durch das Ausschließlichkeitsgebot (§ 56 AO) verhindert. (S. 181 f., Teil 2: F. IV. 4. c))

7. Leistungen von gemeinnützigen Kooperationen werden ermäßigt besteuert (§ 12 Abs. 2 Nr. 8 lit. b UStG). Die Vorschrift gilt für Zusammenschlüsse, die nicht der Körperschaftsteuer unterliegen und erweitert die Möglichkeiten der Zweckverwirklichung, weil auch nichtrechtsfähige Personenvereinigungen Umsatzsteuerschuldner sein können. (S. 182 f., Teil 2: F. IV. 5.)

8. Die Steuersatzermäßigung wirkt zielgenauer als unechte Steuerbefreiungen, weil der Vorsteuerabzug erhalten bleibt. Abgesehen von den zusätzlichen Voraussetzungen für Zweckbetriebe entspricht sie den gemeinnützigkeitsrechtlichen Zielsetzungen. Die Anknüpfung an Merkmale des Unternehmers ist gleichwohl ein Fremdkörper im System einer Steuer, die auf die Belastung privaten Endverbrauchs ausgerichtet ist. (S. 182 f., Teil 2: F. IV. 6.)

9. Die Steuersatzermäßigung verletzt keine Grundfreiheiten, da sie keine sitzbezogene Diskriminierung aufweist. Sie ist auch keine Beihilfe. Soweit die MwStSystRL umgesetzt wird, liegt keine staatliche Maßnahme vor. Im Übrigen fehlt es aufgrund der mit dem Gemeinnützigkeitsstatus einhergehenden Nachteile an einem Vorteil. (S. 184 f., Teil 2: F. IV. 7.)

X. Zu Vereinfachungszwecken gestattet § 23a UStG die Berechnung der Vorsteuer nach einem Durchschnittssatz von 7 %. Das gilt für nicht buchführungspflichtige gemeinnützige Körperschaften, wenn ihr steuerpflichtiger Vorjahresumsatz 45.000 Euro nicht überstiegen hat. Wird dadurch eine Steuerermäßigung bei Leistungen an vorsteuerabzugsberechtigte Abnehmer bewirkt, ist das richtlinienwidrig. Vereinfachungen dürfen keine Ermäßigung bewirken (Art. 281 MwStSystRL). § 23a UStG ist keine Beihilfe, da es an einer Vorteilsgewährung fehlt, verstößt aber gegen die Kapitalverkehrsfreiheit, weil Körperschaften mit Sitz im Drittland ausgeschlossen sind. (S. 185 f., Teil 2: F. V.)

G. Sonstige Befreiungen

I. Die Freigrenze in § 28 Nr. 2 RennwLottG ist eine direkte und konstitutive Befreiung. Lotterien sind grundsätzlich wirtschaftliche Geschäftsbetriebe. Wird der Reinertrag zur Förderung gemeinnütziger Zwecke verwendet, liegt ein Zweckbetrieb vor (§ 68 Nr. 6 AO). Die Freistellung wirtschaftlicher Geschäftsbetriebe kann den Wettbewerb beeinträchtigen. Diese Wirkung wird jedoch durch die Ausgestaltung als Freigrenze abgemildert. (S. 187, Teil 2: G. I.)

II. Die Kraftfahrzeugsteuerbefreiungen nach § 3 Nr. 4, Nr. 5 und Nr. 5a KraftStG gelten nur für Fahrzeuge, bei denen die Gemeinwohlverwirklichung unmittelbar mit der Fahrzeugnutzung verbunden ist. Sie sind damit eng auf den Belastungsgrund der Kraftfahrzeugsteuer (die pauschale Abgeltung von Wegekosten) bezogen. (S. 188, Teil 2: G. II. 1.)

Der Ausschluss anderer Fahrzeuge ist verfassungsrechtlich nicht zu beanstanden. Typisierend werden nur solche Fahrzeuge befreit, deren Nutzung das Gemeinwohl unmittelbar fördert. Die Befreiungen sind unionsrechtskonform, da sie auch für ausländische Steuerschuldner gelten und keine Beihilfen sind. (S. 189 f., Teil 2: G. II. 2.)

Teil 3: Systematische Bewertung der indirekten Vergünstigungen

A. Der Spendenabzug

I. Der Spendenabzug ist ein Steuersurrogat. Die Spende kommt der Allgemeinheit zugute. Durch den Abzug wird die geminderte Leistungsfähigkeit der Spender berücksichtigt. (S. 192 f., Teil 3: A. I.)

II. Spenden und Mitgliedsbeiträge müssen an eine Körperschaft i. S. d. § 5 Abs. 1 Nr. 9 KStG geleistet werden. Direktspenden an Körperschaften mit Sitz in der EU/dem EWR sind abziehbar, wenn diese die Anforderungen des deutschen Gemeinnützigkeitsrechts erfüllen. Zuwendungen an Drittstaatengesellschaften sind nicht privilegiert. (S. 193, Teil 3: A. II.)

III. Der Spendenabzug setzt die Förderung steuerbegünstigter Zwecke nach §§ 52–54 AO voraus. Der Abzug von Mitgliedsbeiträgen an Körperschaften, die freizeitnahe Zwecke verfolgen, ist auch dann ausgeschlossen, wenn mehrere Zwecke verfolgt werden. Das ist verfassungsrechtlich zulässig. Gleichwohl ist die Differenzierung zwischen Eigennutz und Altruismus innerhalb des Spendenrechts systematisch inkonsequent. Sie müsste in der AO verortet sein. (S. 194 ff., Teil 3: A. III.)

IV. Körperschaftsinterne Vermögensverschiebungen sind nicht abzugsfähig. Insoweit bleibt der Spendenabzug hinter den Zielsetzungen des Gemeinnützigkeitsrechts zurück. Denn Mitteltransfers von einer Sphäre in den ideellen Bereich fördern die Allgemeinheit. (S. 195 f., Teil 3: A. IV. 1.)

Spenden in einen wirtschaftlichen Geschäftsbetrieb sind abziehbar. Der Spendenabzug entfällt nur, wenn die Körperschaft die Mittel fehlverwendet. Sachzuwendungen können verwertet und müssen nicht in natura genutzt werden. (S. 197, Teil 3: A. IV. 3.)

V. § 6 Abs. 1 Nr. 4 Satz 4 EStG gestattet bei Sachspenden aus einem Betriebsvermögen den Ansatz mit dem Buchwert. Das verhindert die Besteuerung der stillen Reserven. (S. 198, Teil 3: A. V.)

1. Körperschaftsinterne Vermögensverschiebungen und private Entnahmen sind nicht privilegiert. Eine nachträgliche Vergünstigung existiert nicht, obwohl die Förderung der Spendenbereitschaft auch nach der Entnahme zu privaten Zwecken möglich wäre. (S. 199, Teil 3: A. V. 1.)

2. Die Empfängerkörperschaft darf das Wirtschaftsgut veräußern und den Erlös für steuerbegünstigte Zwecke verwenden. Eine Entnahme zwecks Zuwendung an einen wirtschaftlichen Geschäftsbetrieb ist ebenfalls möglich. (S. 199 f., Teil 3: A. V. 2.)

3. Das Buchwertprivileg ist auf ausländische Empfängerkörperschaften mit Sitz in EU/EWR-Staaten anwendbar. (S. 200, Teil 3: A. V. 3.)

VI. Zusätzlich zu den Höchstbeträgen können Spenden an den Vermögensstock einer gemeinnützigen Stiftung bis zu 1 Million Euro für insgesamt zehn Jahre abgezogen werden (§ 10b Abs. 1a Satz 1 EStG). Stiftungen sind aufgrund ihres strukturell höheren Finanzbedarfs in besonderer Weise auf die Hilfe Dritter angewiesen. Daher ist die Möglichkeit einer zusätzlichen Vermögensstockspende verfassungsrechtlich unbedenklich. (S. 200, Teil 3: A. VI. 1.)

Eine derartige zusätzliche Abzugsmöglichkeit für Vermögensstockspenden findet sich auch in § 9 Nr. 5 Satz 9 GewStG, Körperschaften sind vom zusätzlichen Abzug jedoch ausgeschlossen. Diese Ungleichbehandlung ist mangels sachlichen Differenzierungskriteriums verfassungswidrig (Art. 3 Abs. 1 GG). (S. 201 ff., Teil 3: A. VI. 2.)

VII. Der Spendenabzug nach § 9 Abs. 1 Satz 1 Nr. 2 KStG steht unter dem Vorbehalt von § 8 Abs. 3 KStG. Es darf keine verdeckte Gewinnausschüttung/verdeckte Einlage vorliegen. Das ist systematisch nicht erforderlich, weil die Abgrenzung zwischen Altruismus (Spende) und Eigennutz (Gewinnausschüttung) bereits im Rahmen der Voraussetzungen des Spendenabzugs erfolgt. Der Vorbehalt ist zur Missbrauchsverhinderung nicht notwendig, weil die Mittel ohnehin nur für gemeinnützige Zwecke verwenden werden dürfen. (S. 202ff., Teil 3: A. VII.)

VIII. Der Spendenabzug nach § 9 Nr. 5 GewStG ist systematisch konsequent. Er beruht auf geminderter Leistungsfähigkeit. (S. 206, Teil 3: A. VIII.)

IX. Aus einem Betriebsvermögen entnommene Sachspenden sind umsatzsteuerbar (§ 3 Abs. 1b, Abs. 9a UStG, Art. 16, Art. 26 MwStSystRL). Eine Steuerbefreiung hierfür existiert nicht und wäre mangels Grundlage in der MwStSystRL unionsrechtswidrig. Die angefallene Umsatzsteuer erhöht die Höhe der Zuwendung (§ 10b Abs. 3 Satz 2 EStG), was die Steuerbelastung abmildert. Das gilt auch für die Körperschaft- und Gewerbesteuer. (S. 206f., Teil 3: A. IX.)

X. Der Spendenabzug ist weitgehend unionsrechtskonform. Materielle Inlandsbezüge sind grundfreiheitlich ebenso zulässig wie das Erfordernis von Amtshilfe- und Beitreibungsabkommen. Unionsrechtswidrig ist nur der Ausschluss von Spenden ins Drittland. (S. 207f., Teil 3: A. X. 1.)

Der Spendenabzug ist keine Beihilfe an den Spender, da er als Ausdruck geminderter Leistungsfähigkeit systemimmanenter Bestandteil des deutschen Steuerrechts ist. (S. 208, Teil 3: A. X. 2. a))

Eine Beihilfe an die Empfängerkörperschaft liegt ebenfalls nicht vor. Es fehlt aufgrund des Gemeinnützigkeitsstatus an einem Vorteil und an der Selektivität. (S. 208f., Teil 3: A. X. 2. b))

B. Vergünstigungen von sonstigen gemeinwohlfördernden Tätigkeiten

I. Die Freibeträge für Einnahmen aus nebenberuflichen Tätigkeiten für gemeinnützige Körperschaften nach § 3 Nr. 26, Nr. 26a EStG sind eine Entscheidung für einen förderungswürdigen Bereich marktrelevanter Tätigkeiten, die sich ihrem sozialen Sinn nach als Teilnahme an der Gemeinwohlverwirklichung darstellen. (S. 211, Teil 3: B. I. 1. b)) Sie gelten nicht für Tätigkeiten in einem wirtschaftlichen Geschäftsbetrieb. (S. 210f., Teil 3: B. I. 1. a))

§ 3 Nr. 26, Nr. 26a EStG sind verfassungskonform. Die unterschiedliche Höhe der Freibeträge ist systematisch nicht zwingend, jedoch mit der typisierenden Überlegung zu rechtfertigen, dass die in § 3 Nr. 26 EStG aufgeführten Tätigkeiten einen höheren persönlichen Einsatz erfordern. (S. 212f., Teil 3: B. I. 1. c))

Die Freibeträge sind unionsrechtskonform. Der Ausschluss ehrenamtlicher Tätigkeit für Drittstaatenkörperschaften ist zulässig, weil die Dienstleistungsfreiheit insoweit nicht gilt. Beihilfen liegen nicht vor. Die ehrenamtlich Tätigen sind keine Unternehmer und die gemeinnützigen „Arbeitgeberkörperschaften" haben keinen beihilferelevanten Vorteil, denn sie unterliegen den Vorgaben über die gemeinnützige Mittelverwendung. (S. 213 f., Teil 3: B. I. 1. d))

II. Die Befreiung ehrenamtlicher Tätigkeit von der Umsatzsteuer (§ 4 Nr. 26 lit. b UStG) wird durch eigennütziges Erwerbsstreben ausgeschlossen. Das ist systematisch damit zu rechtfertigen, dass die Norm keine höhenmäßige Begrenzung der Privilegierung vorsieht. Sie beruht nicht auf der MwStSystRL und ist unionsrechtswidrig. Steuerpflichtige können sich gleichwohl auf die Befreiung berufen. (S. 214 f., Teil 3: B. I. 2.)

III. § 3 Nr. 44 Satz 2 EStG befreit Stipendien zu wissenschaftlichen oder künstlerischen Zwecken von einer Körperschaft i. S. d. § 5 Abs. 1 Nr. 9 KStG. Die Befreiung ist weitgehend deklaratorisch, weil Stipendien nur in Ausnahmefällen einer Einkunftsart angehören. (S. 215, Teil 3: B. II.)

C. Kapitalertragsteuerabzug und Kapitalertragsteuererstattung

Der Ausschluss des Kapitalertragsteuerabzugs bei inländischen gemeinnützigen Gläubigern (außer für Erträge aus wirtschaftlichen Geschäftsbetrieben) nach § 44a Abs. 4 Satz 1, Abs. 7 Satz 1 EStG passt das Verfahrensrecht dem materiellen Recht an. Der durch den Inlandsbezug bewirkte Verstoß gegen die Kapitalverkehrsfreiheit wurde durch die Einführung der Kapitalertragsteuererstattung nach § 32 Abs. 6 Nr. 1 KStG beseitigt. Als einzige gemeinnützigkeitsbezogene Steuervergünstigung ist die Norm ausdrücklich auf Drittstaatenkörperschaften anwendbar, wenn der Sitzstaat Amts- und Beitreibungshilfe leistet. (S. 216 f., Teil 3: C.)

D. Investmentsteuerliche Vergünstigung – § 8 InvStG

§ 8 Abs. 1 Nr. 1 InvStG (i. V. m. § 44a Abs. 7 Satz 1 EStG, § 5 Abs. 1 Nr. 9 KStG) befreit Einkünfte eines Investmentfonds von Körperschaftsteuer, soweit eine gemeinnützige Körperschaft beteiligt ist. Die Norm begünstigt materiell die gemeinnützigen Körperschaft, da anderenfalls das Fondsinvestment gegenüber einer Direktanlage nachteilig wäre. § 8 Abs. 1 Nr. 1 InvStG ist unionsrechtskonform, weil auch Einkünfte befreit sind, die auf ausländische Gläubiger entfallen. (S. 217, Teil 3: D.)

Teil 4: Einzelsteuerübergreifende Strukturen

I. Die meisten gemeinnützigkeitsbezogenen Steuervergünstigungen verweisen auf die Zwecke nach §§ 52–52 AO. Der Ausschluss freizeitnaher Zwecke in § 29 Abs. 1 Nr. 4 Satz 1 ErbStG, § 10b Abs. 1 Satz 8 EStG ist zwar nicht verfassungswidrig, beruht jedoch auf Wertungsinkonsistenzen. Im UStG ist die Zweckinkongruenz unionsrechtlich vorgegeben. Einige Vergünstigungen sind von vornherein auf einen eng definierten förderungswürdigen Bereich zugeschnitten. (S. 218 ff., Teil 4: A.)

II. Wettbewerbsneutralität kann auf verschiedene Weise systematisch stringent verwirklicht werden.

1. § 64 Abs. 1 AO sieht im Ertragsteuerrecht das Modell der partiellen Steuerpflicht vor. (S. 222, Teil 4: B. I. 1.) Ein alternatives Modell gibt es bei der Umsatzsteuer sowie bei punktuellen Befreiungen für bestimmte förderungswürdige Bereiche. (S. 223 f., Teil 4: B. I. 2.)
2. Steuervergünstigungen von Zuwendungen sehen keine Rückausnahmen für wirtschaftliche Geschäftsbetriebe vor. Das liegt in der Natur der Sache, da Zuwendungen keiner steuerlichen Sphäre zuzuordnen sind. (S. 225 f., Teil 4: B. II.)
3. Einige Normen privilegieren zu Vereinfachungszwecken auch wirtschaftliche Geschäftsbetriebe (§ 64 Abs. 3 AO, § 28 Nr. 2 RennwLottG, § 23a UStG). (S. 226 f., Teil 4: B. III.)
4. Besondere Anforderungen an Zweckbetriebe (§ 12 Abs. 2 Nr. 8 lit. a Sätze 3 und 4 UStG) sind weder unionsrechtlich vorgegeben noch systematisch veranlasst. (S. 227, Teil 4: B. IV.)

III. Das Gemeinnützigkeitsrecht ist ein organisationsbezogenes Förderkonzept. Abweichungen davon sind bei der Umsatzsteuer durch das Unionsrecht und den Belastungsgrund vorgegeben. (S. 228 f., Teil 4: C. I.)

Im Übrigen wird das Telos der Organisationsbezogenheit (Gewährleistung von Gemeinwohlförderung und staatliche Kontrolle) anderweitig verwirklicht, namentlich durch die Beschränkung der Befreiung auf bestimmte Tätigkeitsbereiche (Befreiungen von der Lotterie- und Kraftfahrzeugsteuer) oder durch zusätzliche Befreiungsvoraussetzungen (Verwendungserfordernis bei § 13 Abs. 1 Nr. 17 ErbStG). (S. 228 ff., Teil 4: C. II.)

IV. Von der grundsätzlichen Rechtsformneutralität des Gemeinnützigkeitsrechts weichen die Einzelsteuergesetze insoweit ab, als Personengesellschaften systemkonform vom Gemeinnützigkeitsstatus ausgeschlossen und einige Steuervergünstigungen nur auf Stiftungen anwendbar sind. Gleichheitswidrig ist jedoch nur der Ausschluss von Körperschaften von der Vermögensstockspende. (S. 231, Teil 4: D.)

V. Die einzelsteuerlichen Vergünstigungen sind unterschiedlich auslandsoffen. Ein einheitlicher systematischer Ansatz fehlt. Einige Vergünstigungen gelten für Körperschaften innerhalb der EU/des EWR, z. T. sind ausländische Körperschaften (unionsrechtswidrig) auch gänzlich vom Anwendungsbereich ausgenommen. Vereinzelt enthalten Vergünstigungen keinerlei Beschränkungen. Als einzige gemeinnützigkeitsbezogene Steuervergünstigung ist § 32 Abs. 6 Satz 1 Nr. 1 lit. b, lit. c KStG explizit auf Drittstaatenkörperschaften anwendbar. Die grenzüberschreitende Administration ist ebenfalls nicht vereinheitlicht. (S. 231 ff., Teil 4: E.)

VI. Sachliche Steuerbefreiungen sind der Grundtyp direkter steuerlicher Gemeinwohlförderung. Sie reduzieren das Steuerobjekt auf wettbewerbssensible Bereiche. (S. 237 f., Teil 4: F. I. 1.) Abweichungen von diesem Vergünstigungstypus sind systematisch begründbar: So dienen Freigrenzen der Vereinfachung (S. 237, Teil 4: F. I. 2.) und verfahrensrechtliche Vergünstigungen der Anpassung des Verfahrens an das materielle Steuerrecht. (S. 238, Teil 4: F. I. 4.) Umsatzsteuerliche Besonderheiten sind durch das Unionsrecht vorgegeben. (S. 238, Teil 4: F. I. 3.)

Das Grundmodell steuerlicher indirekter Gemeinwohlförderung ist der Spendenabzug, der der geminderten Leistungsfähigkeit des Spenders Rechnung trägt. (S. 239, Teil 4: F. II. 1.) Das Buchwertprivileg (§ 6 Abs. 1 Nr. 4 Satz 4 EStG) weicht davon ab, um die Belastungswirkung der Entnahmebesteuerung zu kompensieren. (S. 239, Teil 4: F. II. 2.) Nebenberufliche Tätigkeiten werden durch § 3 Nr. 26, Nr. 26a EStG (nur) durch Freibeträge gefördert, weil eine vollständige Befreiung aller Tätigkeiten für gemeinnützige Körperschaften nicht gerechtfertigt wäre. (S. 239, Teil 4: F. II. 3.)

VII. Gemeinnützigkeitsbezogene Steuervergünstigungen knüpfen zumeist tatbestandlich an den Zweckkatalog nach §§ 52–54 AO und den Körperschaftsbegriff i. S. v. § 51 Abs. 1 Satz 2 AO an. Sie enthalten i. d. R. Rückausnahmen für wirtschaftliche Geschäftsbetriebe. Auf Rechtsfolgenseite gibt es zwei zentrale Ansätze. Direkte Steuervergünstigungen sind meist sachliche Steuerbefreiungen. Indirekte Steuervergünstigungen ermöglichen einen begrenzten Abzug von der Bemessungsgrundlage. (S. 240 f., Teil 4: G. I.)

1. Abweichungen von dieser Grundstruktur können aus dem Unionsrecht folgen. Das betrifft die umsatzsteuerlichen Vergünstigungen. (S. 241, Teil 4: G. II. 1.)

2. Einige Abweichungen ergeben sich aus der Natur der Sache, etwa die fehlende Rückausnahme für wirtschaftliche Geschäftsbetriebe bei den Vergünstigungen von Zuwendungen oder das Buchwertprivileg. (S. 242 f., Teil 4: G. II. 2.)

3. Besondere Zielsetzungen können Abweichungen vom Grundtypus bedingen. Das betrifft etwa Vereinfachungszwecknormen (§ 64 Abs. 3 AO, § 28

Nr. 2 RennwLottG, § 23a UStG) und die Vermögensstockspende zur Beseitigung von Finanzierungsnachteilen. (S. 242, Teil 4: G. II. 3.)

4. Einige einzelsteuerliche Abweichungen folgen keinem stringenten Regelungskonzept. Verfassungswidrig ist das meist nicht. Hierzu gehört z. B. die Zweckinkongruenz bei der Abziehbarkeit von Mitgliedsbeiträgen oder die verschiedenen Anforderungen an die Auslandsöffnung. Systematisch verfehlt und zugleich gleichheitswidrig ist allein der Ausschluss von Körperschaften von Vermögensstockspenden. (S. 243, Teil 4: G. II. 4.)

VIII. Das Vielsteuersystem wird de lege lata durch verschiedene Einzelsteuergesetze umgesetzt. Daher besteht kein Anlass, sämtliche gemeinnützigkeitsbezogene Steuervergünstigungen in ein einheitliches Gesetz auszugliedern. Das beträfe allein die äußere Systematisierung und kann fehlende innere Systematik nicht ersetzen. (S. 244 f., Teil 4: H. I. 1.) Eine einzelsteuerübergreifende gemeinnützigkeitsbezogene Steuervergünstigung wäre aufgrund der unterschiedlichen Belastungsgründe und des Unionsrechts weder system- noch richtlinienkonform. (S. 245 f., Teil 4: H. I. 2.)

Vereinheitlichungsperspektiven bieten der Zweckkatalog, die Auslandsöffnung, die Rechtsformneutralität und das Verfahrensrecht, d. h. die Entscheidungsfindung über die Gemeinnützigkeit im Einzelfall. (S. 247 f., Teil 4: H. II. 1.) Den Einzelsteuergesetzen vorbehalten sind die Rechtsfolgenanordnung der Vergünstigungen, d. h. die binnensystematische Eingliederung und die Bestimmung des Vergünstigungstypus, sowie besondere Zielsetzungen einer Einzelsteuer oder sonstige einzelsteuerliche Besonderheiten. (S. 249 f., Teil 4: H. II. 2.)

Teil 6

Empfehlungen de lege ferenda

Eine Reform der gemeinnützigkeitsbezogenen Steuervergünstigungen mit dem Ziel systematischer Stringenz muss das Gemeinnützigkeitsrecht als eigenes Normsystem verstehen, welches anhand der Staatssubstitutionsthese materiell von anderen Fördertatbeständen abgrenzbar ist. Jede einzelne gemeinnützige Steuervergünstigung ist dabei Teil von zwei inneren Steuersystemen zugleich: dem Gemeinnützigkeitsrecht und den jeweiligen Einzelsteuergesetzen.

I. Auch wenn eine Gesamtbewertung des allgemeinen Gemeinnützigkeitsrechts nicht Aufgabe dieser Arbeit ist, waren einige reformbedürftige Aspekte des allgemeinen Teils (§§ 51–68 AO) zu identifizieren, die systematisch besonders eng mit den Vergünstigungen der Einzelsteuern zusammenhängen:

1. Der Zweckkatalog wäre auf Gemeinwohlzwecke zu beschränken, die staatssubstituierenden Charakter haben. Die Verkleinerung des Zweckkatalogs beträfe alle Steuervergünstigungen, die auf § 52 AO (oder § 5 Abs. 1 Nr. 9 KStG) verweisen und machte eine systemwidrige Unterdifferenzierung förderungswürdiger Tätigkeiten, wie bei § 29 Abs. 1 Nr. 4 ErbStG (S. 106 ff., Teil 2: E. IV. 1.) oder § 10b Abs. 1 Satz 8 EStG (S. 194 ff., Teil 3: A. III.), überflüssig.

   Zu streichen wäre § 52 Abs. 2 Satz 1 Nr. 23 AO, soweit reine Freizeitaktivitäten steuerlich privilegiert werden (Tier- und Pflanzenzucht, Kleingärtnerei, Modellflug, Amateurfunk, Hundesport). (S. 27 ff., Teil 1: B. III.; zur unionsrechtlichen Dimension S. 162 ff., Teil 2: F. IV. 2. b) bb))

   Denkbar wäre außerdem ein allgemeiner Vorbehalt, wonach die Verfolgung von Freizeitzwecken gemeinnützigkeitsschädlich ist. Hierbei könnte die Formulierung in § 10b Abs. 1 Satz 8 Nr. 2 EStG als Vorbild dienen und in § 52 Abs. 1 AO ein weiterer Satz eingefügt werden, etwa:

   „Eine Förderung der Allgemeinheit liegt nicht vor,
   wenn die Tätigkeiten der Körperschaft in erster Linie
   der Freizeitgestaltung dienen."

2. Der Inlandsbezug (§ 51 Abs. 2 AO) ist zwar unionsrechtskonform, jedoch kaum handhabbar. Er wäre daher zu streichen. Alternativ könnten einzelne Zwecke inlandsbezogen ausgestaltet werden. Dabei wären die Vertragsziele des AEUV (z. B. die Förderung grenzüberschreitender Forschungsmobilität nach Art. 179 AEUV oder der grenzüberschreiten-

den Bildung nach Art. 165 AEUV) zu berücksichtigen. (S. 65 f., Teil 2: A. II. 2. a) aa) (2) (a))

3. In der AO könnte zentral über die Voraussetzungen entschieden werden, unter denen ausländische Körperschaften die nationalen gemeinnützigkeitsbezogenen Steuervergünstigungen in Anspruch nehmen können. Das Gleiche gilt für die Voraussetzungen von Spenden an und Tätigkeiten für ausländische Körperschaften. § 51 Abs. 2 AO könnte durch eine Regelung ersetzt werden, nach der ausländische Körperschaften ihren Sitz in der EU oder einem Staat haben müssen, der Amts- und Beitreibungshilfe leistet.

   Alternativ könnte die derzeitige Regelungsstruktur in den Einzelsteuergesetzen beibehalten werden. Dann wären jedoch die Anforderungen zu vereinheitlichen. (S. 235 f., Teil 4: E. III.)

   Zweckbetriebe wären wettbewerbsverträglich auszugestalten. Nur wirtschaftliche Betätigungen, die untrennbar mit der gemeinnützigen Zweckverwirklichung verbunden sind, können systemkonform begünstigt werden. Mittelbeschaffungsbetriebe (Selbstversorgungsbetriebe nach § 68 Nr. 2 AO oder Lotterien nach § 68 Nr. 6 AO) wären aus dem Zweckbetriebskatalog zu streichen. (S. 60 ff., Teil 2: A. II. 1. c))

4. Verfahrensrechtlich sollte über den Gemeinnützigkeitsstatus einheitlich und bindend entschieden werden. (S. 247 f., Teil 4: H. II. 1.)

II. Im Körperschaftsteuerrecht wäre § 5 Abs. 2 Nr. 2 KStG zu ändern, soweit unionsrechtswidrig Drittstaatenkörperschaften ausgeschlossen sind. (S. 78, Teil 2: A. II. 2. b) dd))

III. Im Gewerbesteuerrecht sollte eine Befreiung für gemeinnützige Personengesellschafts-Kooperationen eingeführt werden. (S. 90 f., Teil 2: C. III.)

IV. Im Grundsteuerrecht wäre der unionsrechtswidrige Ausschluss von ausländischen Körperschaften, die die Anforderungen des deutschen Gemeinnützigkeitsrechts erfüllen, abzuschaffen. (S. 94, Teil 2: D. II. 1. b))

Darüber hinaus wäre zu erwägen, § 3 Abs. 1 Satz 1 Nr. 3 lit. b GrStG an das Modell der grundsätzlichen Befreiung mit Rückausnahme i. S. v. § 64 Abs. 1 AO anzupassen, weil sich der Verweis auf wirtschaftliche Geschäftsbetriebe derzeit lediglich in Abschn. 12, Abs. 6 Nr. 2 GrStR findet. (S. 223 f., Teil 4: B. I. 3.)

V. Die Befreiungen von der Erbschaft- und Schenkungsteuer sind reformbedürftig:

1. Bei § 13 Abs. 1 Nr. 16 lit. b ErbStG sollte klargestellt werden, dass Zuwendungen, die einem wirtschaftlichen Geschäftsbetrieb zugutekommen, unschädlich sind. (S. 100 f., Teil 2: E. II. 1. a) bb))

2. § 13 Abs. 1 Nr. 16 lit. c ErbStG sollte auf Drittstaatenkörperschaften erweitert und der strukturelle Inlandsbezug aus denselben Gründen wie § 51 Abs. 2 AO abgeschafft werden. (S. 103 f., Teil 2: E. II. 1. c))

3. Bei § 29 Abs. 1 Nr. 4 ErbStG sollte die Beschränkung auf inländische Stiftungen abgeschafft werden. Die Ausklammerung einzelner Zwecke wäre nach einer grundlegenden Überarbeitung des Zweckkatalogs überflüssig, anderenfalls ebenfalls zu streichen. (S. 106 ff., Teil 2: E. IV.)

VI. Bei den umsatzsteuerlichen gemeinnützigkeitsbezogenen Vergünstigungen ist der nationalstaatliche Handlungsspielraum erheblich eingeschränkt. Zu befürworten wäre erstens eine Ausnahme von Sachspenden vom Tatbestand der Umsatzsteuer oder eine gesonderte Umsatzsteuerbefreiung. (S. 117 f., Teil 2: F. I. 2. a) dd))

Zweitens wäre eine Grundsatzreform auf EU-Ebene anzustreben, bei der leistungsbezogen echte Steuerbefreiungen oder Nullsteuersätze geschaffen würden, die den Zweckkatalog nach §§ 52–54 AO (bereinigt um Freizeitzwecke) umfassend abbildeten. (S. 186, Teil 2: F. VI.)

Das ist den Nationalstaaten allein indes nicht möglich, sodass sich eine nationale Reform auf die folgenden Punkte beschränken müsste:

1. Bestehende Richtlinienverstöße durch § 4 Nr. 15b–29 UStG wären zu beseitigen. (S. 126 ff., Teil 2: F. II.)

2. Die Vorsteuerpauschalierung nach § 23a UStG sollte auf Körperschaften mit Sitz in einem Drittstaat erweitert werden. Weiter sollten Fälle der Leistung an vorsteuerabzugsberechtigte Abnehmer, in denen die Vorsteuerpauschalierung zu einer unionsrechtswidrigen Ermäßigung führt, von § 23a UStG ausgenommen werden. (S. 185 f., Teil 2: F. V.)

3. Die Steuersatzermäßigung nach § 12 Abs. 2 Nr. 8 UStG wäre abzuschaffen. Anderenfalls wären zumindest die zusätzlichen Voraussetzungen für Katalogzweckbetriebe in § 12 Abs. 2 Nr. 8 lit. a Sätze 3 und 4 UStG zu beseitigen. Es könnte auch klargestellt werden, dass die Steuersatzermäßigung grundsätzlich nicht auf vermögensverwaltende Tätigkeiten anwendbar ist. (vgl. S. 182 f., Teil 2: F. IV. 6.)

VII. Der steuerliche Spendenabzug nach § 10b EStG, § 9 Abs. 1 Satz 2 KStG, § 9 Nr. 5 GewStG ist in mehrfacher Hinsicht reformbedürftig:

1. Der Ausschluss bestimmter Zwecke bei Mitgliedsbeiträgen (§ 10b Abs. 1 Satz 8 EStG, § 9 Abs. 1 Satz 8 KStG, § 9 Nr. 5 Satz 12 GewStG) wäre aufzugeben und bei einer Streichung von Freizeitzwecken aus dem Zweckkatalog nach § 52 AO auch überflüssig. (S. 194 ff., Teil 3: A. III.)

2. Ein körperschaftsinterner Spendenabzug sollte eingeführt werden. (S. 195 f., Teil 3: A. IV. 1.)

3. Klarzustellen wäre, dass Spenden in einen wirtschaftlichen Geschäftsbetrieb unschädlich sind und Sachspenden nicht in natura verwendet werden müssen. (S. 197, Teil 3: A. IV. 3.)

4. Im Zusammenhang mit dem Buchwertprivileg nach § 6 Abs. 1 Nr. 4 Satz 4 EStG sollte die Möglichkeit einer nachträglichen Befreiung für den Fall einer Entnahme zu privaten Zwecken und anschließender Spende eingeführt werden. (S. 199, Teil 3: A. V. 1.)

   Ferner wäre klarzustellen, dass das Buchwertprivileg auch bei ausländischen Körperschaften anwendbar ist. (S. 200, Teil 3: A. V. 3.)

5. Im Interesse einer rechtsformneutralen Besteuerung und um den derzeit bestehenden Verstoß gegen Art. 3 Abs. 1 GG zu beseitigen, müssten auch Körperschaften privilegierte Vermögensstockspenden leisten können. § 9 Abs. 1 Satz 1 Nr. 2 KStG und § 9 Nr. 5 Satz 9 GewStG wären entsprechend zu ändern. Der im Jahre 2007 von den Ausschüssen des Bundesrates unterbreitete Vorschlag (BR-Drs. 117/1/07, S. 15 f.) könnte als Vorbild dienen. (S. 201 f., Teil 3: A. VI. 2.)

6. Der Vorbehalt von § 8 Abs. 3 KStG in § 9 Abs. 1 Satz 1 Nr. 2 Satz 1 KStG wäre abzuschaffen, um förderungswürdige Unternehmensspenden zu erleichtern. (S. 205 f., Teil 3: A. VII. 2.)

7. Spenden an Drittstaatenkörperschaften, die die Voraussetzungen des deutschen Gemeinnützigkeitsrechts erfüllen, wären zuzulassen. (S. 207, Teil 3: A. X. 1.)

VIII. Die Freibeträge in § 3 Nr. 26, Nr. 26a EStG wären zu vereinheitlichen, indem sie entweder höhenmäßig angeglichen werden oder ein gemeinsamer Freibetrag für alle ehrenamtlichen Tätigkeiten eingeführt wird. (S. 212 f., Teil 3: B. I. 1. c))

IX. Die richtlinienwidrige Befreiung ehrenamtlicher Tätigkeiten von der Umsatzsteuer nach § 4 Nr. 26 lit. b UStG wäre abzuschaffen. (S. 214, Teil 3: B. I. 2.)

Literaturverzeichnis

Achatz, Markus: Umsatzsteuer und Gemeinnützigkeit, in: Gemeinnützigkeit, 27. Jahrestagung der Deutschen Steuerjuristischen Gesellschaft e. V., DStJG, Band 26, herausgegeben von: Monika Jachmann, 2003, S. 279–306, Köln (zit.: *Achatz*, DStJG 26 (2003), …).

Alberti, Elisabeth: Sponsoring im Steuerrecht, 2001, Frankfurt am Main.

Alders, Cornelius: Die partiell gemeinnützige (natürliche) Person, Heidelberg, 2018.

Alvermann, Jörg: Ertragsbesteuerung der Berufsverbände, FR 2006, S. 262–271.

Alvermann, Jörg/*Esteves Gomes*, Cristian: Ermäßigter Steuersatz für Blut- und Gewebetransporte – keine Rückwirkung der RL (EU) 2022/542 (Anmerkung zu BFH, V R 14/22), DStR 2023, S. 1711–1717.

Berg, Hans-Georg/*Szymczak*, Michael: Umsatzsteuerliche Vergünstigungen für gemeinnützige Unternehmen – unionsrechtswidrige Beihilfen?, UR 2018, S. 853–864.

Birk, Dieter: Liebhaberei im Ertragsteuerrecht, BB 2009, S. 860–867.

Birkenfeld, Wolfram: Hilfsbedürftigkeit als Rechtsproblem, UR 2017, S. 865–875.

Birkenfeld, Wolfram: Umsatzsteuerliche Beurteilung von Sachspenden an gemeinnützige Abnehmer, Gutachten v. 29.4.2020 im Auftrag des Bundesverband E-Commerce und Versandhandel Deutschland e. V., München/Berlin (zit.: *Birkenfeld*, Umsatzsteuerliche Beurteilung von Sachspenden an gemeinnützige Abnehmer, 2020, S. …)

Birkenfeld, Wolfram/*Wäger*, Christoph (Hrsg.): Das große Umsatzsteuer-Handbuch, Stand: August 2025, Köln (zit.: *Bearbeiter*, in: Birkenfeld/Wäger, Umsatzsteuer-Handbuch, 8/2025, …).

Bordewin, Arno/*Brandt*, Jürgen/*Bode*, Walter (Begr.): Einkommensteuergesetz Kommentar, Stand: November 2025, Heidelberg (zit.: *Bearbeiter*, in: Bordewin/Brandt/Bode, EStG, 11/2025, § … Rn. …).

Bott, Harald: JStG 2020: Reform des Gemeinnützigkeitsrechts – Teil I, BB 2021, S. 414–421.

Bott, Harald/*Walter*, Wolfgang (Hrsg.): Körperschaftsteuergesetz Kommentar, Stand: Oktober 2025, Bonn (zit.: *Bearbeiter*, in: Bott/Walter, KStG, 10/2025, § … Rn. …).

Brandau, Janina/*Neckenich*, Lennart/*Reich*, Daniel/*Reimer*, Ekkehart: Brennpunkt Beihilfenrecht: Das deutsche Steuerrecht auf dem Prüfstand, BB 2017, S. 1175–1188.

Brandis, Peter/*Heuermann*, Bernd (Hrsg.): Ertragsteuerrecht Kommentar, Stand: August 2025, München (zit.: *Bearbeiter*, in: Brandis/Heuermann, Ertragsteuerrecht, 8/2025, § … Rn. …).

Brill, Mirko Wolfgang: Kostenteilungsgemeinschaften in der Umsatzsteuer, KÖSDI 2019, S. 21228–21242.

Buchna, Johannes/*Leichinger*, Carina/*Seeger*, Andreas/*Brox*, Wilhelm: Gemeinnützigkeit im Steuerrecht, 12. Aufl. 2023, Achim.

Bundesministerium der Finanzen (Hrsg.): Gutachten der Unabhängigen Sachverständigenkommission zur Prüfung des Gemeinnützigkeits- und Spendenrechts, Schriftenreihe des Bundesministeriums der Finanzen, Heft 40, 1988, Bonn.

Bunjes, Johann (Begr.): Umsatzsteuergesetz Kommentar, 24. Aufl. 2025, München (zit.: *Bearbeiter*, in: Bunjes, UStG, 24. Aufl. 2025, § ... Rn. ...).

Burandt, Wolfgang/*Rojahn*, Dieter (Hrsg.): Erbrecht Kurz-Kommentar, 4. Aufl. 2022, München (zit.: *Bearbeiter*, in: Burandt/Rojahn, Erbrecht, 4. Aufl. 2022, § ... Rn. ...).

Calliess, Christian/*Ruffert*, Matthias (Hrsg.): EUV/AEUV Kommentar, 6. Aufl. 2022, München (zit.: *Bearbeiter*, in: Calliess/Ruffert, AEUV/EUV. 6. Aufl. 2022, Art. ... Rn. ...).

Canaris, Claus-Wilhelm: Systemdenken und Systembegriff in der Jurisprudenz, 1969, Berlin.

Cremers, Oliver: Steuerliche Gemeinnützigkeit und allgemeine Rechtsordnung, 2022, Baden-Baden.

Crezelius, Georg: Verhältnis der Erbschaftsteuer zur Einkommen- und Körperschaftsteuer, in: Steuern auf Erbschaft und Vermögen, 23. Jahrestagung der Deutschen Steuerjuristischen Gesellschaft e. V., DStJG, Band 22, herausgegeben von Dieter Birk, 1999, S. 73–126, Köln (zit.: *Crezelius*, DStJG 22 (1999), ...).

Crezelius, Georg: Erbschaft als Betriebseinnahme; keine Aktivierung bei Unsicherheit über Wirksamkeit der Erbeinsetzung des Altenheimträgers (Anmerkung zu BFH, VIII R 60/03), ZEV 2006, S. 419–422.

Crezelius, Georg: Konkurrenz zwischen Einkommensteuer und Erbschaft- und Schenkungsteuer, ZEV 2015, S. 392–397.

Crezelius, Georg/*Rawert*, Peter: Stiftungsrecht – quo vadis?, ZIP 1999, S. 337–347.

Crezelius, Georg/*Rawert*, Peter: Das Gesetz zur weiteren steuerlichen Förderung von Stiftungen – Anmerkungen zum ersten Schritt einer Reform des Stiftungsrechts, ZEV 2000, S. 421–428.

Dickopp, Friedrich: Umsatzsteuerbefreiungen bestimmter dem Gemeinwohl dienender Tätigkeiten nach § 4 UStG und Gemeinschaftsrecht, UR 2007, S. 553–565.

Droege, Michael: Gemeinnützigkeit im offenen Steuerstaat, 2010, Tübingen.

Droege, Michael: Biedermeier im Steuerstaat – Globalisierungskritik, Gemeinnützigkeit und die Grenzen des Politischen, KJ 2019, S. 349–360.

Eicker, Klaus: Grenzüberschreitende gemeinnützige Tätigkeit, 2004, Frankfurt am Main.

Enquete-Kommission des Deutschen Bundestages „Zukunft des Bürgerschaftlichen Engagements“ (Hrsg.): Rechtliche Rahmenbedingungen bürgerschaftlichen Engagements, 2002, Opladen (zit.: *Bearbeiter*, in: Igl, Rechtliche Rahmenbedingungen bürgerschaftlichen Engagements, 2002, S. ...).

Erdbrügger, Andreas: Aktuelle Rechtsprechung zur Umsatzbesteuerung von Vereinen und mögliche Auswirkungen auf deren Ertragbesteuerung, npoR 2019, S. 7–11.

Erdbrügger, Andreas: Voller Vorsteuerabzug oder Körperschaftsteuerbefreiung: BFH stellt die Berufsverbände vor die Wahl, DStR 2019, S. 1558–1562.

Erdbrügger, Andreas: BFH schränkt Anwendung des ermäßigten Steuersatzes bei Zweckbetrieben abermals ein, WPg 2022, S. 605–612.

Erkis, Gülsen/*Thonemann-Micker*, Susanne (Hrsg.): Beck'scher Online-Kommentar ErbStG, Stand: Oktober 2025, München (zit.: *Bearbeiter*, in: BeckOK ErbStG, 10/2025, § … Rn. …).

Feldgen, René: Aktuelle Entwicklungen rund um das Gemeinnützigkeitsrecht. Rechtsprechungsreport zum Gemeinnützigkeitsrecht 2023/2024 sowie (geplante) Änderungen bei der Gemeinnützigkeit durch das Wachstumschancengesetz sowie das JStG 2024, DStZ 2024, S. 635–644.

Fischer, Peter: Gemeinnutz und Eigennutz am Beispiel der steuerlichen Sportförderung, in: Kirchhof, Paul/Jakob, Wolfgang/Beermann, Albert (Hrsg.), Festschrift für Klaus Offermann, 1999, S. 597–618, Köln (zit.: *Fischer*, FS Offerhaus, 1999, S. …).

Fischer, Peter: Gemeinwohl, Daseinsvorsorge und bürgerschaftliches Engagement – eine Gedankenskizze zum Zweckbetrieb (§ 65 AO), in: Tipke, Klaus/Söhn, Hartmut (Hrsg.), Gedächtnisschrift für Christoph Trzaskalik, 2005, S. 49–67, Köln (zit.: *Fischer*, GS Trzaskalik, 2005, S. …).

Fischer, Peter: Sozialdienstleistungen gemeinnütziger Rechtsträger und das EU-Beihilfenrecht, FR 2009, S. 929–937.

Fischer, Peter: Buchbesprechungen: Hüttemann, Gemeinnützigkeits- und Spendenrecht, 5. Aufl. 2021, FR 2022, S. 321–324.

Förster, Jutta: Grenzüberschreitende Gemeinnützigkeit – Spenden schwer gemacht?, BB 2011, S. 663–669.

Förster, Jutta: Immer Ärger mit den Nachweisen – Verfahrensprobleme bei grenzüberschreitenden Spenden, DStR 2013, S. 1516–1520.

Franz, Christoph: Grundlagen der Besteuerung gemeinnütziger Körperschaften bei wirtschaftlicher Betätigung, 1991, Berlin.

Freiherr von Proff, Maximilian: Grenzüberschreitende Gemeinnützigkeit nach dem Persche-Urteil des EuGH, IStR 2009, S. 371–377.

Freund, Volker: Der Belastungsgrund der Grundsteuer – von Leistungsfähigkeit und Äquivalenz, FR 2019, S. 931–941.

Friz, Fabian: Das Verhältnis der Erbschaft- und Schenkungsteuer zur Einkommensteuer, DStR 2015, S. 2409–2414.

Frotscher, Gerrit/*Drüen*, Klaus-Dieter (Hrsg.): Kommentar zum Körperschaft-, Gewerbe- und Umwandlungssteuergesetz, Stand: September 2025, Freiburg im Breisgau (zit.: *Bearbeiter*, in: Frotscher/Drüen, KStG/GewStG/UmwStG, 9/2025, § … Rn. …).

Geserich, Stephan: Privater und gemeinwohlwirksamer Aufwand im System der deutschen Einkommensteuer und des europäischen Rechts, 1999, Heidelberg.

Geserich, Stephan: Das Spendenrecht, in: Gemeinnützigkeit, 27. Jahrestagung der Deutschen Steuerjuristischen Gesellschaft e. V., DStJG, Band 26, herausgegeben von Monika Jachmann, 2003, S. 245–278, Köln (zit.: *Geserich*, DStJG 26 (2003), …).

Glanegger, Peter/*Güroff*, Georg (Hrsg.): Gewerbesteuergesetz Kommentar, 11. Aufl. 2023, München (zit.: *Bearbeiter*, in: Glanegger/Güroff, GewStG, 11. Aufl. 2023, § … Rn. …).

Gosch, Dietmar (Hrsg.): Abgabenordnung/Finanzgerichtsordnung Kommentar, Stand: August 2025, Bonn (zit.: *Bearbeiter*, in: Gosch, AO/FGO, 8/2025, § … Rn. …).

Gosch, Dietmar (Hrsg.): Körperschaftsteuergesetz Kommentar, 4. Aufl. 2020, München (zit.: *Bearbeiter*, in: Gosch, KStG, 4. Aufl. 2020, § … Rn. …).

Gsell, Beate/*Krüger*, Wolfgang/*Lorenz*, Stephan/*Reymann*, Christoph (Gesamthrsg.): Beck-Online Großkommentar BGB, Stand: Dezember 2024, München (zit.: *Bearbeiter*, in: BeckOGK BGB, 9/2025, § …, Rn. …).

Gundel, Jörg: Die Autonomie des EU-Beihilfenrechts gegenüber der EU-Binnenmarktgesetzgebung, EWS 2016, S. 301–307.

Haase, Florian/*Jachmann-Michel*, Monika (Hrsg.): Beck'sches Handbuch Immobiliensteuerrecht, 3. Aufl. 2024, München (zit.: *Bearbeiter*, in: Haase/Jachmann, Hdb. Immobiliensteuerrecht, 3. Aufl. 2024, § … Rn. …).

Halaczinsky, Raymond: Unentgeltliche Zuwendungen von Vereinen, Überlegungen zu Freigebigkeit und Steuerbefreiungen, ErbStB 2004, S. 91–97.

Hartmann, Alfred/*Metzenmacher*, Wilhelm (Begr.): Umsatzsteuergesetz Kommentar, 7. Aufl. 2025, Berlin (zit.: *Bearbeiter*, in: Hartmann/Metzenmacher, UStG, 7. Aufl. 2025, § …).

Heck, Philipp: Begriffsbildung und Interessenjurisprudenz, 1931, Tübingen.

Heger, Karin: Gemeinnützigkeit und Gemeinschaftsrecht, FR 2004, S. 1154–1159.

Heintzen, Markus: Steuerliche Anreize für ein gemeinwohlorientiertes Engagement Privater, FR 2008, S. 737–744.

Helios, Marcus: Steuerliche Gemeinnützigkeit und EG-Beihilfenrecht, 2005, Hamburg.

Helios, Marcus/*Wewel*, Uwe/*Wiesbrock*, Michael R.: REIT-Gesetz Kommentar, 2008, München (zit.: *Bearbeiter*, in: Helios/Wewel/Wiesbrock, REIT-Gesetz, 2008, § … Rn. …).

Hensel, Albert: Steuerrecht, 3. Aufl. 1933, Herne.

Herbert, Ulrich: Der wirtschaftliche Geschäftsbetrieb des gemeinnützigen Vereins, 1988, Köln.

Herrgott, Corinna: Die umsatzsteuerliche Behandlung der Sachspenden unter Berücksichtigung der Vorgaben des Leistungsfähigkeitsprinzips, 2022, Hamburg (zit.: *Herrgott*, Die umsatzsteuerliche Behandlung der Sachspenden, 2022, S. …).

Herrmann, Carl/*Heuer*, Gerhard/*Raupach*, Arndt (Hrsg.): Einkommensteuer- und Körperschaftsteuergesetz Kommentar, Stand: August 2025, Köln (zit.: *Bearbeiter*, in: Herrmann/Heuer/Raupach, EStG/KStG, 8/2025, § … Rn. …).

Hey, Johanna: Verfassungsrechtliche Maßstäbe der Unternehmensbesteuerung, in: Kessler, Wolfgang/Förster, Guido/Watrin, Christoph (Hrsg.), Festschrift für Norbert Herzig, 2010, S. 7–22, München (zit.: *Hey*, FS Herzig, 2010, S. …).

Hippel, Thomas von: Grundprobleme von Nonprofit-Organisationen, 2007, Tübingen.

Hopt, Klaus Jürgen (Hrsg.): Handelsgesetzbuch Kommentar, 44. Aufl. 2025, München (zit.: *Bearbeiter*, in: Hopt, HGB, 44. Aufl. 2025, § … Rn. …).

Hörmann, Rafael K.: Die Förderung gemeinnütziger Organisationen durch Unternehmen und ihre steuerliche Bewertung, 2018, Baden-Baden.

Hübschmann, Walter/*Hepp*, Ernst/*Spitaler*, Armin (Begr.): Abgabenordnung/Finanzgerichtsordnung Kommentar, Stand: September 2025, Köln (zit.: *Bearbeiter*, in: Hübschmann/Hepp/Spitaler, AO/FGO, 9/2025 § … Rn. …).

Hufeld, Ulrich: Staat und Zivilgesellschaft – wo stehen wir?, npoR 2024, S. 45–50.

Hummel, David: Das nationale Steuergesetz unter der umfassenden Kontrolle des unionsrechtlichen Beihilferechts?, GmbHR 2019, S. 390–397.

Hummel, David: Steuerliche Vergünstigungen im Gemeinnützigkeitsrecht als Beihilfen i. S. v. Art. 107 AEUV?, NPLY 2019, S. 145–176.

Hummel, David: Ermäßigter Steuersatz für Blut- und Gewebetransporte (Anmerkung zu BFH, V R 14/22), UR 2023, S. 678–683.

Hummel, David: Steuerfreiheit von Fahrsicherheitstraining als Aus- oder Fortbildung (Anmerkung zu BFH, V R 33/21), MwStR 2023, S. 259–265.

Hummel, David: Zur Unionsrechtskonformität des ermäßigten Steuersatzes nach § 12 Abs. 2 Nr. 8 Buchst. a UStG sowohl im Hinblick auf die Neufassung der Anlage III Nr. 15 MwStSystRL (als auch) im Hinblick auf das Beihilferecht, UR 2023, S. 345–354.

Hummel, Lars/*Lampert*, Steffen: Aktuelle Rechtsfragen der Grenzen steuerlicher Gemeinnützigkeit, 1. Aufl. 2021, Baden-Baden.

Hüttemann, Rainer: Wirtschaftliche Betätigung und steuerliche Gemeinnützigkeit, 1991, Köln.

Hüttemann, Rainer: Verfassungsrechtliche Grenzen der rechtsformbezogenen Privilegierung im Spenden- und Gemeinnützigkeitsrecht, NPLY 2001, S. 145–168.

Hüttemann, Rainer: Grundprinzipien des steuerlichen Gemeinnützigkeitsrechts, in: Gemeinnützigkeit, 27. Jahrestagung der Deutschen Steuerjuristischen Gesellschaft e. V., DStJG, Band 26, herausgegeben von Monika Jachmann, 2003, S. 49–75, Köln (zit.: *Hüttemann*, DStJG 26 (2003), …).

Hüttemann, Rainer: Liebhaberei bei Kapitalgesellschaften, in: Kirchhof, Paul/Schmidt, Karsten/Schön, Wolfgang/Vogel, Klaus (Hrsg.), Festschrift für Arndt Raupach, 2006, S. 495–514, Köln (zit.: *Hüttemann*, FS Raupach, 2006, S. …).

Hüttemann, Rainer: Steuervergünstigungen wegen Gemeinnützigkeit und europäisches Beihilfenverbot, DB 2006, S. 914–821.

Hüttemann, Rainer: Gesetz zur weiteren Stärkung des bürgerschaftlichen Engagements und seine Auswirkungen auf das Gemeinnützigkeits- und Spendenrecht, DB 2007, 2053–2059.

Hüttemann, Rainer: Das Buchwertprivileg bei Sachspenden nach § 6 Abs. 1 Nr. 4 Satz 5 EStG, DB 2008, S. 1590–1595.

Hüttemann, Rainer: Grundfragen der partiellen Steuerpflicht, in: Kohl, Helmut (Hrsg.), Gedächtnisschrift für W. Rainer Walz, 2008, S. 267–286, Köln (zit.: *Hüttemann*, GS Walz 2008, S. …).

Hüttemann, Rainer: Das Steuerrecht des Non Profit Sektors, KSzW 2014, S. 158–167.

Hüttemann, Rainer: Zur Anwendung des ermäßigten Steuersatzes auf Leistungen gemeinnütziger Beschäftigungsgesellschaften, MwStR 2014, S. 115–125.

Hüttemann, Rainer: Gemeinnützigkeitsrecht als organisationsbezogener Fördertatbestand – Funktion, Stand und Rechtsformfragen, FR 2016, S. 969–975.

Hüttemann, Rainer: Empfiehlt es sich, die rechtlichen Rahmenbedingungen für die Gründung und Tätigkeit von Non-Profit-Organisationen übergreifend zu regeln?, in: DJT (Hrsg.), Verhandlungen des 72. Deutschen Juristentages 2018, Band I: Gutachten, G 1–104, Leipzig (zit.: *Hüttemann*, Gutachten G zum 72. DJT, 2018, G …).

Hüttemann, Rainer: Kein allgemeinpolitisches Mandat für gemeinnützige Körperschaften – Anmerkung zum Attac-Urteil des BFH vom 10. 1. 2019, DB 2019, S. 744–753.

Hüttemann, Rainer: Gemeinnützigkeitsrecht und Spendenrecht, 5. Aufl. 2021, Köln.

Hüttemann, Rainer: Individueller Verbraucherschutz als Zweckbetrieb und ermäßigter Umsatzsteuersatz (Anmerkung zu BFH, V R 5/19), MwStR 2022, S. 197–206.

Hüttemann, Rainer: Umsätze eines Vereins zur Verkehrserziehung (Anmerkung zu BFH, V R 33/21), UR 2023, S. 195–201.

Hüttemann, Rainer: Gemeinnützigkeitsrecht und Spendenrecht, 6. Aufl. 2025, Köln.

Hüttemann, Rainer/*Schauhoff*, Stephan: Umsatzsteuerbefreiungen für Sozial- und Bildungseinrichtungen – Drohende Rechtsunsicherheiten für Non-Profit-Organisationen durch die gesetzliche Neuregelung, DStR 2019, S. 1601–1609

Hüttemann, Rainer/*Schauhoff*, Stephan: So bitte nicht – Änderungsbedarf an der geplanten Gemeinnützigkeitsreform im JStG 2024 und im Steuerfortentwicklungsgesetz, DB 2024, S. 1982–1991.

Isensee, Josef: Gemeinwohl und Bürgersinn im Steuerstaat des Grundgesetzes. Gemeinnützigkeit als Bewährungsprobe des Steuerrechts, in: Maurer, Hartmut/Häberle, Peter/Schmitt Glaeser, Walter/Graf Vizthum, Wolfgang (Hrsg.), Das akzeptierte Grundgesetz, Festschrift für Günter Dürig zum 70. Geburtstag, 1990, S. 33–65, München (zit.: *Isensee*, FS Dürig, 1990, S. …).

Isensee, Josef: Gemeinnützigkeit und europäisches Gemeinschaftsrecht, in: Gemeinnützigkeit, 27. Jahrestagung der Deutschen Steuerjuristischen Gesellschaft e. V., DStJG, Band 26, herausgegeben von Monika Jachmann, 2003, S. 33–65, Köln (zit.: *Isensee*, DStJG 26 (2003), …).

Isensee, Josef/*Kirchhof*, Paul (Hrsg.): Handbuch des Staatsrechts, Band IV: Aufgaben des Staates, 3. Aufl. 2006, Heidelberg (zit.: *Bearbeiter*, in: Hdb. d. Staatsrechts Bd. IV, 3. Aufl. 2006, § … Rn. …).

Ismer, Roland/*Kaul*, Ashok/*Reiß*, Wolfram/*Rath*, Silke: Analyse und Bewertung der Strukturen von Regel- und ermäßigten Steuersätzen bei der Umsatzbesteuerung unter sozial-, wirtschafts-, steuer- und haushaltspolitischen Gesichtspunkten, DStR 2010, S. 1970–1977.

Jachmann, Monika: Steuerrechtfertigung aus der Gemeinwohlverantwortung, DStZ 2001, S. 225–231.

Jachmann, Monika: Gemeinnützigkeit in Europa. Steuer- und europarechtliche Rahmenbedingungen, 2006, Stuttgart (zit.: *Jachmann*, Gemeinnützigkeit in Europa, 2006, S. …).

Jachmann, Monika/*Thiesen*, Thomas: Die umsatzsteuerliche Behandlung von Sachspenden – Ein Beitrag zur Auslegung von § 3 Abs. 1b Satz 1 Nr. 3 UStG –, DStZ 2002, S. 355–360.

Jachmann-Michel, Monika/*Liebl*, Klaus: Gemeinnützigkeitsrecht kompakt – Grundlagen und aktuelle Entwicklungen für die Praxis – Teil I, BB 2022, S. 535–543.

Jacobs, Thomas: Umsatzsteuer und Gemeinnützigkeit, 2009, Hamburg.

Janssen, Bernhard: Verdeckte Gewinnausschüttung und Spendenabzug, DStZ 2010, S. 170–176.

Jatzke, Harald: Gemeinschaftsrechtliche Restriktionen bei der Erhebung von nicht harmonisierten Umweltsteuern, EWS 2000, S. 491–499.

Jellinek, Georg: Allgemeine Staatslehre, 1921, Berlin.

Jochum, Georg: Die Steuervergünstigung, 2006, Berlin.

Jochum, Heike: Die Vermögensstockspende – Deutscher Sonderweg oder europäisches Pionierstück?, IStR 2012, S. 325–329.

Keß, Thomas: Das Verhältnis der Erbschaft- und Schenkungsteuer zur Einkommensteuer: Die aktuelle Rechtsprechung des BFH und ihre möglichen Konsequenzen, ZEV 2015, S. 254–259.

Kirchhain, Christian: Privatnützige Zuwendungen gemeinnütziger Körperschaften, FR 2011, S. 640–648.

Kirchhain, Christian/*Unger*, Sebastian: Mehr Fortschritt wagen – was der Gesetzgeber im Gemeinnützigkeitsrecht reformieren sollte, DStR 2023, S. 1281–1291.

Kirchhof, Gregor: Die grundgesetzlichen Grenzen der Grundsteuerreform. Verfassungsrechtliche Analyse der Reformvorschläge für eine Neubemessung der Grundsteuer, DStR 2018, S. 2661–2671.

Kirchhof, Paul: Gemeinnützigkeit – Erfüllung staatlicher Aufgaben durch selbstlose Einkommensverwendung, in: Gemeinnützigkeit, 27. Jahrestagung der Deutschen Steuerjuristischen Gesellschaft e. V., DStJG, Band 26, herausgegeben von Monika Jachmann, 2003, S. 1–9, Köln (zit.: *Kirchhof*, DStJG 26 (2003), …).

Kirchhof, Paul: Bundessteuergesetzbuch – Ein Reformentwurf zur Erneuerung des Steuerrechts, 2011, Heidelberg.

Kirchhof, Paul/*Kube*, Hanno/*Mellinghoff*, Rudolf (Hrsg.): Einkommensteuergesetz Kommentar, Stand: August 2025, Heidelberg (zit.: *Bearbeiter*, in: Kirchhof/Kube/Mellinghoff, EStG, 8/2025, § … Rn. …).

Kirchhof, Paul/*Seer*, Roman (Hrsg.): Einkommensteuergesetz Kommentar, 24. Aufl. 2025, Köln (zit.: *Bearbeiter*, in: Kirchhof/Seer, EStG, 24. Aufl. 2025, § … Rn. …).

Kirchinger, Alena: Weitere Profilschärfung der Kostenteilungsgemeinschaft nach Art. 132 Abs. 1 Buchst. f MwStSystRL, UStB 2020, S. 17–19.

Klein, Franz/*Orlopp*, Gerd (Begr.): Abgabenordnung Kommentar, 18. Aufl. 2024, München (zit.: *Bearbeiter*, in: Klein, AO, 18. Aufl. 2024, § … Rn. …).

Koenig, Ulrich (Hrsg.): Abgabenordnung Kommentar, 5. Aufl. 2024, München (zit.: *Bearbeiter*, in: Koenig, AO, 5. Aufl. 2024, § … Rn. …).

Kokott, Juliane: Der EuGH als Garant eines fairen Steuerwettbewerbs, ISR 2017, S. 395–401.

Kokott, Juliane: Das Steuerrecht der Europäischen Union, 1. Aufl. 2018, München.

Korn, Klaus/*Carlé*, Dieter/*Stahl*, Rudolf/*Strahl*, Martin (Hrsg.): Einkommensteuergesetz Kommentar, Stand: August 2025, Bonn (zit.: *Bearbeiter*, in: Korn/Carlé/Stahl/Strahl, EStG, 8/2025, § … Rn. …).

Kronawitter, Martin: Gewerbesteuergesetz Kommentar, 2. Aufl. 2023, Berlin.

Kube, Hanno: Die Zukunft des Gemeinnützigkeitsrechts in der europäischen Marktordnung, IStR 2005, S. 469–476.

Küffner, Thomas: Ausbau einer zu einer Gemeinde gehörenden Straße – Hierfür entstandene Kosten als allgemeine Aufwendungen – Direkter und unmittelbarer Zusammenhang mit der wirtschaftlichen Tätigkeit des Steuerpflichtigen (Anmerkung zu EuGH, C-528/19), UR 2020, S. 840–848.

Küffner, Thomas/*Streit*, Thomas: Auf den Inhalt der Pflegeleistung kommt es an oder: Was vom Begriff der „Einrichtung mit sozialem Charakter" noch übrig bleibt – Zugleich Anmerkung zum Beschluss des BFH vom 21. 8. 2013, V R 20/12 –, MwStR 2014, S. 10–15.

Lang, Joachim: Systematisierung der Steuervergünstigungen, 1974, Berlin.

Lang, Joachim: Gemeinnützigkeitsabhängige Steuervergünstigungen, StuW 1987, S. 221–252.

Lang, Michael: Kapitalverkehrsfreiheit, Steuerrecht und Drittstaaten, StuW 2011, S. 209–223.

Leisner-Egensperger, Anna: Verfassungsrecht der steuerlichen Gemeinnützigkeit, in: Depenheuer, Otto/Heintzen, Markus/Jestaedt, Matthias/Axer, Peter (Hrsg.) Festschrift für Josef Isensee, 2007, S. 895–910, Heidelberg (zit.: *Leisner-Egensperger*, FS Isensee, 2007, S. …).

Lenski, Edgar/*Steinberg*, Wilhelm (Hrsg.): Gewerbesteuergesetz Kommentar, Stand: September 2025, Köln (zit.: *Bearbeiter*, in: Lenski/Steinberg, GewStG, 9/2025, § … Rn. …).

Lindner, Claudia: Grundlagen eines europäischen Gemeinnützigkeitsstatuts, 2018, Berlin.

Lippross, Otto-Gerd/*Seibel*, Wolfgang (Hrsg.): Basiskommentar Steuerrecht, Stand: Oktober 2025, Köln (zit.: *Bearbeiter*, in: Lippross/Seibel, Basiskommentar Steuerrecht, 10/2025, § … Rn. …).

Martini, Ruben: Der Typenvergleich bei beschränkter Steuerpflicht, IStR 2012, S. 441–449.

Martini, Ruben: Der Gemeinnützigkeitsstatus beschränkt steuerpflichtiger Körperschaften, ISR 2015, S. 97–103.

Marx, Katharina: Gemeinnützigkeit des Sports. Ist die Sportförderung in Deutschland reformbedürftig?, 2021, Berlin.

Mayen, Thomas: Privatisierung öffentlicher Aufgaben: rechtliche Grenzen und rechtliche Möglichkeiten, DÖV 2001, S. 110–118.

Meincke, Jens Peter/*Hannes*, Frank/*Holtz*, Michael: Erbschaftsteuer- und Schenkungsteuergesetz Kommentar, 19. Aufl. 2025, München (zit.: *Bearbeiter*, in: Meincke/Hannes/Holtz, ErbStG, 19. Aufl. 2025, § … Rn. …).

Mellinghoff, Rudolf: Das Verhältnis der Erbschaftsteuer zur Einkommen- und Körperschaftsteuer – Zur Vermeidung steuerlicher Mehrfachbelastungen, in: Steuern auf Erbschaft und Vermögen, 23. Jahrestagung der Deutschen Steuerjuristischen Gesellschaft e. V., DStJG, Band 22, herausgegeben von Dieter Birk, 1999, S. 127–163, Köln (zit.: *Mellinghoff*, DStJG 22 (1999), …).

Meyering, Stephan/*Hintzen*, Christoph/*Keitel*, Julius: Die umsatzsteuerliche Behandlung von Sachspenden an gemeinnützige Organisationen im Lichte der BMF-Schreiben v. 18. 3. 2021 – Einordnung und kritische Würdigung, DStR 2021, S. 2614–2621.

Michel, Gerhard: Die Umsatzsteuerfreiheit von Leistungen im Sozialbereich, UR 2020, S. 601–606.

Moench, Dietmar/*Weinmann*, Norbert (Hrsg.): Erbschaft- und Schenkungsteuergesetz mit Bewertungsgesetz, Kommentar, Stand: September 2025, Freiburg im Breisgau (zit.: *Bearbeiter*, in: Moench/Weinmann, ErbStG, 9/2025, § … Rn. …).

Musil, Andreas: Reformbedarf bei der wirtschaftlichen Betätigung gemeinnütziger Körperschaften, DStR 2009, S. 2453–2459.

Musil, Andreas: Europäisches Beihilferecht und nationales Steuerrecht, FR 2014, S. 953–957.

Musil, Andreas: Die Entwicklung des Gemeinnützigkeitsrechts in der AO – 100 Jahre Geschichte und Zukunftsperspektiven, StuW 2020, S. 171–179.

Musil, Andreas/*Weber-Grellet*, Heinrich (Hrsg.): Europäisches Steuerrecht Kommentar, 2. Aufl. 2022, München (zit.: *Bearbeiter*, in: Musil/Weber-Grellet, Europäisches Steuerrecht, 2. Aufl. 2022, § … Rn. …).

Nacke, Alois: Der Gesetzentwurf zum Jahressteuergesetz 2009, DB 2008, S. 1396–1405.

Oertzen, Christian von/*Loose*, Matthias (Hrsg.): Erbschaftsteuer- und Schenkungsteuergesetz Kommentar, 3. Aufl. 2024, Köln (zit.: *Bearbeiter*, in: von Oertzen/Loose, ErbStG, 3. Aufl. 2024, § … Rn. …).

Offerhaus, Klaus/*Söhn*, Hartmut/*Lange*, Hans-Friedrich (Hrsg.): Umsatzsteuer Kommentar, Stand: November 2025, Heidelberg (zit.: *Bearbeiter*, in: Offerhaus/Söhn/Lange, Umsatzsteuer, 11/2025, § … Rn. …).

Oppenländer, Steffen: Verdeckte Gewinnausschüttung: Systematik und Stellung des § 8 Abs. 3 Satz 2 KStG bei der Gewinnermittlung von Kapitalgesellschaften, 2004, Köln (zit.: *Oppenländer*, Verdeckte Gewinnausschüttung, 2004, S. …).

Orth, Manfred: Einkünfte von wirtschaftlichen Geschäftsbetrieben und Betrieben gewerblicher Art ohne Gewinnerzielungsabsicht, FR 2007, S. 326–334.

Orth, Manfred: Zur Gewerbesteuerbefreiung von Kooperationen gemeinnütziger Körperschaften, DStR 2012, S. 116–121.

Rau, Günter/*Dürrwächter*, Erich (Begr.): Kommentar zum Umsatzsteuergesetz, Stand: September 2025, Köln (zit.: *Bearbeiter*, in: Rau/Dürrwächter, UStG, 9/2025, § … Rn. …).

Reimer, Ekkehart/*Ribbrock*, Martin: Gemeinnützigkeit auch für ausländische Körperschaften?, RIW 2005, S. 611–618.

Reiß, Wolfram: Gemeinnützige Organisationen, Leistungen im Gemeinwohlinteresse und harmonisierte Umsatzsteuer, NPLY 2005, S. 47–74.

Reiß, Wolfram/*Kraeusel*, Jörg/*Langer*, Michael (Hrsg.): Umsatzsteuergesetz Kommentar, Stand: September 2025, Bonn (zit.: *Bearbeiter*, in: Reiß/Kraeusel/Langer, UStG, 9/2025, § … Rn. …).

Rödder, Thomas/*Herlinghaus*, Andreas/*Neumann*, Ralf (Hrsg.): Körperschaftsteuergesetz Kommentar, 2. Aufl. 2023, Köln (zit.: *Bearbeiter*, in: Rödder/Herlinghaus/Neumann, KStG, 2. Aufl. 2023, § … Rn. …).

Röthel, Robert/*Konold*, Robert: Umsatzsteuer im Sponsoring unter Berücksichtigung der aktuellen BFH- und EuGH-Rechtsprechung, DStR 2009, S. 15–20.

Ruppe, Hans-Georg: „Unechte" Umsatzsteuerbefreiungen, in: Lang (Hrsg.), Die Steuerrechtsordnung in der Diskussion, Festschrift für Klaus Tipke, 1995, S. 457–474, Köln (zit.: *Ruppe*, FS Tipke, 1995, S. …).

Rust, Michael: Umsatzbesteuerung von Sachspenden, MwStR 2021, S. 494–495.

Schauhoff, Stephan: Große Aufregung um das Sponsoring, DB 1998, S. 494–496.

Schauhoff, Stephan: Schenkungsteuer auf Sponsorenzahlungen an die Profimannschaft? Zur Abgrenzung von Ertragsteuern, Umsatzsteuer und Schenkungsteuer bei Sponsorenzahlungen an gemeinnützige Körperschaften, DStR 2004, S. 1465–1469.

Schauhoff, Stephan/*Kirchhain*, Christian (Hrsg.): Handbuch der Gemeinnützigkeit, 4. Aufl. 2023, München (zit.: *Bearbeiter*, in: Schauhoff/Kirchhain, Hdb. d. Gemeinnützigkeit, 4. Aufl. 2023, § … Rn. …).

Schaumburg, Harald (Hrsg.): Internationales Steuerrecht, 5. Aufl. 2023, Köln (zit.: *Bearbeiter*, in: Schaumburg, Internationales Steuerrecht, 5. Aufl. 2023, Rn. …).

Schaumburg, Harald/*Englisch*, Joachim/*Dobratz*, Lars (Hrsg.): Europäisches Steuerrecht, 3. Aufl. 2025, Köln (zit.: *Bearbeiter*, in: Schaumburg/Englisch/Dobratz, Europäisches Steuerrecht, 3. Aufl. 2025, Rn. …).

Schiffers, Joachim: Aktuelle Steuergesetzgebung: Regierungsentwürfe JStG 2024 und Steuerfortentwicklungsgesetz – Ausgewählte ertragsteuerliche Aspekte und Änderungen für gemeinnützige Körperschaften, DStZ 2024, S. 655–667.

Schlegel, Gerwin: Der unechte Mitgliedsbeitrag – ein Besteuerungsrisiko vor allem für mitgliedsstarke Vereine, NWB 2017, S. 3139–3142.

Schmidt, Benjamin: Europäische Gemeinnützigkeit, 2020, Baden-Baden.

Schmölders, Günter: Die Umsatzsteuern, 1966, Amsterdam.

Schneider, Stefan: Die Gewerbesteuer, Rechtsschutz statt Reform?, DStR 2023, S. 366–369.

Scholtz, Rolf-Detlev: Das Gesetz zur Änderung der Abgabenordnung und des Einkommensteuergesetzes – Vereinsbesteuerungsgesetz –, DStZ 1980, S. 403.

Schotenroehr, Harald: Kooperation von Zweckbetrieben gemeinnütziger Körperschaften in Form der Gesellschaft bürgerlichen Rechts. Relevanz der BFH-Entscheidung I R 60/10 vom 25.5.2021?, DStR 2012, S. 14–17.

Schunk, Martin: Kooperationen zwischen gemeinnützigen Körperschaften und das Unmittelbarkeitsgebot nach § 57 AO, 2014, Hamburg.

Seer, Roman: Gemeinwohlzwecke und steuerliche Entlastung, in: Gemeinnützigkeit, 27. Jahrestagung der Deutschen Steuerjuristischen Gesellschaft e.V., DStJG, Band 26, herausgegeben von Monika Jachmann, 2003, S. 11–48, Köln (zit.: *Seer*, DStJG 26 (2003), ...).

Seer, Roman: Zur Reichweite des sog. Buchwertprivilegs des § 6 Abs. 1 Nr. 4 S. 5 EStG, GmbHR 2008, S. 785–791.

Seer, Roman: Die besonderen Verbrauchsteuern und die Umsatzsteuer – ein unabgestimmtes Konglomerat, ZfZ 2013, S. 146–155.

Soltész, Ulrich: Wichtige Entwicklungen im Europäischen Beihilferecht im Jahre 2018, EuZW 2019, S. 51–60.

Sozietät Streck/Mack/Schwedhelm (Hrsg.): Tax Compliance – Risikominimierung durch Pflichtenbefolgung und Rechtsverfolgung, 3. Aufl. 2019, Köln (zit.: *Bearbeiter*, in: Streck/Mack/Schwedhelm, Tax Compliance, 3. Aufl. 2019, Rn. ...).

Stadie, Holger: Umsatzsteuergesetz Kommentar, 3. Aufl. 2015, Köln (zit.: *Bearbeiter*, in: Stadie, UStG, 3. Aufl. 2015, § ... Rn. ...).

Stenger, Alfons/*Loose*, Matthias (Hrsg.): Bewertungsrecht – BewG/ErbStG/GrStG, Stand: Oktober 2025, Köln (zit.: *Bearbeiter*, in: Stenger/Loose, Bewertungsrecht, 10/2025, § ... Rn. ...).

Sterzinger, Christian: Umsatzsteuerbefreiungen für Leistungen von selbständigen Personenzusammenschlüssen an ihre Mitglieder, UR 2021, S. 298–310.

Sterzinger, Christian: Aktuelle Änderungen des UStG und der UStDV durch das Wachstumschancengesetz und andere Gesetze, UR 2024, S. 117–127.

Stock, Remmert: Wahl der Rechtsform im Nonprofit-Bereich, NZG 2001, S. 440–448.

Streinz, Rudolf (Hrsg.): EUV/AEUV Kommentar, 3. Aufl. 2018, München (zit.: *Bearbeiter*, in: Streinz, AEUV/EUV, 3. Aufl. 2018, Art. ... Rn. ...).

Thiel, Jochen: Die Zuwendung von Sponsoren und Mäzenen aus schenkungsteuerlicher und ertragsteuerlicher Sicht, DB 1993, S. 2452–2456.

Thiel, Jochen: Sponsoring im Steuerrecht, DB 1998, S. 842–848.

Thiel, Jochen/*Eversberg*, Horst: Gesetz zur steuerlichen Förderung von Kunst, Kultur und Stiftung sowie zur Änderung steuerlicher Vorschriften, DB 1991, S. 118–128.

Tiedtke, Klaus/*Möllmann*, Peter: Spenden und Stiften soll attraktiver werden. Zur geplanten Reform der steuerlichen Spenden- und Stiftungsregelungen sowie des allgemeinen Gemeinnützigkeitsrechts, DStR 2007, S. 509–514.

Tipke, Klaus: Die Steuerrechtsordnung, Band 1, 2. Aufl. 2000, Köln.

Tipke, Klaus: Die Steuerrechtsordnung, Band 2, 2. Aufl. 2003, Köln.

Tipke, Klaus/*Kruse*, Heinrich Wilhelm (Begr.): Abgabenordnung/Finanzgerichtsordnung Kommentar, Stand: September 2025, Köln (zit.: *Bearbeiter*, in: Tipke/Kruse, AO/FGO, 9/2025, § … Rn. …).

Tipke, Klaus/*Lang*, Joachim: Steuerrecht, 25. Aufl. 2024, Köln (zit.: *Bearbeiter*, in: Tipke/Lang, Steuerrecht, 25. Aufl. 2024, Rn. …).

Tommaso, Michael/*Leidel*, Sebastian/*Gurr*, Paul: Unternehmensspenden im (Familien-)Konzern, RFamU 2023, S. 262–270.

Treiber, Andreas (Hrsg.): Sölch/Ringleb, Umsatzsteuergesetz Kommentar, Stand: Juni 2025, München (zit.: *Bearbeiter*, in: Sölch/Ringleb, UStG, 6/2025, § … Rn. …).

Troll, Max/*Gebel*, Dieter/*Jülicher*, Marc/*Gottschalk*, Paul Richard (Hrsg.): Erbschaftsteuer- und Schenkungsteuergesetz mit Bewertungsrecht und Verfahrensrecht Kommentar, Stand: April 2025, München (zit.: *Bearbeiter*, in: Troll/Gebel/Jülicher/Gottschalk, ErbStG, 4/2025, § … Rn. …).

Unger, Sebastian: Steuerbegünstigung grenzüberschreitender Gemeinnützigkeit im Binnenmarkt – Vorgaben des Gemeinnützigkeits- und Spendenrechts im Lichte der unionalen Grundfreiheiten, DStZ 2010, S. 154–166.

Urban, Johannes: Aktive Kulturförderung als Gemeinnützigkeit zweiter Klasse, DStZ 2018, S. 22–32.

Valta, Matthias: Veranlassungszusammenhang und Markteinkommen, FR 2020, S. 586–592.

Valta, Matthias: Überlegungen zum Belastungsgrund einer Steuer, DStR 2023, S. 378–381.

Viskorf, Hermann-Ulrich/*Schuck*, Stephan/*Wälzholz*, Eckhard (Hrsg.): Erbschaftsteuer- und Schenkungsteuergesetz, Bewertungsgesetz Kommentar, 7. Aufl. 2023, Herne (zit.: *Bearbeiter*, in: Viskorf/Schuck/Wälzholz, ErbStG, 7. Aufl. 2023, § … Rn. …).

Vogel, Klaus: Die Abschichtung von Rechtsfolgen im Steuerrecht, StuW 1977, S. 97–121.

Wäger, Christoph: Sportvereine in der Umsatzsteuer: Steuerbare, steuerfreie und steuerermäßigte Umsätze, DStR 2014, S. 1517–1526.

Wäger, Christoph (Hrsg.): Umsatzsteuergesetz Kommentar, 3. Aufl. 2024, Köln (zit.: *Bearbeiter*, in: Wäger, UStG, 3. Aufl. 2024, § … Rn. …).

Wallenhorst, Rolf/*Halaczinsky*, Raymond (Hrsg.): Die Besteuerung gemeinnütziger und öffentlich-rechtlicher Körperschaften, 7. Aufl. 2017, München.

Walz, W. Rainer: Sinn und Zweck der partiellen Steuerpflicht für Erträge aus wirtschaftlichen Geschäftsbetrieben, NPLY 2001, S. 197–221.

Walz, W. Rainer/*von Auer*, Ludwig/*von Hippel*, Thomas (Hrsg.): Spenden und Gemeinnützigkeitsrecht in Europa, 2007, Tübingen.

Wassermeyer, Franz: Liebhaberei bei Kapitalgesellschaften, in: Crezelius, Georg/Raupach, Arndt/Schmidt, Ludwig/Uelner, Adalbert (Hrsg.), Freundesgabe für Franz-Josef Haas, 1996, S. 401–408, Herne (zit.: *Wassermeyer*, FS Haas, 1996, S. …).

Wassermeyer, Franz: Liebhaberei und Spendenabzug bei der Einkommensermittlung im Körperschaftsteuerrecht, DB 2011, S. 1828–1832.

Weber-Grellet, Heinrich: Die verdeckte Gewinnausschüttung als Instrument der Fehlerkorrektur, BB 2014, S. 2263–2270.

Wedemann, Frauke: Gemeinnützige Personengesellschaften?, NZG 2016, S. 645–650.

Weiß, Wolfgang: Privatisierung und Staatsaufgaben, 2002, Tübingen.

Weitemeyer, Birgit: Zur Zulässigkeit politischer Betätigungen von gemeinnützigen Organisationen nach dem Attac-Urteil des BFH, npoR 2019, S. 97–106.

Weitemeyer, Birgit: Anmerkung zu einer Entscheidung des BFH (Beschluss vom 13.7.2021, I R 16/18) – zur Eigenschaft einer gemeinnützigen Stiftung, npoR 2022, S. 150–153.

Weitemeyer, Birgit/*Bornemann*, Elias: Problemstellungen gemeinnütziger Tätigkeit mit Auslandsbezug, FR 2016, S. 437–448.

Weitemeyer, Birgit/*Hüttemann*, Rainer/*Schauhoff*, Stephan (Hrsg.): Umsatzsteuerrecht für den Nonprofitsektor, 2. Aufl. 2024, Köln (zit.: *Bearbeiter*, in: Weitemeyer/Hüttemann/Schauhoff, Umsatzsteuerrecht für den Nonprofitsektor, 2. Aufl. 2024, Rn. …).

Weitemeyer, Birgit/*Küffner*, Thomas/*Zugmaier*, Oliver: Umsatzsteuer auch auf ausgesonderte Ware? – Ein Beitrag zur Nachhaltigkeit im Steuerrecht, DB 2021, S. 2995–3001.

Wendt, Michael/*Suchanek*, Markus/*Möllmann*, Peter/*Heinemann*, Peter (Hrsg.): Gewerbesteuergesetz Kommentar, 3. Aufl. 2025, Köln (zit.: *Bearbeiter*, in: Wendt/Suchanek/Möllmann/Heinemann, GewStG, 3. Aufl. 2025, § … Rn. …).

Wilms, Heinrich/*Jochum*, Georg/*Götz*, Hellmut/*Meßbacher-Hönsch*, Christine (Hrsg.): Erbschaftsteuer- und Schenkungsteuergesetz mit Bewertungsgesetz und Grunderwerbsteuergesetz Kommentar, Stand: Oktober 2025, Bonn (zit.: *Bearbeiter*, in: Wilms/Jochum, ErbStG/BewG/GrEStG, 10/2025, § … Rn. …).

Widmann, Werner: Was sind unentgeltliche Zuwendungen i. S. v. § 3 Abs. 1b Satz 1 Nr. 3 UStG?, UR 2000, S. 19–23.

Widmann, Werner: Aktuelles zur Umsatzsteuer aus Berlin, Brüssel, Luxemburg und München, DStR 2009, S. 1061–1070.

Winheller, Stefan/*Geibel*, Stefan Johannes/*Jachmann-Michel*, Monika (Hrsg.): Gesamtes Gemeinnützigkeitsrecht, 3. Aufl. 2023, Baden-Baden (zit.: *Bearbeiter*, in: Winheller/Geibel/Jachmann-Michel, Gesamtes Gemeinnützigkeitsrecht, 3. Aufl. 2023, § … Rn. …).

Stichwortverzeichnis

Andreas Schwarzer

Stiftungskollisionsrecht und Niederlassungsfreiheit

Das vereinheitlichte Stiftungsrecht im Lichte des Internationalen Privatrechts und des Internationalen Öffentlichen Rechts

Fragen des Stiftungskollisionsrechts stellen sich insbesondere, wenn eine Stiftung ihren effektiven Verwaltungssitz in einem anderen Staat als dem Staat des Satzungssitzes hat. Die Arbeit beleuchtet schwerpunktmäßig das Internationale Privatrecht und das Internationale Öffentliche Recht von Stiftungen (»Stiftungskollisionsrecht«), wobei der Einfluss der Niederlassungsfreiheit gesondert berücksichtigt wird. Es werden die Grundlagen des vereinheitlichten Stiftungsrechts sowie des Internationalen Gesellschaftsrechts untersucht. Auf diesen Grundlagen aufbauend wird hinterfragt, ob das Stiftungskollisionsrecht zu Unrecht ein Schattendasein in der Rechtswissenschaft führt und ob der von Behrens formulierte Kurs »im Windschatten des Internationalen Gesellschaftsrechts« geeignet ist, die Besonderheiten des Stiftungsrechts hinreichend zu berücksichtigen. In Exkursen wird auf die Europäische Stiftung und die Foundation Governance eingegangen.

Schriften zum Internationalen Recht, Band 243
281 Seiten, 2025
ISBN 978-3-428-19343-1, € 89,90
Titel auch als E-Book erhältlich.

Duncker & Humblot · Berlin